Karl Schönerstedt · Sie ritten für Deutschland

Karl Schönerstedt

Sie ritten für Deutschland

Springwunder und ihre Reiter einer großen Zeit

VERLAG K. W. SCHÜTZ · 4994 PREUSSISCH OLDENDORF

1. Auflage 1986
Copyright by Verlag K. W. Schütz, Preußisch Oldendorf
Gesamtherstellung:
Kölle-Druck GmbH, Preußisch Oldendorf

ISBN 3-87725-116/1

Inhaltsverzeichnis

Widmung	7
Zum Geleit	8
Vorwort	9
Die springenden Pferde	11
So begann es	13
Das italienische Vorbild	16
Die deutsche Methode	20
Auswahl der Springpferde	31
Reiten für Deutschland	35
Die größten Triumphe bis 1914	35
Neubeginn und Erfolge nach dem Ersten Weltkrieg bis 1929	35
Die Waldenfelssche Ära	36
Die Coppa Mussolini in Rom	36
Glückte die Revanche?	40
Kurt Hasse mit Der Mohr und Tora	41
Das Jahr der großen Erfolge – 1935	42
Das Jahr 1936 mit den Olympischen Spielen in Berlin	43
Wachablösung	49
Der Springstall unter neuer Leitung	49
Das letzte Friedensjahr der Grauen Reiter	52
Glanzvolle Turniere in Rom und Meran	52
Der Wiederaufstieg nach 1945	53
Der Triumphzug in den fünfziger Jahren	57
Die Olympischen Spiele in Helsinki 1952	59
Das Jahr 1953	60
Die Springreiter 1954 bis 1955	60
Die Olympiade 1956 in Stockholm	66
Deutsche Erfolge 1957, 1958 und 1959	68
Hamburg – Thiedemanns Siegesserie	69
Die frühen sechziger Jahre	71
Die Olympischen Spiele in Rom – 1960	71
Weitere Turniere	73
Die Olympischen Spiele in Tokio – 1964	76
In der Höhenluft von Mexiko	78
Nicht ganz glücklich in München 1972	79
Hartwig Steenken, Weltmeister 1974	82

Alwin Schockemöhles Triumph 84
Die Olympischen Spiele in Los Angeles — 1984 88
Den Blick nach vorn 89
Bildteil 97
Anhang 371
   Der Springstall der Kavallerieschule Hannover von 1929 bis 1940 371
   — Mitglieder des Springstalles 371
   — Deutsche Pferde, die bis 1976 an vier und mehr gewonnenen Nationenpreisen
      beteiligt waren 372
   — Reiter, die an vier und mehr gewonnenen Nationenpreisen beteiligt waren 373
Internationale Deutsche Springreitersiege 374
Sieger und Placierte im Deutschen Spring-Derby von 1920 bis 1986 402
Championate 410
Verzeichnis der Reiter und sonstiger Personen 411
Verzeichnis der Pferde 413
Ortsverzeichnis 417

Reiten ist erst dann eine wahre Freude,

wenn du durch eine lange Schule

der Geduld, der Feinfühligkeit und der Energie

gegangen bist, die dir das Pferd erteilt.

R. G. Binding

Zum Geleit

In der heutigen medienbeherrschten Zeit kennen die Menschen in der sportinteressierten Welt unsere Namen und die unserer Pferde und umjubeln uns auf den Turnierplätzen.

Nicht überall jedoch weiß man, wieviel Liebe, Verständnis, Einfühlungsvermögen und Arbeit in der Partnerschaft zwischen Pferd und Reiter nötig sind, um solche Erfolge zu erzielen. Denn unsere Pferde sind es, die uns durch ihre Treue und ihr Vertrauen im ständigen Einsatz von Sieg zu Sieg, von Erfolg zu Erfolg tragen.

Jedes Tier hat seine Eigenheiten, mit all ihren Vorzügen und vielleicht auch Schwächen. Und diesen Charakter zu erkennen, sich darauf einzustellen und dann das Pferd seinem Können entsprechend zu fördern, zeichnen den guten Reiter aus. Wie in jeder Zweisamkeit muß es zu einem beiderseitigen Verstehen kommen.

Ob im Stall, bei der Arbeit oder vor dem Publikum, immer muß zwischen Reiter und Pferd Verständigung herrschen. Nur dann geben beide ihr Letztes, und das Publikum belohnt sie mit tosendem Beifall.

Dies hat sich im Wandel der Zeiten nicht geändert. Unsere turniersportlichen Vorfahren haben es verstanden, auf die Psyche des Sportskameraden Pferd einzugehen und die Ausbildung darauf abzustimmen. Auf diese Weise hinterließen sie uns ein großes Erbe, das uns verpflichtet, im gleichen Sinn weiterzuarbeiten.

Weisenheim am Sand, im Frühjahr 1986

Hugo Simon

Anmerkungen des Verlages zu den außerordentlichen Erfolgen des Springreiters Hugo Simon:
4. Platz beim olympischen Springen in München 1972
5. Platz beim olympischen Springen in Montreal 1976
1. Platz der Ersatz-Olympiade in Rotterdam 1980
3mal Sieger im Deutschen Springderby in Hamburg
1. Platz beim ersten Weltcup der Springreiter in Göteborg.
Hugo Simon gewann am 28. Februar 1986 beim Turnier in Dortmund zum 4. Male hintereinander den „Großen Preis der Bundesrepublik Deutschland".

Vorwort

Ohne eine Dressurreiterei, d. h. ohne eine Bearbeitung der Pferde nach den überlieferten deutschen Grundsätzen würde es in Zukunft keine Erfolge der deutschen Reiterei im internationalen Wettbewerbe geben. Man kann unsere alten Grundsätze auf andere Zeiten mit ihren wechselnden Anforderungen übertragen; aber Sinn und Inhalt der alten Grundsätze müssen bleiben. Sie sind heilig zu halten und heute wichtiger denn je. Die Erfolge an den Olympischen Spielen von Helsinki mit dem imponierenden Abschneiden unserer Military-Pferde sprechen eine deutliche, nicht zu verkennende Sprache.

Die Verteidigung und Erhaltung unseres Ausbildungssystems ist mit in erster Linie den deutschen Dressur-Richtern übertragen, die eine wirkliche Garde sein müssen. Jeder einzelne muß in der genauesten Kenntnis der alten Grundsätze aufgewachsen, erzogen und gefestigt sein. Jede Wissenschaft und jede Erkenntnis wird immer wieder auf Einwände stoßen. Auf dem Gebiete der Dressur des Pferdes und der Reiterei wollen wir alle Anregungen sorgfältig prüfen, aber immer von dem Standpunkte aus, daß das, was wir besitzen, unsere Krone ist, unter welcher das Gebiet der deutschen Dressurreiterei auf das beste gediehen ist, mit allen Ausstrahlungen auf die anderen Gebiete der Reiterei.

Zur Erhaltung und Erneuerung der Reiterei sollen die Schulungskurse und Besprechungen dienen, welche der Vorsitzende der Deutschen Richtervereinigung regelmäßig einberuft.

Dr. h. c. G. Rau

Dr. h. c. Gustav Rau war: 1933 Oberlandstallmeister, Leiter des deutschen Pferdesportes und der Zucht, Oberleiter der Olympischen Reiterkämpfe bei den Olympischen Spielen in Berlin 1936, Vorsitzender des Deutschen Olympiadekomitees für Reiterei, Vorsitzender des Ausschusses für Leistungsprüfungen der Arbeitsgemeinschaft Deutscher Pferde, Ehrenvorsitzender der deutschen Reitervereinigung für Pferdeleistungsprüfungen, Vorsitzender der Gesellschaft der Züchter und Freunde des arabischen Pferdes, Mitglied des Nationalen Olympischen Komitees, Vorsitzender des Bundesverbandes der ländlichen Zucht-, Reit- und Fahrvereine Deutschlands, Chefredakteur der Pferdesportzeitung St. Georg, Oberstintendant und Beauftragter für Pferdezucht und Gestütswesen in Polen, erster Verantwortlicher der Heeresremonteämter Schönböken/Grabau.

Dr. h. c. Gustav Rau erwarb nachstehende Auszeichnungen:
Im Ersten Weltkrieg Eisernes Kreuz I. und II. Klasse, das Silberne Verwundetenabzeichen, das Württembergische Ritterkreuz des Friedrichordens II. Klasse mit Schwertern. Nach 1936 Träger des Deutschen Olympia-Ehrenzeichens I. Klasse. Im Zweiten Weltkrieg das Kriegsverdienstkreuz I. und II. Klasse mit Schwertern.

Marten v. Barnekow

Widmung

Dieses Buch widme ich in Erinnerung und mit Dank dem Major Marten v. Barnekow. Er war für mich der bedeutendste Pferdemann, den ich in meinem Leben kennenlernte. Die Behandlung seiner Pferde und seine leistungsbezogene Einstellung zu ihrer Ausbildung waren vorbildlich und weltweit beispielhaft. Die ganze Hingabe und Liebe galt den vierbeinigen Kameraden, und seine einmalige sportliche Haltung überragte alles bisher Dagewesene. Nicht zu unrecht bezeichneten die Italiener ihn als den besten deutschen Reiter, und Dr. Rau schrieb über ihn: Um diesen Reiter beneidet uns die ganze Welt.

Im Frühjahr 1986 *Karl Schönerstedt*

Die springenden Pferde

Parcoursspringende Pferde sind in der Sportwelt ein festumrissener Begriff. Namen wie Tora, Wotan, Alchimist, Olaf, Derby, Meteor, Halla, Finale, Godewind, Armalva, Nico, Ferdl, Freiherr, Donald Rex, Baron IV und Warwick-Rex sind volkstümlich geworden, berühmter noch als manch vorzüglicher Reiter. Es sind Pferde, die durch jahrelange Leistungen glänzten, die mit ihrer Springtechnik Millionen Menschen zu Beifallsstürmen hinrissen, gleichgültig, ob sie in Europa, Amerika oder Afrika sprangen. Sie sind zwar Ausnahmeerscheinungen der deutschen Pferdezucht geblieben; aber ihre Existenz und ihr Können bewiesen die Richtigkeit einer sinnvollen Zucht Hunderter leistungsgeprüfter Hengste und Tausender bodenständiger Stuten in allen Teilen Deutschlands.

Von jeher haben Hannoveraner und Holsteiner einen besonders großen Anteil der hervorragenden Springpferde geliefert. Zwischen den beiden Weltkriegen waren vorwiegend Hannoveraner am Start, wenn auch beispielsweise das bedeutendste Springpferd dieser Zeit, Tora, eine Holsteinerin war und das „Silberpferd" Wotan aus Schlesien kam. Nach dem Zweiten Weltkrieg waren es in erster Linie Holsteiner, die das deutsche Springpferd wieder weltweit bekannt machten. Das waren Pferde des Fritz Thiedemann, die sich das deutsche Ansehen im Springsport zurückeroberten.

Mit Recht wird sich jedem Pferdemann beim Lesen dieser Zeilen die Frage aufwerfen, warum hier nicht die ausgezeichnete ostpreußische Zucht benannt wird. In Ostpreußen wurde jedoch speziell das Vielseitigkeitspferd gezüchtet und kein Spezialspringpferd. Gewiß kamen auch von dort ganz hervorragende Pferde wie Dedo, Morgenglanz, Der Mohr und Schorsch; aber Schwerpunkt waren Military- und Dressurpferde, die im Lande der dunklen Wälder und der weiten Seen gezüchtet wurden. Auch die Nachkriegszucht der Ostpreußen hat nur wenig überragende Springpferde hervorgebracht.

Neben den klangvollen Pferdenamen stehen natürlich auch die der Reiter. In der Vorkriegszeit waren es Freiherr v. Langen, Prinz Friedrich Sigismund von Preußen, Axel Holst und an Offizieren die Gebrüder Hasse, Heinz Brandt, Marten v. Barnekow, Richard Sahla, Freiherr v. Nagel, Harald Momm und Hans-Heinrich Brinckmann. In der Zeit nach dem Zweiten Weltkrieg waren es Fritz Thiedemann, Hans Günter Winkler, Alwin Schockemöhle, Hermann Schridde, Alfons Lütke-Westhues, Hartwig Steenken, Frau Köhler und Anna Clement, die die größten Erfolge für den deutschen Springsport erringen konnten.

Ob in Rom, Paris, Nizza, London, Dublin, Luzern, Genf, Rotterdam, Ostende, in Warschau, New York, Toronto, Madrid oder Lissabon, überall sprangen diese deutschen Pferde und Reiter für den Springsport, für die deutsche Pferdezucht, für die deutsche Reiterei und zu Ehren ihres Landes. Es sind ungewöhnliche Siegesserien, die sie erringen konnten, und sie haben mit ihren Leistungen Sportgeschichte gemacht.

Selten sind in einer Sportart auf internationalen Plätzen so viele Nationen versammelt wie beim Springsport. Selten hat ein Sport so viele Menschen verschiedener Sprachen zusammengeführt wie dieser Turniersport, der jetzt schon seinen fünfundsiebzigsten Geburtstag hinter sich gebracht hat. Vom Fußball abgesehen, vereinigt wohl keine Sportart so viele Interessenten wie der Springsport. Wer sich überzeugen möchte, der fahre nach Aachen, wo der Große Preis der Stadt entschieden wird, oder nach Hamburg, wenn das Springderby zur Austragung gelangt; er fahre sonntags auf einen der vielen Turnierplätze; überall wird er ein begeistertes Publikum antreffen, das, wie er, fasziniert auf Reiter und Pferde schaut, die mit scheinbar spielerischer Leichtigkeit gewaltige Hindernisse überwinden, mal nach Fehlern und Zeit im Kampf um die Zehntelsekunde, mal bei atemberaubenden Kanonenspringen bis zu den gewaltigsten Höhen von 2,20 Meter und Weiten bis zu 2,50 Meter, über Wassergräben bis zu sechs Meter Breite und mehr.

Trotzdem ist die Entwicklung der Reiterei nicht ohne Tragik. Jahrtausendelang war das Pferd als Reit- und Zugtier durch nichts ersetzbar. Die ganze Menschheitsgeschichte war mit den Leistungen der Pferde eng verbunden. Heute, im Zeitalter der Düsenflugzeuge, kann man sich nur schwer vorstellen, daß noch vor hundert Jahren die zu befördernden Lasten von Pferden gezogen wurden, daß die schnellsten Truppen aus Kavallerieverbänden bestanden und die sicherste und zugleich schnellste Postübermittlung von Pferdebeinen abhängig war. Selbst noch im letzten Kriege wurden Millionen Pferde eingesetzt, während es heute nur ganz wenige Armeen gibt, die sich der Pferde bedienen.

Die Erfindung der Dampfmaschine, der Eisenbahn und des Autos brachten grundlegenden Wandel. Das zwanzigste Jahrhundert entwickelte noch dazu Flugzeuge, die in einer Stunde Strecken überwinden, für die man mit Pferden Wochen und Monate unterwegs gewesen wäre. Als letztes Arbeitsgebiet verblieb dem Pferd nur noch die Landwirtschaft, nachdem es für die Straße uninteressant geworden war. Aber auch hier schritt die Entwicklung zuungunsten des Pferdes weiter fort. Die allgemeine Industrialisierung, der Anreiz höherer Löhne, ließen die Landflucht immer stärker werden. Der Bauer, einst der größte Pferdeliebhaber und alleiniger Träger der Zucht, wurde nun ebenfalls zur Umstellung gezwungen. Auch er mußte seinen Betrieb motorisieren, mußte die schwindenden Arbeitskräfte durch Maschinen ersetzen. Es fehlten die Menschen, die sich mit der Pflege und dem Unterhalt des Pferdes beschäftigen konnten, und das Pferd wurde für den Bauern, weil nicht beliebig lange einsetzbar, zu teuer.

Als nach dem Zweiten Weltkrieg das große Pferdeschlachten begann, meinte man anfangs, das läge an der Auflösung der deutschen Wehrmacht, die jahrzehntelang Hauptabnehmer der gezüchteten Pferde gewesen war. Mancher Sportsmann unter den Pferdezüchtern und Pferdefreunden wurde verlacht, wenn er davon sprach, daß dem Pferd in der Zukunft nur noch die Rolle eines Sportkameraden des Menschen verbleiben würde. Aber die Entwicklung gab ihm recht. Gestüte wurden aufgelöst, berühmte Züchter verkauften ihre letzte Mutterstute, und die Bedeckungsziffern sanken in kurzer Zeit so tief, daß man glaubte, sich schon ausrechnen zu können, wann das letzte Fohlen in Deutschland geboren würde.

Da wurden Reitervereine und Reitturniere, die es in der Vorkriegszeit schon in großem Umfange gegeben hatte, neu ins Leben gerufen. Aus Anfängen heraus entwickelte sich eine neue Welle der Begeisterung für die Sache des Pferdes. Mit einem Male war die Züchtung des Pferdes als die des Sportkameraden interessant. Fohlen landeten nicht mehr beim Metzger, sondern tollten über die Koppeln, munter wiehernd wie eh und je, und das blanke Fell der herrlichen Tiere streichelten liebevolle Hände. Neben vielen neuen Pferdebüchern erschienen wieder Fachzeitschriften, die über Pferde, Reiter und Turniere berichteten. Im Mittelpunkt standen die Springkanonen mit ihrem schon legendären Mythos, mit dem man sie umgab: Halla, Meteor, Ala, Armalva, Jaspis, Godewind, Diamant und wie sie alle hießen. Das Springpferd wurde sozusagen zum Vorkämpfer in der Sache des Pferdes.

Gewiß erfreuen sich jährlich viele Tausende Zuschauer an Vollblutrennen und an den Leistungen der Militarypferde und der Traber, hängen verzückte Augen an den schönen Bewegungen edler Dressurpferde und sind Tausende begeistert, wenn ein eleganter Viererzug in die Bahn trabt. Aber am stärksten werben wohl die Springpferde für das Pferd, sie, die Könige der Turnierplätze. Das alles gilt nicht nur für unsere deutschen, sondern auch für die Turnierpferde anderer Nationen: Merano und Posillipo, Sinjon und Ksar d'Esprit, The Rock, The Quiet Man, Uruguay, Flanagan, Hollandia, Nautical, Mister B, Fahnenkönig, Gran Geste, Espartacco und viele andere mehr.

Wie groß die Bedeutung des Springsports nicht nur in Deutschland, sondern in der ganzen Welt ist, beweisen schon allein die ständig wachsenden Teilnehmerzahlen bei den Olympischen Spielen. 1912 waren in Stockholm neun Länder am Start, in Antwerpen waren es 1920 sechs Länder, 1924 in Paris elf Länder und 1928 in Amsterdam sechzehn Länder. Aufgrund der Weltwirtschaftskrise waren es 1932 in Los Angeles nur vier Länder, aber schon in Berlin 1936 wieder achtzehn Länder, 1948 in London siebzehn Länder, 1952 in Helsinki zwanzig Länder, 1956 in Stockholm sogar fünfundzwanzig Länder, 1960 in Rom dreiundzwanzig Länder und 1964 in Tokio siebzehn Länder.

Um eine Spitzenmannschaft für solche Konkurrenzen heranbilden zu können, braucht man Pferdezuchten und einen Reitsport auf breiter Basis, denn die dreiundzwanzig Nationen, die an der römischen Olympiade teilnahmen, werden bemüht bleiben, auch in Zukunft hervorragendes Pferdematerial zu den internationalen Turnieren und Olympischen Spielen zu entsenden.

Die Pferdezucht ist somit auf Jahrzehnte hinaus in einem gewissen Rahmen notwendig. Sie wird es auch künftig bleiben, wenn der Springsport in der Welt weiter fortschreitet, neue Freunde gewinnt und die Besucher immer mehr fesselt und begeistert. Möge dieses Buch dazu beitragen, daß die Leistungen jener deutschen Reiter und Pferde unvergessen bleiben, die solch entscheidenden Anteil an der Entwicklung des Springsportes in den letzten Jahrzehnten zum Segen der Pferde und zum Ruhme des Sports genommen haben.

So begann es

In die Zeit der höchsten Blüte des Herrenreiterrennsports fallen auch die Anfänge des Turniersports. Bei 110 Kavallerieregimentern des Kaiserlichen Heeres schien es ein leichtes zu sein, die Entwicklung eines solchen Turniersports in vollem Ausmaß vorantreiben zu können. So einfach verlief das allerdings nicht, denn es gab auch Widerstände. Der Rennsport war so populär, daß man nicht einsehen wollte, warum man daneben noch einen besonderen Springsport haben müßte, da die Pferde doch auch bei Rennen Hindernisse zu überwinden hatten.

In München-Riem wurde der Turniersport durch die bayerische Campagne-Reitergesellschaft aus der Taufe gehoben. Unter der Leitung ihres Präsidenten Prinz Alphons von Bayern und des Sportreferenten Max Redwitz konnten hier die ersten Turniere schon vor der Jahrhundertwende veranstaltet werden.

Ein anderes hervorragendes Ereignis gab es in der Reichshauptstadt Berlin. Zu Ehren des hundertsten Geburtstages des ersten deutschen Kaisers, Wilhelm I., fand 1897 auf der Rennbahn Karlshorst ein Preisspringen über drei Hindernisse statt. Veranstalter war der Deutsche Sportverein mit seinem damaligen Präsidenten Exzellenz v. Reischach. Die Hindernisse hatten die respektable Höhe von 1,35 bis 1,50 Meter, gewonnen wurde es von dem Rittmeister der 3. Garde-Ulanen v. Willich. Begeisterte Zivilisten führten den Sport mit Erfolg weiter.

Ab 1900 gab es schon eine Reihe von Winterveranstaltungen in geschlossenen Hallen. In Berlin in einer Halle am Zoologischen Garten unter Leitung von Oberst v. Kescycki, im Luisentattersall vom Reichsverband für deutsches Halbblut unter der Leitung von Funcke, am Hippodrom in Frankfurt am Main unter Leitung von General v. Bissing und in Hamburg am Rothen Baum unter der Leitung von Hasperg jun. Es gab geschlossene Programme von Reit- und Springprüfungen. Die bedeutendsten Vorkämpfer waren: Günther mit den Pferden Pompadour und Qual, Willmer mit Danilo und El Bedavi, Laufer mit Panope, Hellwig mit Newbank und Graf Schaesberg mit den

Pferden Lump, Grundsee und Krieger, Graf Holck mit Cark Petrell, Oesterley mit Pepita, dem damaligen Wunder an Vielseitigkeit, Waydelin mit Wegelagerer, H. Hasperg jun. mit Fotografo, Freyer mit Ultimus, Bürkner mit King, die beiden Andreaes, Walzer, Maerken zu Gerath, Schaezler, Vopelius, Olsen und Steuben.

Trotz großer Bemühungen anhand von Vorträgen, durch umfassende Schriftstücke und durch ihr glänzendes Beispiel vermochten die obengenannten Reiter die maßgeblichen Anschauungen der ausschlaggebenden Militärreiterei kaum zu beeinflussen. Der moderne Springstil, dazumal schon von den Italienern gelehrt, wurde gar nicht zur Kenntnis genommen.

Im Jahre 1901 entschloß man sich allerdings erstmalig, ein internationales Turnier in Turin offiziell zu beschicken. Die stattliche Anzahl der Auserwählten kehrte ohne Erfolg zurück. Die Erfahrungen, die sie machen mußten, waren sehr bitter. Die deutsche Führung lernte aber nichts aus diesem Mißerfolg, sondern verbot den Reitern einfach die Beteiligung an Auslandsturnieren.

Das war natürlich keine gute Lösung, denn der Turniersport weitete sich zusehends aus, und die Beteiligung, vor allem auf internationaler Ebene, nahm ständig zu. Es herrschte oft, trotz der eindeutigen Überlegenheit der Militärreiterei, ein heilloses Durcheinander, es gab keine feststehenden Richtlinien, die den Organisatoren und den Richtern die Arbeit erleichtert hätten. Im Wettstreit mit ausländischen Reitern hätten unsere Turnierreiter nicht nur im Reitstil Erfahrungen sammeln können, sondern es wären auch organisatorisch einige Unebenheiten beseitigt worden. Erst ab 1. April 1910 gab es eine allgemeine Bestimmung, einen der Vorläufer unserer jetzigen Leistungsprüfungsordnung. August Andreae hatte in Berlin ein Kartell für Reit- und Fahrsport gegründet, dessen erster Präsident der General der Kavallerie v. Kleist wurde. Hieraus entwickelte sich der Reichsverband für Zucht und Prüfung des deutschen Warmbluts. Damit wurde der Reitsport, denn bisher war der Rennsport nur ein Privileg der „Oberen Zehntausend", zu einem Sport der breiteren Volksschichten. So kann man das Jahr 1910 als das Geburtsjahr des modernen Turniersportes bezeichnen.

Selbstverständlich beherrschten nach wie vor die Uniformen bei den reitsportlichen Konkurrenzen das Feld, jedoch war der Anfang zum Volkssport gemacht und damit der Grundstein gelegt zu einer für die deutsche Nation so wichtigen sportlichen Entwicklung. Es war nicht weiter verwunderlich, daß es große Schichten in der Reiterei gab, die nur zögernd dieser modernen Richtung folgten. Man hatte sich zu sehr an das Herkömmliche gewöhnt, daß es für viele unmöglich schien, die gewohnten Grundsätze aufzugeben.

Ab 1912 gab es eine neue Reitvorschrift, die die Reitinstruktion von 1872 ablöste. Doch war sie noch nicht so, wie man es sich hätte wünschen können. Obgleich sich die deutschen Reiter nur zögernd der internationalen Konkurrenz stellten, gab es bei den Olympischen Reiterkämpfen in Stockholm einige erfolgreiche Plazierungen. Hier fanden 1912 die ersten Olympischen Reiterkämpfe der Neuzeit statt, und die deutschen Reiter belegten bei der Military in der Mannschaftswertung den zweiten Platz, wurden dritte im Preis der Nationen und dritte bei der Großen Dressurprüfung. Die Reiter bei der Vielseitigkeitsprüfung waren: die Leutnants v. Rockow, v. Lütcken, Graf v. Schaesberg, im Preis der Nationen Oberleutnant Freya (zweiter in der Einzelwertung), die Leutnants Graf v. Hohenau und Deloch, in der Großen Dressurprüfung die Rittmeister v. Oesterley und v. Moers und die Leutnants Freiherr v. Brixen, Bürkner und v. Flothow.

Schon im Jahre 1910 gab es in Frankfurt ein großes Turnier. Damit wurde in der Mainmetropole der Turniersport aus der Taufe gehoben. Aber auch in Berlin, Hannover, Magdeburg, Stuttgart, Breslau, Königsberg, Hildesheim und in Köln gab es bald bedeutende Turniere. Die erste internationale Begegnung in Deutschland wurde 1913 in Leipzig veranstaltet.

Nach dem Ersten Weltkrieg trat ein Mann vor allen anderen bei der Neuorganisierung des Turniersportes in das Blickfeld des gewaltigen Aufschwungs. Mit der ganzen Kraft seiner Persönlichkeit wurde er zum großen Trommler für die Turnierreiterei, trotz der schlechten Zeiten in ganz Deutschland. Es war Gustav Rau, der als Generalsekretär des Olympiadekomitees für Reiterei und als Hauptschriftleiter der Pferdezeitschrift „St. Georg" in geradezu genialer Weise für die Sache des Pferdes eintrat. Durch geschickte Propaganda und die tatkräftige Unterstützung des Hunderttausendmann-Heeres erweckte Gustav Rau im ganzen Volk die Liebe zum Pferd, die Liebe zum Pferdesport. Der Turniersport mußte neu organisiert werden, der Gedanke an die Pferdebesitzer herangetragen werden. Rau war jedoch nicht nur der Trommler, sondern er verstand es auch, das Berliner Winterturnier des Reichsverbandes zu einer pompösen reiterlichen Schau zu machen. Er schuf richtungweisend die Weiterentwicklung des Turniersportes.

Deutschlands Sportler waren nach dem Ersten Weltkrieg, genau wie nach dem zweiten Völkerringen, jahrelang geächtet. Nur zögernd wurden sie zu ausländischen Turnieren eingeladen. So kam es erst 1923 zu den ersten internationalen Reitersiegen des Freiherrn v. Langen. Mit Pferden wie Hanko, Goliath, Falkner startete er in vielen Prüfungsarten und später, 1928, gewann er auf Draufgänger die erste Goldmedaille für die deutsche Reiterei. Prinz Friedrich Sigismund von Preußen, Graf Goertz, Pulvermann, Graf W. Hohenau, Bürkner, Sahla, Freiherr v. Lüttwitz, Freiherr v. Nagel, Harald Momm, Marten v. Barnekow, v. Sydow, Axel Holst sorgten nicht nur für herrlichen Sport, sondern sie verstanden es auch, sich gegenüber ausländischen Konkurrenzen erfolgreich zu behaupten. Bei den Damen waren es in erster Linie Frau v. Opel und Frau Franke, die sich glänzend bewährten.

Nicht vergessen sollte man in diesem Zusammenhang vier großartige Berufsreiter, die viele herrliche Pferde und hochveranlagte Reitschüler ausbildeten: Stensbeck, Lörke, Staeck und Wätjen.

Nach der glanzvollen Zeit der 110 deutschen Kavallerieregimenter vor dem Ersten Weltkrieg, in der die Uniformen das Bild auf den Turnierplätzen beherrschten, kann man die zwanziger Jahre als die Zeit der Zivilisten bezeichnen, die zu größten Erfolgen kamen. Oft genug sah man sie allerdings noch in ihren Traditionsuniformen reiten.

Sie trugen die ganze Last ihres herrlichen Sportes. Sie mußten nicht nur im eigenen Lande für großartigen Sport sorgen, sondern auch noch Auslandsexpeditionen finanzieren. Daß dies nicht leicht war, bewiesen die Schicksale verschiedener großer Reiter, so das des unvergleichlichen Freiherrn v. Langen, der in wirtschaftliche Bedrängnis geriet, weil der Pferdesport einfach zu viel Geld verschlungen hatte.

Sehr richtig erkannten diese Herrenreiter, wobei man auch die Amazonen nicht vergessen darf, daß nur der Kampf mit den besten Reitern des Auslandes das eigene Können und das der Pferde würdigen konnte. Außerhalb unserer Grenzen stand der internationale Springsport bereits auf höchster Stufe. Unsere Reiter waren in Schweden, in der Schweiz, in Holland, Österreich, Ungarn und natürlich in der „Höhle des Löwen", in Italien, gewesen. Viele lernten in den italienischen Schulen, in Pinerolo und Tor di Quinto, und sie brachten die neuen Erkenntnisse mit nach Deutschland. In diesem Zusammenhang darf der pommersche Gutsbesitzer Camminecci nicht vergessen werden, der einer der Hauptverfechter der italienischen Methode auf deutschem Boden wurde.

Von den Olympischen Spielen 1928 in Amsterdam brachten die deutschen Reiter zwei goldene und eine bronzene Medaille mit nach Hause. Es waren die ersten Spiele, an denen sich unsere Reiter nach dem Ersten Weltkrieg beteiligen durften. Freiherr v. Langen gewann auf Draufgänger, den Staeck ausgebildet hatte, die Große Dressurprüfung. Auch in der Mannschaftswertung belegte Deutschland den ersten Platz, und zwar mit Freiherr v. Langen, Major Freiherr v. Lotzbeck auf Caracalla und Rittmeister Linkenbach auf Gimpel. In der Military wurde Major Neumann auf dem Trakehner Ilja dritter, aber im Springen erbrachten wir trotz des großartigen Einsatzes keine überzeugende Leistung.

Hier wurde klar, daß die ausländische Konkurrenz mittlerweile so stark geworden war, daß Einzelreiter einfach nicht dagegen antreten konnten. Es mußte eine zentrale Ausbildungsstätte geschaffen werden, um damit die Möglichkeit zu haben, die besten Reiter und die besten Pferde einheitlich zu schulen und sie sinnvoll für internationale Turniere vorzubereiten.

Es war das Verdienst von zwei hervorragenden Männern, von Gustav Rau und dem damaligen Inspekteur der Kavallerie, General Brandt, daß Ende 1929 in Hannover die Spezialställe der Kavallerieschule eingerichtet wurden. Der erste Leiter des Vielseitigkeits- und Springstalles wurde Rittmeister Graf Rothkirch.

Von diesem Zeitpunkt an bestimmten deutscherseits wieder die Uniformen das Bild auf den internationalen Turnieren. Es zogen somit Offiziere hinaus zum Kampf zwischen Start und Ziel. Zwar war die Farbenpracht der Husaren, Kürassiere, Ulanen und Dragoneruniformen verschwunden, aber das schlichte Grau der Reichswehr als Überlieferung der Uniformen des Ersten Weltkrieges brachte genügend Glanz und fand große Beachtung. Bald nannte man die Reiter aus Hannover die „Grauen Reiter". Sie waren dazu bestimmt, die deutsche Springreiterei an die Spitze der Welt zu führen.

Im Jahre 1930 übernahm Rittmeister Freiherr v. Waldenfels den Springstall, und mit ihm begann der Siegeszug dieser Grauen Reiter in aller Welt. Es wurde der Siegeszug nicht nur der deutschen Reitweise, sondern auch der deutschen Pferde, denn Rau und auch Waldenfels wünschten, daß es in der deutschen Mannschaft nur Pferde der deutschen Zuchtgebiete gab. Es war eine glückliche Verbindung, die man in Hannover geschaffen hatte. Es wurde dressurmäßig gearbeitet, und der italienische Springstil mit etwas längerem Bügel übernommen. Es wurden deutsche Warmblutpferde geritten, und der beste Reiter auf das für ihn beste Pferd gesetzt. So war es nicht verwunderlich, daß die geschaffenen Voraussetzungen ihre großen Früchte schon ab 1931 trugen.

Das italienische Vorbild

Um die Jahrhundertwende schuf der italienische Capitano Caprilli, Chefreitlehrer von Pinerolo, den italienischen Springstil. Die Lehre der alten Schule besagte, daß ein Reiter beim Überwinden eines Hindernisses fest im Sattel sitzenbleiben müsse. Wenn man heute von einem Reiter verlangen würde, ein mannshohes Hindernis in diesem Stil zu überwinden, dann bliebe wahrscheinlich niemand im Sattel sitzen, sondern würde wie eine „Pudelmütze" vom Pferd fallen. In früheren Zeiten ritt man mit sehr langen Bügeln, weil dadurch der Reiter als Lanzenträger eine viel größere Sicherheit erhielt. Die Kavallerie, oft schlachtenentscheidender Verband, ritt seit Friedrich dem Großen ihre Attacken fast ausschließlich mit Lanzen. Beim Zusammenprall mit feindlichen Reiterformationen kam es also darauf an, eine möglichst große Stoßkraft zu entwickeln. Nicht nur wegen der Beherrschung der Pferde wurden die Bügel lang geschnallt, sondern man konnte sich auch beim Lanzenkampf besser in die Bügel stellen, wie man es ja noch heute bei den Cowboys in Amerika beobachten kann, wenn sie ihre Rinder einfangen.

Mit einem solch langen Bügel war es sehr schwierig, ein hohes Hindernis mit vorgestrecktem Oberkörper zu überspringen. So mußte man im Sattel sitzenbleiben und trotzdem über das

Hindernis hinwegkommen. Alte Archivfotos und Pferdebücher aus der Vergangenheit beweisen jedoch eindeutig, daß diese Springreiterei ganz zu Lasten des Pferdes ging. Der Reiter konnte in dieser Haltung nicht genug nachgeben, und das Pferd bekam dadurch einen bösen Ruck ins Maul. Wenn 1926 der später ebenso berühmt gewordene Pferdezüchter wie damalige Reiter, Freiherr v. Buddenbrock, ein Hindernis von 2,07 Meter Höhe überwand, dann kann man sich heute gar nicht mehr vorstellen, wie solch ein Sprung damals überhaupt möglich wurde, woher man die Elastizität nahm, damit die Kraft des Pferdes überhaupt ausreichte, um solch ein Hindernis fehlerfrei zu springen. Wie man es schaffte, daß ein Pferd ballancemäßig solch ein Hindernis bei der angewandten Springweise überwinden konnte, ist nach heutigen Maßstäben einfach unvorstellbar. Früher bei den Masseneinsätzen der Kavallerie im Kriege wurde auch schon gesprungen. Noch im Feldzug 1870/71 war gewiß das Springen großer und hoher Hindernisse die Ausnahme, das Überspringen von Gräben aber garantiert erforderlich, denn ein Reiterangriff durfte an einem Graben, gleich welcher Breite, nicht scheitern. Jedoch konnte man beim Grabenspringen im langgestreckten Sitz verbleiben.

Genauso war es bei den in vollster Blüte stehenden Rennsportveranstaltungen. Die Hindernisse wurden mit großem Schwung genommen. Es gab ja nur Gräben und Bürsten. Bei dem hohen Tempo brauchte der Reiter nicht unbedingt mit dem Gesäß weit aus dem Sattel zu gehen. Das Pferd schwebte im Sprung ziemlich lange über dem Hindernis, ohne dabei eine große Höhe zu erreichen. Für den Reiter war es verhältnismäßig einfach, sich diesem Bewegungsablauf des schnellen Pferdes anzupassen. Trotzdem wäre es heute undenkbar, bei Hindernisrennen mit langen Bügeln zu reiten.

Beim Grand National in Liverpool kann man alljährlich von neuem beobachten, daß die englischen Jockeys auch heute noch mit verhältnismäßig langem Bügel reiten. Die Schwierigkeit des Geläufs verlangt einen größeren Schenkelschluß, denn man will bei einem kleinen Rumpler nicht gleich vom Pferd fallen. Warum die Reiter sich aber beim Landen zurücklegen, scheint mehr eine Vorsichtsmaßnahme für eventuelle Massenstürze zu sein, denn die Entlastung des Pferderückens bleibt auch bei diesem schwersten Rennen der Welt von größter Wichtigkeit.

Bei Springkonkurrenzen, in deren Verlauf es doppelte und dreifache, ja sogar vierfache Kombinationen gibt, ist es unmöglich, im alten Stil zu reiten. Will man hier sein Pferd nicht stören und sich der Vorwärtsbewegung anpassen, dann kann man dies nur mit einem kurzgeschnallten Bügel und dem nach vorn verlagertem Reitergewicht. Die Hand muß sich am Pferdehals befinden, damit das Pferd sich jederzeit weiter strecken kann, wenn es der jeweilige Sprung erfordern sollte.

Durch die Einführung der Schnellfeuerwaffen hatte die Kavallerie im Laufe der Zeit als Schlachtenkavallerie mehr und mehr an Bedeutung verloren, ihr mußte also in einem modernen Heer eine neue Aufgabe zufallen. Dafür ergaben sich verschiedene Möglichkeiten. Zum einen konnte sie zur Aufklärung eingesetzt werden, und zum anderen als bewegliche Infanterie, die durch die Pferdekraft schnellstens an die erforderlichen Frontstellen gebracht werden konnte. Auf Pferderücken gelangten Kavalleristen selbst in schwierigem Gelände in die Flanken oder sogar in den Rücken des Gegners. Diese Aufgabe war nur zu erfüllen, wenn die Reiterverbände sehr beweglich und geländesicherer gemacht wurden.

Schon im Altertum bediente man sich der klassischen Reitkunst, um die Pferde durch Gangarten und Lektionen dem gegnerischen Reiter gefährlicher werden zu lassen. Das Pferd wurde dazumal nicht nur wegen seiner Schnelligkeit genutzt, sondern auch aufgrund seiner Intelligenz und seiner Gelehrigkeit für den Menschen unentbehrlich. So war schon in grauer Vorzeit die Reitkunst ein Mittel zum Zweck. Allerdings kam diese Entwicklung zwischenzeitlich zum Stillstand, als nämlich die Ritterheere das Pferd nur noch dazu benötigten, ihre schweren Rüstungen und

Waffen über große Strecken tragen zu lassen. Je schwerer das Pferd, um so höher wertete man seine Verwendungsmöglichkeit.

Dies änderte sich dann wieder, als die Feuerwaffen die schweren Rüstungen der Reiter nutzlos und damit überflüssig machten. Dadurch wurden die Reiterarmeen wieder beweglicher und geländegängiger. Friedrich der Große (1712–1786) erkannte als genialer Feldherr diese Vorzüge der berittenen Einheiten, und er verlangte in einer Reitinstruktion, daß ein Husarenpferd so wendig gemacht werden müßte, daß man mit ihm „auf einem Teller" galoppieren könne. Für den Preußenkönig waren die Husaren die schnellsten Reiter und fast ausschließlich dazu bestimmt, aufzuklären und durch die sogenannten Husarenstreiche seine Bewegungen zu stören und danach dem Gegner die überraschende Niederlage beizubringen. Die feindlichen Trosse waren vor plötzlichen Überfällen nicht sicher, und tollkühne Meldereiter beförderten schnellstens wichtige Befehle durch schwierigstes Gelände. Voraussetzung zur Erfüllung dieser Aufgaben war ein wendiges, zähes, ausdauerndes und genügsames Pferd, das dazu auch noch ausgezeichnet ausgebildet werden mußte.

Nach dem Krieg von 1870/71 war den Generalstäben klargeworden, daß die Schlachtenkavallerie durch die weitere Modernisierung der Feuerwaffen ihre einstige Bedeutung fast restlos verloren hatte und die schneidigen Reiterattacken von größeren Kavallerieverbänden unmöglich geworden waren. Die moderne Armee konnte nur eine schnelle Kavallerie brauchen. Sie mußte auf den Stand gebracht werden, den bisher die Husarentruppe allein eingenommen hatte.

Es waren bestimmt keine sportlichen Erwägungen, die den italienischen Capitano veranlaßten, die Geländereiterei revolutionär zu ändern. Caprilli erkannte sehr richtig, daß man die Schnelligkeit des Pferdes und seine Geländegängigkeit nur dann voll nutzen konnte, wenn sich der Reiter den Bewegungen des Pferdes anzupassen verstand. Daß dem Pferd auch das Springen erleichtert werden konnte, kam erst an zweiter Stelle, und er hat dieses erst festgestellt, als man nach der Geländeschulung die ersten Springversuche unternahm.

Um es gleich richtig auszudrücken, der italienische Springreitersitz ist kein Jockeysitz. Der Reiter steht nicht im Bügel und kniet nicht auf dem Pferd, sondern er schnallt seine Bügel so kurz, daß sein Gesäß beim Galopp einige Zentimeter über dem Sattel schweben kann. Oft genug sieht man es heute auf den Turnierplätzen, daß der Reiter nicht im Pferde kniet, sondern auf dem Pferd. Der Oberkörper soll leicht nach vorn geneigt sein, die Zügelfäuste befinden sich rechts und links am Widerrist und sind durch die Vorwärtshaltung leicht angewinkelt. Springt das Pferd nun ein Hindernis, dann geben diese Hände so viel nach, wie das Pferd aufgrund der Hindernishöhe und des Exterieurs zum Ausbalancieren benötigt.

Das Zügelwegwerfen ist zwar fehlerhaft, aber doch nicht so, wie ein Rückwärtswirken mit der Hand. Springt das Pferd ab, so klappt der Oberkörper des Reiters wie ein Taschenmesser in sich zusammen. Die Rückenlinie des Reiters und die Linie des Pferdehalses sollen parallel zueinander sein. Das ist die Grundlage der Theorie Caprillis: die Anpassung des menschlichen Schwerpunktes an den Schwerpunkt des Pferdes. Der Reiter sitzt durch den Vorwärtssitz zwar vermehrt auf der Vorhand, da aber die Hinterhand als der kräftigere Teil des Pferdes die Vorhand mitträgt, wird durch die Gymnastizierung die Vorhand entlastet. Damit kommen wir zum wichtigsten Teil der Caprillischen Lehre, zur Gymnastizierung.

Ob für die Militärreiterei oder den Sport, die Muskeln und der Knochenbau der Pferde mußten für beide Fälle einer gymnastischen Arbeit unterzogen werden. Man kann ein Pferd nur dann zu Höchstleistungen bringen, wenn es seine Muskeln vollständig beherrscht. Diese Beherrschung ist aber nur dann möglich, wenn die Muskeln locker und die Gelenke geschmeidig sind. So hat Caprilli die natürliche Methode erdacht. Das Gegenstück davon müßte die unnatürliche Methode sein. Die gibt es jedoch nicht, denn ein Pferd kann von Natur aus springen.

Der Reiter darf durch sein Gewicht diesen Bewegungsablauf nicht stören, sondern er muß ihn sogar fördern. Hier liegt das Geheimnis einer erfolgreichen Reiterepoche, das von Waldenfels und seinen Reitern sofort erkannt wurde. Die Erkenntnis bleibt leider in der heutigen Zeit unbeachtet und wird durch ein Sammelsurium von Hilfszügeln ersetzt, die zwar den Pferdehals bei der Arbeit nach unten ziehen, aber beim Springen ein Hochstrecken des Kopfes nicht verhindern können. Caprillis Methode war ganz auf die Psyche des Pferdes abgestimmt. Es ging in erster Linie darum, Pferd und Reiter im Gelände sicher zu machen, so daß sie am langen Zügel ohne Mühe galoppieren und springen konnten. Jeden Kampf mit dem Pferd, der sich zwar bei einem dressurmäßigen Reiten nicht vermeiden läßt, lehnte er ab. Nur die Anpassung und die Entlastung der Rückenmuskulatur stand im Vordergrund der Erziehung. Das war genial und revolutionär zugleich, wenn man bedenkt, daß die bisherige Grundlage des Reitens der tiefe Sitz mit langem Bügel war.

Die spielerische Methode lag natürlich den romanischen Völkern, und so war es nicht verwunderlich, daß Caprilli gerade in Italien, Frankreich, Portugal und Spanien die ersten Schüler hatte. Selbstverständlich verlangte auch Caprilli den Gehorsam. Sein berühmtestes Bild, als er über eine Stuhllehne springt, beweist dies eindeutig, aber war es nicht doch mehr Gewöhnung als unbedingter Gehorsam?

Um das junge Pferd mit dem Gewicht des Reiters vertraut zu machen, ließ er schon die jungen Remonten über kleine Hindernisse springen. Es waren die sogenannten Cavalettis. Er ließ die Pferde auch bergauf und bergab galoppieren. Die Reiterhand wirkte niemals rückwärts. Sie war passiv und jederzeit bereit nachzugeben, damit der Hals des Pferdes noch länger wurde. Durch das Springen kleiner Hindernisse sollte das Pferd vorwärts abwärts den Zügel suchen. Es sollte den Rücken aufwölben und die Hinterhand vermehrt einsetzen. Wichtig war, daß es die Freude am Springen behielt. Jeder Ungehorsam war bei dieser Methode gefährlich und, wie sich später herausstellte, lag hier die Kehrseite dieser genialen Idee.

Die Theorie des natürlichen Reitens fand wohl hierbei ihre Bestätigung. Keine Hand störte das Pferd, kein Schenkel war da, um es in seiner ganzen Länge zu biegen. Man erhielt den Vorwärtsdrang, wie ihn das Pferd auf der Koppel als Fohlen gelernt hatte. Durch die tiefe Einstellung des Halses sollte dem Pferd das Reitergewicht zu tragen und auszubalancieren erleichtert werden.

Am leichtesten trägt es das Reitergewicht kurz hinter dem Widerrist. Von hier aus mußte der Bewegungsablauf gesteuert werden, und so entstand der Vorwärtssitz der italienischen Schule, der durch die Gebrüder D'Inzeo jahrzehntelang eindeutig demonstriert wurde. Diese hervorragenden italienischen Reiter zeigten zwar den Caprillischen Sitz, aber die Natürliche Methode hatten auch sie schon lange „zu den Akten" gelegt.

Damals, in der Jahrhundertwende, entdeckte man dank Caprillis Reitweise, daß ein Pferd mit langem Hals, gewölbtem Rücken und gymnastischer Hinterhand in spielerischer Leichtigkeit zwei Meter und höher springen konnte. Diese Erkenntnis hat sich bis heute erhalten, lediglich durch die deutsche Methode wurde vor allem die Arbeit des Pferdes vervollständigt.

Das Springen allein war nicht Sinn und Zweck der Caprillischen Lehre. Wir können wohl mit Recht annehmen, daß auch militärische Erwägungen den italienischen Capitano zu dieser revolutionären Neuerung im Reitsport anregten. Der leichte Sitz ermöglichte nicht nur ein müheloses Springen, sondern auch ein leichtes Galoppieren, Berge hinauf und hinunter. Noch heute existieren Bilder, die Caprilli-Schüler zeigen, die einen steilen Abhang hinuntergaloppieren. Pinerolo wurde für alle Armeen der Welt das Mekka der Spring- und Geländereiterei. Mit Begeisterung verfolgten abgesandte Offiziere vieler Staaten der Welt die Reitvorführungen der italienischen Schule. Das war so imponierend, so klar und so einleuchtend, daß es nicht wenige gab, die alle bisherigen Ausbildungsgrundsätze in den Wind schlugen, um sich allein nur mit der Caprillischen Reitweise zu befassen.

Die letzten, die sich die Erfahrung der Schule zu eigen machten, waren die Deutschen. Durch die Nachkriegspolitik nach 1918 schwer behindert, hatten sie es nicht leicht, Erfahrungen außerhalb der Reichsgrenzen zu sammeln. So war es nicht verwunderlich, daß beim ersten offiziellen Start einer deutschen Equipe in Aachen 1930 eine Deklassierung durch die italienische Equipe stattfand. Dr. Rau schrieb damals über die italienischen Offiziere: „Sie sind und sie bleiben die besten, die tollkühnsten Reiter der Welt. Das verdanken sie ihrem Meister Caprilli und ihren Schulen in Pinerolo und Tor di Quinto." Es fiel schwer gegenüber dieser Reitweise zu bestehen, und es sollte lange dauern, bis der Vorsprung auf diesem Gebiet wieder eingeholt werden konnte. Durch jahrelanges Nichtstun, durch das Fehlen einer zentralen Ausbildungsstätte war wertvolle Zeit verstrichen, und die Italiener hatten alles: glänzende Reiter und hervorragende Pferde.

Italien konnte dazumal drei Auslandsequipes stellen. Unvergessen sind die Namen ihrer Größten: Graf Betoni, der Reiterteufel von Aachen, Borsarelli, der Crispa-Reiter, der 1942 in Afrika den Heldentod fand, Filipponi, der Reiter des Barrierenkönigs und Wunderschimmels Nasello, oder all die anderen: Olivieri, Bruni, Gudieros, Campello, Coccia, Forque, Formigli, Lequio, Lombardo und andere. Sie ritten fast ausschließlich hoch im Blut stehende Pferde aus Italien und Irland. Ein gewaltiges Aufgebot, welch eine Demonstration für die Reiterei, ihres Systems, ihrer Kunst und ihrer Tollkühnheit. Wer konnte sie von der Welt-Vorrangstellung verdrängen?

Die deutsche Methode

Trotz der wirtschaftlichen Schwierigkeiten, die vor allem auch die Pferdezucht betrafen, ging man nun aufgrund der bitteren Erfahrungen in Deutschland daran, eine zentrale Stelle zu schaffen, um den Vorsprung des Auslandes aufzuholen, oder, wenn möglich zu überflügeln. Nichts bot sich mehr an als die Kavallerieschule in Hannover. Einmal war es die größte Reitschule des Reiches, und zum anderen konnte hier nur eine staatliche Institution Abhilfe schaffen. So gründete man nach den Olympischen Spielen in Amsterdam, Ausgang des Jahres 1928, den Turnierstall des Heeres. Anfangs waren Spring- und Vielseitigkeitsstall zusammen, und ihr erster Leiter war der Rittmeister Graf Rothkirch. Schon 1930 trat Rittmeister Freiherr v. Waldenfels die Nachfolge an, unter dessen Leitung die deutsche Ausbildungsmethode geschaffen wurde.

Viele Kräfte waren am Werk, um die deutsche Springreiterei zu dem Glanz kommen zu lassen, den sie brauchte, einmal der sportlichen Erfolge wegen, zum anderen aber auch, um die deutsche Pferdezucht berühmt zu machen. Immer noch galt nämlich der Irländer als das beste Springpferd der Welt. Es gab viele hochangesehene Persönlichkeiten, die an diesem Werk beteiligt waren, aber man geht wohl nicht fehl, wenn man den Major Freiherr v. Waldenfels als den ungekrönten König der deutschen Springreiterei bezeichnet.

Die Arbeit, die jetzt in Hannover begann, war sehr erfreulich und für den deutschen Sport eine der erfolgreichsten. Wenn wir heute abermals in die Sackgasse gedrängt wurden, dann doch nur, weil uns eine Ausbildungsstätte, wie dazumal in Hannover, fehlt, und vor allem eine Persönlichkeit wie Freiherr v. Waldenfels, der nicht nur aufgrund seines militärischen Dienstgrades Chef des Springstalles war, sondern der es auch verstand, seine Reiter von der neuen Methode zu überzeugen, zu begeistern und sie zur Mitarbeit anzuregen. Hier bestätigte sich erneut, daß auch Persönlichkeiten im Sport notwendig sind, die richtungweisend wirken. Waldenfels war nicht nur ein vorzüglicher Reiter und Lehrer, sondern daneben ein Diplomat im wahrsten Sinne des Wortes. Im Laufe der Nachkriegsjahre hat es viel Für und Wider gegenüber der Waldenfelsschen Ära gegeben, denn dieser hervorragende Offizier leitete den Stall nur von 1930 bis 1936. Doch bei der Betrachtung aller bisherigen reitsportlichen Ereignisse wird man an der Feststellung nicht vorbeikommen: Deutschland hatte vor und nach der Waldenfelsschen Zeit zwar vorzügliche Einzelreiter, aber es hatte niemals eine solche leistungsstarke Mannschaft wie unter ihm. So ist es nicht verwunderlich, daß zwei große Mannschaftssiege in seine Zeit fallen: Der dreimalige Gewinn der Coppa d'Oro und der Sieg im Preis der Nationen bei den Olympischen Spielen 1936 in Berlin. Wir dürfen nicht vergessen, daß in der damaligen Zeit durch die Kavallerieverbände vieler Staaten die Konkurrenz sehr viel größer war als in der Nachkriegszeit nach 1945, als fast keine Armee der Welt mehr über eine Kavallerie verfügte, wenn man von der starken Mannschaft Italiens absieht. Immer dann, wenn die Waldenfelssche Theorie richtig erkannt und angewandt wurde, gab es glänzende Erfolge. Jedoch nach seiner Zeit waren es in erster Linie Einzelreiter, die sein Erbe verwalteten und Zeugnis ablegten von der Richtigkeit dieser seiner Ausbildungsmethode. Viele der Großen haben den Krieg überlebt: Marten v. Barnekow, H. H. Brinckmann, Otto Kanehl, Fritz Weidemann, Prinz zu Salm, Max Huck, Freiherr v. Nagel, Gerd Schlickum, Harald Momm und Georg Höltig. Sie werden oft genug Parallelen ziehen zwischen damals und heute. Sie werden nicht zufrieden sein mit dem, was aus ihrem Werk gemacht wurde. Aber die Zeiten ändern sich, und als Trost mögen sie die Gewißheit haben, daß man auf ihr Vorbild immer wieder zurückgreifen wird, wie auf das der unvergleichlichen: v. Waldenfels, Brandt, Ernst und Kurt Hasse, Sahla, Lippert, Perl-Mückenberger und Salviati, die der große Krieg verschlungen hat. Zu Waldenfels und später Momms Zeiten hatte auch Deutschland so viele Spitzenreiter, daß es jederzeit drei Equipes mit den dazugehörigen Pferden aufstellen konnte. Nicht nur die Kavallerieverbände trieben hervorragenden Sport, sondern auch die Artilleristen sowie die SA- und SS-Reiter, wo vor allem letztere in München-Riem eine vorzügliche Schule zur Verfügung hatten, aus der viele gute Pferde hervorgingen.

Mit deutscher Gründlichkeit wurde der Springstall in Hannover aufgebaut. Es wurden erstmals Beritts zu je zehn Pferden eingeteilt. Jeder hatte einen Offizier und einen Unteroffizier oder Wachtmeister. Die Offiziere ritten meist die älteren erprobten Pferde, die auf den großen Turnieren eingesetzt werden konnten, die Unteroffiziere die jüngeren Pferde, die in sinnvoller Arbeit aufgebaut wurden und die ihre ersten Parcours auf Turnieren absolvierten.

Offiziere, die zum Springstall kommandiert waren, brachten fast ausschließlich eigene, schon erfolgreiche Pferde mit. Die Unteroffiziere mußten die Remonten arbeiten, die der Springstall über die Remontenkommission bezog. Daneben stellte das deutsche Olympiadekomitee für Reiterei immer wieder erstklassige Pferde zur Verfügung. Von den einzelnen Truppenteilen selbst veranlagte Pferde zu bekommen, war überaus schwer, denn auch dort gab es passionierte Springreiter, die nicht auf die guten Pferde verzichten wollten. So versteht sich der Umstand, daß die Unteroffiziere nur dank ihres reiterlichen Könnens oft Pferde herausbrachten, die in anderen Händen unbedeutende Soldatenpferde geblieben wären. Es war von vornherein klar, daß nur eine gute Zusammenarbeit hier ihre Früchte tragen konnte, und es ist heute noch als vorbildlich zu bezeichnen, was in der damaligen Anfangszeit für hervorragende Arbeit geleistet wurde. Die Unteroffiziere und Wachtmeister der Kavallerieschule hatten ein großes Arbeitspensum zu bewältigen, wenn man bedenkt, wie wenig Pferde aus der damaligen breiten Landespferdezucht sich für den Spitzenleistungssport eigneten.

Waldenfels verlangte, daß die deutschen Reiter nur mit deutschen Pferden auf blanker Trense bei ausländischen Turnieren reiten sollten. Das schien schon ein schweres Beginnen zu sein, wenn man bedenkt, daß die Irländer von vielen Nationen geritten wurden. Auch die Franzosen hatten mit ihren herrlichen Angloarabern rein zuchtmäßig einen großen Vorsprung vor der deutschen Warmblutzucht, die mit Rücksicht auf die Remontierung der Kavallerie- und Artillerieregimenter nur ganz wenig Vollblut einkreuzte. Der deutsche Vollblüter schien einfach zu empfindlich und zu schwierig für Spezialspringkonkurrenzen zu sein. Auch das Zuchtgebiet Ostpreußen, das durch sein Hauptgestüt Trakehnen einen starken Vollbluteinschlag hatte, stellte nur wenige hervorragende Springpferde. Das Hauptgewicht lag auf den Zuchten Hannovers und Holsteins, wobei der Holsteiner das zuverlässigere Pferd zu sein schien, der Hannoveraner aber das schnellere. Der Hannoveraner, vor allem in seinem schweren Schlag, kam aber dem irischen Hunter im Exterieur am nächsten, und so war es nicht verwunderlich, daß dieses Zuchtgebiet, prozentual auch das größte Warmblutzuchtgebiet überhaupt, die meisten hervorragenden Springpferde stellte. Aber wie gesagt, allgemein hatte das deutsche Warmblutspringpferd damals, als Waldenfels den Springstall übernahm, als Sportkamerad des Menschen so gut wie gar keine Bedeutung. Waldenfels führte die deutsche Methode ein. Nach außen gesehen, also sitzmäßig, paßte man sich hundertprozentig der italienischen Auffassung an. Warum nun deutsche Methode? Sie lag in der Ausbildung begründet. Schon im Kapitel über die italienische Methode wurde die deutsche Militärauffassung zur Ausbildung des Pferdes dargelegt. Waldenfels und Gustav Rau sowie einige seiner hervorragendsten Offiziere hatten bei der italienischen Methode trotz der vielen italienischen Erfolge Schwächen entdeckt. Einmal wurden durch die viele Bodenrickarbeit die Vorderbeine der Pferde doch ganz erheblich strapaziert. Es wurde damit zwar die Heranbildungszeit verkürzt, nach der das Pferd im Turniersport eingesetzt werden konnte, doch vielfach hatte das Pferd Schmerzen zu ertragen und verweigerte deshalb oft genug den Gehorsam. Es stellte sich auch heraus, daß ein in der natürlichen Methode gearbeitetes Pferd nicht gehorsam gemacht werden konnte, wenn es mal die Lust am Springen verloren hatte. Es galt also, diese Schwächen der Italiener auszumerzen, zumal die deutschen Reiter durch das eigene Handicap, nur deutsche Pferde zu reiten, stark behindert waren. Es galt also, die deutschen Spitzenpferde möglichst lange in guter Form zu halten und nach Möglichkeit so zu schulen, daß sie nervlich stets in Ordnung waren und nicht den Gehorsam versagten.

Zu der italienischen Springmethode gesellte sich die altüberlieferte deutsche dressurgymnastische Ausbildung, die festgelegt war in der Heeresreitvorschrift mit dem Zusatz, daß jedes Springpferd den fliegenden Galoppwechsel beherrschen sollte. Das war erforderlich, denn das Pferd mußte im Parcours beim Wechsel von einer Hand zur anderen im richtigen Augenblick im richtigen Galopp gehen. Nur so war ein harmonischer Parcours gewährleistet. Durch die Dressurarbeit wurden noch zwei wichtige Faktoren erreicht. Einmal brachte man das Pferd zum Sekundengehorsam, zum anderen wurde die Hinterhand elastischer gemacht, so daß die Vorhand mehr Entlastung bekam und die Pferde, wie sich später herausstellte, jahrzehntelang den Strapazen der Turniere gewachsen waren. Dressurarbeit wurde also nicht zum Selbstzweck, sondern war ein Mittel zum Zweck. Ein wesentlicher Faktor kam noch hinzu, nämlich der, daß dressurgymnastisch gearbeitete Pferde schneller geritten werden konnten als Pferde der natürlichen Methode. Jeder Kampf zwischen Reiter und Pferd kostete nicht nur Kraft und Nerven, sondern auch Zeit. Ein gehorsam gemachtes Pferd war, wie schon Friedrich der Große verlangte, auf dem „Teller zu drehen". Die Theorie, daß ein Vollblüter auch in Springkonkurrenzen wesentlich schneller war als ein Warmblutpferd, erwies sich schon bald als unzutreffend, denn ein Vollblüter läßt sich aufgrund seines schwierigen Temperamentes erheblich schwerer regulieren, ja oft überhaupt nicht. So kam es, daß die Vollblüter für das Auge des Zuschauers zwar viel schneller zu sein schienen als die langsamer scheinenden, oft schwerfällig wirkenden Halbblutpferde, die jedoch den kürzesten Weg galoppieren konnten und dadurch Sekunden schneller waren als die edlen Vollblüter. Alles das waren Gesichtspunkte, die Waldenfels klar erkannt hatte, und er war gewillt, diese auch durchzusetzen, selbst gegen härteste Kritik auch aus den eigenen Reihen.

Als man später, um die deutschen Pferde zu „entzaubern", Wendemarken aufstellte und Springen zu Rennen umzufunktionieren versuchte, hat selbst auch Waldenfels nach Vollblütern verlangt. Diese Forderung war gar nicht so abwegig. Warum sollte man in einer so starken deutschen Equipe, in der man Pferde für alle Springen aufbieten konnte, nicht auch drei oder vier Vollblüter haben? Mit einer deutschen Grundausbildung versehen, wären die mit Sicherheit schneller gewesen als die der ausländischen Konkurrenz. Jedoch fand der Springsport im Laufe der Jahre wieder zu seiner ursprünglichen Bestimmung zurück, nämlich zum tatsächlichen Springen. Sicher gibt es bis in die heutige Zeit reine Zeitspringen, und der unvergleichliche Holsteiner Nico gewann unter Anna Clement Jahr für Jahr in Aachen die schnellsten Springen. Er war alles andere, nur kein Vollbluttyp, aber er ließ sich drehen — wie „auf dem Teller".

Ein anderer Gesichtspunkt scheint jedoch noch der wichtigere zu sein, warum der Warmblüter dem Vollblüter auch in den kommenden Jahren noch überlegen sein wird, nämlich wegen seiner besseren nervlichen Verfassung. Das Olympische Springen am letzten Tage in Tokio hat diese Auffassung von Waldenfels noch einmal klar bestätigt. Mit Bewunderung stellte die Weltpresse fest, daß bei einem noch nicht einmal schwer erscheinenden Parcours astronomische Fehlerzahlen zustande kamen. Neben der allgemeinen starken Belastung waren vor allem die Nerven der Pferde zu stark gefordert. Auch die Nerven der Reiter waren deutscherseits sicher zum Bersten gespannt, aber die solide Springausbildung hatte die Pferde doch ruhiger gemacht, und hinzu kommt, daß Warmblutpferde nun einmal nervenstärker sind als die Vollblüter. Wenn die Anforderungen steigen und die Parcours zu einem Gewirr aus Stangen werden, wenn man meint, die Kräfte des Pferdes seien bis zum letzten erschöpft, dann wird nur das nervenstärkste Pferd eine Chance haben, auch diese letzte große Kraftanstrengung zu bewältigen.

Der Reiter kann dann nur regulieren, einteilen und treiben. Das Springen, das wahrhaft große Springen, muß er seinem Pferd überlassen. Das ist nicht nur heute so, das war schon 1930 so, als Waldenfels eine Equipe zum ersten Male gegen die Italiener führte und — verlor. Die Umstellung, die Zeit der Ausbildung war noch zu kurz gewesen. In einem halben Jahr konnte man das Versäumte von drei Jahrzehnten nicht nachholen. Daß man auf dem besten Wege war, bewies das Turnier einige Wochen nach Aachen in Zoppot. Dort schlugen die deutschen Reiter die Italiener im Mannschaftsspringen um den Preis der Nationen.

Mit Recht werden die heutigen deutschen Reiter sagen, daß es für eine Offiziersmannschaft sehr viel leichter sei, sich einheitlich auszubilden und beritten zu machen. Nun, diese Ansicht ist nur teilweise richtig, denn auf militärischem Gebiet herrschte der Militärdienst vor, und der Sport spielte nur eine untergeordnete Rolle. Es war eine Sache der Kommandeure, ob sie veranlagte Offiziere zur Kavallerieschule kommandierten oder nicht. Es bedurfte auch dort einsichtiger Persönlichkeiten, die bereit waren, für das Wohl des Reitsportes zu arbeiten, denn letzten Endes förderten die Reitererfolge auch das Ansehen der Reichswehr.

In diesem Zusammenhang sei darauf hingewiesen, daß der deutsche Staat in einer schweren wirtschaftlichen Krise steckte, und man muß die Männer bewundern, die es trotzdem verstanden, die Verantwortlichen von der Wichtigkeit des reiterlichen Einsatzes im In- und Ausland zu überzeugen. Selbst heute, im Wirtschaftswunderland, scheint es unmöglich zu sein, den Staat zur Unterstützung der Reiterei und des Pferdesportes zu bewegen. Voller Bewunderung schauen wir heute auf diese Männer, die teilweise mit drittklassigen Pferden ihre Erfolge heimreiten mußten. Dies war nur möglich durch die ausgezeichnete Ausbildung. Jedem guten Reiter stand dazumal ganz selten mehr als ein Klassepferd zur Verfügung. Erst nach 1936, als der Staat sich immer mehr in die sportlichen Belange einschaltete, konnten die Spitzenreiter auf vier und mehr gute Pferde zurückgreifen.

Bei der Versetzung von Offizieren zum Springstall entschied oft genug nicht allein das Können des Reiters, sondern auch das Leistungsvermögen des Pferdes, das er mitbrachte. Bei den Unteroffizieren wurde ein strengerer Maßstab an das reiterliche Können gestellt, da sie ja über keine eigenen Pferde verfügten. Viele wurden nur probeweise zum Springstall kommandiert, aber nur wenige konnten sich lange Jahre hindurch behaupten.

Bei der Ausbildung und auch im Parcours waren Hilfszügel unbekannt. Es gab höchstens ein langgeschnalltes Martingal. Die Ausbildung dauerte meist drei Jahre. Vor dem siebenten Lebensjahr wurden gute Pferde nur ganz selten zu großen Aufgaben eingesetzt. Dann allerdings hielt die Form der Pferde bis über das fünfzehnte bis siebzehnte Lebensjahr hinaus. Es gab Pferde, die mit über zwanzig Jahren noch in Springen mit souveräner Gelassenheit erfolgreich gingen. Auch bei Springpferden ergab sich während der längeren Schulung eine relative Aufrichtung. Sie kam aber nicht durch künstliche Einwirkungen, sondern durch Ausbildung und Senkung der Hinterhand. Ein wesentlicher Unterschied zur natürlichen Methode war das von Waldenfels angestrebte Ziel, die Pferde so auszubilden, daß jeder Reiter jedes Pferd reiten konnten, was bei Ausfällen besonders wichtig war. Dieses Ausbildungsziel ist von enormer Bedeutung für das Mannschaftsgefüge gewesen.

Alle Pferde sollten mit langem Zügel springen, damit sie sich jederzeit ausbalancieren konnten, was nur mit einer freien Vorhand möglich war. So sprangen alle Pferde mit langgestrecktem Hals und gewölbtem Rücken. Auf einem so losgelassenen Pferd, das reiterlich keine Schwierigkeiten machte, konnte der Reiter einen vorzüglichen Sitz einnehmen, jedes Tempo reiten und jede Höhe springen. Diese Pferde gingen ein vollkommen gleichmäßiges Tempo. Vor dem Hindernis wurde etwas zugelegt, um einen größeren Schwung zu entwickeln. Ein Parcours besteht ja nicht nur aus Hindernissen, sondern zwischen ihnen ist oft viel Raum. Hier mußten die Pferde also ohne Kampf mit dem Reiter einen spielend leichten Galopp zeigen, um jedes geforderte Tempo zu beherrschen.

Die von den Offizieren nach Hannover mitgebrachten Pferde hatten eine solide Remonteausbildung hinter sich. Sie konnten in relativ kurzer Zeit zu sicheren Springpferden ausgebildet werden. Man brauchte sie zuerst nur mit dem leichten Sitz des Reiters vertraut zu machen, um sich dann mit der Gestaltung des Parcours zu befassen. Durch die einheitliche Ausbildung wurden die einzelnen Eigenarten von Reiter und Pferd auf ein Minimum beschränkt, obwohl natürlich Nerven, Herz und Talent eine nicht unwesentliche Rolle spielten. Es gab nur sehr wenige heftige Pferde, weil man den Kampf mit ihnen und jegliche Überforderung vermied. Auch war man bestrebt, Trainingsverletzungen auszuschließen. Es wurde alles getan, ihnen nicht die Lust an der Arbeit zu nehmen. Infolge der Gymnastizierung beherrschte das Pferd seine Gliedmaßen so gut, daß es nur selten Stürze gab.

Auch die Reiter waren bestrebt, sich durch Ausgleichssport körperlich elastisch zu halten. Es wurde Leichtathletik betrieben. Man spielte Tennis, boxte und pflegte den Fechtsport. Trotz der großen Strapazen waren die Pferde jahrelang ohne körperliche Schäden und in einer wunderbaren nervlichen Ausgeglichenheit. Die meisten von ihnen ließen sich leicht reiten. Tora zum Beispiel wurde achtundzwanzig Jahre alt. Sie war nach dem Kriege noch vollkommen frisch und wurde bei den Hengstparaden in Dillenburg oft noch von einem Reiter vorgestellt. Sogar Fohlen wurden von ihr nach ihrer Laufbahn gezogen. Auch Meteor war ein Beweis für die Richtigkeit der deutschen Ausbildungsmethode. Nach einhundertfünfzig Siegen in Springkonkurrenzen ging er mit seinen dreizehn Zentnern auf vollkommen intakten Beinen aufs „Altenteil".

Freiherr v. Waldenfels, dessen Maßnahmen jetzt die neue Epoche einleiten sollten, war Darmstädter Dragoner gewesen und hatte selbst viele Rennen geritten. Die Anpassung an das Pferd durch etwas kürzere Bügel war ihm also nichts Neues. Er selbst war darüber hinaus ein vorzüglicher Dressur- und Geländereiter. Heute würde man ihn als Allroundreiter bezeichnen, aber von Qualitäten, wie wir sie nur noch ganz selten finden. Er brachte alle Voraussetzungen mit, um eine deutsche Equipe aufzubauen und zusammenzuschweißen. Im Mittelpunkt dieser Ausbildung standen ja nicht zwei oder drei Superreiter, sondern das Aufstellen einer Mannschaft. In der Anfangszeit ritt Waldenfels noch einige Male persönlich in der Equipe, später allerdings stand er ganz der Ausbildung und der Leitung zur Verfügung.

Es wird auf der Welt immer wieder außerordentlich begabte Einzelsportler geben, die mit großen Leistungen aufwarten, aber nur selten gelingt es einem Sportzweig, eine oder mehrere Mannschaften aufzubauen und sie jahrelang so in Form zu halten, daß sie unüberwindlich und in ihrer Gleichmäßigkeit Vertretern anderer Nationen überlegen sind. Wer die Reiter der Kavallerieschule jahrelang beobachtete, konnte zu keiner Zeit große Unterschiede in der Manier einzelner feststellen. Wie in allen Kunstzweigen, so war man auch in dieser ersten deutschen Mannschaft bestrebt, alles mühelos und spielerisch erscheinen zu lassen. Selbst bei Höchstleistungen sollte der klassisch schöne Sitz und das geschmeidige Reiten nicht aufgegeben werden. Bewegungen und Hilfen, die der Reiter gab, wurden bis auf ein Minimum eingeschränkt und Unruhe, die ein Pferd leicht irritieren konnte, galt es zu vermeiden, oder falls vorhanden, diese energisch zu bekämpfen.

Bei der Ausbildung unter Waldenfels wurden alle Möglichkeiten ausgeschöpft. Er ließ beispielsweise die Reiter auf den Übungsparcours von Filmwagen begleiten und Zeitlupenaufnahmen machen, so daß jeder seine eigenen Fehler beurteilen konnte, um hinterher bemüht zu sein, diese schnellstens abzustellen. Man ersieht daraus, wie weitschauend und modern der damalige Equipechef sich seiner Aufgabe entledigte. Trotz der verantwortlichen Dienststellung war Waldenfels kein Mann von einsamen Entschlüssen. Diese leistungsstarke deutsche Springreiterequipe entstand durch eine einzigartige Gemeinschaftsarbeit, in der auch ein Untergebener jederzeit Besserungsvorschläge und Wünsche äußern konnte. Dadurch wurde erreicht, daß jeder Reiter auf dem ihm zusagenden Pferde den Wettkampf bestritt. Selbstverständlich gab es auch hier mal Unterschiede in Auffassung und Reitmanier, die jedoch kaum sichtbar wurden. Es ist ein Irrtum, wenn man meint, daß damit Reiter und Pferde mechanisiert wurden und die Individualität eines Reiters unterbunden war. Im Gegenteil, die Stärken des Einzelreiters wurden voll weiterentwickelt, und lediglich nur der Sitz einheitlich ausgerichtet. Im Stil ritten alle gleich.

Wer vor Wotan, Tora, Olaf oder Alchimist stand, sah, daß diese Pferde nicht gehemmt, sondern zu größten Leistungen ausgebildet und auch selbst dazu bereit waren. Der militärische Drill der Rekruten- und Remontezeit, oft ein Ansatzpunkt für nicht gerechtfertigten Spott, hatte im Raum der Kavallerieschule keinen Platz. Es wurde auf Kameradschaft und sportliche Gesinnung allergrößter Wert gelegt. Für Waldenfels war es natürlich sehr schwer, diesen Weg einzuschlagen. Aber er ging den Weg nicht nur, weil er wußte, daß er damit den sportlichen Erfolg garantierte, sondern auch, weil er aufgrund der Autorität seiner Persönlichkeit diese Schritte unternehmen konnte. Erschwerend war für ihn außerdem, daß in den ersten Anfängen alle guten Pferde in Privatbesitz waren, bis allmählich durch das Olympiadekomitee und geschickte Ankäufe sich der Stall vervollständigte. Wie wenig Spitzenpferde dazumal zur Verfügung standen, beweist die Statistik, die am Ende dieses Buches alle internationalen Reitersiege deutscher Reiter aufzeigt. Ihre Kräfte zu schonen und sie sinnvoll einzusetzen, war mit eine der Hauptaufgaben des neuen Equipechefs. Für die Aufzeichnung der Geschichte der Springreiterei schien es bedeutsam, die Anfänge des

Springstalles ausgiebig zu erörtern. Hier lag der Anfang und hier wurde ein Fundament geschaffen, das mit einem Reiter wie Thiedemann bis in unsere heutige Zeit hineinstrahlt.

Ohne Waldenfels und ohne seine Offiziere wäre die Ausbildungsmethode nie so zur Wirkung gekommen und hätte kaum so fruchtbringend in die Welt hinaus getragen werden können. Die Zeit nach 1945 hat eindeutig bewiesen, wie notwendig Vorbilder sind. Ähnlich war auch die Situation nach 1930. Die Grauen Reiter gaben ein Beispiel für die Anstrengungen vieler Institutionen, ja, der ganzen Reiterei.

Militärisch gesehen konnte Freiherr v. Waldenfels eine einmalige Karriere nachweisen. Als er 1930 den Springstall übernahm, war er Rittmeister. Am 1. November des gleichen Jahres wurde er Major, um dann am 1. Mai 1934 zum Oberstleutnant und am 2. April 1936 zum Oberst befördert zu werden. Für Friedenszeiten geradezu ungewöhnlich.

Die Ausbildung einer befähigten Mannschaft stand also im Vordergrund des Ausbildungszieles. Nicht nur ein Einzelreiter oder auch zwei sollten die Vorzüge der deutschen Methode vertreten, sondern eine geschlossene Mannschaft. Beim Preis der Nationen, der mit ein Höhepunkt der internationalen Turniere darstellt, sind vier Reiter zugelassen, von denen dann das Ergebnis der drei besten gewertet wird. Drei Reiter mußten also mindestens vorhanden sein, um einen Mannschaftswettkampf zu bestreiten. Da auch bei der Reiterei Ausfälle nicht auszuschließen sind, durften also nicht nur drei Reiter eine gleichmäßige Ausbildung genießen, sondern es mußten wenigstens vier sein und darüber hinaus mindestens die doppelte Zahl, um bei Ausfällen eingesetzt werden zu können. Oft überschnitten sich die Veranstaltungen oder waren zeitlich so kurz hintereinander gelegt, daß zwei Mannschaften reisebereit stehen mußten. Die Auslandseinladungen sollten möglichst befolgt werden. Das war ein Gebot der Gastfreundschaft und darüber hinaus ein Gebot der Schulung, möglichst viele internationale Turniere zu besuchen. Gab es in Deutschland davon zwei, und zwar in Aachen als Freiluftturnier und in Berlin als Hallenturnier, so war man ja bestrebt, dort auch möglichst viele ausländische Mannschaften zu begrüßen. Diese kamen aber nur dann, wenn deutscherseits ebenfalls Besuche stattgefunden hatten. So war es von vornherein das Bestreben der deutschen Reiterführung, jederzeit mindestens zehn Offiziere zur Verfügung zu haben, die international eingesetzt werden konnten.

Ein weiteres Handicap, das sich der deutsche Mannschaftsführer allerdings selbst stellte, war der Wunsch, international nur deutschgezogene Pferde einzusetzen. Das gab dann die bekannten Komplikationen, denn manch guter Holsteiner und Hannoveraner wurde uns von den Ausländern nach dem Kriege als echter Ire angeboten, wenn er keinen Brand hatte. Bezeichnend ist dabei die Episode mit dem unvergessenen Baccarat II, eines der treuesten Pferde, das unter Rittmeister Momm als eine Hauptstütze in den Mannschaftskämpfen wirkte. Erst wurde er als Holsteiner herausgestellt. Dann, als sich diese Behauptung nicht aufrechterhalten ließ, schrieb man von „unbekannter Abstammung". Nicht gerade wenige behaupten, daß seine Wiege auf der irischen Insel stand. Er gehört jedoch zu jenen Pferden, die in der Nachkriegszeit zwar als Ausländer angeboten wurden, aber doch deutscher Abstammung waren.

Die deutschen Reiteroffiziere konnten trotz dieses Handicaps mit Stolz nachweisen, daß sie im Mannschaftsspringen, in den sogenannten Preisen der Nationen, die erfolgreichsten Reiter der Welt waren. Obwohl erst ab 1930 von einer intensiven Beschickung der Auslandsturniere ausgegangen werden kann, gewannen sie bis 1940 39 Nationenpreise. In einer sehr sportlichen Geste wurden auch Zivilreiter von Freiherr v. Waldenfels zu Auslandsturnieren mitgenommen. Diese Berufung war für Reiter und Reiterinnen eine außergewöhnliche Auszeichnung, und sie taten alles, um ihren Einsatz zu rechtfertigen. Berufungen dieser Art erhielten: Irmgard v. Opel, Axel Holst, Herbert Frick, v. Sydow und Günther Temme.

Seit dieser Zeit sind einige Jahrzehnte vergangen, und es ist deshalb heute sehr schwer, Vergleiche zu ziehen und die Reiterjugend mit Namen vertraut zu machen, die diese Anfänge erlebten und mitgestalteten. Aufgrund des andauernden Wandels im Sport scheint es jedoch angebracht, auf diese leuchtenden Vorbilder hinzuweisen, sie sind auch für den deutschen Reiter wichtig. Man bedenke einmal, daß vor fünfzig Jahren die Italiener gleichzeitig schon drei bis vier Equipes aufstellen konnten, aber in der Nachkriegszeit fast zwanzig Jahre lang nur zwei Klassereiter, und zwar die Gebrüder d'Inzeo, aufwiesen.

Neben den Italienern hatten in den dreißiger Jahren die Irländer und Polen sehr starke Reitermannschaften. Nicht zu vergessen auch die Franzosen, denen es gelang, wertvolle Mannschaftsspringen zu gewinnen. Durch die Schule Samur verfügte Frankreich stets über etwa zwanzig Klassereiter. Die Polen, Franzosen und Irländer ritten, wie die deutschen Reiter, Pferde eigener Zucht. Sie hatten ganz hervorragendes Pferdematerial, das uns den Sieg oft schwermachte. Vor allem der französische Vollblüter war ein ausgesprochen schnelles Springpferd. Da die französischen Reiter in sehr kurzer Zeit die Vorzüge der Dressur, auch bei Springpferden, erkannten, erwuchs uns hier eine starke Konkurrenz. Doch sind die hoch im Blut stehenden Pferde eben sehr viel sensibler und bereiteten uns oft dadurch eine Überraschung zu unserem Vorteil.

Waldenfels ließ seine Reiter nicht nur reittechnisch ausbilden, sondern auch Vorträge abfassen. In diesem Zusammenhang soll hier ein Beitrag von Brandt veröffentlicht werden, den er über das Abreiten vor dem Parcours und das Verhalten im Parcours in der Kavallerieschule hielt.

Leutnant Brandt sagte: „Das Abreiten ist von ausschlaggebender Bedeutung für die Vollendung eines Parcours. Es bereitet das Pferd körperlich auf die Höchstleistung vor und richtet seine Aufmerksamkeit auf die Hindernisse, die es zu überwinden haben wird.

Grundsatz: Ruhiges, langes Abreiten ist kurzem, übereiltem vorzuziehen.

Am ersten Turniertag empfiehlt es sich, die Pferde bereits vormittags ruhig zu reiten, zu longieren oder unter dem Burschen Schritt gehen zu lassen. Abgesehen davon, daß die Pferde gelöst werden und man sich die Arbeit des Nachmittags erleichtert, hat es den Vorteil, die Nerven der Pferde zu beruhigen. Besonders edle Pferde sind durch die ungewohnte Umgebung und die Turnieratmosphäre leicht aufgeregt und fressen schlecht, da sie wissen, was ihnen bevorsteht. Werden sie nun vormittags bereits gearbeitet, so glauben sie, ihr Pensum sei beendet, fressen ruhig und legen sich wo möglich. Falls man nachmittags viel zu reiten hat, so daß die Zeit knapp wird, ist ein Abreiten vormittags sogar unbedingt erforderlich.

Wie man nun ein Pferd vor dem Parcours abreitet, das richtet sich ganz nach dem Temperament des Pferdes. Faule reite man vorwärts, heftige mache man ruhig. Ein jeder Reiter muß aus Erfahrung wissen, wie er sein Pferd am besten vorbereitet.

Zunächst beginnt man mit lösenden Lektionen: Leicht traben, Schenkelweichen, Vorhandwendungen, Arbeitsgalopp. Hierbei kann man auch über niedrige Stangen traben oder galoppieren. Die erste Periode des Abreitens ist die wichtigste, und man muß unbedingt eine völlige Losgelassenheit des Pferdes erreichen. Heftige Pferde dürfen nicht pullen; denn nur auf einem Pferd, auf dem man zum Treiben kommt, kann man im Parcours schnell reiten. Durch Überstreichen und Zügel-aus-der-Hand-ziehen-lassen während des Trabens und Galopps muß sich der Reiter vergewissern, daß sein Pferd nicht mehr pullt. Hat man die Losgelassenheit erreicht, so macht man sich sein Pferd weiter gehorsam durch häufiges Angaloppieren, Tempowechsel im Trab und Galopp, Paraden, Rückwärtsrichten und Hinterhandwendungen.

Kommen während des Parcours scharfe Wendungen nach einem Sprung vor, so empfiehlt es sich, diese beim Abreiten zu üben. Man erleichtert sie sich dann im Parcours, indem das Pferd sich gegen eine in der Eile zu hart gegebene Parade nicht mehr so stark wehrt.

Hat man sein Pferd zur Losgelassenheit gebracht und völlig in der Hand, so macht man einige wenige Probesprünge. Zeitlich sind diese so zu legen, daß das Pferd hinterher möglichst bald seinen Parcours springt, aber ruhig atmend die Bahn betritt. Ein zu langes Herumstehen nach den Probesprüngen vermindert immer mehr ihre Wirkung. Andererseits ist ein abgehetztes, flankenschlagendes Pferd nicht voll leistungsfähig. Man begnüge sich mit wenigen Probesprüngen, etwa drei bis fünf. Sie haben ja nur den Zweck, die Muskeln und Gelenke des Pferdes sozusagen zu schmieren. Fehlerhaft ist es, die Pferde über Probesprünge müde zu jagen.
Die Höhe der Sprünge ist nicht zu hoch zu wählen. Lediglich vor einem Sb-Springen kann man über einen höheren Sprung gehen.
Faule Pferde springt man über Weitsprünge, heftige über steile und Doppelsprünge.
Bei einem Durchschnittspferd beginnt man am praktischsten mit ein bis zwei Weitsprüngen. Hat man dadurch erreicht, daß es sich gut fliegen läßt, geht man hinterher über einen Steilsprung. Kommen in einem Parcours besonders schwierige Kombinationen vor, zum Beispiel ein enger Doppelsprung oder ein dreifacher Sprung mit nicht in den Galoppsprung passenden Entfernungen oder ein Graben mit einem Tor dicht dahinter, kurze Hindernisse, die man nicht in der Arbeit gesprungen hat, so kann es, besonders bei jüngeren Pferden, praktisch sein, diese etwas zu üben. Man nehme die Maße nach Höhe und Breite, aber geringer, als sie im Parcours stehen, um die Pferde nicht im letzten Moment durch einen schweren Fehler zu verprellen. Dieses Üben hat nur den Zweck, Pferd und Reiter zu zeigen, in welchem Takt die Kombination überwunden werden muß und wie treibende und verhaltene Hilfen hierbei abgestimmt werden müssen.
Der Reiter selbst muß sich vor Beginn des Springens über den Parcours vollkommen klar sein. Er muß ihn mit geschlossenen Augen vor sich sehen. Erreicht wird dies durch ein genaues Abgehen und Einprägen aller Besonderheiten.
Nachdem man die Skizze des Parcours, die stets aushängen muß, studiert hat, geht man den Parcours zu Fuß ab, und zwar geht man gewissenhaft vom Start bis zum Ziel, genau auf der Linie, die man reiten will. Nachdem man die Bahn einmal abgegangen hat, empfiehlt es sich, sie noch ein zweites Mal abzugehen und hierbei auf alle Kleinigkeiten zu achten.
Man bestimme bei jedem Sprung genau die Stelle, wo man ihn springen will. Sie ist abhängig:
1. von der Richtung, aus der man kommt.
2. von der Richtung, in die man weiterreiten muß.
3. von der Beschaffenheit der Ansprung- und Landestelle.
    Hier beachte man auch ausgesprungene Stellen beziehungsweise Bodenerhebungen. Die Höhe des Sprunges kann dadurch bis zu zehn Zentimeter differieren.
4. von der Beschaffenheit des Sprunges. Es ist zuweilen nicht überall gleichmäßig hoch und breit, und die Hindernisteile liegen nicht immer gleich fest.

Vor Doppel- und Mehrfach-Sprüngen schreite man die Entfernung ab. Nach ihr richtet sich das Tempo des Anreitens.
Ferner lege man bei Abgehen der Bahn genau die Wendungen fest, die man zu reiten hat, und merke sie sich an Richtungszeichen, indem man sich sagt: ‚Nach dem Oxer noch drei Galoppsprünge bis zu diesem hellen Fleck geradeaus, dann scharf links um!' Auf diese Weise vermeidet man während des Rittes ein zögerndes Suchen nach dem nächsten Sprung und kann seine Aufmerksamkeit mehr dem Pferd zuwenden.
Häufiges Rückwärtssehen ist beim Abgehen des Parcours zum Einprägen der Richtung von Vorteil.
Wichtig ist die Festigkeit der Hindernisse. Man prüfe sie genau, damit man weiß, gegen welche Sprünge man sorgloser reiten kann und wo man vermehrt aufpassen muß. Außerdem überlege

man sich, ob man auf Zeit oder auf Fehler reiten will. Reitet man auf Sicherheit, kann man die Bogen größer nehmen, so daß man gegen jeden Sprung gerade kommt. Reitet man dagegen auf Zeit, wird man manchmal auf Kosten der Sicherheit Sprünge vor oder hinter Wendungen schräg anspringen. Bei Steilsprüngen macht dies einem routinierten Pferd wenig aus. Bei Weitsprüngen ist es gefährlich; denn je schräger man springt, desto breiter wird der Sprung.

Hin und wieder kann Schrägspringen auch bei engen Doppelsprüngen vorteilhaft sein, zum Beispiel Eisenbahnschranken auf sechs Meter. Springt man die vordere Stange links und die hintere Stange rechts, hat man den Abstand auf sieben Meter – eine günstige Entfernung – erhöht. Solche Experimente soll man aber nur mit alten todsicheren Pferden machen, junge lernen dabei leicht das Ausbrechen.

Hat der Reiter diese handwerksmäßigen Vorbereitungen gewissenhaft erledigt und ist das Abreiten sachgemäß durchgeführt, dann bietet der Ritt selbst schon bedeutend weniger Schwierigkeiten. Hat man mehrere Pferde im Springen, was immer ein Vorteil ist, so startet man praktischer Weise erst die langsamen, sucht einen fehlerfreien Ritt zu bekommen und gewöhnt sich an den Parcours. Zum Schluß kommen dann die schnellen Pferde, mit denen man energisch auf Sieg reitet.

Hat man nur ein Pferd im Springen, so startet man möglichst spät und sehe sich die Ritte einiger Konkurrenten an. Man lernt daraus und weiß, wenn man am Schluß startet, besser, wie man reiten muß, was Tempo und Hilfen anbelangt. Ist man mit dem Abreiten fertig und sind nur noch ein bis zwei Reiter vor einem, so begebe man sich an den Eingang, sehe sich den Ritt des Vordermannes an, repetiere noch einmal den Parcours und stelle das Pferd an die Hilfen.

Einreiten im Schritt am Zügel. Die Aufmerksamkeit von Pferd und Reiter muß von diesem Moment an auf den Parcours gerichtet sein. Falsch ist es und macht ein schlechtes Bild, wenn der Reiter noch jungen Damen auf der Tribüne zunickt oder sich mit umherstehenden Leuten unterhält.

Im allgemeinen reitet man noch an den ersten Sprung heran, kann dort ein paar Tritte rückwärtsrichten, wendet ab und achtet auf den Starterpunkt. Sobald er die Flagge hebt, trabt oder galoppiert man ruhig aber bestimmt an, holt weit genug aus und passiert die Startlinie in dem Tempo, in dem man den Parcours reiten will. Legt man erst hinterher zu, so kostet das zwei Sekunden und vielleicht den Sieg.

Oft ist der erste Sprung eine Fehlerquelle. Er sieht leicht aus und wird so sorglos genommen. Dazu kommt, daß die Pferde vielfach noch nicht genügend in Schwung sind.

Über den Ritt selbst ist wenig zu sagen, da er sich aus dem Ausbildungsgrad von Reiter und Pferd ergibt. Der Reiter muß sich ganz auf den Ritt konzentrieren, einen festen Siegeswillen haben und diesen durch seine Hilfen auf das Pferd übertragen. Die Augen sind stets auf den nächsten Sprung gerichtet. Darum soll man beim Landen nicht nach unten, sondern nach vorn sehen.

Besondere Aufmerksamkeit erfordert nochmals der letzte Sprung. Der Reiter sieht das Ziel und denkt: Gott sei Dank, jetzt ist es geschafft, das Pferd ist müde – und schon ist der Fehler da.

Der Parcours ist nicht beim letzten Sprung beendet, sondern erst hinter der Ziellinie. Für Zeitspringen ist das wichtig, da man nach dem letzten Sprung oft noch einige Sekunden gewinnen kann.

Hat man das Ziel passiert, so pulle man ruhig auf, möglichst vom Ausgang fort, um dem Pferd das Kleben nicht anzugewöhnen, lasse die Zügel aus der Hand ziehen und reite im Schritt aus der Bahn.

Unreiterlich und unsportlich ist es, über Fehler des Pferdes laut zu schimpfen und ein verärgertes Gesicht zu machen, ebenso wie seiner Freude über einen guten Parcours allzu lebhaft Ausdruck zu geben.

Nach dem Absitzen belohne man das Pferd und beschäftige sich noch einen Augenblick mit ihm, auch wenn nicht alles nach Wunsch gegangen ist.

Auf folgendes kommt es also beim Turnier an: Ruhiges, genügendes Abreiten, genaue Kenntnis des Parcours, vorherige Einteilung des Rittes, einen festen Siegeswillen, und im übrigen reite man vorwärts."

Schon bei Betrachtung der italienischen Methode wurde erwähnt, daß Kopf und Hals des Springpferdes bei Beginn der Ausbildung ganz tief gestellt werden müssen. Dieses Tiefstellen soll aber nicht durch Hilfszügel erreicht werden, sondern durch das Heranreiten des Pferdes an den Zügel, den es dann vorwärts abwärts suchen soll. Diese erste Grundausbildung ist darum so wichtig, weil sich das Pferd an das Reitergewicht gewöhnen muß. Wenn ein Pferd in Arbeit genommen wird, und zwar im Alter von drei bis dreieinhalb Jahren, dann ist es noch im Wachstumsprozeß. Leicht erklärbar, daß ein Pferd nur dann Freude an der Arbeit bekommt, wenn es das Reitergewicht so schnell wie möglich zu tragen lernt.

Durch die tief nach unten gestreckte Nase des Pferdes wölbt sich der Rücken nach oben, dadurch erlangt man zwei wichtige Vorgänge, und zwar wird einmal die Rückenmuskulatur gelockert und zweitens das Pferd zum energischen Untertreten der Hinterhand veranlaßt. Von der Anatomie her hat ein Pferd das Hauptgewicht auf der Vorhand zu tragen, kommt nun der Reiter mit Sattel noch hinzu, sind die Vorderbeine einer zusätzlichen starken Belastung ausgesetzt. Trägt das Pferd den Kopf hoch, so drückt der Reiter mit seinem Gewicht den Rücken nach unten durch, die Rückenmuskulatur kann sich dann nicht strecken, bleibt also steif und fest, und die Hinterbeine schleifen nach, statt unterzutreten.

Durch das Untertreten wird die Vorhand des Pferdes entlastet und somit eine günstigere Voraussetzung dafür geschaffen, daß das Pferd mit dem Reitergewicht spielend fertig wird. Das Schlagwort „Nasen vor die Senkrechte" kann also ein schwerer Trugschluß sein, wenn das Pferd in seiner Jugend mit Kopf und Hals nicht tiefgestellt wurde. Hat jedoch diese Umstellung stattgefunden, dann wird die Verbindung zum Pferdemaul hauchdünn, und die Nase kommt in tiefer Haltung sowieso vor die Senkrechte, vor allem, wenn das Pferd vorwärts geritten wird. Steht das Pferd nun ganz weich am langen Zügel, dann beginnt durch vermehrtes Treiben die Versammlung.

Waldenfels verlangte von seinen Springpferden einen Dressurgrad, der mindestens der Klasse L entsprach, allerdings mit der Beherrschung des fliegenden Galoppwechsels. Das war für einen Parcours von außerordentlicher Wichtigkeit. Kommt man nämlich auf die andere Hand, soll vermieden werden, daß das Pferd im Außengalopp ein Hindernis springt. Einmal stört es die Harmonie und zum anderen geht wertvolle Kraft verloren.

Die dressurmäßige Ausbildung war also das Geheimnis der deutschen Reitersiege, war das Geheimnis der Waldenfelsschen Methode. Doch Dressur allein genügte nicht. Hatte das Pferd einen Dressurgrad, den man sich wünschte, erreicht, dann begann das Gymnastizieren. Muskeln und Gelenke des Pferdes lockern und locker erhalten war jetzt die Aufgabe des Reiters. Man brauchte dabei nicht stundenlang Hindernisse zu springen, sondern, wie Brandt schon sagte, kam es auf Gangarten und Lektionen an, die vom Reiter und seinem Pferd zur Lösung erlernt werden mußten. Wie alles Schwierige in dieser Welt, so scheint auch diese Erkenntnis so leicht begreiflich und einfach zu sein, daß sie jeder verstehen müßte. Aber wie weit hat sich mancher Reiter nach der Waldenfelsschen Ära wieder von dieser Erkenntnis entfernt!

Dressurreiten ist nicht jedermanns Sache, zumal, wenn es gilt, ein Pferd durchs Genick vorwärts zu reiten. Selbst in der Militärzeit gab es nur wenige Reiter, die in der Lage waren, ein Pferd auch dann noch schwungvoll vorwärts zu reiten, wenn es durchs Genick treten mußte. Einer der besten Ausbilder, Herbert Schönfeldt, bestätigte in Dillenburg erneut die Wichtigkeit einer tiefen

Einstellung von Kopf und Hals bei einem jungen Tier. Er sagte unter anderem: „Selbst in einer guten Reiterschwadron waren höchstens zehn Prozent der Reiter in der Lage, ein Pferd tief nach unten zu reiten. Die anderen neunzig Prozent sorgten dann schon dafür, daß die Köpfe wieder vor die Senkrechte kamen, ja, viele waren gar nicht in der Lage, ein Pferd überhaupt zusammenzuhalten."
Wie schwer ist es heute, zumal die Springreiter fast nur noch über Hindernisse hinweg jagen, Reiter zu finden, die ihre Pferde wirklich reell, also ohne Hilfszügel tief zu stellen vermögen. Eine gewisse Schuld trifft auch hier die Richter der A- und L-Dressurprüfungen. Oft sind Pferde, die reell tief geritten wurden, gar nicht placiert worden, während Pferde, die wie Hirsche liefen, an die erste Stelle rückten. Daß ein M- und S-Dressurpferd eine Aufrichtung erreicht haben muß, ehe es überhaupt die Chance einer Placierung bekommt, ist eine Selbstverständlichkeit, aber die Grundlage einer Ausbildung beginnt mit dem „Nach-unten-abwärts-Reiten" des Pferdes. Bei Springkonkurrenzen kommen die Nasen sowieso wieder nach oben, und es besteht daher überhaupt keine Gefahr, daß einmal ein Pferd zu tief eingestellt sein könnte.

Obwohl Marten v. Barnekow fast ausschließlich Springreiter war, wurde die Dressur der Springpferde auch von ihm sehr hoch eingestuft. Sein Grundsatz hat nach wie vor Gültigkeit: „Dressur allein ist das wahre große Reiten! Beim Springen kann sich der Reiter nur noch auf dem Pferd festhalten und ihm den Parcours zeigen." Die Hauptarbeit eines Springpferdes ist demnach ganz klar und deutlich gesagt, die Dressurarbeit und das Gymnastizieren; denn nur ein gehorsames Pferd kann von jedem Reiter geritten werden, reagiert auf den kleinsten Schenkeldruck, und im Verlauf eines Parcours kommt es niemals zu einem Kampf zwischen Reiter und Pferd, der nur Nerven, unnütz Kraft und wertvolle Zeit erfordern würde. Nur das gymnastizierte Pferd kann seinen Knochenbau und die Muskeln spielerisch leicht einsetzen und Höchstleistungen vollbringen, ohne Schaden zu erleiden. Nur eine dressurgymnastische Ausbildung kann auf lange Sicht gesehen den Erfolg garantieren und die Pferdekräfte so erhalten, daß sie zehn Jahre und mehr im Höchstleistungssport eingesetzt werden können.

Auswahl der Springpferde

Die Klasse eines Pferdes ist selbstverständlich auch für den guten Reiter sehr wichtig. Verdorbene Pferde lassen sich nur schwer korrigieren, auch wenn sie über außerordentliches Talent verfügen. Wie und wo findet nun der Reiter ein gutes überragendes Springpferd? Gibt es eine durchgreifende Vererbung, ähnlich wie bei berühmten Vollblütern? Gibt es Zuchtgebiete, die besonders gute Springpferde hervorbringen? Gibt es Gebäudemerkmale oder Temperamentsveranlagung? Hierüber wurde bereits viel geschrieben, und die Meinungen prallen naturgemäß bei unterschiedlichster Betrachtungsweise hart aufeinander. Gute Springpferde gibt es nachweisbar in jeder Warmblutzucht. Trotz des verhältnismäßig kleinen Pferdebestandes in Deutschland werden, vielleicht gerade deshalb, um so leichter und schneller gut veranlagte Pferde gefunden, zumal in der Warmblutzucht eine gewisse Tendenz zur Leistungszucht sichtbar wird. Überragende Springpferdvererber waren der Angloaraber Ramzes, dessen Kinder vor allem aus Westfalen und Holstein kamen und der Hannoveraner Agram. Berühmte Geschwister waren Original Holsatia, Badens Schwester, Badens Bruder und natürlich das Springphänomen Baden, dann Halla mit Sonnenglanz und Hexe, sowie Saphir. Aus der Zeit vor dem Kriege wurden die Hannoveraner

Alchimist und Alant weltbekannt, von Amalfi abstammend. Ramzes war übrigens ein ausgezeichnetes Springpferd, das unter H. H. Brinckmann zu großen Erfolgen kam. In der Zucht war er eindeutig noch besser.

In diesem Zusammenhang darf man auch die Zuchtversuche mit Tora und Nordland nicht vergessen, den beiden Olympiasiegerinnen von 1936. Tora war schon achtzehn Jahre alt, als sie ihr erstes Fohlen zur Welt brachte. Auch das zweite Fohlen verfügte über eine gute Springveranlagung. Mit dem ersten machte man mal einen Versuch, man hielt das Fohlen fest und führte Tora hinter eine Hecke. Nachdem man das Fohlen freiließ, zögerte es nicht eine Sekunde und sprang mit einem gewaltigen Satz über die Hecke hinweg. Obwohl Tora und ihre Fohlen in keinerlei Zusammenhang mit der polnischen Pferdezucht standen, hat man Toras Fohlen einfach den Polen ausgeliefert. Sie haben in Warschau große Springen gewonnen. Tora selbst wurde nicht den Polen übergeben. Man schenkte sie dem Oberlandstallmeister Dr. h. c. Gustav Rau. Kein geringerer als dieser große Pferdemann hatte während der deutschen Besatzungszeit Polens Pferdezucht nicht nur erhalten, sondern neu organisiert und zu einer blühenden Höhe gebracht. Der Retter von Tora aber war eindeutig Marten v. Barnekow, der sie kilometerweit zu Fuß aus Schönböken heraus in Sicherheit brachte. Nordlands Fohlen soll der Holsteiner Kiel gewesen sein, der unter Walter Schmidt eines der besten deutschen Pferde der Nachkriegszeit wurde und auch Nationenpreise mitgewinnen half.

Durch die Nachkriegsereignisse wurde eine große verantwortungsvolle Arbeit zunichte gemacht, die Dr. Rau im Laufe des Krieges begonnen hatte. Mit dem leistungsstarken Springpferd Wotansbruder als Vater wurden Zuchtversuche mit bekannten Stuten unternommen. Aber, wie gesagt, das ganze Pferdematerial landete bei den Polen, somit konnte der Beweis nicht erbracht werden, ob die berühmten Eltern ihr Springvermögen an die Kinder weitervererbten. Mit Spannung beobachten die Pferdefreunde der Welt das Auftreten von acht Halla-Kindern im Springsport. Deutschlands Wunderstute der Nachkriegszeit hat ein weiteres Wunder vollbracht, indem sie nach ihrer großartigen Laufbahn, in der sie drei Goldmedaillen bei Olympischen Spielen gewann, auch noch acht Fohlen zur Welt brachte.

Alle Warmblutzuchtgebiete haben großartige Springpferde hervorgebracht. Das größte Warmblutzuchtgebiet vor dem Zweiten Weltkrieg war zweifellos Ostpreußen. Hier wurden seit Jahrhunderten hochqualifizierte Reitpferde gezüchtet. Es war damit das einzige Gebiet in Deutschland, das sich mit der Zucht von Reittieren befaßte. Der Ostpreuße war kein Spezialspringpferd, sondern in erster Linie Militarypferd und natürlich Militärpferd, war nicht nur erfolgreich in Halbblutrennen, sondern auch als Jagd- und vor allem als überlegenes S-Dressurpferd bekannt. Aufgrund seiner breiten Ausdehnung sind verhältnismäßig wenig Pferde von dort zu internationalem Ruhm im Springsport gelangt. An der Spitze standen die beiden Schimmel Dedo und Posidonius. Ferner Der Mohr, Morgenglanz, Heiliger Speer, Kampfer, Preisliste und Schorsch. Der Ostpreuße, Trakehner Abstammung, hatte sehr viel Vollblut, war nicht einfach zu reiten und wurde als elegantes Reitpferd nur knapp mittelgroß gezogen. Für hohe Sprünge fehlte ihm einfach die körperliche Größe.

Trotzdem, bei einer Verstärkung des Ostpreußen, die bereits systemvoll vom Hauptgestüt in Trakehnen eingeleitet war, hätte es bestimmt auch dort serienweise gute Springpferde gegeben, wie diese zum Beispiel Hannover liefern konnte, wo das gezogene Pferd vor allem für die Arbeit in der Landwirtschaft gedacht war.

Hannover war das zweitgrößte Pferdezuchtgebiet, und die Nachkommen brachten alle Voraussetzungen mit, über die ein gutes Springpferd verfügen muß. Ob in der Vor- oder Nachkriegszeit, die Namen der hannoverschen Spitzenpferde sind unvergessen: Derby, Baron IV, Alchimist, Alant,

Oberst II, Fridolin, Der Aar, Olaf, Balmung, Arnim, Armalva, Ferdl, Bacchus, Fahnenkönig, Jaspis, Frechdachs, Dozent, Freya, Freiherr und andere. Das ist nur eine kleine Anzahl des unerschöpflichen Repertoirs dieses heute größten Warmblutzuchtgebietes der Welt.

Die meisten Springpferde im Vergleich zu der Größe des Zuchtgebietes hat prozentual Holstein hervorgebracht: Tora, Nordland, Egly, mit Vorbehalt Baccarat II, Fanfare, Schneemann, Fink, Meteor, Ilona, Godewind, Kiel, Retina, Aar, Original Holsatia, Orient, Baden und viele mehr. Die Pferde im Lande zwischen den Meeren waren quasi die deutschen Hunter. Ehe sie durch die ländliche Reiterbewegung bekannt wurden, waren sie in erster Linie Wagenpferde, aber schon Axel Holst, der wohl bedeutendste Reiter seiner Zeit, kaufte viele seiner berühmten Springpferde direkt den holsteinischen Bauern vom Pfluge weg. Er war es wohl, der als erster die hohe Qualität des Holsteiner Warmblüters für den Springsport erkannte.

Aus der Zucht des Freiherrn v. Buddenbrock kamen vor dem Krieg aus Schlesien die drei Klassespringpferde: Wotan, Wotansbruder und Harald. Aus Mecklenburg kam Rebell, und aus dem Westfalen der Nachkriegszeit unter anderem Ala, Doll III, Amsella, Raffaela, Festia, Feuerdorn, Falkan, Forscher X, Flora, Finette und andere. Überall, wo Pferde gezogen werden, wird der passionierte Reiter gute Springpferde entdecken. Oft bringen sie ihre Veranlagung mit und zeigen von Natur aus, ohne Ausbildung, großes Springvermögen. Viele Pferde müssen jedoch erst durch eine strenge Schule, ehe sie das zeigen können, was tatsächlich in ihnen steckt. Heute werden auf vielen Auktionen Spitzenpferde vorgestellt. Oft verschwinden diese am schnellsten, die einmal höchste Preise erzielten, und vielfach entwickeln sich die am besten, die keinen Besitzer bei der regulären Auktion fanden. Ein typisches Beispiel ist der Hannoveraner Ferdl, der zwar bei einer Auktion vorgestellt wurde, aber keinen Käufer fand. Erst nach der Auktion nahm ihn Alwin Schockemöhle mit. Dank dessen großartiger Ausbildung wurde er zum Olympiasiegerpferd.

Natürlich kann man aufgrund des Gebäudes und des Temperaments eines Pferdes Beurteilungen anstellen. Nun, wenn es so einfach wäre, dann könnte man nach einem bestimmten Schema vorgehen, und es gäbe nicht so faustdicke Überraschungen, wie man diese beim Springsport erleben kann. Vom Gebäude aus gesehen muß das Springpferd eine lange Schulter haben, einen langen Rücken, gute Muskulatur der Hinterhand, denn in ihr soll ja die Schnellkraft zum Abspringen vorhanden sein. Ein langer Hals ist wichtig, denn mit ihm muß sich das Pferd ausbalancieren können. Es soll eine zwar schmale, aber tiefe Brust haben, in der eine große Lunge Platz hat. Das kurze Unterbein ist von Vorteil, denn an dem langen Oberbein befinden sich wertvolle und kräftige Muskeln. Kurze Fesseln sind sicherer, denn lange brechen schneller und geben auch nicht so viel Stabilität für die wichtige Funktion des Abfederns.

Naturgemäß klaffen auch hier zwischen Theorie und Praxis große Lücken. Ist ein Pferd erst einmal berühmt, dann finden sich sehr schnell Fachleute ein, oder auch solche, die es gern sein möchten, und wollen nachweisen, aus welchen Gründen dieses Pferd einfach gut springen muß. Ist ein Pferd jedoch noch „grün", also weder ausgebildet noch berühmt, dann sieht der Vorgang gänzlich anders aus. Kleinigkeiten, ganz am Rande beobachtet, geben doch wohl die wichtigsten Hinweise für die Springveranlagung eines Pferdes. Fohlen, die über Koppelzäune springen, die von einem Pferd bekanntlich sehr schwer zu sehen sind, die sollte man sich merken. Junge Remonten, die bei kleinen Hindernissen schon gewaltige Sätze machen, und lieber mal stehenbleiben als anzustoßen, sollte man einer intensiven Schulung unterziehen. Man ist mit ihnen bestimmt nicht schlecht bedient. Zwei Faktoren sind aber noch von entscheidender Wichtigkeit, die man leider schlecht erkennen kann. Das sind einmal die Nerven und zum anderen die Intelligenz. Sicher lassen sich auch weniger intelligente Pferde bei intensiver Schulung zu guten Springpferden ausbilden, aber die Arbeit mit ihnen wird weitaus schwieriger sein.

Wie die Spitzensportler, so müssen auch Springpferde über ausgezeichnete Nerven verfügen. Dieser Umstand ist mit ein Grund, warum die Turnierreiter nur ungern Vollblüter nehmen, die aufgrund ihres Blutes und ihres Temperaments nicht so nervenstark sein können wie beispielsweise ein ehemaliges Holsteiner Wagenpferd. Wenn nach vielen Stechen, nach zwei Umläufen in den Preisen der Nationen die Grenze der Körperkraft erreicht wurde, dann kann nur noch das Pferd die schwierigsten Aufgaben meistern, welches über die besten Nerven verfügt. Hier sei das große Olympische Springen in Tokio erwähnt, als durch Regengüsse der aufgeschüttete Boden knietief geworden war. Da entschieden sich die deutschen Reiter zum Start mit ihrer zweiten Garnitur. Sie ließen ihre besseren Springpferde, die aber nervlich nicht so stark zu belasten waren, im Stall und gewannen mit den robusteren eine silberne und eine goldene Medaille. Hier versagten Mannschaften teilweise vollständig, oder sie waren weit unter ihrer Form, die auf hoch im Blut stehenden Pferden beritten waren. Das verhältnismäßig viele Blut, viel Vollblut, war wohl auch ein Grund, warum vor dem Zweiten Weltkrieg das ostpreußische Pferd für Spezialspringen nicht so gefragt war wie die robusteren Hannoveraner und Holsteiner.

Die Harmonie zwischen Reiter und Pferd ist der ausschlaggebende und damit ein wichtiger Faktor für den Erfolg. Ein Reiter, der über große körperliche Kräfte verfügt, wird trotzdem oft genug Schwierigkeiten haben, einen Vollblüter oder einen hoch im Blut stehenden Warmblüter über den Parcours zu bringen. Ein schwächlicher Reiter sollte sich kein Pferd nehmen, das sich nur unter größter Anstrengung über den Parcours treiben läßt. Er wird daran kläglich scheitern. Dank der Waldenfelsschen Ausbildungsmethode waren alle Pferde verhältnismäßig leicht zu reiten, doch bei Grenzfällen, sehr hohen Anforderungen, knietiefem oder knüppelhartem Boden, entschied auch die jeweilige Mentalität des Reiters. Kann sich ein Pferd schnell auf den Reiter einstellen und der Reiter verhältnismäßig schnell auf das Pferd, dann ist der Weg zu einem erfolgreichen Training frei. Hat das Pferd die Eigenschaften eines vorsichtigen, klugen Springpferdes, dann muß es sich auch leicht arbeiten lassen. Durch sinnvolle Arbeit, große Galoppstrekken und intensive Springübungen weitet sich die Lunge und bilden sich kräftige Muskelpakete, die vorher nur in Ansätzen vorhanden waren. Durch solch eine systematische Arbeit kann das Aussehen eines Pferdes vollständig verändert werden.

Springpferde sind Superathleten, die in einem Springen nicht nur Stechgänge bis über zwei Meter Höhe meistern, sondern oft genug vierzig und mehr Hindernisse überwinden müssen. Bei Pferden mit stumpfen Beinen, die regelmäßig schwere Fehler machen, lohnt sich die Arbeit nicht. Man sollte sie nicht ausbilden. Ebenso hüte sich der Reiter vor verdorbenen Pferden. Es ist zwar reizvoll zu beweisen, daß auch ein solches Pferd im Parcours bis zum Ziel gebracht werden kann. Doch verlieren unter Umständen bekannte Reiter bei oft versagenden Pferden ihren guten Namen. So bleiben verdorbene Pferde, die man korrigieren möchte, in den meisten Fällen eine undankbare Aufgabe. Ist ein jüngeres Pferd verdorben, dann braucht man es nur einige Monate auf die Weide zu schicken, und das Verhalten ist in Normalfällen wieder in Ordnung. Genau wie bei der Ausbildung sollte man auch hier die Ruhe bewahren und sich Zeit nehmen. Die Pferde werden es einem eines Tages danken.

Reiten für Deutschland

Die größten Triumphe bis 1914

Schon kurz nach der Jahrhundertwende beteiligten sich deutsche Privatreiter an den Auslandsturnieren in Luzern, Brüssel, Dublin, Spa und Wien. Es waren dies Pulvermann, Graf Görtz, Paul Heil, Otto Koch und Caminecci. Erst 1911 ging eine deutsche Offiziersmannschaft nach London. Graf Schaesberg und Oberleutnant Freyer gewannen je ein Jagdspringen. Bei den Olympischen Spielen in Stockholm 1912 gewann Oberleutnant v. Kröcher auf Donar in der Einzelwertung eine silberne Medaille. Der Oberleutnant Fritz v. Zobeltitz stellte einen deutschen Hochsprungrekord von 1,90 Meter auf. Er ritt dabei die irische Stute Nancy aus dem Besitz von Kronprinz Wilhelm von Preußen.

Neubeginn und Erfolge nach dem Ersten Weltkrieg bis 1929

Nach dem Ersten Weltkrieg erlebte Hamburg 1920 sein erstes Springderby. Initiator war Pulvermann, der auch die Hindernisse baute. Der Parcours ist heute noch 1350 Meter lang, hat 17 Hindernisse mit 24 Sprüngen und gilt als der schwerste der Welt. Der erste Springderbysieger hieß Paul Heil. Er siegte mit 3 Fehlerpunkten und belegte auch die weiteren Plätze zwei und drei.
Drei Reiter gaben dem Nachkriegssport ein besonderes Gepräge: Freiherr v. Langen, Prinz Sigismund von Preußen und Axel Holst. Alle drei starben für Deutschland den Reitertod: Prinz Sigismund von Preußen am 6. Juli 1926 nach einem Militarysieg in Luzern, Freiherr v. Langen am 2. August 1934 bei einer Military in Döberitz und Axel Holst am 26. Januar 1935 in der Halle am Kaiserdamm in Berlin.
In Malmö/Schweden feierte Freiherr v. Langen 1923 die ersten deutschen Reitersiege nach dem Ersten Weltkrieg im Ausland. Dreimal gewann er das Deutsche Springderby. Sein überragendes Pferd wurde Hanko, das im Alter von zwanzig Jahren seine Turnierlaufbahn erst begann. Es war schon siebenundzwanzig Jahre alt, als es beim Springderby siegte. Dieses einmalige Pferd wurde vierunddreißig Jahre alt und überlebte seinen Besitzer und Reiter.
Im Jahr 1923 begannen die Berliner Hallenturniere im Rahmen der Grünen Woche. 1926 verbesserte Freiherr v. Buddenbrock-Plässwitz, der schlesische Reiter und Pferdezüchter, den deutschen Hochsprungrekord mit Fortunello auf 2,07 Meter. Diese Rekordmarke hielt sich bis 1930, als Hans Koerffer in Aachen auf Baron III die 2,10 Meter fehlerfrei überwand.
Das erste internationale Aachener Reitturnier wurde 1927 veranstaltet. Es kamen Reiter aus Schweden, Holland, Österreich, Bulgarien, Dänemark und Ungarn. Den ersten Großen Preis gewann der Deutsche Lotz auf Olnat.
Unter der Führung von Oberstleutnant v. Flotow fuhren 1928 die Offiziere v. Barnekow, Freiherr v. Nagel und Schmalz in die Vereinigten Staaten. Im Madison Square-Garden stieß diese erste internationale Equipe auf die Reiter der USA, Holland, Kanada und Polen. Marten v. Barnekow gewann auf Derby die Militarytrophäe. v. Barnekow, v. Nagel und Schmalz gewannen hier mit Derby, Wotan und Hochmeisterin den ersten Preis der Nationen für Deutschland.
In diesem Jahr gewann Freiherr v. Langen nicht nur die Goldmedaille in der Großen Dressurprüfung von Amsterdam, sondern auch zum dritten Mal das Springderby. 1924 siegte er mit Hanko, 1927 und 1928 mit Falkner. In Aachen wurde 1929 das erste offizielle internationale Turnier durchgeführt. Den ersten Preis der Nationen gewannen die Reiter aus Schweden.

Die Waldenfelssche Ära

Die Coppa Mussolini

Sensationell verlief die zweite Reise der deutschen Reitermannschaft in die USA Ausgang 1930. Diesmal führte Freiherr v. Waldenfels die Equipe, die aus den Offizieren Ernst Hasse, Freiherr v. Nagel und Harald Momm bestand. Die Reiter starteten in Boston, New York und Toronto. Sie brachten zehn Siege mit nach Hause, darunter zwei gewonnene Nationenpreise.

Alle großen Triumphe wurden überstrahlt von einer Siegesserie, die sich bis heute im Reitsport der Welt nicht wiederholt hat. Es war der Kampf um die Coppa Mussolini in Rom. Besitzer dieses Pokals, der einen Wert von 60000,– RM hatte, konnte nur eine Mannschaft werden, die ihn dreimal hintereinander gewann. Zum Entsetzen der Italiener gewannen die Franzosen die Trophäe 1927 und 1928, aber 1929 und 1930 waren beide Male die Reiter Italiens vorne. Es genügte der Sieg 1931, um ihn endgültig zu gewinnen.

Für dieses wichtige Turnier verluden erstmalig deutsche Reiter ihre Pferde an einem kalten Vorfrühlingstag in Hannover. Da in Rom herrliches Wetter herrschte, waren die Temperaturunterschiede recht beachtlich. Zwar hatten die deutschen Reiter in Zoppot die italienische Mannschaft besiegen können, doch waren in Rom die Bedingungen wesentlich schwerer. Hier ritten die Italiener vor heimischem Publikum, und ihnen zum Vorteil waren Platz und Hindernisse bestens vertraut. Sie standen mitten drin in der herrlichen Atmosphäre dieses wohl schönsten Turnierplatzes der Welt, in der Piazza di Siena, dem Park in der Villa Borghese.

Trotz der Außenseiterstellung, trotz der klimatischen Umstellung begann das Turnier für die deutschen Reiter sehr verheißungsvoll. Marten v. Barnekow holte sich auf General III das Kanonenspringen. Ernst Hasse siegte mit Derby in einem Springen nach Fehler und Zeit. Das waren zwei Siege, erkämpft auf diesem glühendheißen Boden italienischer Reitertradition. Sie gaben den Deutschen recht, die sich aufgrund ihrer intensiven Ausbildung reelle Chancen errechnet hatten.

Auch unsererseits konzentrierte sich das Interesse an der Coppa. Waldenfels konnte vier Reiter mit vier Pferden einsetzen, so lauteten die Bestimmungen für alle Nationenpreise, aber zur allgemeinen Verblüffung beschränkte er sich auf drei Reiter mit drei Pferden und verzichtete dabei auf die bisherigen Sieger, v. Barnekow und General III. Es ritten für Deutschland: Sahla auf Wotan, Hasse auf Derby und Momm auf Tora.

Mit Tora tauchte hier erstmalig im Ausland ein Name auf, der für den Pferdesport unvergessen bleiben sollte. Dazumal war er so gut wie unbekannt. In Deutschland hatte man von der Stute gehört, als sie beim Turnier in Kreuz einen unwahrscheinlichen Sprung machte. Gustav Rau schrieb damals: „Eine Sensation wurde das Auftreten einer holsteinischen Stute mit Namen Tora. Von ihrer Besitzerin, Frau Spielberg, nur ungenügend unterstützt, sprang dieses Pferd aus allen Situationen heraus. Als es einmal vor einer Musikkapelle scheute, sprang die Stute einfach über die Zuschauer hinweg, die in vier Reihen hintereinander standen. Es wurde kein Mensch verletzt."

Mit wahrer Leidenschaft bemühte sich Rau, diese Stute zu bekommen. Sie hatte so wenig Bauch, daß sie mit Vorderzeug geritten werden mußte, damit sie den Sattel nicht verlor. Frau Spielberg stellte nach vielem Drängen Tora dem deutschen Olympiadekomitee zur Verfügung. Tora kam nach Hannover, wo sie Waldenfels dem damaligen Leutnant Momm überließ.

Auch abstammungsmäßig war Tora etwas Besonderes. Sie stammte von einem Hackney-Hengst aus einer holsteinischen Stute, die den Vollblüter Blauer Vogel zum Vater hatte. Die Abstammung war ungewöhnlich, und ungewöhnlich war auch das Springvermögen, denn Tora übersprang alles, was man ihr vorsetzte. Nur war sie in ihrem Tatendrang so ungestüm, daß sie schlecht reguliert werden konnte. Sie bei der Coppa einzusetzen, grenzte schon an Vermessenheit. Die Stute hatte bisher bei dem Rom-Turnier auch noch gar nicht mit einer überzeugenden Leistung aufwarten können. Ihr Einsatz und der spätere Erfolg gaben allerdings Waldenfels zum vermehrten Male recht, wenn er mit kühnen Entschlüssen nicht nur seine Reiter in Verlegenheit brachte, sondern auch das Publikum. Um seine Reiter zum äußersten Einsatz zu zwingen, nannte er auch nur drei Reiter mit drei Pferden und verzichtete somit auf die Möglichkeit eines Reservereiters.

Beim Aufmarsch der Nationen vor dem italienischen Duce Mussolini rauschten die Pinien hoch über den Köpfen der Zuschauer. Die Vollblüter ausländischer Mannschaften tänzelten nervös. Die deutschen Pferde gingen ruhig, ja, sie konnten vollkommen unbelastet sein, denn wer hätte ihnen schon zugetraut, in diesem wichtigen Mannschaftsspringen mehr als eine krasse Außenseiterrolle zu spielen. Das Endergebnis gab Waldenfels in verblüffender Weise recht. Mit schlafwandlerischer Sicherheit gingen Wotan und Derby zweimal fehlerlos über den Parcours. Tora, ungestüm, sprang zwar gewaltig, riß aber im ersten Umlauf einmal und machte $3/4$ Zeit-Fehlerpunkte. Im zweiten Umlauf versah sich die Stute erneut. Das waren $8\,3/4$ Fehlerpunkte. Doch es reichte zum Sieg, denn die Reiter Italiens folgten mit 15 Fehlerpunkten auf dem zweiten Platz.

Dafür gab es in Aachen eine erneute böse Abfuhr. Die Italiener gewannen den Großen Preis und den Preis der Nationen. Deutschlands Reiter kamen, was wohl später in Aachen nicht wieder geschehen ist, nur zu einem einzigen Sieg, den sich Ernst Hasse auf Bosco holte. Noch im Verlauf des gleichen Jahres kam ein Reiter in die Kavallerieschule, der zu den Großen seiner Zeit gehören sollte, Leutnant Heinz Brandt, ehrgeizig und kühn. Sein Vater war der Inspekteur der Kavallerie, General Brandt. Heinz Brandt kam vom Reiterregiment 13. Er hatte als junger Leutnant an Rennen teilgenommen und brachte das Springpferd Balmung mit nach Hannover. Brandt wurde zum größten Könner des Springstalles. Er bildete auch junge Pferde aus und hatte nicht nur als Springreiter einen Namen, sondern ritt so nebenbei auch bei Militarys erfolgreich. Später, nach seiner Kavallerieschulzeit, ritt er in schweren Dressurprüfungen.

Der junge Leutnant bekam Tora, die zu dieser Zeit noch sehr heftig war und viel Arbeit brauchte. Im Beritt wurde ihm Unteroffizier Kanehl zugeteilt, der mit ihm zusammen die großartigen Erfolge vorbereitete, die Brandt später dann mit einer Reihe von Pferden verwirklichte. Als Klassepferd stand ihm jahrelang allerdings nur Tora zur Verfügung.

Beim Berliner Winterturnier führten sich Brandt und Tora jedoch schon bestens ein. Sie gewannen den Großen Preis der Republik und halfen mit, den Preis der Nationen zu gewinnen.

Dann ging es nach Rom. Diesmal nicht mehr von den Italienern leicht belächelt, sondern schon kritisch betrachtet. Man hatte ja im vergangenen Jahr bemerkt, daß die Ruhe der Pferde von der Sicherheit herrührte, die von den Klassereitern auszustrahlen schien. Sie hatten die traumhafte Springmanier der Pferde gesehen. Einzelsiege gab es diesmal durch Brandt auf Balmung, Freiherr v. Nostiz-Wallwitz auf Baccarat II und Lippert auf Fridericus.

Bei der Coppa ritten Sahla Wotan, Brandt Tora, v. Nagel Benno und v. Nostiz-Wallwitz Chinese. Das sah erneut nach einer Notlösung aus, denn von den Einzelsiegerpferden war wiederum keines genannt worden. Zu der Zeit wußte noch niemand, daß Waldenfels bewußt die sichersten Pferde schonen ließ, damit sie beim Preis der Nationen topfit waren. Er hatte seine eigenen Ansichten über die besten Paare und wußte genau, welcher Reiter mit welchem Pferd diesen Parcours am sichersten meistern würde.

Benno begann. Er ging in großem Stil fehlerfrei. Tora, ganz geballte Kraft, flog ebenfalls mit 0 Fehler über die Hindernisse, bekam aber $1/4$ Zeitfehlerpunkt angekreidet. Chinese und Wotan streiften je einmal ein Hindernis ab. Das war mit 4 1/4 Fehlerpunkten der drei besten ein beruhigender Vorsprung gegenüber den folgenden Nationen.

Trotzdem gab es für die deutschen Reiter noch eine handfeste Überraschung, denn Freiherr v. Nagel, immer noch mit 0 Fehlern reitend, kam im zweiten Umlauf von der Bahn ab und wurde disqualifiziert. Tora machte diesmal 4 Fehlerpunkte, während Chinese und Wotan fehlerlos blieben. Wieder siegte Deutschland mit nur drei Reitern. Sie hatten 14 1/2 Fehlerpunkte vor den Franzosen mit 20.

Stärker als der Widerhall des Sieges war die verblüffende Sicherheit der Pferde und die Gleichmäßigkeit, mit der sie ihren Parcours absolvierten. Alles war so spielerisch, wirkte so leicht, als wäre es eine Kleinigkeit, solch schwere Parcours zu springen.

Im Jahre 1932 fing die Welt, in der geritten wurde, an, sich mit der deutschen Ausbildungsmethode zu befassen, denn diese Beständigkeit und Gleichmäßigkeit konnte kein Zufall sein. Die deutschen Pferde konnten doch nicht so selbständig, allen Schwierigkeiten zum Trotz, ihre Parcours gehen. Die Deutschen waren, da bestand kein Zweifel, nach diesem zweiten Coppa-Ritt gefährliche Gegner geworden. Jetzt wurden sie anerkannt. In Rom also, in der Höhle des Löwen, begannen sie 1932 ihren Siegeszug, der sie an die Weltspitze der Springreiternationen führen sollte. Diesmal gewannen die deutschen Reiter in Aachen sogar den Nationenpreis, und daneben sieben Einzelspringen. Sie waren also viel stärker als in dem Jahr zuvor. Das spürte man auch, als beim Berliner Turnier der Nationenpreis überlegen gewonnen wurde.

Und dann ging man zum dritten Male, diesmal als heiße Favoriten, in den Süden. In diesem Jahr mußten die Italiener erneut um ihre Coppa bangen, und die ganze interessierte Sportwelt richtete ihr Augenmerk auf die Piazza di Siena. Jetzt, im Frühjahr des Jahres 1933, sollte die Entscheidung fallen, ob die Coppa d'Oro endlich gewonnen wird oder ob sie im letzten Augenblick wieder ein anderer entführt. Die Ouvertüre war nicht schlecht. Frau v. Opel gewann ein Springen mit Nanuk, Baronin v. Oppenheim eines mit Provinz, und Rittmeister v. Barnekow siegte mit Derby. In der Coppa ritten Sahla auf Wotan, Brandt auf Tora, Freiherr v. Nagel auf Olaf und Harald Momm auf Baccarat II.

Es gab anscheinend wieder mal zwei Experimente mit Pferden: Das eine war ein holsteinischer Dunkelfuchs, Baccarat II genannt, dessen Abstammung nicht bekannt war. Er gehörte wohl zu denen, die tüchtige Pferdehändler als Iren verkauft hatten, obwohl ihre Heimat in Holstein oder Hannover war. Auf alle Fälle war er hier als Holsteiner genannt. Besitzer dieses mittelgroßen muskulösen Pferdes war Oberleutnant Momm. Waldenfels hatte ihn schon geritten beim Preis der Nationen in Zoppot sowie Marten v. Barnekow. Die meisten Erfolge aber hatte bisher v. Nostiz-Wallwitz mit ihm gehabt, vor allem in der Zeit, als Momm in seinem alten Regiment Schwadronsdienst tat. Jetzt aber saß er wieder auf seinem Liebling, und, wie hier in Rom, so erschien der treue Baccarat II auf Hunderten von Turnieren in tausend nervenkitzelnden Springen.

Unscheinbar betraten sie die Arena. Im leichten kräftesparenden Trab ging es bis zum Start. Baccarat II war kein Pferd, das Schönheit ausstrahlte, sondern eher Bescheidenheit. Unauffällig begann das Springen, aber von Hindernis zu Hindernis loderte mehr und mehr jener Kampfgeist auf, der gute Springpferde vieler Nationen auszeichnet. Das war keine Unscheinbarkeit mehr, sondern das war eine Woge von Begeisterung. Der Dunkelfuchs sprang wie eine Katze. Er verschenkte keinen Zentimeter, weder beim Absprung noch bei der Berechnung der Höhen und Breiten. Meist ging er fehlerfrei, und ehe das wildklatschende Publikum es recht begriff, waren Reiter und Pferd bereits wieder verschwunden. Seine einzige Schwäche waren Wassergräben. Er nahm sie nie recht ernst, und bei dem haarscharfen Taxieren patschte er gerne hinein. Wie für ihn geschaffen, sein Reiter

Harald Momm. Ideale Übernahme des italienischen Sitzes, federleicht führend, mit einer wunderbaren Hand, die sonst kein Reiter des Springstalles hatte. Die Mütze nach Ulanenart auf dem rechten Ohr, beide arbeiteten wie Akrobaten in vollem Vertrauen zueinander. Es war eine Abstimmung in Vollendung. Beide haben ein Jahrzehnt das internationale Reitgeschehen mitbestimmt, und wo sie auftraten, empfing sie eine jubelnde Menschenmenge.

Ein zweites Experiment war Olaf, der erst vor ein paar Wochen in den Springstall der Kavallerieschule gekommen war. Daß man gerade ihn in der Coppa einsetzte, stieß mehr oder weniger auf Unverständnis, denn mittlerweile war der Pferdebestand erheblich angewachsen. Olaf war im internationalen Turniersport nicht nur ein Neuling, sondern Eingeweihte wußten, daß es wohl noch nie im Turniersport ein schwierigeres Pferd gegeben hatte. Olaf kam von der Polizei, und Polizeimeister Otto Schmidt hatte ihn im wahrsten Sinne des Wortes dressiert, um ihn zu einem Pferd zu machen, das zu den sichersten zählen sollte, das der internationale Turniersport besaß. Doch ehe Otto Schmidt ihn bekam, tat Olaf alles, was ihm gefiel. Wollte der Reiter ins Gelände, ging Olaf in den Stall. Ritt der Reiter in der Halle, wollte Olaf auf dem offenen Viereck bewegt werden. Es kam also bei jeder Reitstunde zum Kampf zwischen Olaf und seinem reitenden Polizisten. Olaf blieb immer Sieger. Er stieg dann so lange auf der Hinterhand, bis der Reiter aufgab. Das mußte einmal zu Ende sein, denn ein Pferd soll dem Willen des Reiters folgen und nicht umgekehrt.

Eines schönen Tages setzte sich Otto Schmidt auf den braunen Hannoveraner. Olaf versuchte anfangs auch bei ihm seinen Kopf durchzusetzen. Doch Schmidt steckte nicht auf, stundenlang währte der verbissene Kampf zwischen Reiter und Pferd. Beide waren am Ende ihrer Kräfte. Olaf lag anschließend zusammengebrochen mit einem dickgeschwollenen Bein in seiner Box und konnte sich nicht erheben. Otto Schmidt erging es nicht viel besser. Er schleppte sich mühsam in die Unterkunft. Tierärzte wollten Olaf töten, denn man glaubte nicht an eine Wiederherstellung seiner Gesundheit, doch Schmidt widersprach mit letzter Energie. Das war das Ende der Olafschen Extratouren und der Beginn der Turnierkarriere des Hannoveraners Olaf. Er wurde eines der zuverlässigsten Springpferde aller Zeiten. Mit sechzehnfacher Beteiligung an gewonnenen Nationenpreisen steht er hinter Tora und Baccarat II an dritter Stelle der erfolgreichsten deutschen Pferde. Im Rom 1933 ritt ihn Freiherr v. Nagel, auch Kurt Hasse gehörte zu seinen Steuermännern. Sein überragender Reiter aber wurde Marten v. Barnekow. Nach ihm ritten ihn Max Huck und Fritz Weidemann. Olaf war bis 1942 im Springstall. Die Italiener, die Weltpresse, sie wußten nichts von den Schicksalen dieser beiden Pferde und ihrer absoluten Zuverlässigkeit, die sie bei der Arbeit gezeigt hatten, aber, was Olaf anbelangte, noch nicht auf internationalen Turnieren.

Vor zwei Jahren hatte Waldenfels auf den vierten Reiter verzichtet. 1932 schied Freiherr v. Nagel durch Einschlagen einer verkehrten Bahn aus und auch 1933 blieb den Deutschen bis zum Schluß wieder das Schicksal, mit drei Reitern den Kampf zu beenden. Ausgerechnet der zuverlässige Baccarat II versah sich in dieser prickelnden Atmosphäre und stürzte so schwer, daß sein Reiter aufgeben mußte.

Jetzt lag die ganze Last der Verantwortung wieder nur auf drei Reitern und ihren wunderbaren Pferden Wotan, Tora und Olaf. Wie in den vorherigen Jahren hatte es Waldenfels verstanden, die Pferde der ersten deutschen Mannschaft in Hochform zu bringen. Man vergesse dabei nicht, daß im Jahre 1933 ein Intervall-Training noch unbekannt war und das Glück dieses Springens nicht allein bei einem Pferd lag, sondern bei dreien, denn diese drei mußten je zweimal über den Parcours. Sie mußten sechsmal antreten in diesem Hexenkessel der Erregung, und keines dieser Pferde durfte jetzt versagen, denn dann war die Mannschaft verloren.

In geradezu verblüffender Manier übersprangen sie den neuerbauten Wall, den die Italiener in der

Nacht vor dieser Nationenpreisentscheidung gebaut hatten. Man hatte auf diesem raffinierten Wall auch noch Staccionatas gestellt, die bei den kleinsten Berührungen herunterfielen. Sicher kannten die italienischen Pferde diese Hindernisse, denn sonst hätte man sie nicht an diesem so entscheidenden Tag aufgebaut. Die deutschen Pferde kannten sie nicht, und jedem war klar, daß nur ein Wunder den deutschen Sieg erbringen konnte.

Nach dem Mißgeschick mit Baccarat II hatten die Zuschauer eine moralische Stütze erhalten. Die deutschen Pferde schienen also doch keine mechanisierten Sprungmaschinen zu sein, denen die Reiter arabische Zauberformeln in die Ohren flüsterten, so daß sie springen mußten, ob sie wollten oder nicht. Baccarats Sturz bewies es, auch die deutschen Pferde waren aus Fleisch und Blut und nicht gegen unglückliche Zufälligkeiten gefeit.

An dieser schwierigen Wallkombination scheiterten die Pferde reihenweise, auch die der Italiener, nur die deutschen nicht. Wotan zögerte zwar einen Augenblick, als er dieses Gewirr von Stangen sah, aber dann streckte sich sein Hals, und mit gespitzten Ohren marschierte er über diese teuflischen Raffinessen menschlicher Erfindungsgabe hinweg. Wotan, Tora und Olaf gingen im ersten Umlauf ohne Fehler. Damit wurde klar, daß dies deutsche Aufgebot nicht zu erschüttern war. Im zweiten Durchgang blieben Wotan und Olaf erneut ohne Fehler, nur Tora hatte ein Versehen zu beklagen mit insgesamt 4 Fehlerpunkten. Ein überlegener, ein eindeutiger Sieg, denn die Italiener folgten an zweiter Stelle mit 19 Fehlerpunkten. Die gute Ausbildung, der hervorragende nervliche Zustand von Reiter und Pferd gaben den Ausschlag zu diesem größten Reitersieg, den Deutschlands Reiter vielleicht je errungen haben.

Der Großkampf war beendet. Funkbilder rasten um die Welt. Sie zeigten Mussolini, wie er dem Major Freiherr v. Waldenfels den Goldpokal überreichte. Die deutschen Reiter standen bewegungslos. Sie waren ernst, sie lächelten nicht und zeigten äußerlich weder Freude noch Erregung. Sie zeigten der Welt, wie Sportsmänner sich verhalten, wenn sie den größten Sieg errungen haben. Was ist schon ein Sieg, was bedeutet ein so strahlender sportlicher Erfolg? Schon morgen kann die launische Göttin Fortuna den Siegern das Glück versagen, wie sie es Momm verweigerte, als er mit Baccarat II stürzte. Das Glücksmoment im Springsport ist nun mal sehr groß. Wenn sie morgen verlieren würden, dann wäre es zum Weinen. Sie aber lachen nicht, sie weinen auch nicht. So wie sie ihre Pferde beherrschen, so beherrschen sie auch sich selbst. So ruhig und gelassen, wie sie vorgestellt werden, so verlassen sie auch wieder den Platz nach dem dritten Sieg in der Coppa Mussolini. Auf dem gleichen Platz unter den gleichen Verhältnissen, jedoch gesteigerten Anforderungen, ja, auch wohl vor dem gleichen Publikum das schwerste Mannschaftsspringen dreimal hintereinander zu gewinnen, das hat es vorher nicht gegeben, und das hat sich bisher auch noch nicht wiederholt. Eine überragende, einmalige Leistung war den deutschen Reitern gelungen. Das Experiment der planmäßigen deutschen Ausbildungsmethode war gelungen. Der Erfolg war für Reiter und Ausbilder die beste Bestätigung ihrer unermüdlichen zielstrebigen Arbeit.

Glückte die Revanche?

Jetzt fieberte natürlich die Welt der Revanche entgegen. Man traf sich in Aachen, dem mittlerweile größten Turnierplatz des Kontinents. Doch in diesem Jahr ließen sich die deutschen Reiter nicht verdrängen. Im Nationenpreis ritt Hasse seinen Derby, Brandt Tora, Momm Baccarat II und Großkreutz Benno. Sie gaben keiner Nation eine Chance, denn nach der Addierung der drei Besten hatten sie den wertvollen Preis mit 0 Fehlerpunkten gewonnen. Das war mehr, als man erhoffen konnte. Zudem gab es zwölf Einzelsiege, vier davon erritt sich Ernst Hasse und drei Harald Momm.

Das Jahr 1934 entwickelte sich zum Krisenjahr. Die Pferde, zuerst in Nizza eingesetzt, litten unter der herrschenden Föhnluft. Kurt Hasse siegte zweimal und einmal Brandt. In Rom begann man dann zwar sehr verheißungsvoll mit einem Sieg durch Brandt auf Baron IV und Kurt Hasse auf Olaf. Bei der Coppa aber blieb den Deutschen das Glück nicht treu. Sie kamen auf den zweiten Platz. Wotan, der Wunderschimmel der letzten drei Jahre, war leider nicht mehr mit dabei, denn nach seinem dritten Coppaerfolg war er aus dem Turniersport gezogen worden. Zuvor hatte man ihn zum „Pferd der Nation" ernannt.

Die Serie des zweiten Platzes wiederholte sich dann nach dem dreimaligen Sieg. Hintereinander wurde Deutschland dreimal Zweiter, und erst 1940, schon im Kriege, gelang der letzte Sieg in dieser harten Springprüfung. Dieser Sieg war gleichzeitig der letzte der Grauen Reiter.

Auch in Aachen gab es 1934 für die Offiziere aus Hannover nicht viel zu gewinnen. Den Großen Preis holte sich Axel Holst, der Schwede, der in Deutschland Heimatrecht besaß. Den Nationenpreis sicherte sich allerdings Italien. Insgesamt gab es sechs deutsche Reitersiege.

Die Grauen Reiter konnten 1934 jedoch in Warschau und in Dublin Siege in Nationenpreisen verzeichnen. In Dublin ritt v. Barnekow wieder mit, der zwischenzeitlich einen Privatstall geleitet hatte. Barnekow wurde von den Italienern als bester Springreiter der Welt bezeichnet. Gerade in der Krisenstimmung des Jahres 1934 erinnerte man sich wieder dieses hervorragenden Reiters, und man holte ihn hinsichtlich der bevorstehenden Olympiade in den Springstall zurück. Als Artillerist kam Oberleutnant Schlickum hinzu, der sein ehemaliges Artilleriestangenpferd Fanfare mitbrachte und zusätzlich die beiden sehr guten Pferde mit langer internationaler Erfahrung, den ostpreußischen Schimmel Dedo und die Holsteinerin Wange, erhielt.

Kurt Hasse mit Der Mohr und Tora

In den Wintermonaten 1934/35 wurde einiges umorganisiert. In diesen Jahren bis 1936 hatte jeder Offizier des Springstalles nur ein Klassepferd zur Verfügung. Nur Brandt verfügte 1934 mit Tora und Baron IV über zwei hervorragende Springpferde. Aus diesem Grunde stellte Waldenfels Brandt vor die Alternative, sich zu entscheiden, ob er Tora oder Baron IV behalten wolle. Brandt entschied sich für Baron IV. Gründe, die zu dieser Entscheidung führten, sind nicht bekannt geworden. Es wird ihm gewiß schwergefallen sein, Tora abzugeben, denn die Holsteinerin hatte ein weit größeres Sprungvermögen als der Hannoveraner. Tora war mittlerweile so reguliert, daß auch ein anderer Reiter sie bedenkenlos zu Höchstleistungen bringen konnte. Unter Aufsicht von Waldenfels war die bunte Fuchsstute des öfteren von Wachtmeister Schmidt dressurmäßig gearbeitet worden.

Baron IV hatte jedoch noch einige Unarten, die manchen Reiter in Verlegenheit bringen konnten. Er spannte sich gern nach dem Aufsitzen und versuchte den Reiter abzuwerfen. Brandt, dazumal der erfolgreichste Reiter des Springstalles, hatte also wieder eine besondere Aufgabe übernommen, die ihn sicherlich reizte. Baron IV war zweifellos schneller als Tora und kam damit diesem Reiter sehr entgegen, der ständig konzentriert auf Sieg ritt, wie man in der Fachsprache sagt. Tora wurde in erster Linie für die schweren Springen vorgesehen, wie die Preise der Nationen und die jeweilig großen Preise, wo überwiegend das Springvermögen den Ausschlag gab.

Schon beim Berliner Winterturnier erschien Tora mit ihrem neuen Reiter Kurt Hasse, einem jüngeren Bruder von Ernst Hasse, der schon jahrelang in der ersten deutschen Mannschaft geritten hatte. Kurt Hasse brachte den alten ostpreußischen Rappwallach Der Mohr erneut nach Hannover. Der Mohr war ziemlich heftig und schon im Springstall gewesen, wurde aber 1932 abgegeben, nachdem viele Reiter ihre ersten Springkünste mit ihm versucht hatten. Der Rappe konnte zwar gewaltig springen, ihn zu regulieren schien jedoch einfach unmöglich zu sein. Ernst Hasse kaufte ihn trotzdem für seinen Bruder Kurt, der damals noch beim Reiterregiment 16 Dienst tat.

Kurt Hasse brauchte nur wenige Monate, um sich mit Der Mohr einzuspielen. Wie später bei Tora, so hatte Kurt Hasse ein besonderes Gespür dafür, heftige Pferde zu beruhigen. Beide, Kurt Hasse und Der Mohr, erschienen 1933 beim Berliner Winterturnier am Kaiserdamm. In einem schweren Springen blieben nur zwei Pferde fehlerfrei: Der Holsteiner Egly unter Axel Holst und der Ostpreuße Der Mohr unter Kurt Hasse. Beim Stechen versah sich Egly einmal, während Der Mohr in großartigem Stil fehlerfrei ging. Er schlug damit die ganze Elite an Springpferden, darunter die des Springstalles.

Dieser Sieg war Anlaß zur Versetzung von Kurt Hasse zum Springstall nach Hannover. Damit kehrte Der Mohr in seine alte Box in der Dragonerstraße zurück, und von nun an gehörte er wieder zur ersten Springpferdegarnitur. Später, als seine Vorderbeine schon beängstigend krumm wurden, sollte er das Gnadenbrot bei einem Bauern in Isernhagen bekommen, aber anstatt auf der Koppel herumzulaufen, mußte er noch jahrelang den Heuwagen von Isernhagen zur Kavallerieschule nach Hannover ziehen. So blieb er mit seinem berühmten Stall noch jahrelang auf das engste verbunden.

Das Jahr der großen Erfolge – 1935

Das Jahr 1935 brachte beim Berliner Turnier gleich serienweise deutsche Siege. In Nizza gewannen Kurt Hasse und Harald Momm je ein Springen, allerdings mußte der Nationenpreis sehr hart erkämpft werden, und Waldenfels bezeichnete ihn später als den schwersten Sieg, den die deutschen Reiter unter seiner Leitung erritten hatten. Da die Pferde Brandts unter den klimatischen Veränderungen dieses frühen Turniers sehr leiden mußten, saß er bei dieser schweren Entscheidung erneut auf Tora. Momm ritt Baccarat II, Kurt Hasse Olaf und Schlickum Wange. Es war selten, daß es bei einem Nationenpreis zum Stechen kam. Hier war es soweit.

Insgesamt gingen elf Nationen an den Start. Aufgrund des Reglements, bei dem beide Umläufe einzeln gewertet wurden, und einem Fehlergleichstand beim zweiten Umlauf kam es zum Stechen zwischen Portugal, Irland und Deutschland. Die hervorragende Ausbildung unserer Pferde und die guten Nerven der deutschen Reiter sicherten uns den Sieg mit 5½ Fehlerpunkten vor Irland mit 12 Fehlerpunkten, während Portugal weit abgeschlagen wurde. Es war für alle Beteiligten ein grandioses Stechen.

In Dublin siegte Ernst Hasse auf Calmato zweimal. Das bedeutendste Springen im Champion Chip gewann Brandt mit Baron IV. Warschau brachte eine Siegesserie für Heinz Brandt. Dreimal gewann er mit Derby, zweimal mit Baron. Die internationale Presse bezeichnete ihn daraufhin als den besten Reiter der Welt. Auch Waldenfels schloß sich ausdrucksvoll dieser Ansicht an. Die Nationenpreise gewannen unsere Reiter in Aachen und in Amsterdam, allerdings in Aachen nicht mit der ersten Besetzung, sondern mit Freiherr v. Nagel, der noch einmal auf Wotan ritt, Ernst Hasse auf Nemo, Hauptmann Schunck auf Nelke und Oberleutnant Großkreutz auf Harras.

In den Jahren 1934 und 1935 verloren wir zwei hervorragende Reiter. Bei einer Olympiavorbereitungsmilitary in Döberitz 1934 stürzte an einem unbedeutenden Rick Freiherr v. Langen. Irene begrub den Reiter unter sich. Seine Verletzungen waren so schwerwiegend, daß er nicht gerettet werden konnte, zumal der Transport zum Krankenhaus wegen des weiten Weges dorthin sehr viel Zeit brauchte.

Beim Hallenturnier anläßlich der Grünen Woche in Berlin startete bei einem Nachwuchsspringen, also einem Wettstreit, in dem nur Pferde zugelassen waren, die noch keine Erfolge aufzuweisen hatten, Axel Holst. Er war gebürtiger Schwede, hatte jedoch schon seit langem die deutsche Staatsbürgerschaft, ritt bei dem hinterpommerschen Jagdstall Glahn, und er war, wie man immer wieder feststellen konnte, ein begnadeter Reiter. Auf dem Gut gab es nicht einmal eine Reithalle. Im Park hielten einige Männer Stangen in den Händen, und Axel sprang mit den Pferden über sie hinweg. Wenn es irgend ging, ließ er die Pferde auch noch landwirtschaftliche Arbeiten verrichten. Trotzdem kamen aus seiner Hand serienweise Klassespringpferde.

Auch Holst hätte seine Pferde dressurmäßig ausbilden können, aber er tat es nicht. Er war eben ein Naturtalent, wenn auch nicht in jener Form der Italiener. So brauchte er die dressurgymnastische Ausbildung nicht anzuwenden, denn er war die Verkörperung eines Springreitergenies. Zu seiner Zeit galt er in dieser Hinsicht als ein großer Revolutionär, zumal man der Welt beweisen wollte, daß nur die Dressurgrundlage eine Gewähr dafür bietet, daß ein Pferd tatsächlich zuverlässig springen kann. Es gab nicht wenige Reiter, die in ihm und seiner Methode das große Vorbild sahen. Seine Anhänger ließen jedoch außer acht, daß sie niemals so gut würden reiten können wie er, und daß man seine Art zu reiten, sowie die Ausbildungsmethode, ganz auf ihn zugeschnitten, nicht kopieren konnte.

Wie stark seine Reitweise nur auf ihn zugeschnitten war, bewies auch sein tragischer Todessturz. An einem nur 1,20 Meter hohen Hindernis, einer Mauer, kam er zu Fall. Sein Pferd, der Ostpreuße Troll, ging an diesem Tage sehr unlustig, und Holst mußte sichtbar treiben. Das Reitergenie konnte sich anscheinend nicht ganz durchsetzen, und so vertaxierte sich das Pferd an der Mauer und begrub den Reiter unter sich. Axel Holst hat das Bewußtsein nicht wiedererlangt. In der Deutschlandhalle, an der Stätte seiner größten Triumphe, nahm die Turniergemeinschaft Abschied von einem ihrer Besten.

Wegen der internationalen politischen Spannungen gingen die deutschen Reiter 1935 nicht nach Rom. Somit kamen die Italiener auch nicht nach Aachen, wo es in dem Jahr elf deutsche Reitersiege gab, einschließlich des Nationenpreises. Insgesamt gewannen die Grauen Reiter 1935 vier Nationenpreise, eine hoffnungsvolle Ouvertüre für die Olympiade im darauffolgenden Jahr in Berlin.

Das Jahr 1936 mit den Olympischen Spielen in Berlin

Die Olympischen Spiele 1932 hatten in Los Angeles stattgefunden. Wegen der Wirtschaftskrise konnten die deutschen Reiter sich dort nicht beteiligen, und so konzentrierten sich alle Anstrengungen auf die Olympischen Spiele in Berlin. Mit einem Aufwand sondergleichen unternahm die Reichsregierung die Vorbereitung für dieses Weltfest der Jugend. Sogar in den kleinsten Dörfern wurden überragende Sportler gesucht, die Deutschland 1936 vertreten sollten. Selbstverständlich machten auch die Pferdesportverbände größte Anstrengungen, um gut vorbereitet in den Olympischen Kampf zu gehen.

In Hannover ging ein neuer Stern auf. Er hieß Hans Heinrich Brinckmann, war Leutnant und brachte das Springpferd Irrlicht mit. Brinckmann verkörperte den idealen Springreitersitz, den einst Caprilli verlangte und den Waldenfels erstrebte, und konnte im Sattel so ziemlich alles, was verlangt wurde. Er hatte das große Glück, eine Reihe erfahrener Springpferde reiten zu dürfen, die durch Versetzung der Reiter frei geworden waren. Sie wurden, außer Waldenfels, seine großen Lehrmeister. Es war ein ästhetischer Genuß, ihn reiten zu sehen. Sein erstes Spitzenklassepferd wurde Wotansbruder, eben ein Bruder jenes herrlichen Schimmels Wotan, der nach seinem dreimaligen Start bei der Coppa d'Oro zum Pferd der Nation erklärt wurde. Nach seinem letzten Einsatz in Rom schenkte Freiherr v. Nagel Wotan dem damaligen Reichsmarschall Hermann Göring. Göring ritt ihn in der Schorfheide meist im Schritt, das mag diesem herrlichen Pferd nicht gerade gut bekommen sein, zumal der Reichsmarschall schon zu der Zeit über zwei Zentner schwer war. Trotz alledem nahm man auch Wotan mit zur Olympiavorbereitung.

Der Hengst Wotansbruder hatte seine ersten Erfolge unter Herbert Frick, dem einzigen Zivilisten, den Waldenfels zur Olympiavorbereitung nach Hannover geholt hatte. Dann kam Wotansbruder in die Hände von Brinckmann, der ihn schon in kürzester Zeit zu einem Weltklassepferd weiterbilden konnte. Wotansbruder hatte fast keine Hengstmanieren. Während der vielen Eisenbahntransporte stand er vollkommen ruhig neben Stuten.

Das Jahr 1936 wurde von den deutschen Reitern durch eine Siegesserie in Berlin eröffnet. Den Großen Preis gewann Tora unter Kurt Hasse. Überlegen wurde der Nationenpreis gewonnen, und zwar mit 8 Punkten vor den Polen, die 32 aufwiesen. Fünf Springen gewann Günther Temme, der Nachfolger von Axel Holst im Turnierstall Glahn. Dreimal siegte v. Barnekow.

Dann ging man nach Warschau, und hier hatten sich die Polen in dem Jahr etwas Besonderes einfallen lassen, womit man die deutschen Pferde „entzaubern" wollte. Man hatte im Verlauf der Springbahn Wendekegel aufgestellt, so daß nicht mehr Springvermögen und Gehorsam allein geprüft wurden, sondern auch das Galoppiervermögen. Hier auf polnischem Boden kam eine Diskussion auf, die bis heute nicht zum Schweigen gekommen ist. Waldenfels verlangte nämlich aufgrund der gemachten Erfahrung, daß man Vollblüter für die erste deutsche Mannschaft aufnehmen sollte. Bei den reinen Zeitspringen mußte nach seiner Ansicht das Warmblutpferd einfach überfordert werden, während der Vollblüter die Gewähr bot, diese atemberaubenden Konkurrenzen zu überstehen.

Diese Waldenfelsschen Gesichtspunkte 1936 in Warschau zur Debatte gestellt, haben bis in die Gegenwart hinein ihre Berechtigung; denn nach wie vor wird es für unsere Reiter kritisch, wenn die Ausländer mit ihren Vollblütern bei Zeitspringen an den Start gehen. Sind diese Pferde in Form und gehen mit null Fehlern, dann sind sie einfach nicht zu schlagen. Oder hat es je ein Vollblutrennen gegeben, in dem ein Warmblüter eine Chance hatte? In der Kavallerieschule befanden sich zur Zeit dieser Debatte so viele hervorragende Ausbilder, daß es gewiß nicht schwergefallen wäre, einige Vollblüter für die ganz schnellen Springen auszubilden.

Die deutsche Vollblutzucht ist jedoch verhältnismäßig klein, und Vollblüter verdienen auf der Rennbahn weit mehr Geld als Springpferde. Hinzu kommt, daß Springpferde erst ab dem siebenten Lebensjahr voll eingesetzt werden können. Der Vollblüter absolviert seine Rennen aber schon als Zwei- bis Vierjähriger. Nun, auch diese Klippe hätte man umgehen können, indem man Pferde, die sich nicht zur Zucht eigneten, den Springreitern zur Verfügung gestellt hätte. Was in Frankreich, England und Italien möglich war, warum sollte das nicht auch in Deutschland gehen? Doch der deutsche Vollblüter ist dem französischen und englischen ohnehin unterlegen. So türmten sich die Schwierigkeiten. Weder unter Waldenfels noch unter Momm und später in der Nachkriegszeit unter Rau ist es möglich gewesen, einen guten Vollblüter zur internationalen Turnierklasse zu bekommen, außer einigen wenigen Ausnahmen, wie z. B. Kampfgesell, den Momm ritt.

Die große Siegerin von Warschau 1936 hieß Irmgard v. Opel. Sie gewann mit Arnim allein drei Springen. Einmal gewann Brandt mit Alchimist, und ein Zweipferdespringen sicherte sich v. Barnekow mit Der Aar und Olaf. Hier tauchte erstmalig auf internationaler Ebene der Hannoveraner Alchimist auf. Der mächtige Braune hatte ein Bandmaß von 1,85 Meter, und in seiner Glanzzeit war er wohl das größte Springpferd von allen. Wegen seiner Größe konnte er jedoch nicht alle Springen mit Erfolg bestehen. Sein Ausbilder war der Wachtmeister Otto Kanehl. Alchimist kam aus dem Stall Hellmann, der seinerzeit dem Springstall viele gute Pferde lieferte. Alchimist war eckig und ziemlich mager, hatte eine große Narbe an der Oberlippe und kam 1934 nach Hannover. Kanehl hatte ihn auf vielen Turnieren mit Erfolg geritten, unter anderem gewann das Paar den Prinz Friedrich Sigismund-Preis auf dem Derbyplatz in Hamburg.

Ein Jahr vor den Olympischen Spielen übernahm Brandt den inzwischen Sechsjährigen und hatte in Warschau, mittlerweile siebenjährig, den ersten Sieg mit ihm. Alchimist wurde vor allem von den Engländern sehr bewundert. Man wollte einfach nicht glauben, daß so ein herrlich springendes Pferd nicht aus einem englischen, sondern aus dem hannoverschen Zuchtgebiet kam. Alchimist war ein imponierendes Pferd und ging meist traumhaft sicher. Leider beendete der Krieg vorzeitig seine Laufbahn.

Dann war es soweit. In den Spätsommertagen riefen die Fanfaren und die Olympischen Ringe die Jugend der Welt nach Berlin in das Olympiastadion. Erstmalig entzündete man das Olympische Feuer an historischer Stätte in Griechenland. Fackelläufer brachten es über den Balkan und Österreich nach Deutschland, um in Berlin, im überfüllten Olympiastadion, vor den Wettkampfteilnehmern die Feuerschale feierlich zu entfachen. Diese Olympiade wurde zum bisher größten sportlichen Ereignis, das die Welt bis dahin erlebt hatte. Mag hier und da behauptet werden, daß diese Olympischen Spiele eine politische Demonstration für den Nationalsozialismus gewesen seien. Das sind infame Verleumdungen und ist schlicht und einfach die Unwahrheit. Das Organisationskomitee bestand aus erfahrenen Spezialisten, die sich teilweise schon mit der Vorbereitung für die 1916 geplanten Olympischen Spiele befaßt hatten. Es war vielleicht erstmalig in der Geschichte des Sportes, daß sich ein Staat uneingeschränkt hinter die Sportorganisationen stellte und sich für diese in vorbildlicher Weise einsetzte und sogar ein Ministerium für Sport und Leibesübungen schuf. Außerdem waren die Vorbereitungen längst im Gange, ehe Adolf Hitler an die Macht kam. Daß es nach den Jahren der Not ein Volksfest ersten Ranges wurde, das lag an der Begeisterungsfähigkeit der deutschen Menschen und der vielen ausländischen Besucher.

Diese Berliner Olympiade ist später in ihrer perfekten Organisation nicht annähernd wieder erreicht worden. Auch bei den Olympischen Reiterkämpfen war die sorgfältige Vorbereitung und Organisation für Teilnehmer und Zuschauer ganz deutlich erkennbar. Selbst bei dem Geländeritt der Military konnte jeder Interessent, ohne die Pferde zu stören, an die interessantesten Hindernisse gelangen. So waren denn auch Tausende unterwegs. Diese reibungslose Geländerittbesichtigung war ebenso das Ergebnis einer glänzenden Organisation, die ihresgleichen sucht.

Das Olympische Springen von 1936 gibt immer von neuem bis in die heutige Zeit Anlaß zu Diskussionen, denn unsere Reiter gewannen auf eigenem Boden verhältnismäßig knapp gegen Teilnehmer, die aus Nationen kamen, die bisher im internationalen Springsport keine so große Rolle gespielt hatten. Ob heute oder damals, auf jedem internationalen Turnier gibt es auch Teilnehmer, die nur über ein Mittelmaß an Können verfügen. Nach dem dreimaligen Gewinn der Coppa d'Oro in Rom hatte das deutsche Reitsystem die italienische Schule überrundet, und den Fachleuten war klar geworden, daß die deutschen Pferde, in Hochform gebracht, nur schwer zu schlagen sein würden.

Um auch anderen Reiternationen eine Chance zu geben, wurden nunmehr vielfach auf internationalen Plätzen Experimente gewagt. Wie schon in Warschau, versuchte man mit leichten, jedoch schnellen Springen die deutschen Pferde zu verwirren. Es wurde damit nicht mehr allein nur Springvermögen verlangt, worin die deutschen Pferde unschlagbar schienen, sondern auch der Ritt auf Zeit. Diese Entwicklung muß man als Rückschritt im Springsport bezeichnen. Bei Hauptereignissen anläßlich internationaler Turniere sollte tatsächlich nach wie vor das beste

Springpferd ermittelt werden, sonst könnte man ja die Turnierplätze als Hindernisrennbahnen benutzen. So gab es dann von Fall zu Fall auch Überraschungssieger und eine Leistungsschmälerung der tatsächlich bestausgebildeten Pferde.

Ein typisches Ereignis sei hier aus der Nachkriegszeit zitiert. Bei der Europameisterschaft 1959 in Paris gewannen die Sowjets den Nationenpreis. Sofort hieß es, daß die Russen nun auch in dieser Sportart die Weltspitze eingenommen hätten. Aber weder in Rom 1960 noch in Tokio 1964 konnte ein russisches Pferd überzeugen. Der Parcours in Paris war für die guten Springpferde einfach zu leicht. Es kann keinen Pferdefreund wundern, wenn nach dem Erfolg eines Außenseiters der Ruf nach dem eleganten leichten Vollblüter wieder laut wird, zumal wir in Aachen es jährlich wieder erleben, daß bei schnellen Springen die Vollblüter souverän unsere Pferde beherrschen. Dieses Problem läßt sich nur so lösen, daß die von Waldenfels erhobene Forderung verwirklicht wird. Für die reinen Zeitspringen müssen ganz schnelle Pferde zur Reserve gehalten werden, die nur in den Springen eingesetzt werden, wo allein das Galoppiervermögen den Ausschlag gibt. Auch in Aachen kann man es den Veranstaltern nicht verübeln, wenn sie sich zu leichteren Parcours entschließen, denn man will die schwächeren Reiternationen jährlich wiedersehen und nicht nur die, die über Pferde mit enormen Springvermögen verfügen. Ein internationales Turnier, zumal offiziell, hat nur dann seine Bedeutung, wenn möglichst viele Reiter aus möglichst vielen Nationen am Start erscheinen. Allerdings sollte man bei den großen Springen keine Konzessionen machen. Da sollten sie selbst sehen, wie sie bestehen können.

Bei der Parcoursgestaltung des Olympischen Jagdspringens in Berlin spielte diese Erkenntnis eine vordergründige Rolle, und auch bei den folgenden Olympischen Springen hat man erfreulicherweise immer wieder erleben können, daß die Parcoursaufbauer wirklich das beste Springpferd ermitteln wollten. In Berlin war der Parcours so schwer, daß kein Pferd der Welt ihn fehlerfrei überwinden konnte. Er gilt noch heute als ein Meisterstück des Aufbaus.

Zwanzig Sprünge mußten überwunden werden, darunter drei in umgekehrter Reihenfolge zweimal, einmal als elf, zwölf, dreizehn und das andere Mal als achtzehn, neunzehn, zwanzig. Das Hindernis elf war ein einfaches Birkenrick mit Stangen, abgeschirmt mit zwei Fängen. Dann kam ein Rick, das im unteren Teil aus Büschen bestand mit einem zwei Meter breiten Wassergraben dahinter. Der Abstand vom elften zum zwölften Sprung betrug sieben Meter, vom zwölften zum dreizehnten elf Meter. Während das erste Rick 1,40 Meter hoch war, waren die beiden anderen je 1,30 Meter hoch. Bei Sprung dreizehn gab es wieder ein Buschrick, aber jetzt war der zwei Meter breite Wassergraben davor. Auf dem Rückweg waren also diese beiden Sprünge umgekehrt zu springen, zuerst Rick mit Wassergraben dahinter, dann mit Wassergraben vor dem Rick. Als letztes das steile Rick von 1,40 Meter Höhe als Ende des Parcours.

In dieser Kombination machte auch Tora ihren einzigen Fehler, und zwar an dem steilen Rick, dem Hindernis Nummer elf. Als sie es zum zweiten Male passierte, erkannte sie den Sprung rechtzeitig und nahm ihn in einem gewaltigen Satz. Die Berittenmachung war für den Laien sehr problematisch, aber nicht für Waldenfels. Bei der Coppa d'Oro hatte er 1931 die vollkommen „grüne" Tora unter Momm eingesetzt. 1932 nahm er den fast unbekannten Chinese, 1933 Olaf, der erst ein paar Wochen vorher in den Springstall gekommen war. Er hatte einfach das Gespür, den berühmten siebenten Sinn, um den richtigen Reiter auf das richtige Pferd für den entscheidenden Parcours zu setzen. In eingehenden Vorprüfungen waren die besten Kombinationen festgelegt worden. Kurt Hasse, das war klar, ritt Tora. Sie war zu jener Zeit eines der besten Springpferde der Welt. Von Brandt ausgebildet, hatte Hasse ein seltenes Einfühlungsvermögen auf dieser etwas heftigen Stute entwickelt. Das Paar Brandt/Tora war zwar in allem idealer, aber dank Waldenfels hatten sich Hasse und Tora ausgezeichnet zusammengefunden.

Bei Brandt, dem besten Reiter der Welt, sah die Sache anders aus. Er hatte in Baron IV ein ungewöhnlich schnelles Pferd, das er im Laufe der Zeit zum erfolgreichsten des Springstalles machte. Aber vom Springvermögen her war er doch Tora erheblich unterlegen. Nach wie vor spannte er gerne die Rückenmuskulatur, um seinen Reiter abzusetzen. Er konnte auch aus vollem Tempo, wenn er mal nicht bei Laune war, vor Hindernissen stehenbleiben. So hatte ihn Brandt übernommen und sich inzwischen mit ihm eingespielt. Doch bei Nationenpreisen ritt Brandt weiterhin Tora, während Hasse auf Olaf saß. Baron nahm insgesamt an sechs gewonnenen Nationenpreisen teil, dazu im Vergleich Tora an fünfundzwanzig, aber Baron hatte fünfundzwanzig internationale Einzelsiege, Tora neunzehn. Brandt stand auch Alchimist zur Verfügung, den er nach dem Sieg in Hamburg von Otto Kanehl übernommen hatte. Er war 1936 mit sieben Jahren der Jüngste, ein gewaltiges Springpferd. Für unsere Begriffe mit 1,85 Meter Bandmaß reichlich groß, aber trotzdem ein ausgesprochen harmonisches Gebäude und, was für ein Springpferd noch wichtiger ist, mit herrlichen Bewegungen. Vor Sprüngen, die er nicht kannte, ließ er sich gerne treiben. Das war aber auch seine einzige Schwierigkeit. Später, in England, hat niemand geglaubt, daß er ein deutsches Zuchtprodukt sei. So sicher war er im Springen.

Der dritte Reiter, der zur Auswahl kam, war der wieder eingestellte Hauptmann Marten v. Barnekow. Er war 1930 ausgeschieden, um im Betrieb seines Schwiegervaters zu arbeiten, wurde aber immer wieder zu großen Turnieren herangeholt. So kam er auch 1934 wieder nach Hannover zur Olympiavorbereitung. Barnekow gehört zu den ganz großen Siegern der deutschen Reiterei. Er gewann zweimal das Derby, einmal mit Derby und einmal mit General. Seine Stärke lag in der großen Dressurkunst, die er den Pferden vermitteln konnte. Dank seiner überlegenen Kräfte und seiner wohl einmaligen Geschmeidigkeit wurde er neben Brandt zu einem der stärksten Reiter der Welt.

Die Italiener bezeichneten ihn als den besten deutschen Reiter, und auch Gustav Rau schätzte ihn über alles als wahren Könner. Er benötigte noch ein Klassepferd für die Olympischen Spiele, und das bot ihm ein Privatstall an, nämlich Frau Glahn, bei der einst Axel Holst seine berühmtesten Pferde gefunden hatte. Hier stand die Stute Nordland, eine sehr edle Holsteinerin, die über das gleiche Springvermögen verfügte wie Tora und Alchimist. In dem Bestreben, nur das Beste in Berlin zu zeigen, griff man auf dieses Privatpferd zurück, obwohl der Springstall in Olaf, Baccarat II, Baron IV, Wotan, Landrat und Der Aar nochmal zwei Equipes hätte zusammenstellen können. Da ihrem Reiter Günther Temme die internationale Erfahrung fehlte, konnte nur ein Reiter für Nordland in Frage kommen, der dieses Springwunder wirklich reiten konnte, und das war Marten v. Barnekow.

So wurden für die Olympischen Spiele genannt: Brandt mit Alchimist und Tora, v. Barnekow mit Olaf und Nordland, Kurt Hasse mit Tora und Baccarat. Als Reservereiter war Harald Momm genannt. Diese Berittenmachung löste einige Verwunderung aus, aber bei näherer Betrachtung war es die eindeutig beste Lösung, wobei man natürlich nicht vergessen darf, daß einige Reiter zurücktreten mußten, die mit Recht für sich in Anspruch nehmen konnten, zu den erfolgreichsten zu gehören, unter ihnen Momm, Freiherr v. Nagel, Richard Sahla, Ernst Hasse und Gerd Schlickum.

Das Olympiastadion war bis zum letzten Platz gefüllt, und es gibt heute noch organisatorische Persönlichkeiten, die behaupten, daß ca. zweihunderttausend Besucher im Stadion waren, weil man einfach die Plätze doppelt besetzt hatte. Es war ein großartiges Volksfest, und Andreae hatte einen Parcours hingestellt, der seinesgleichen suchen mußte. Mit Rücksicht auf die große Zahl überlegener Klassepferde mußte man bei diesem Parcours an die Grenze des Möglichen gehen. Er verfügte über doppelte und dreifache Kombinationen, deren Abstände entgegen den üblichen Regeln verkürzt oder verlängert waren. Es gab Gräben vor und hinter den Hindernissen, und diese dreifache Kombination mußte auch noch ein zweites Mal in entgegengesetzter Richtung gesprungen werden. Es gab ein großes Favoritensterben, zumal die große nervliche Belastung mit eine ausschlaggebende Rolle spielte.

Die Pessimisten im deutschen Lager schienen recht zu behalten. Nordland, dieses Springphänomen, lief als einziges Pferd der Welt buchstäblich durch das erste Hindernis hindurch. Sie, die selten oder fast gar keine Geschlechtserregungen gezeigt hatte, roßte an diesem ihrem größten Tag so stark, daß v. Barnekow auf einen Start verzichten wollte. Doch v. Waldenfels blieb hart, und er wurde auch nicht enttäuscht. Die Stute ging zwar vollkommen unter ihrer Form und machte 20 Fehler, aber was war das schon gegenüber den Fehlerzahlen, die andere Teilnehmer vorzuweisen hatten. Barnekow vollbrachte damit die größte Leistung der Olympischen Reiterkämpfe, denn ein Pferd zu reiten, das nicht gänzlich seinem Schenkel gehorchte und durch das erste Hindernis einfach hindurchlief, war eine wahrhaft Olympische Tat. Auch Alchimist endete mit 20 Fehlerpunkten und der viertschnellsten Zeit. Er war noch nicht routiniert genug. Flüchtigkeitsfehler, gemacht aus einer spielerischen Überlegenheit seines überragenden Vermögens, denn das, was er konnte, übertraf diesen Parcours bei weitem, er hat es später dann auch oft genug bewiesen.

Es sah also schlecht aus um diese deutsche Mannschaft, als sich Tora auf die Reise begab. Der zweite Reiter der deutschen Equipe auf der bunten Fuchsstute. Sie kümmerte sich nicht um die überfüllten Ränge, um die himmelhoch jauchzende Begeisterung, die ihr entgegengebracht wurde. Kein Pferd der Welt war ohne Fehler durch die dreifache Kombination gebracht worden. Auch Tora schaffte sie nicht. Beim ersten Passieren fiel am ersten Hindernis die oberste Stange. Aber danach sprang sie glatt und sauber, wie es eben nur Tora konnte. Als sie das zweite Mal das Hindernis springen mußte, erkannte sie den Sprung und sprang weit darüber hinweg. Damit stand fest: Deutsche Reiter hatten den Preis der Nationen, das Mannschaftsspringen des Olympischen Kampfes, gewonnen. Um den Einzelsieg mußte allerdings noch gestochen werden. Jetzt entschied bei gleicher Fehlerzahl die bessere Zeit. Sechs Hindernisse wurden erschwert. Der große Wassergraben wurde auf 5,50 Meter verbreitert und die Sandsteinmauer auf 1,60 Meter erhöht.

Tora begann. Ganz lange, mühelose Galoppsprünge. Der Reiter ließ ihre Geschwindigkeit zur Geltung kommen, aber am letzten Oxer, der 1,80 Meter breit war, da passierte es. Sie sprang viel zu früh ab und riß die letzte Stange. Das waren vier Fehlerpunkte in $59^{1/5}$ Sekunden. Jetzt kam ihr Konkurrent: der Rumäne Oberleutnant Rang auf Delphis. Auch dieses Paar galt als eine Olympische Überraschung. Delphis, ein Vollblüter, sprang alles ohne Rücken, also mit hocherhobenem Kopf. Er hatte aber ein enormes Springvermögen, und es war kein Zufall, wie sich später in Aachen herausstellen sollte, daß er hier im Stechen war. Mit vier Fehlerpunkten von Tora hatte es Rang jetzt in der Hand, ohne Aufregung seinen Olympiasieg nach Hause zu reiten. Hasse mußte schnell reiten, denn bei gleicher Fehlerzahl entschied jetzt die schnellere Zeit. Der Rumäne brauchte nur keinen Fehler zu machen, und er hatte gewonnen.

Der Reiter bearbeitete jeden Sprung einzeln. Das gewaltige Vermögen von Delphis kam ihm zustatten. Bei allen Hindernissen ging diese Taktik auf, aber nicht am letzten Sprung, dem großen Oxer. Hier reichte der Schwung nicht aus, und schon fiel eine Stange. Jetzt hatten also beide wieder vier Fehlerpunkte. Da der Rumäne aber $72^{4/5}$ Sekunden benötigt hatte, waren Tora und Hasse um 13,6 Sekunden schneller gewesen als ihr Konkurrent. Ein unbeschreiblicher Jubel setzte ein. Die lange aufgestaute Erregung der Viertelmillion Zuschauer löste sich jetzt in einem einzigen Schrei, der zum Abendhimmel stieg.

Am letzten Tag gab es noch mal vier Goldmedaillen für den deutschen Sport. Die deutschen Reiter hatten alle sechs Goldmedaillen, die zu gewinnen waren, geholt. Diese Anzahl reichte aus,

um in der Mannschaftswertung der gesamten Olympischen Spiele Deutschland an die erste Stelle zu bringen. Es war das erste Mal, daß der deutsche Sport die Spitze in der Weltrangliste übernommen hatte. Die Mannschaftswertung dieses Nationenpreises gewannen die Grauen Reiter mit 44 Fehlerpunkten vor Holland mit 51½ und Portugal mit 56. In der Einzelwertung wurde Hasse erster, Brandt und v. Barnekow belegten den sechzehnten Platz.
Die Große Dressurprüfung gewann Oberleutnant Heinz Pollay auf dem ostpreußischen Rappwallach Kronus. Den zweiten Platz belegte Rittmeister Gerhard auf dem ostpreußischen Rappwallach Absinth, und auf Gimpel erreichte Rittmeister v. Oppeln-Bronikowski den zehnten Platz. Kronus und Absinth waren Geschwister und wurden durch den Züchter Rothe zur Verfügung gestellt, dessen Sohn zwei Silbermedaillen bei den Olympischen Spielen 1952 und 1956 in der Großen Military gewinnen konnte. Beide Pferde erhielten ihre Spitzenausbildung von Otto Lörke. Der dritte, der ostpreußische Fuchs Gimpel, kam aus der Schule von Oscar Maria Stensbeck. Dank dieser hervorragenden Einzelleistungen gewannen die deutschen Reiter auch die Mannschaftswertung in der Dressur.
Die Military, die große Vielseitigkeitsprüfung und eine der schwersten Disziplinen des Olympischen Kampfes überhaupt, gewannen die deutschen Reiteroffiziere, und zwar in der Einzel- und Mannschaftswertung. Sieger wurde Hauptmann Stubbendorff auf dem ostpreußischen Braunen Nurmi. Rittmeister Lippert behauptete sich auf Fasan als sechster. Fasan war ebenfalls ein Produkt der ostpreußischen Zucht. Der Oberleutnant Freiherr v. Wangenheim belegte mit dem Vollblüter Kurfürst den vierundzwanzigsten Rang. In der Mannschaftswertung wurden die deutschen Reiter dank der übermenschlichen Leistung des Freiherrn v. Wangenheim Olympiasieger. Er brach sich beim Geländeritt das Schlüsselbein, setzte den Ritt trotzdem fort und erschien dann beim Jagdspringen im Olympiastadion mit angeschnalltem Arm. Im Verlaufe des Parcours stürzte Kurfürst und wollte nicht wieder aufstehen. Nur mit letzter Anstrengung und unter größter Energie beendete Wangenheim dann doch seinen Ritt.
Zu einer Nacholympiade gestaltete sich eine Woche später das internationale Reitturnier in Bad Aachen. Rank auf Delphis gewann nach dramatischem Stechen den Großen Preis. Dreimal siegte Brandt auf Alchimist. Im Nationenpreis waren unsere Reiter derart überlegen, daß Brandt auf Alchimist beim zweiten Umlauf nicht mehr eingesetzt zu werden brauchte. Noch einmal führte Waldenfels die deutschen Reiter, und zwar nach Wien. Auch dort wurde der Nationenpreis gewonnen und Brandt mit vier Siegen auf Alchimist der erfolgreichste Reiter.

Wachablösung

Der Springstall unter neuer Leitung

Nach den Olympischen Spielen von Berlin entschloß sich die deutsche Heeresleitung, eine Reihe von Reiteroffizieren zum Truppendienst zurückzuversetzen. Sie sollten nach ihrer glanzvollen Sportlaufbahn nunmehr wieder „Nur-Soldaten" sein. Momm übernahm als dienstältester Offizier die Leitung des Springstalles in Hannover. Leider mußte gleichzeitig eine Reihe der anderen Reiter zu ihren Truppenteilen zurückkehren, u. a. die Rittmeister Heinz Brandt, Ernst Hasse, Richard Sahla, Rudolf Lippert, Frh. v. Nagel und die Hauptmänner Ludwig Stubbendorf, Frh. v. Nostiz-Wallwitz und Gerd Schlickum.
Das nächste Ziel waren die Olympischen Spiele in Tokio 1940. Es gab natürlich bis dahin noch ausreichend internationale Verpflichtungen. Der gesamte Leistungssport erfuhr unter Berücksich-

tigung der internationalen Begegnungen starke Steigerungen. Auch in den ausländischen Equipes wurde nach Berlin systematischer gearbeitet. So drängte sich verständlicherweise die Spitzengruppe erheblich zusammen. Führend neben den deutschen Reitern blieben die Polen mit ihrer eigenen hervorragenden Pferdezucht und die Iren mit ihren kapitalen Springern. In Deutschland besaß man sogar den Mut, die größten Reiter wieder zu Soldaten zu machen, also Truppendienst leisten zu lassen und die erprobten Pferde dem Nachwuchs zu überlassen. Sehr schmerzlich machte sich der Abgang des Freiherrn v. Waldenfels und der des Rittmeisters Heinz Brandt bemerkbar. Waldenfels war nicht nur Erfinder der deutschen Ausbildungsmethode, sondern daneben auch ein exzellenter Equipechef, der im entscheidenden Moment immer wieder Pferde und Reiter für den jeweiligen Auslandsstart entsprechend vorbereitet hatte. Er bleibt für die Welt, in der geritten wird, bis heute ein unerreichter Mannschaftsführer. Nach dem Springstall kommandierte er zwei Jahre lang das Kavallerieregiment 5 in Stolp, kam dann zum Stab des Panzergenerals Guderian, übernahm im Kriege die einzige deutsche Kavalleriebrigade und starb, viel zu jung, im Februar 1940.

Der beste Reiter der Welt, Heinz Brandt, wurde Generalstäbler und kam nach Stuttgart. Er hatte im Springstall eine überragende Stellung eingenommen und gewann auch Militarys gegen die besten deutschen Reiter. Als Generalstäbler ritt er Dressurpferde der Klasse S vom Stall Staeck in Berlin. Seine Springpferde übernahm Micky Brinckmann, der mit Irrlicht schon unter Waldenfels im Springstall gelernt hatte. Es kamen ferner nach Hannover: Leutnant Perl-Mückenberger, Freiherr v. Wangenheim, v. d. Bongart, Kahler, Max Huck und einer der Besten aus der Waldenfelsschen Zeit, Fritz Weidemann. Er war Berufsunteroffizier und kam aus dem Ergänzungsstall des Oberst v. Flotow, nachdem er vorher dem Reiterregiment 18 angehört hatte. In den Springstall wurde er 1931 versetzt, als dieser seine große Laufbahn begann. Waldenfels bezeichnete Weidemann neben Brandt als den besten Reiter. Er konnte aber jedoch international nicht eingesetzt werden, weil er eben Unteroffizier war. Allerdings beförderte man ihn 1937 zum Offizier, und somit kam er in die erste deutsche Mannschaft. Überragende Qualitäten zeigte er mit der Trakehner-Stute Preisliste, die zu den ganz großen Springkanonen ihrer Zeit gehörte, aber äußerst schwierig zu reiten war. In späteren Jahren ritt sie auch noch Marten v. Barnekow. Die großen Siege und ihre beste Form erlebte sie allerdings unter dem damaligen Unterwachtmeister Weidemann. Auf Auslandsturnieren, überhaupt auf internationalen Plätzen, waren neben den Zivilreitern nur Offiziere zugelassen. So kam Preisliste niemals dazu, ihr ganzes Können gegen die Weltelite zu zeigen.

Nach Beendigung seiner zwölfjährigen Dienstzeit wollte man auf den hervorragenden Ausbilder Weidemann nicht verzichten, der in seiner Anfangszeit dem Beritt von Ernst Hasse zugeteilt war und unter anderem Bosco und Hein hervorragend in der Arbeit ritt. Nach seiner Beförderung zum Offizier war er Mitglied der ersten deutschen Reitermannschaft. Dort ritt er vor allem Fridolin, Alant und Olaf. Alant, ein Halbbruder von Alchimist, verhielt sich brav und ehrlich und war verhältnismäßig leicht zu reiten. Seine ersten Erfolge hatte er unter Georg Höltig, der ihn auch maßgeblich ausgebildet hatte. Aber da war auch noch Fridolin, und dieser bunte hannoversche Fuchs mit seinen vier weißen Beinen hatte eine bewegte Laufbahn hinter sich. Von etlichen Pferden wird behauptet, ehe sie in den Turniersport gekommen seien und Erfolge erringen konnten, hätten sie entweder den Milchwagen gezogen oder wurden überhaupt erst beim Pferdemetzger entdeckt. Fridolin hatte tatsächlich einen Milchwagen gezogen und ging seinem Besitzer vielfach durch, so daß die Milchkannen vom Wagen flogen, bis dann dieses tolle Temperament von einem Reiter entdeckt wurde, der dieses Pferd für wenig Geld erstand. Er wurde von Spieß im Reitstall Bürkner angeritten. Im Springstall ritten ihn v. Salviati, Kurt Hasse und Fritz Weidemann. Nach dem Kriege hatte man ihn in Nurmi umgetauft, und als solcher gewann er noch 1948 in Ludwigsburg ein M-Springen.

Die räumlichen Verhältnisse waren in Hannover mittlerweile sehr eng geworden. Die Stadt hatte sich so ausgeweitet, daß das Gelände um die Kavallerieschule herum schon vollständig bebaut war. Da die Arbeit im Gelände für Leistungspferde von großer Bedeutung ist, sah man sich nach einer anderen Gegebenheit um. Wo konnten die Reitmöglichkeiten idealer sein als in der Nähe von Berlin? Zwischen Seen und Wäldern, am Rande des Truppenübungsplatzes von Döberitz. Da lag das kleine Dorf Krampnitz, ganz in der Nähe von Potsdam. Hier, in dieser Kasernenanlage, benannte man die Kavallerieschule um in Schule für Schnelle Truppen und Heeresreit- und Fahrschule. Viele Kavallerieregimenter waren zwischenzeitlich in Panzertruppenteile umgewandelt worden. Die Turnierställe der Heeresreit- und Fahrschule hatten Stallungen und Reithallen zur Verfügung, wie sie wohl sonst nirgendwo vorhanden waren. Die Reithallen boten eine Größe, daß man darin schwere Parcours vollständig errichten konnte. In den ausgedehnten Wäldern, vorbei an Seen, gab es in dem leichtgewellten Hügelland ideale Galoppierstrecken. Ein Gelände zur Ausbildung von Springpferden wie geschaffen.

Der Siegeszug der Grauen Reiter begann in Hannover. Der Name dieser Stadt wird, solange es eine Reiterei gibt, mit den großen Geschehnissen im internationalen Springsport auf das engste verbunden bleiben. Jedoch hatte die Heeresleitung in Krampnitz eine großzügige Ausbildungsstätte geschaffen, wie sie die Welt wohl nirgend sonst besaß.

Hier, wie bereits in Hannover, lehrten neben den Offizieren auch Zivilisten wie Otto Lörke und Stensbeck. Hier standen Springpferde, die es ermöglichten, drei bis vier Mannschaften beritten zu machen. Die Größenordnung dieser Institution sprengte alle bisherigen Vorstellungen. Hatte bis 1935 jeder Reiter ein oder zwei gute Pferde, standen ihm jetzt drei und mehr zur Verfügung.

Da die SS-Verfügungstruppe, die spätere Waffen-SS, in München-Riem ebenfalls eine Reit- und Fahrschule unterhielt und daneben die berittenen und bespannten Truppenteile sowie die Reiter-SA und Reiter-SS über unzählige gute Springpferde verfügten, kann sich auch der Laie heute vorstellen, wie groß die reiterliche Stärke kurz vor dem Zweiten Weltkrieg in Deutschland war. Die große Zeit der Experimente und des Aufstiegs, der revolutionären Reitmethoden, das alles war in Krampnitz vergessen. Hier galt es, das Bestehende zu vervollständigen und das Erbe weiter zu verwalten.

Nachdem fast alle ausländischen Reitermannschaften die deutsche Methode übernommen hatten, wurde der Kampf immer verbissener, aber damit auch schöner und spannender. Sechzehn Nationenpreise hatten die Reiter unter Waldenfels gewonnen, darunter dreimal die Coppa in Rom, zwei Goldmedaillen bei den Olympischen Spielen. Fünf Nationenpreise wurden allein 1936 gewonnen. v. Waldenfels übergab also einen ruhmreichen Stall an seinen Nachfolger. Würde dieser die Erfolgsserie fortsetzen können?

Beim Berliner Turnier 1937 sah es recht erfreulich aus. Der Stern Brinckmann ging strahlend auf, und er gewann auf Alchimist den Großen Preis. Sehr sicher wurde der Nationenpreis gewonnen, und zwar mit 4 Fehlerpunkten vor Frankreich mit 28. In Rom gewann Brinckmann dreimal, und einen Sieg holte sich Kurt Hasse auf Fridolin. In Paris siegte die deutsche Mannschaft im Nationenpreis mit 33 Punkten vor Irland mit 56. Einmal hieß der Sieger Kurt Hasse mit Fridolin und einmal Brinckmann mit Alchimist.

Zu sechs Siegen kam Brinckmann in London. Dreimal trug Alchimist die Goldene Schleife. In Aachen gewann er auf Erle den Großen Preis, aber hier steckte die deutsche Mannschaft in einer Krise. Insgesamt gab es nur zwei Einzelsiege. Zum Preis der Nationen holte man noch einmal Brandt, der Alchimist fehlerlos ritt, aber die Iren siegten trotzdem. In Warschau stand Günther Temme viermal auf Platz eins. Und in Wien war uns der Nationenpreis nicht zu nehmen. Mit 8 Punkten standen wir vor den Italienern, die auf 23 kamen. Brinckmann siegte fünfmal, Kurt Hasse viermal.

Ohne den Oberleutnant Brinckmann wäre dieses erste Jahr für Momm nicht gut verlaufen, der neue Reiterstamm mußte nun erst einmal gefestigt werden.

1938 wurden drei Nationenpreise gewonnen. In Aachen siegten diesmal die Rumänen. Auch schnitten wir mit vier Einzelsiegen nicht gut ab. Bei der Coppa in Rom belegten wir mal wieder den zweiten Platz. Diesen schienen wir nun dort abonniert zu haben. Dafür gab es sechs Einzelsiege durch Momm, Brinckmann, Ernst Hasse, Fegelein und Herbert Schönfeldt. Die beiden letzteren kamen von der SS-Hauptreitschule in München. Die Nationenpreise gewannen wir in Brüssel, Amsterdam und Genf. Marten v. Barnekow verließ den Springstall und ging nach München.

Bereits am 1. Oktober 1817 wurde das Reitinstitut für Kavallerie in Berlin gegründet. Die Kavallerieschule in Hannover begann ihre Arbeit am 1. Oktober 1866. Der Turnierstall als Teil der Kavallerieschule entstand 1929. Aus der inzwischen entstandenen Enge in Hannover verlegte man, wie schon erwähnt, 1938 die Kavallerieschule mit allen Teilen nacheinander nach Krampnitz bei Potsdam. Das bebaute Gelände dort hatte eine Größe von 780000 Quadratmetern und bot den Pferden und Reitern alle nur erdenklichen Möglichkeiten der Ausbildung.

In diesem Jahr begann auch der Hannoveraner Oberst II seine Laufbahn, die ihn letztlich unter Brinckmann zur Weltspitzenklasse führte. Ebenso wie Derby konnte Oberst II sehr schnell gehen und sehr hoch springen. Er hatte eine herrliche Fuchsfarbe und einen idealen Körperbau. Er und Brinckmann trafen sich nach dem Kriege noch einmal im Stall des Aachen-Laurensberger Rennvereins. Jedoch war Oberst II als Beutepferd von den Amerikanern beschlagnahmt worden. Er ging auf dem Turnier in der Soers auch unter seinem neuen Herrn sehr beachtlich.

Das letzte Friedensjahr der Grauen Reiter 1939

Brinckmann wiederholte seinen Sieg im Großen Preis von Aachen, diesmal auf Baron IV. Im Nationenpreis siegten unsere Reiter gegen Italien. In Rom wurden wir wieder zweite im Nationenpreis. An Einzelsiegen gewann Kurt Hasse zwei Springen auf der unvergleichlichen Tora. Das gleiche Ergebnis hatte Brinckmann, einmal mit Erle und einmal mit Wotansbruder. Der zweite Nationenpreis dieses Jahres wurde in Amsterdam gewonnen, und zwar mit 10 Fehlerpunkten gegen Irland mit 40. Brinckmann gewann mit Baron den Großen Preis von Aachen, also wiederholte er auch hier seinen Triumph von 1937 mit Erle. Nach drei Jahren wurde hier der Nationenpreis überlegen gewonnen. Unsere Reiter hatten 9 Fehler, die Rumänen als zweite 87. Die Besetzung durch internationale Mannschaften war nicht mehr so stark wie gewohnt, denn die Schatten des sich abzeichnenden Krieges lagen bereits über dem herrlichen Turnierplatz mit seinen sportlichen Konkurrenzen.

Glanzvolle Turniere in Rom und Meran 1940

Trotz der kriegerischen Auseinandersetzung in Europa gingen unsere Reiteroffiziere noch einmal nach Rom. Momm führte die Mannschaft. Er, Ernst Hasse, Brinckmann und Weidemann gewannen hier den letzten Nationenpreis für den Springstall der Kavallerieschule gegen Italien. Nur vier Fehlerpunkte lagen zwischen beiden Nationen. Einzelsiege gab es durch Weidemann auf Fridolin und Der Aar, Ernst Hasse auf Notar und Brinckmann auf Baron IV. Mit Oberst II gewann Brinckmann zwei Springen in Meran. Es war der letzte Sieg eines Angehörigen des weltberühmten Springstalles, der letzte Sieg eines Grauen Reiters auf einem internationalen Turnier.

Nach Beendigung des Krieges waren viele der berühmten Reiter gefallen. Waldenfels war schon kurz nach dem Polenfeldzug verstorben, Kurt Hasse fiel als Adjutant in einem Panzerkorps, und Brandt gehörte zu den vier Opfern des Anschlages auf Adolf Hitler im Führerhauptquartier am 20. Juli 1944. Vor Leningrad fiel Richard Sahla, der Reiter von Wotan bei drei Coppa-Entscheidungen. Würde aus dem Chaos dieses Zweiten Weltkrieges eine Wiedergeburt des deutschen Springsportes möglich sein?

Der Wiederaufstieg nach 1945

Noch nie hatte die Pferdezucht in Deutschland einen solch hohen Stand erreicht wie im Dritten Reich. Trotz der umfangreichen großen Motorisierung bestand bei der Armee ein großer Nachholbedarf an Pferden, denn bereits eine Infanteriedivision benötigte viertausend Pferde. Die meisten Divisionen waren bespannt und beritten. Noch nie hatte ein Krieg so viele Pferde gefordert wie der Zweite Weltkrieg. Als das große Völkerringen ein Ende fand, gingen zwar große Teile der Zuchten aus Ostpreußen, Pommern, Mecklenburg, Brandenburg und Schlesien verloren, aber mit den Flüchtlingstrecks kamen doch noch viele Pferde in den Westen, und dort hatten die Pferdezuchten Hannovers, Holsteins und Westfalens nicht annähernd so gelitten wie die im Osten Deutschlands. Es war also ein Überschuß vorhanden, der nicht so schnell abzubauen war, zumal in der Vorwährungszeit sich kein Bauer von den Pferden trennen konnte, denn sie waren für ihn lebenswichtig.
Obwohl er das Pensionsalter bereits erreicht hatte, bat die Hessische Landesregierung den Oberlandstallmeister Dr. h. c. Gustav Rau, die Leitung des Landgestüts in Dillenburg zu übernehmen. Wie 1918 als Geschäftsführer des Olympiadekomitees für Reiterei und Hauptschriftleiter des St. Georg, so kurbelte auch jetzt der nimmermüde Gustav Rau den deutschen Turniersport erneut an. Es war ein bitteres Beginnen, denn man stand vor dem Nichts. Die Spitzensportverbände hatten sich fast ausnahmslos in Berlin befunden. Von dort war aber nach der mehrfachen Teilung so gut wie nichts zu erwarten.
Auch wenn man völlig mittellos dastand, so war man nicht ideenlos, und Rau hatte den Mut, aus diesem Nichts heraus den Turniersport allen Widerständen zum Trotz wieder in Bewegung zu bringen. Zu Gustav Rau standen begreiflicherweise auch viele Freunde im Ausland, aber die Siegermächte versuchten doch erst einmal, die Bemühungen, Reitturniere ins Leben zu rufen, zu unterbinden. Stiefel und Sporen, das waren verdächtige Bestandteile eines sogenannten deutschen Militarismus. Turniere sollten nicht dazu dienen, diese gefürchteten soldatischen Eigenschaften des Deutschen wieder aufleben zu lassen. Nun, es dauerte trotzdem nicht lange, da wurden die ersten Turniere ausgeschrieben und veranstaltet. Reiter, die den Krieg überlebt hatten, suchten und fanden auch Pferde. Von Dillenburg aus organisierte Rau diesen Turniersport bis in die kleinsten Details. Er ging aber noch weiter, denn er wußte, daß nur eine Reitschule die Gewähr bieten konnte, um den Anschluß an den internationalen Springsport nicht zu verlieren.
Die Olympischen Spiele 1948 fanden, wie konnte es anders sein, ohne die Beteiligung der deutschen Nation in London statt. Aber für 1952 hegte man berechtigte Hoffnungen, wieder international zugelassen zu werden. Wenn man bedenkt, daß Rau schon 1949 in Dillenburg den Stall des Deutschen Olympiadekomitees für Reiterei gründete und unsere Reiter erst kurz vor den Olympischen Spielen 1952 international zugelassen wurden, so kann man ermessen, wie groß der

Optimismus und die Weitsicht von Rau waren, alles zu tun, um die Tradition der Kavallerieschule fortzusetzen. Mit dem Olympiagroschen, der bei allen Turnieren erhoben wurde, versuchte er notdürftig, seine Institution zu finanzieren. Es wurden Pferde und Reiter nach Dillenburg geholt, die später Weltruf erlangten, unter ihnen Winkler, die Gebrüder Lütke-Westhues und die Pferde Halla, Orient und Fink.

Wie wunderbar und großartig war diese Leistung von Gustav Rau, der seine hohe Intelligenz und nimmermüde Schaffenskraft der Sache des Pferdes verschrieben hatte. Was wäre ohne ihn aus der Reiterei Deutschlands nach 1945 geworden? Er lebte und kämpfte mit dem Blick nach vorn.

Es gab ja noch Sättel, Trensen, Stiefel und Sporen, und es gab massenweise Pferde. Und da man sie nicht mit langen Hosen reiten konnte, mußten sich auch die Alliierten wieder an die Stiefel gewöhnen. Hinzu kam, daß die Besatzungsmächte, die zwar ausschließlich motorisiert waren, doch bald ihre Freude am Reiten entdeckten. So vermittelten die Pferde die erste Völkerverbindung zwischen Deutschen und Ausländern.

Turniere hießen in dieser Zeit nicht Turniere, sondern Pferdeleistungsschauen, Military wurde in Große Vielseitigkeitsprüfung umbenannt. Man tat alles, um ja nicht bei den Alliierten anzuecken, die in dieser Hinsicht keinen Spaß verstanden. 1918 hatte Gustav Rau verlangt, daß die deutschen Bauern ihre Pferde reiten sollten, denn dazumal war eine Riesenarmee auch bis auf ein Minimum verkleinert worden. Nach 1945 trommelte er wieder, daß die Bauern aktive Turnierteilnehmer werden sollten.

Trotzdem gab es auch für Gustav Rau zwei Alternativen. Die erste war, den berühmten noch lebenden Reitern Pferde zu kaufen. Sie waren noch jung genug, um im Hochleistungssport eingesetzt zu werden, die ehemaligen Offiziere Marten v. Barnekow, H. H. Brinckmann, Max Huck, Fritz Weidemann und Prinz zu Salm. Ferner gab es die zweite Möglichkeit, wie es schon Waldenfels einst praktizierte, die Reiter zur Ausbildung zu holen, die über gute Pferde verfügten. Um eine erste Equipe beritten zu machen, brauchte man zur Erprobung und Ausbildung mindestens dreißig Pferde. Sie selbst zu finanzieren, dafür war das Geld nicht vorhanden. Zu warten, bis man Pferdebesitzer gefunden hatte, die ihre Pferde zur Verfügung stellten, war auch keine Lösung. Der Diplomat Rau fand eine Zwischenlösung, die allerdings nicht ganz befriedigte. Er lud die berühmten Reiter zu Lehrgängen ein und holte sich die jungen Kräfte, die schon über gute Pferde verfügten. Rau ging also weiter als Waldenfels. Nur mit dem Unterschied, daß seine Möglichkeiten in Dillenburg und später dann in Warendorf doch sehr eingeschränkt waren. Die Last dieses total verlorenen Krieges hatte weit größere Ausmaße als die Weltwirtschaftskrise um 1930. Zudem mußten unsere Amateure ja alle einen Beruf nachweisen, um international nicht anzuecken. Die Offiziere hatten ihren Beruf und konnten trotzdem reiten.

Zwei Reiter der alten Garde von Hannover nahm sich Gustav Rau als Ausbilder: Marten v. Barnekow und Herbert Schönfeldt. Es waren die Besten, die dazumal zur Verfügung standen, und was sie zu leisten vermochten, stellten sie 1952 in Helsinki unter Beweis. Barnekow, einer der Olympiasieger von 1936, war nicht nur ein Meister im Ausbilden von Pferden und ein Könner im Reiten schwieriger Pferde, sondern auch Vorbild und Lehrer von Reitern, die den höchsten Ansprüchen gerecht werden sollten. Nicht umsonst hatten die Italiener behauptet, er sei der beste deutsche Reiter gewesen. Leider war an ihm der Krieg nicht spurlos vorübergegangen. Er plagte sich mit schweren Beinverwundungen, die nicht heilen wollten. Fest steht aber, daß er trotz dieses Handicaps noch immer in der Lage war, unvergleichlich schöne Parcours zu reiten. Daß ihn gerade deshalb die Reiterjugend als glühendes Vorbild verehrte, versteht sich von selbst. Es hat gewiß größere Siegesreiter als ihn gegeben und auch noch erfolgreichere, aber so schöne Parcours, wie sie v. Barnekow ritt, konnte man später nicht mehr erleben.

Der Anfang war trotzdem nicht erfreulich. Es fehlten einfach gute Pferde. Zwar standen im Dillenburger Stall der spätere Derby-Sieger Loretto, der großartige Fink, Deutschlands spätere Wunderstute Halla, der vielseitige Orient, das Springphänomen Baden, aber man brauchte für den Aufbau einer Equipe mindestens dreißig gute Pferde, und an diesem Problem schien jede weitere Arbeit zu scheitern. Raus Augenmerk war in diesem Zusammenhang auch nicht so sehr auf die Springpferde gerichtet, sondern auf die Militarypferde, denn die Vielseitigkeitsreiterei war ein Steckenpferd von ihm, und dort sah er viel größere Schwierigkeiten auf den deutschen Turniersport zukommen.

Die Ausbildung der Vielseitigkeitsreiterei und auch der entsprechenden Pferde betrieb Herbert Schönfeldt. Er war es auch, der Halla und Orient für die Militarys vorbereitete. In unauffälliger Weise verstand es der ehemalige Ausbilder von Nurmi und Kurfürst, die Pferde vorzüglich in Höchstform zu bringen. Wenn Barnekow die souveränste Art besaß, Pferde über den Parcours zu reiten, so war Schönfeldt ein Genie in der Ausbildung dieser Pferde. Unbegreiflich, wie gut er seine Pferde kannte. Unauffällig, mit ewig gleichmäßigem Gesicht, oft ein Lied pfeifend, so saß er mit Hut und alter Wehrmachtsjacke auf Halla, Orient, Forstmeister, Baden, Nordstern und wie sie alle hießen. Er hatte eine unübertreffliche Geduld, ein herrliches Einfühlungsvermögen, und es ist ein Jammer, daß er so früh aus dem Sattel steigen mußte. Nach einem erlittenen Schlaganfall, es war im Frühjahr 1952, stand Herbert Schönfeldt noch einmal an der Rennbahn bei der Military in Warendorf. Auf Stöcken gestützt, gab er zu jedem Ritt seinen Kommentar. Es waren auch alle Pferde dabei, die dann in Helsinki die Silbermedaille der Military gewannen. An diesem Tage sagte er bereits genau voraus, welche Pferde Deutschland bei dem Olympischen Kampf vertreten sollten und welche Chancen sie bei der Ausscheidung haben würden.

Mit der Auswahl v. Barnekows und Schönfeldts hatte Rau mal wieder ins Schwarze getroffen. Leider verließ v. Barnekow seine Arbeitsstelle noch ehe das Komitee in Warendorf eintraf. Nach seiner Meinung standen ihm nicht genügend gute Pferde zur Verfügung, und er war nicht glücklich, wenn er nicht sechs oder sieben am Tage reiten konnte. So suchte er sich lieber einen Privatstall, der ihm diese Möglichkeiten bot, die er bei dem Erbprinzen zu Oettingen-Wallerstein bei Nördlingen fand.

Im Jahre 1950 übersiedelte das Komitee von Dillenburg nach Warendorf. Auch dort fanden regelmäßig Lehrgänge statt. Das Tempo, wie man es in Dillenburg kannte, ist wohl nicht mehr erreicht worden. Die Hauptstützen des Stalles wurden Hans Günter Winkler und Alfons Lütke-Westhues. Die Ausbildung der Springpferde übernahm Fritz Weidemann, der glänzende Reiter der Kavallerieschule, der als Unteroffizier und Ausbilder im Springstall begann und ab 1938 als Offizier in der ersten Equipe ritt. Weidemann war zwar eine hervorragende Kraft, doch auch er verfügte über zu wenig gute Pferde.

Es wurde immer schwerer, Reiter zu Lehrgängen zu bewegen. Mehr oder weniger wurden alle zu Einzelkämpfern, und das lag ganz an der damaligen Entwicklung, die nicht so reibungslos verlief wie dazumal in Hannover. In Dillenburg und auch Warendorf ritten unter anderen Herbert Frick, Hans Koerffer, F. G. Eppelsheimer, H. H. Brinckmann, Gustav Pfordte, Graf v. d. Schulenburg, Sester, Offermanns, Freiherr v. Nagel, Max Huck, Albert Stecken, Helmuth Krah, Kurt Capellmann, H. H. Evers, Dr. Büsing, Otto Rothe, Klaus Wagner, die Gebrüder Lütke-Westhues und Hans Günter Winkler, der sich erst in Warendorf mit dem Stall des Deutschen Olympiade-Komitees für Reiterei (DOKfR) vereinigte, nachdem er dort seinen festen Wohnsitz bezogen hatte.

Inzwischen war die Entwicklung weitergegangen, und ein Mann machte von sich reden, der aus Holstein von der Reit- und Fahrschule Elmshorn kam und ein begnadeter Reiter sein sollte.

Fritz Thiedemann, ein Schüler des Springderbysiegers Herbert Frick und von den Dressurexperten Bürkner und Lörke ausgebildet, war auf der Kavallerieschule gewesen und beim Kavallerieregiment 13 stationiert. Er konnte eben alles: Dressur und Springen reiten und war noch dazu ein großartiger geradliniger Mensch, dazu ein vortrefflicher Sportsmann. Der deutsche Bauer auf deutschem Pferd, das sollte nach Rau das Ziel des deutschen Turniersportes sein. Hier war der Mann, der dieses Ideal in Vollendung verkörperte. Thiedemann war perfekt im Parcoursreiten, ob schnelle oder schwere Umläufe. In seiner Elmshorner Zeit hat er neben den unzähligen Turnieren, die er bestreiten mußte, noch ungefähr einhundertdreißig Pferde ausgebildet. War er ein Übermensch? Nun, mit der Göttin Fortuna schien er auf Kriegsfuß zu stehen. Zwar verstand er es, seine Pferde als erster deutscher Reiter nach dem Zweiten Weltkrieg zur internationalen Klasse zu führen, aber manch schöner Sieg ging wegen eines lächerlichen Zufalls verloren.

Der deutsche Turniersport und Gustav Rau hätten dringend einen ersten internationalen Reitersieg als Anerkennung für ihre Arbeit brauchen können. Prinz zu Salm auf Garant, einem schon legendären Pferd, hatte zwar in Aachen gegen ausländische Konkurrenz den Großen Preis gewonnen, und Fritz Weidemann stellte mit dem Pferd des Prinzen, Harras, den deutschen Hochsprungrekord auf, aber als man uns 1952 wieder international anerkannt hatte, da wollte es auf Anhieb einfach nicht klappen. Wir trugen anscheinend an der Bürde, bis 1939 die erfolgreichste Reiternation gewesen zu sein. Aber dann kam die Bronzemedaille für Meteor in Helsinki, einige Tage später Thiedemanns Doppelsieg in Stockholm und gleich fünf goldene Schleifen für Fritz Thiedemann in Rom 1953. Und dann gingen zwei neue Sterne auf: Winkler und die Stute Halla. Rau hat mit Genugtuung den Wiederaufstieg des deutschen Turniersports noch miterlebt. Nach zwei Goldmedaillen der Springreiter 1956 in Stockholm war jedoch die Mannschaft noch immer nicht so gefestigt, wie wir es von Hannover her gewohnt waren. Doch die Zahl des Nachwuchses wurde immer größer. Es kam Alwin Schockemöhle, es kam Schridde, es kam Stackfleth. Die Hauptlast der internationalen Reiterkämpfe lag aber trotzdem stets auf den Schultern von Thiedemann und Winkler. Ersterer mußte wegen Krankheit und Verletzungen seiner Pferde oftmals pausieren. Winkler dagegen hatte durch seine Tätigkeit bei der IG Farbenindustrie AG in Leverkusen oft Verpflichtungen, im Ausland zu reiten. Er verstand es ausgezeichnet, seine Pferde für diese Auslandsspringen vorzubereiten. So kam er zu einer ungewöhnlichen Siegesserie, die einmalig in der Welt dasteht. Trotzdem führt in der Zahl der erreichten Siege nach wie vor Fritz Thiedemann, der eine weit über ein halbes Tausend hinaus gehende Anzahl goldener Schleifen besitzt.

Entscheidend war für Thiedemann nicht allein seine Siegesserie, sondern wie er zu diesen Erfolgen kam. Er bildete seine Pferde, die er dann auf nationalen und internationalen Turnieren ritt, alle selbst aus und brachte sie auf einen hohen dressurgymnastischen Ausbildungsstand. Wie sauber seine Pferde das Springen lernten, bewies der Umstand, daß er als einziger Reiter der Welt fünfmal das Springderby gewann. Dreimal siegte er im Großen Preis von Aachen, und einer seiner größten Erfolge wurde der Sieg in London um den King-Georg V.-Cup. Aus der Hand der Königin nahm er diesen Preis entgegen. Es war der erste ausländische Sieg in diesem größten Springen Englands. Bei Fritz Thiedemanns sportlicher Laufbahn ist der Umstand sehr wichtig, daß neben seiner sportlichen Fairneß und seinen großen Siegen er auch derjenige war, der vor der Welt erneut demonstrierte, was eine dressurgymnastische Ausbildung für Springpferde bedeutete. Kein Reiter vor ihm hat so viele eigene ausgebildete Pferde zu solchen Erfolgen gebracht: Original Holsatia, Meteor, Diamant, Dynamit, Finale, Godewind, Finetta, Retina, Nordstern und wie sie alle hießen. Ein Reiter mit dutzendweise Klassepferden, ausgebildet nach den Gesichtspunkten der klassischen Reitkunst. Das hatte es noch nie gegeben, und es wird wohl noch lange dauern, bis sich gleiches wiederholt. Dabei war Thiedemann noch mit einem schweren Handicap beladen. Als Reiter der Reit- und Fahrschule Elmshorn, dem Sitz des Verbandes der Holsteiner Pferde, konnte er nur holsteinische Pferde reiten. Welche Möglichkeiten, man kann es nur erahnen, hätte er gehabt, wenn er Pferde aus allen Zuchtgebieten hätte reiten können, denn in Holstein war zu seiner Zeit nur jedes zehnte Pferd überhaupt ein Reitpferd, und dabei ist die holsteinische Zucht noch eine der kleinsten. So können beispielsweise in Hannover von hundert Pferden mindestens achtzig bis neunzig als Reitpferde eingesetzt werden. Man muß sich also vorstellen, wie schwer es Thiedemann in seinem holsteinischen Heimatland hatte, an gute Pferde heranzukommen. Um so höher ist das tatsächlich Erreichte einzuschätzen.

Die Olympischen Spiele 1960 in Rom brachten für die Springreiter keine Enttäuschung. Nur war die gezeigte Leistung der Militaryreiter deprimierend. Inzwischen konnte aber ein Reiter kometenhaft emporkommen und entwickelte sich zum Massensieger: Alwin Schockemöhle. Er wurde noch von Rau als Militaryreiter entdeckt, kam erst in den Stall Freitag/Verden und verstand es dann, einen eigenen Reitstall von hohem Niveau zu schaffen. Selten war ein Reiter auf nationaler Ebene so erfolgreich wie Schockemöhle. Er reitet beständig mit vollem Einsatz, und dabei kann es natürlich passieren, daß seine Pferde nicht über eine Saison hinaus in Höchstform bleiben.

Er zählt sich selbst zu den Individualisten. Durch ihn wurden einige Diskussionen ausgelöst, die teilweise an den tatsächlichen Gegebenheiten vorbeigehen. Wenn Schockemöhle Hilfszügel verwendet, dann weiß er sehr deutlich, wie weit er mit diesen gehen kann. Seine Kraft reicht aus, auch dann ein Pferd schnell zu machen, wenn er es vorher mit den Hilfszügeln restlos auf den Kopf gestellt hatte, wie man in der Fachsprache ein zu tief gestelltes Pferd bezeichnet.

Auch Thiedemann kam, wie bekannt sein dürfte, im Parcours an Hilfszügeln nicht vorbei. Die teilweise schweren Holsteiner, die er reiten mußte, konnte er bei großen Springen, bei denen die Zeit mit entschied, nicht schnell genug drehen. Gegen die Kraft dieser starken Hälse mußte er den Hilfszügel einsetzen. Beide Reiter waren gewiß nicht besessen, ihre Hilfszügel als Beispiel für den ganzen deutschen Reiternachwuchs darzustellen. Sie wußten genau, daß eine reelle Arbeit nur mit der Trense möglich ist, ob als Anfänger oder schon erprobter Turnierreiter, ein Pferd wird nur dann seine Höchstleistung zeigen können, wenn es mit Kreuz und Schenkel an die Zügel herangeritten wird. Alles andere ist eine Fehleinschätzung, die sich auf Dauer bitter rächen muß.

Der Triumphzug in den fünfziger Jahren

Der erste Reiter, der nach 1945 zu großen Erfolgen kam, war Oberst a. D. Ritterkreuzträger Prinz zu Salm. Er gewann den ersten Großen Preis der Nachkriegszeit in Aachen. Sein Pferd mit überragender Leistungskraft war der Hannoveraner Garant, der dreißig Jahre alt wurde und erst im Mai 1964 einging. Ihn hatte der Prinz schon in seiner Friedensgarnison und im Kriege als Abteilungs- und Regimentskommandeur geritten. In den Jahren 1949 und 1950 gewann beide Male den Großen Preis von Aachen Erle II unter Polizeimeister Hafemann. Dieses Pferd wurde dann später als Mutterstute verwendet.

In einem dramatischen Springen 1950 in Aachen ist dann der deutsche Hochsprungrekord gebrochen worden, der zwanzig Jahre bestanden hatte. Fritz Weidemann, der Trainer der Olympiamannschaft, überwand mit Harras aus dem Besitz des Prinzen zu Salm die Höhe von 2,15 Metern. In Warendorf beim Lehr- und Versuchsturnier gab es noch einen Hochweitsprungrekord. Das gewaltige Hindernis war zum Schluß 2,02 Meter hoch und 2,00 Meter breit. Dieses gigantische Hindernis schaffte ohne Fehler Fritz Thiedemann mit Original Holsatia. Sein schärfster

Gegner, der bis zum Schluß mithielt, die letzte Hürde dann nicht mehr schaffte, war der Siegener Ernst Schüler auf Robin Hood. Im gleichen Jahr gewann Thiedemann auf Loretto, der von v. Barnekow ausgebildet war, ohne einen Springfehler das Deutsche Springderby. Die Zuschauer rasten vor Begeisterung, und Gustav Rau, immer der Situation gewachsen, trat auf Thiedemann zu, gratulierte ihm und sagte: „Mein lieber Fritz, hiermit überreiche ich Ihnen das Goldene Reiterabzeichen!" Darauf Thiedemann: „Herr Oberlandstallmeister, das habe ich schon lange." Darauf Gustav Rau: „Dann überreiche ich Ihnen als erstem deutschen Reiter die Brillanten zum Goldenen Reiterabzeichen. Herzlichen Glückwunsch." Später stellte sich heraus, daß es gar nicht so einfach war, Brillanten zu bekommen.

Das nächste Ziel hieß Helsinki, denn im Lande der Mitternachtssonne fanden 1952 die Olympischen Spiele statt. Jedoch waren die deutschen Reiter international noch immer nicht offiziell anerkannt, obwohl die Italiener die deutschen Reiter bereits 1952 nach Rom eingeladen hatten. Mit der ganzen Autorität seiner Persönlichkeit erreichte Gustav Rau, allerdings erst nach großen erbitterten Kämpfen, die internationale Anerkennung unserer Reiter.

Thiedemann hatte mit Meteor 1951 zum zweiten Male das Springderby gewonnen. Wegen seiner mächtigen Pferde folgte ihm, ja gerade ihm, das Vertrauen der Reiterei zum ersten Auslandsstart nach dem Kriege. Brinckmann und Eppelsheimer ritten in Rom, auch H. H. Evers, Sester, und es schwang sich erneut in den Sattel Harald Momm, gerade von den Sowjets aus der Gefangenschaft entlassen und wieder deutscher Equipechef.

Wie in Nizza und Rom 1934, so litten die deutschen Pferde auch 1952 unter der schwülen Tropenluft des Südens, nachdem sie bei Schneewetter in Deutschland verladen worden waren. Alles ging daneben. Die Pferde hatten teilweise Fieber, gingen vollständig unter ihrer Form und waren nicht alle einsetzbar. Momm stürzte mit Eppelsheimers bestem Pferd Flora so unglücklich, daß es getötet werden mußte. Einzig Thiedemanns Holsatia kam zu einigen Placierungen. Die Kritik war niederschmetternd. Man schlug zum Beispiel vor, Pferde wie Meteor doch lieber wieder vor den Pflug zu spannen, und überschlug sich buchstäblich mit herben Äußerungen und gutgemeinten Vorschlägen. Einige wichtige Punkte blieben dabei unbeachtet: Fritz Thiedemann war bereits vor dem Kriege ein ausgezeichneter Springreiter gewesen, und man vergaß zudem das Wichtigste, daß ein dressurgymnastisch gearbeitetes Pferd immer seine Chancen hatte, es sei denn, es war krank oder verletzt. Man erinnerte sich nicht mehr daran, daß auch die Grauen Reiter auf Auslandsturnieren, ja, sogar in Aachen, oftmals nicht die Erfolge hatten, die sie aufgrund ihres Könnens hätten erringen müssen.

Nach Rom erklärte Thiedemann kategorisch: „Meine Pferde sind in Helsinki in Hochform, Rom und andere Turniere betrachte ich nur als Übungsparcours." Da auch Rau optimistisch war, kann man sich vorstellen, wie hart die Meinungen aufeinanderprallten. Vierzehn Tage nach Rom war ein Olympiavorbereitungsturnier in Warendorf. Rau hatte dabei zwei Kombinationen, die der Olympischen Spiele in Berlin und London, aufgebaut, und beide Male hatte kein Pferd der Welt diese Kombination fehlerfrei gesprungen.

In Warendorf gab es dann zwei dicke Sensationen, denn einmal waren die Pferde bei den schweren Springen vorne, die man nach Rom entsandt hatte, und zum anderen schaffte ein Pferd beide Kombinationen ohne Fehler: Das „Bauernpferd" Meteor. Holsatia belegte sogar den zweiten Platz. Es gab also keinen Zweifel, die deutsche Ausbildungsmethode feierte auch hier wieder ihre Triumphe, denn nach diesem Ergebnis hatten Deutschlands Springpferde olympische Reife.

In einem Mannschaftsspringen in Wiesbaden ging Meteor als einziges Pferd zweimal ohne Fehler, und in Düsseldorf gewann der „Dicke" sogar den Großen Preis nach Fehlern und Zeit. Unter den Geschlagenen befanden sich die Spanier und Chilenen, von denen letztere später in Helsinki zwei

Silbermedaillen gewannen. Auch Reiter aus Frankreich und Großbritannien waren am Start. Dieser Erfolg war also beachtlich, und H. H. Evers mit seiner Baden ging zur allgemeinen Überraschung ebenfalls ausgezeichnet.

Thiedemann besaß zwei Klassepferde. Da er aber nur eines reiten konnte, entschied er sich für Meteor und stellte Holsatia zur Verfügung. Weidemann war Berufsreiter, so bot Gustav Rau Georg Höltig, einem Ausbilder der Kavallerieschule Hannover, Holsatia an. H. H. Evers sollte seine Baden reiten, aber Höltig fand sich mit der Holsteinerin nicht zurecht, und nach einem schweren Sturz in Düsseldorf entschied sich Rau für einen Start des noch sehr jungen, aber sehr veranlagten Fink, den erst Barnekow und dann Weidemann für diese große Aufgabe vorbereitet hatten.

Ein besonderes Phänomen, wie schon gesagt, war Baden, eine Rappstute, die mit hocherhobenem Kopf und sich ständig drehendem Schweif bereit war, alle Arten von Hindernissen in einer unwahrscheinlichen Manier zu springen. Sie war wohl eines der bestveranlagten Pferde der Nachkriegszeit, aber von der Dressurarbeit hielt sie gar nichts. Man nannte sie allgemein „Hubschrauber". Später kaufte sie der Spanier Francesco Goyoaga, der ausgerechnet in Aachen vor heimischem Publikum mit ihr fünf Springen gewann. Holsatia ging als Reservepferd mit nach Helsinki. Sie war eine Fuchsstute, obwohl sie eine Schwester von Baden war.

Die Olympischen Spiele in Helsinki — 1952

Fünfundzwanzig Nationen entsandten Reiter zum Olympischen Kampf in Finnlands Hauptstadt. Davon starteten beim Springen Reiter aus neunzehn Nationen, und zwar sechzehn komplette Mannschaften. Es ging am letzten Tag zweimal über den Parcours der Olympischen Spiele, und an diesem Sonntagvormittag blieb von den einundfünfzig gestarteten Pferden nur eines fehlerfrei: Meteor. Nun, die Favoritenrolle dauerte nicht lange, denn am Nachmittag war der Boden trockener, und es war mit besseren Ergebnissen zu rechnen.

Fink war trotz seiner Jugend großartig gegangen, mit nur 12 Fehlerpunkten. Baden hatte das Pech, auf dem glitschigen Boden am letzten Hindernis zu Fall zu kommen. So endete sie mit 24 Fehlerpunkten. Im zweiten Umlauf gingen Fink und Baden gleichmäßig mit 8 Fehlern, Meteor riß ausgerechnet ein Hindernis, an dem sich sonst kein Pferd versehen hatte, und patschte auch noch mit einem Huf um ein paar Zentimeter auf die weiße Linie des Wassergrabens, also auch 8 Fehlerpunkte. Das war eine gleichmäßig gute Leistung, und ohne den Sturz von Baden hätte die deutsche Mannschaft die Bronzemedaille gewonnen. So aber kam sie auf den fünften Platz.

Im zweiten Umlauf blieben drei Pferde fehlerlos: Alibaba unter Jonquere d'Oriola/Frankreich, Fox Hunter unter Llewellyn/Großbritannien und Pillan unter Mendoza/Chile. Somit hatten fünf Pferde 8 Fehlerpunkte, die um den Sieg stechen mußten: Alibaba, Bambi unter Christi/Chile, Meteor, Bigua unter de Menezes/Brasilien und Nizefella unter W. H. White/Großbritannien.

D'Oriola fegte mit 0 Fehlern und 40 Sekunden über die verkürzte Bahn. Der Chilene endete mit 4 Fehlern und 44 Sekunden, der Brasilianer hatte 8 Fehler in 45 Sekunden und der Engländer 12 Fehler, 43 Sekunden. Um zu gewinnen, mußte Thiedemann nun schneller sein als der Franzose. Er setzte alles auf eine Karte und bewies der Welt, daß die Waldenfelssche Theorie auch jetzt noch galt. Die deutschen Warmblüter, selbst dieser mächtige Holsteiner, konnten schneller sein als die Vollblüter. Mit der phantastischen Zeit von 38,5 Sekunden war er der Schnellste, jedoch es hatte zweimal geklappt. Zwei Hindernisse wurden gerissen, das waren 8 Punkte, aber es reichte für die Bronzemedaille. Für den deutschen Reitsport und für die deutsche Pferdezucht bedeutete sie allerdings Gold, denn der dritte Platz, errungen im Stechen der Weltbesten, war genau das, was die deutschen Reiter und die deutschen Pferdezüchter erhofft hatten. Eine Woche nach diesem Kampf fand im Olympiastadion von Stockholm ein internationales Turnier statt. Im Barrierenspringen bezwang Thiedemann allein mit seinen beiden Pferden die Endhöhe von zwei Meter und wurde Doppelsieger. Die Reiter trugen ihn auf ihren Schultern vom Platz.

Das Jahr 1953

In Rom revanchierten sich 1953 die deutschen Reiter auf das glänzendste für ihre Niederlage im vorhergehenden Jahr. Hier tauchten zwei Namen auf, die ein Jahrzehnt lang die Reiterwelt in Atem halten sollten: Halla und Winkler. Der schwarzhaarige Mann mit dem südländischen Aussehen auf der ranken langbeinigen Stute, die von einem Vollbluttraberhengst und einer französischen Vollblutstute abstammte und in Darmstadt das Licht der Welt erblickt hatte, verstanden sich prächtig. Hier waren sie dabei, als es galt, eine Scharte auszuwetzen, die vor allem viele Mißgünstige auf den Plan gerufen hatte.
Der große Sieger von Rom 1953 hieß Fritz Thiedemann. Beide Sb-Springen gewann er mit Meteor und Diamant. Er wurde zweimal Doppelsieger. Winkler gewann auf Halla ein Zeitspringen. Zur Sensation gestaltete sich am letzten Tag der Ritt um den Siegerpreis. Man gratulierte schon Piero d'Inzeo auf Uruguay, der bei seinem fehlerlosen Ritt eine Zeit erreicht hatte, die so phantastisch war, daß sie wohl nicht unterboten werden konnte. Die Besucher schauten schon gar nicht mehr auf den Platz, als der letzte Reiter startete: Thiedemann auf Meteor. Fritz machte den „Dicken" erneut zum Rennpferd, schnitt beängstigend die Kurven, sprang Hindernisse schräg, einige wackelten verdächtig, doch da war Thiedemann schon im Ziel und sage und schreibe eine Sekunde schneller als der Italiener vor ihm.
In Madrid gewann Halla zwei Springen, Orient unter Winkler eines und Meteor eines, leider stürzte Meteor dort so schwer, daß er ein ganzes Jahr pausieren mußte. So stand Thiedemann zur ersten Weltmeisterschaft der Springreiter in Paris nur der junge Diamant zur Verfügung, ein Halbbruder von Meteor. Fritz Thiedemann gehörte auch hier zu den vier besten Reitern, die zum Pferdewechsel antraten. Ausgerechnet an einem Wassergraben scheiterte er und wurde um einen Viertel-Fehlerpunkt nur Vizeweltmeister. Er revanchierte sich jedoch in Aachen. Mit Gustav Raus einzigem Pferd, dem Holsteiner Aar, gewann er nach einem dramatischen Stechen den Großen Preis.
Eine ungewöhnliche Siegesserie verbuchte Winkler für sich in Pinerolo. Fünf Siege sicherte er sich in der Stadt der italienischen Kavallerieschule. Zweimal war Halla vorn, zweimal Alpenjäger und einmal Orient.

Die Springreiter 1954–1955

Vierzehn Jahre waren vergangen, seit Deutschlands Reiter in Rom den letzten Nationenpreis gewannen. In Dortmund beim Hallenturnier, damals noch offiziell international, siegten Deutschlands Reiter, nachdem sie zwei Jahre lang den zweiten Platz abonniert hatten, mit Winkler auf Halla, Frau Köhler auf Armalva, Rodenberg auf Hanna und v. Buchwaldt auf Jaspis. Jaspis hatte übrigens mittlerweile den deutschen Hochsprungrekord auf 2,20 Meter angehoben. Winkler gewann in Dortmund sechs Springen, davon drei mit Halla. Thiedemann mußte noch immer pausieren, denn zu der Verletzung Meteors kam auch noch seine eigene.
In Luzern gewann die gleiche Mannschaft ebenfalls den Preis der Nationen. Auch der zweiten Weltmeisterschaft in Madrid mußte Thiedemann fernbleiben. Winkler vertrat ihn bestens. Er

wurde nach Pferdewechsel der erste deutsche Weltmeister der Springreiter. In Aachen bewies Winkler ebenfalls seine großartige Form. Er gewann fünf Springen, darunter den Großen Preis nach viermaligem Stechen auf dem Holsteiner Orient gegen Raimondo d'Inzeo auf Merano. Noch am Stock humpelnd fuhr Thiedemann mit der deutschen Equipe nach London. Auf Meteor siegte er in der Hauptstadt Großbritanniens dreimal. Im Beisein der Königin von England, Elizabeth II., wurde dann der King Georg V. Cup of London entschieden. Entgegen den sonstigen Gepflogenheiten standen noch beim vierten Stechen acht Hindernisse auf dem Turnierplatz. Verbissen kämpfte Thiedemann gegen zwei Engländer. Gustav Rau schrieb später, daß es das spannendste Springen gewesen sei, das er je erlebt habe. Im letzten Stechen war Thiedemann allein fehlerfrei. Englands Königin überreichte ihm den Goldpokal. Er war der erste Ausländer, der in diesem Preis siegreich blieb. Schon ein paar Wochen später gewann er mit Diamant zum dritten Male das Springderby.

Gustav Rau flog mit Frau Köhler, Thiedemann und Winkler in die USA. Wie vor vierundzwanzig Jahren kamen die deutschen Reiter mit zehn Siegen nach Hause. Gustav Rau, weit über siebzig Jahre alt, diktierte kurz vor seinem Tode den nun folgenden Bericht: „Das Unternehmen führte zu einem Teil ins Ungewisse, da die deutschen Reiter vierundzwanzig Jahre lang nicht in Amerika waren und vor den Schauen die genauen Ausschreibungen mit Zeichnungen der Hindernisse vorher nicht zu erlangen waren. Wir mußten auf die Qualität unserer Reiter und Pferde vertrauen und auf den Willen der Beteiligten, mit allen Erscheinungen fertig zu werden.

Die Einladung nach Amerika und Kanada erfolgte für drei Reiter mit je zwei Pferden, einen Mannschaftsführer und drei Pferdepfleger. Erst vom Betreten des amerikanischen Bodens ab waren die Eingeladenen Gäste der Schauen von Harrisburg, New York und Toronto. Die Reise hin und zurück von dem europäischen Kontinent nach dem amerikanischen, wie auch die Versicherung der Pferde, war von den eingeladenen Equipen selbst aufzubringen. Hierbei wurden Deutschland und Spanien am stärksten belastet, während Mexiko und Kanada gleich beim Überschreiten der beiden Ländergrenzen die Gastfreundschaft genossen.

Man entschloß sich, die deutschen Pferde für die Reise nach Amerika nicht den Zufälligkeiten, Schwierigkeiten und der langen Zeit einer Schiffsreise auszusetzen, sondern man sandte die Pferde zum ersten Mal in der Geschichte des deutschen Turniersports mit einem Spezialtransportflugzeug der holländischen Fluggesellschaft von Düsseldorf nach New York. Nach einem reibungslosen, sehr gut vorbereiteten Lufttransport kamen die Pferde wohlbehalten in New York an und gingen nach drei Tagen Aufenthalt in New York in Transportautos nach dem 300 km entfernten Harrisburg, der Hauptstadt des blühenden Staates Pennsylvania, die nur 100 000 Einwohner hat und mit ganz wenigen Wolkenkratzern den früheren Typ amerikanischer Mittelstädte bewahrt. Die Stadt liegt malerisch an dem schönen, breiten Wildfluß Susquehanna, den wir alle aus den Indianergeschichten, die wir in unserer Jugend lasen, kennen. In Harrisburg kennt man noch nicht das atemberaubende Tempo anderer amerikanischer Städte. Wenn auch den ganzen Tag durch alle Straßen die Autos rasen, kann man doch immer noch ohne direkte Lebensgefahr von einer Straßenseite auf die andere gelangen. Größere Teile der Stadt erinnern mit schönen Villen und Behaglichkeit verkündenden Wohnhäusern an eine deutsche Mittelstadt. Dazu kommt, daß man auf Schritt und Tritt Deutschen begegnet, deren Vorfahren in das Land gekommen sind. Sie sprechen das sogenannte Pennsylvanien-Deutsch, das an die baltische Mundart erinnert. Wir waren ihnen und der amerikanischen Bevölkerung hoch willkommen.

Von dem Interesse der Amerikaner aller Kreise für deutsche Verhältnisse macht man sich keinen Begriff. Die Interviews, die der Equipenchef täglich mehreren Zeitungsvertretern geben mußte, bezogen sich nur nebenbei auf Pferdezucht und Reiterei. Das genaue Ausfragen betraf hauptsächlich die politischen und die wirtschaftlichen Verhältnisse. Die Presse ist sehr geschult und fragt sehr logisch und sehr konsequent. Dazu kam, daß man während der Pferdeschau täglich von Dutzenden neuer Bekannter angesprochen wurde, die alles Mögliche zu fragen hatten und von denen uns jeder einzelne Hilfe und Beistand anbot.

Es führen auf einer Entfernung von knapp einem Kilometer fünf breite Brücken über den Susquehanna. Im herrlichsten Wechselbilde erstreckt sich über flache Hügel und kleinere Berganstiege hinweg die reizvolle Landschaft von Pennsylvanien. Das Land ist wie ein Garten zu schauen.

Vier gewaltige Gebäude überragen die Stadt: das auf einem Hügel gelegene prächtige Parlamentsgebäude für den Staat Pennsylvania mit vergoldeter Kuppel, zwei Wolkenkratzer-Hotels, der ‚Harrisburger‘ und das ‚Pennsylvania-Hotel‘ mit jedem erdenkbaren Komfort, aber nicht dem fürchterlichen Gedränge und der Hast der großen New Yorker Hotels; dann die gewaltige Halle, in der die Pferdeschau vor sich ging, die ‚Pennsylvania State Farm Show Arena‘. Sie ist in erster Linie für die Bedürfnisse der Landwirtschaft gebaut, hat gewaltige Stallungen für 700 Pferde (nur Boxen), Abreiteplätze, Abreitehallen. In der großen Arena sind 7000 Sitzplätze. Alles ist breit und bequem. Selbst bei ausverkaufter Halle kommt es nie zu Drängeleien.

In Harrisburg empfing uns eine hochsommerliche Hitze. Nach irgendeinem Schema F wurden Turnierhallen und Stallungen Tag und Nacht intensiv geheizt, so daß eine unvorstellbare Wärme herrschte, der gegenüber die Ventilationsvorrichtungen vollkommen versagten. Man war durch die schwüle Atmosphäre geradezu benommen. Die Pferde standen Tag und Nacht schwitzend im Stall. Sie litten unter dieser Umstellung und zeigten ganz zweifellos während der ganzen Zeit in Harrisburg eine gewisse Mattigkeit.

Wie man weiß, dominierten in den internationalen Springkonkurrenzen von Harrisburg die Mexikaner; sie gewannen von den elf Konkurrenzen insgesamt neun, während je eine Konkurrenz an Deutschland und an Spanien fiel.

Halla war gleich am ersten Tage nach einem Stechen Zweite, während Nordstern gleichfalls zweimal ohne Fehler blieb. Am zweiten Tage kam die deutsche Mannschaft in das Pech, denn Armalva, die sonst alles springt, erschrak vor dem letzten Hindernis, blieb stehen und kam, von Frau H. Köhler hinüber gezwungen, zu Fall, wobei sich die Stute an dem einen Vorderbein beschädigte, wie auch Frau Köhler zu Schaden kam und mehrere Tage lang das eine Bein recht schwer fühlte. Armalva mußte dann in Harrisburg geschont werden, und man ließ Page die Stute ersetzen. Dieses junge Pferd, mit der Tücke der Kurse von Harrisburg und überhaupt internationalen Anforderungen noch nicht genügend vertraut, konnte ein voller Ersatz für Armalva nicht sein. Der große Tag der deutschen Equipe war dann der 27. Oktober, als Halla nach Stechen in einer prachtvollen Anstrengung mit 0 Fehler die ganze Elite an Springpferden von fünf Ländern in der ‚Governor's Challenge Trophy‘ schlug. Neben diesem Sieg war die deutsche Vertretung in Harrisburg fünfmal Zweite.

Die Hindernisse waren nach unserer Auffassung unmöglich. Daß ein internationales Springpferd Hindernisse, die in den schreiendsten Farben gestrichen sind, überwinden muß, ist selbstverständlich. Die Hindernisse hatten aber so groteske Formen, daß sich mit Ausnahme der mexikanischen Pferde die Vertreter der anderen Länder nicht mit dieser Art Sprünge abfanden. Außerdem knickten die Hindernisse bei der leisesten Berührung in sich zusammen. Die Mexikaner sind seit Kriegsende achtmal in Harrisburg gewesen und kannten demzufolge das Geschäft genau. Für eine wirkliche Entfaltung von Springvermögen über natürliche schwere Hindernisse und für Galoppiervermögen war keine Gelegenheit, da die Distanzen zu kurz waren und die ganzen Kurse fast durchweg nur acht Hindernisse aufwiesen. Unsere Ausführungen werden dadurch bekräftigt, daß

auch die trefflichen spanischen Reiter nur zu einem Erfolg kamen, während die Pferde von USA und Kanada sich mit den Hindernissen überhaupt nicht abzufinden vermochten.
Sonst war Harrisburg eine prächtige Schau; in einer außerordentlichen Fülle gegliedert und die ganze amerikanische Pferdezucht, soweit es sich um edle Pferde handelt, darstellend. Man sah die prachtvollen Kentucky-Saddle-Horses, das alte Prunkpferd Amerikas, in den erlesensten Exemplaren. Mit wunderbaren erstklassigen Hengsten und Stuten waren die amerikanischen Araberzuchten vertreten. Jeden Tag gab es Springprüfungen für Hunter (Jagdpferde). Wir sahen zum erstenmal das ‚Tenessee-Walking-Horse', das nicht nur in Tenessee gezüchtet wird. Es bildet in seinem ungeheuer schnell repetierenden Laufschritt eine Spezialität des Landes. Traber wurden ein- und zweispännig gezeigt. Cowboy-Pferde mit echten und unechten Cowboys zeigten ihre Künste, wie sie beim Hüten der Herden und beim Einfangen einzelner Tiere mit dem Lasso vorkommen. Die Fülle der Wagenpferdeklassen vom elegantesten steppenden Hackney-Pony bis zum großen karossier-ähnlichen Typ erfreute immer wieder. Am besten gefielen uns die Klassen der Morgan-Pferde, denn das ist das alte bodenständige echte Warmblutpferd des Landes; tadellos gebaut, sehr korrekt mit den besten Formen und von genügendem Adel. Eine blendende Spezialität des amerikanischen Pferdeschauwesens sind die sogenannten ‚Parade-Horses'. In diesen Darbietungen handelt es sich darum, blendend edle, durch Form und Gänge Aufsehen erregende Pferde herauszustellen, deren Reiterinnen und Reiter in phantastischen farbigen Kostümen erscheinen, Sattel und Zaumzeug mit feinster Silberarbeit überladen; Kostenpunkt bis zu 20 000 Dollar. Das Ganze ein Bild von Reiterfreude und Festeslust.
Es herrschte nachmittags und abends ein ungeheures Leben in der Bahn; jede einzelne Nummer brachte Schwung und Abwechslung. Mit den einspännigen und zweispännigen Trabergespannen wurden wirkliche Rennen gefahren, wobei Sulkys zusammenknickten und Räder brachen. Die wilde Jagd ging aber trotzdem weiter.
An Schaunummern wurden in Harrisburg wie auch in New York und Toronto gezeigt die fünf Schäferhunde des Mr. Priestley aus England, die, allein auf Pfiffe reagierend, eine kleine Schafherde in und aus dem Pferch sowie durch schmale Gänge trieben; ferner ritt Frau Lis Hartel aus Dänemark ihre berühmte Stute Jubilee vor. Wir haben die Ausdauer und Unermüdlichkeit von Frau Lis Hartel bewundert, die fast vier Wochen hindurch an jedem der drei Turniere zur Stelle war und Jubilee täglich mit derselben Sorgfalt unter dem Jubel der Zuschauer präsentierte. Der klassischen Reitkunst hätte kein besserer Dienst erwiesen werden können, haben doch Zehntausende gesehen, was ein vollendet gerittenes Pferd ist. Nur in Harrisburg wurden gezeigt die hundert Mann starke Musikkapelle der Valley Forge Military Academy. Prächtige Uniformen, vollendete Musik; die schönsten deutschen Armeemärsche. In der ganzen Truppe eine Haltung, die der alten preußischen Armee nicht nachstand. Das Spiel dieser hundert Mann riß jedesmal die Zuschauer mit. Eine prächtige Darbietung war die große Quadrille der berittenen Polizei des Staates Pennsylvania. Diese sechsunddreißig Leute haben noch richtig reiten gelernt. Sie saßen tadellos auf ihren schönen Pferden und manövrierten, daß es eine wahre Freude war. Auch die früheren Quadrillen der Reichswehr sind nicht exakter gewesen. Alles wurde mit der linken Hand geritten; in der Rechten eine Lanze mit farbigem Wimpel. Den Mittelpunkt bei den verschiedenen Figuren, welche diese prächtigen Reitergestalten ausführten, bildeten immer die Fahnen der Vereinigten Staaten von Amerika und Pennsylvanien.
Die Tage von New York bildeten dann mit den sieben deutschen Reitersiegen wohl neben den Olympischen Spielen von 1952 den herausragendsten Höhepunkt der deutschen Reiterei. Ganz New York stand unter dem Eindruck der Leistungen der deutschen Reiter und Pferde. Und man darf sagen, daß ganz New York diese Leistungen mit einer wirklichen Freude begrüßt hat. Halla

unter Herrn H. G. Winkler gewann viermal (einmal im Zweipferdespringen zusammen mit Alpenjäger), Meteor holte sich nach einem gewaltigen Stechen unter Fritz Thiedemann die International Individual Champion Ship Challenge Trophy. Dazu gewann das Trio Frau H. Köhler, Fritz Thiedemann und H. G. Winker zwei Mannschaftsspringen, beide Male mit Armalva, Nordstern und Alpenjäger.

Größte Freude erregte bei der deutschen Mannschaft die Haltung der mächtigen New Yorker Presse, welche die deutschen Reiter- und Pferde-Leistungen mit einer Vorurteilslosigkeit und einer Sympathie ohnegleichen begrüßte. In den vielen Dutzenden von New Yorker Zeitungen erschienen tagtäglich Würdigungen der deutschen Reiter, die des Lobes voll waren. Die größte New Yorker Zeitung überschrieb, den Text des Deutschlandliedes variierend, einen Artikel: ‚Germany, rider over alles.' Der deutsche Mannschaftsführer hat dann der New Yorker Presse für ihr Wohlwollen besonders gedankt.

Die National Horse Show in Amerika ist jährlich der große Treffpunkt fast der ganzen amerikanischen Gesellschaft. Die Pferdeschau ist verbunden mit einer ganzen Reihe glanzvoller Feste, von deren Pracht man sich nur schwer eine Vorstellung zu machen vermag. In ganz Amerika wird der große Ball im Hotel Waldorf Astoria als eines der größten Feste des Jahres bezeichnet. Dieses Mal waren tausend Personen aus den führenden Kreisen des Landes versammelt.

Die Bedeutung der deutschen Reiterfolge in Amerika liegt ebenso sehr auf dem politischen Gebiete. Der Amerikaner liebt die große sportliche Leistung. Die deutschen Reiter wurden immer wieder für die Fernsehübertragungen aufgenommen. Es gibt heute kaum noch einen Amerikaner, der nicht einen Fernsehapparat besitzt. Der Rundfunk verbreitete die täglichen deutschen Reiterleistungen bis in die letzte amerikanische Hütte. Mit Hunderten angesehenster Amerikaner aus den Kreisen der Politik, der Wirtschaft, der Industrie, der Wissenschaft und der Kunst hatten wir Fühlung bekommen und nur Erfreuliches von der Auffassung der Amerikaner über das heutige Deutschland gehört.

Die Schau von Toronto in Kanada ist von den beiden amerikanischen Schauen vollkommen verschieden. Das Reitturnier findet im Rahmen einer gewaltigen landwirtschaftlichen Ausstellung statt, welche die Landwirte von ganz Kanada nach der Millionenstadt Toronto ruft. Den Springreitern ist innerhalb des Reitturniers weniger Gelegenheit zum Hervortreten gegeben, denn während in Harrisburg und New York jeden Tag zwei Springen stattfanden, gab es in Toronto täglich nur ein Springen, an dem sich jeweils nur drei Pferde der einzelnen Mannschaften beteiligen konnten. Die deutschen Reiter konnten in Toronto zweimal gewinnen, so daß die Zahl der deutschen Erfolge in Amerika und Kanada auf die stolze Zahl zehn kommt. Dazu gesellen sich nicht weniger als fünfzehn zweite Plätze, sieben dritte Plätze und neun vierte Plätze. Die deutschen Reiter erzielten insgesamt dreiundvierzig Placierungen, da zu den eben genannten Zahlen noch ein fünfter und ein sechster Platz kommen. Höhepunkt der Reitertage in Toronto war der Sieg von Meteor in der International Team Stake. Diese Entscheidung war die einzige in Toronto, an der mehr als drei Pferde einer Nation teilnehmen konnten. Der Kurs war der schwerste der Tage von Toronto und führte über zwölf Hindernisse, von denen drei ausgeklügelte Kombinationen mit ungleichen Abständen waren. Von zweiundzwanzig Teilnehmern gelangten nur vier ohne Fehler über die Bahn: Meteor und Halla sowie die beiden Mexikaner Petrolero und Agapulco. Der Letztgenannte wurde zum Stechen nicht zugelassen und disqualifiziert, weil er sieben Kilogramm Gewicht zu wenig getragen hatte. Petrolero trat als Erster zum Stechen an und schaffte die Strecke ohne Fehler in 42 Sekunden. Das Publikum hielt eine kürzere Zeit für unmöglich. Es war der große Moment, deutsche Reiterei und das Können unserer beiden besten Springreiter zu zeigen. Halla ging in 39 Sekunden fehlerlos über die Bahn. Dann kam Meteor und schaffte es fehlerlos in

37 Sekunden. Die Leistung von Reiter und Pferd rief einen Jubel hervor, der nicht zu beschreiben war. Meteor erwies sich als das schnellste Pferd des ganzen Turniers, nachdem auch in Amerika und Kanada die absolute Schnelligkeit des schweren Wallachs angezweifelt worden war. Fritz Thiedemann und Meteor belehrten Amerika und Kanada eines Besseren. Toronto sah mit Bewunderung und Verehrung einen Reiter wie Thiedemann, der so oft über sich selbst hinaus gewachsen ist und auch in Toronto in der schwierigsten Situation das Schicksal bezwang.

Die deutsche Mannschaft gewann außerdem in Toronto mit Armalva, Alpenjäger und Meteor (alle drei ohne Fehler) die Captain Michael Tubridy-Trophy (Abteilung Toront.)

Es waren an den drei Orten insgesamt zweiunddreißig einzelne Springkonkurrenzen entschieden. Dazu kamen vier sogenannte ‚blinde Mannschaftspreise', die zahlenmäßige Zusammenstellungen aus je drei Springen waren, jedoch nicht als Reitersiege gewertet werden können, da um die Zusammenstellung nicht geritten wurde.

Von den zweiunddreißig einzelnen Springen gewann Mexiko fünfzehn, Deutschland zehn, Spanien sechs und USA ein Springen, während Kanada bei aller Qualität von Reiter und Pferd keinen Sieg zu erkämpfen vermochte. Die Klasse von Reiter und Pferd war exzellent, und es sind wohl selten fünf Equipen mit solchem Können zusammengekommen.

Deutschland gewann also den dritten Teil der sämtlichen Springen. Nimmt man die fünfzehn zweiten Plätze sowie die sieben dritten und neun vierten Plätze hinzu, so steht die Durchschnittsleistung von Deutschland am höchsten.

Als imposant darf man den Erfolg der in Deutschland gezüchteten Pferde bezeichnen. Spanien hatte unter seinen sechs Pferden bekanntlich fünf Vertreter der deutschen Zucht. Es gewannen die in deutschem und spanischem Besitz befindlichen deutschen Pferde fünfzehn Konkurrenzen, also fast die Hälfte sämtlicher Springen.

Von den deutschen Reitern war H. G. Winkler achtmal erster (fünfmal in Einzelprüfungen und dreimal in Mannschaftsprüfungen), Fritz Thiedemann fünfmal erster (zweimal in Einzelprüfungen und dreimal innerhalb der siegreichen deutschen Mannschaft), Helga Köhler, die als Dame solchen Anforderungen gegenüber Außerordentliches leistete, zumal sie in Harrisburg schwer stürzte und längere Zeit unter dem Sturze litt, steht mit drei Erfolgen innerhalb der drei deutschen Mannschaftssiege.

Halla bestätigte ihren Sieg im Weltchampionat von Madrid, indem sie in Amerika neben den Mannschaftssiegen fünf einzelne Springen gewann. Ein wirkliches Weltpferd! Der Inhaber des Weltchampionats, H. G. Winkler, ist nun doppelter Champion, da er mit erheblichem Vorsprung für 1954 nunmehr den Cup des Königs von Kambodscha gewonnen hat, nachdem er im Vorjahr zweiter in diesem Wettbewerb gewesen ist. Jetzt steht er mit dem Siegerlorbeer vor seinem alten Rivalen d'Oriola.

Man braucht kein Weiser zu sein, um voraussagen zu können, daß sich der Triumph deutscher Reiterei und Pferdezucht in USA und Kanada in mancher Beziehung sehr vorteilhaft, vor allem auch auf dem Gebiete der Politik und der Wirtschaft, auswirken wird. Sehr viele amerikanische Reitersleute, die bisher um die richtige Erkenntnis rangen, haben Wert und Wirkung der deutschen Ausbildungsweise und des deutschen Reitstils erkannt. Es wird sich wirklich guten deutschen Lehrkräften Gelegenheit bieten, sich in Amerika und Kanada niederzulassen. Sie können sich dort aber nur bei großem Fleiß und absoluter moralischer Reinheit halten. Die Amerikaner und Kanadier der führenden Kreise sind gute Menschenkenner. Ihnen imponiert nur die reelle Leistung mit einer reellen Gesinnung. Schwatz und leere Versprechungen, denen nichts folgt, werden gehaßt. Das deutsche Warmblutpferd hat in Amerika und Kanada, man darf es ohne Übertreibung sagen, imponiert. Ein bedeutender Absatz kann die Folge sein. Jedoch, was wir eben von den Menschen sagten, gilt auch von den Pferden. Nur bestes Material, gut vorgearbeitet, wird uns abgenommen. Wer es unternimmt, schlechte Ware zu liefern, wird das so heiß Erkämpfte aufs stärkste gefährden."

Soweit der Bericht von Gustav Rau „Betrachtungen zur deutschen Reiterexpedition bei den US-Turnieren in Harrisburg und New York sowie beim Kanada-Turnier in Toronto".

Durch Winklers Sieg in Madrid fand laut Reglement die nächste Weltmeisterschaftsentscheidung in dem Land statt, aus dem der Weltmeister kam. So wurde der Titelkampf 1955 in Aachen ausgetragen. Diese Bestimmungen wurden im Laufe der Jahre geändert. Auch für Aachen gab es schon eine andere Ausscheidungsart. In Madrid ritt der Titelverteidiger automatisch in der Entscheidung mit. In Aachen mußte er sich, wie die anderen Reiter, erst qualifizieren. Als ungerecht galt eine andere Entscheidung, nämlich die, daß nur ein Reiter von jeder Nation im Finale reiten durfte. So schieden Thiedemann und der Italiener Piero d'Inzeo aus. Winkler und Halla gewannen alle drei Ausscheidungsspringen. Im Finale ritten außer ihm: Raimondo d'Inzeo/Italien, Jonquere d'Oriola/Frankreich und Major Dulles/Großbritannien. Der Engländer saß auf dem Ostpreußen Bones. Winkler ritt bei diesem Pferdewechsel nicht Halla, sondern sein Reservepferd Orient. Da Halla in Madrid gestürzt war, wollte Winkler ein Risiko vermeiden und die sensible Stute nicht erneut verprellen.

Winkler machte je einen Springfehler mit seinem Pferd und dem des Engländers. Das gleiche Ergebnis hatte der Italiener. Jetzt mußte um den Sieg gestochen werden. D'Inzeo nahm Nadir und Winkler Halla. Aber auch sie versah sich einmal, ebenso das italienische Paar. Nach dem Pferdewechsel blieb Winkler fehlerfrei, und jetzt mußte der Italiener nicht nur fehlerfrei reiten, sondern auch noch schneller sein als der Deutsche. Er setzte alles auf eine Karte, und Halla ging in einem atemberaubenden Tempo. Sie war zehn Sekunden schneller als unter Winkler, aber am zweitletzten Hindernis, der roten Mauer, paßte der Absprung nicht, und es fielen Kästen. Damit war die Entscheidung gefallen. Der neue Weltmeister hieß wiederum Hans Günter Winkler.

Mit 0 Fehlerpunkten gewannen Deutschlands Reiter in diesem Jahr den Nationenpreis, und zwar Lütke-Westhues, Winkler, Walter Schmidt und Thiedemann. Den Großen Preis gewann zum dritten Male Fritz Thiedemann, diesmal auf Meteor. Die Sportpresse, die Sportjournalisten der Bundesrepublik, wählten erstmals einen Reiter zum Sportler des Jahres: Hans Günter Winkler. Das nächste große Ziel hieß Stockholm.

Die Olympiade 1956 in Stockholm

Im altehrwürdigen Olympiastadion, in dem 1912 die ersten Olympischen Reiterspiele der Neuzeit stattgefunden hatten, wurden 1956 die Olympischen Reiterkämpfe mit der bis dahin größten Besetzung durchgeführt. Dreißig Nationen entsandten Reiter nach Schweden. Springreiter aus vierundzwanzig Ländern gingen an den Start. Insgesamt wurden sechsundsechzig Pferde für den Preis der Nationen gesattelt. Deutschland hatte ein unglückliches Los gezogen, die Startnummer eins.

Als erster ritt Alfons Lütke-Westhues auf Ala. Die etwas überbaute, schwerfällig wirkende Stute aus Westfalen hatte weder Schulter noch Hals. Ala schien auf diese wichtigen äußeren Voraussetzungen eines guten Springpferdes verzichten zu können. Sie war trotzdem Weltklasse und ging sehr sicher. Wir konnten als drittes Pferd kein besseres benennen, zumal sie mit ihrem Reiter eine wunderbare Einheit bildete. Mit Bedauern stellten die Zuschauer fest, daß das deutsche Paar vier

Hindernisse warf, somit auf 16 Fehlerpunkte kam, und das bereits im ersten Umlauf. Deutschlands Reiter schienen damit ihre Favoritenrolle ausgespielt zu haben.

Ein heißer Favorit ging nun an den Start, der Italiener Piero d'Inzeo. Auch sein Uruguay versah sich zweimal, und danach dämmerte es wohl manchem, daß Ala eine Bravourleistung vollbracht hatte. Nun, die nächsten Reiter bewiesen es, der Parcours war schwer, sogar maßlos schwer, die Fehler häuften sich, und keinem Reiter gelang es, die Bahn fehlerlos zu meistern. Meteor und Thiedemann erschienen. Sie hatten das Pech, daß gerade bei ihrem Parcours sich ein Wolkenbruch entlud. Beide waren trotzdem in großartiger Form, nur ein Versehen an der Mauer hinter dem Graben und am letzten Sprung mußte ihnen angerechnet werden. Die gleiche Leistung vollbrachte noch Raimondo d'Inzeo mit Merano, White auf Nizefella und Pat Smithe mit Flanagan.

Wie in Helsinki, so absolvierte wieder ein Deutscher den besten Parcours im ersten Durchgang. Es war Winkler auf Halla, aber es war ein teuer erkaufter Ritt. Am zweitletzten Hindernis mußte sich das Pferd gewaltig strecken, ebenso sein Reiter. Dabei spürte er einen wahnsinnigen Schmerz in der Leistengegend, der ihn fast ohnmächtig machte. Er verlor die Gewalt über sein Pferd und konnte sich nur mit Mühe im Sattel halten. So war es kein Wunder, daß Halla das letzte Hindernis riß. In der Mannschaft führte Deutschland mit 28 Fehlerpunkten vor Großbritannien mit 32 und Italien mit 39 Punkten. Im zweiten Umlauf am Nachmittag ging Ala mit 8 Punkten, Meteor versah sich wieder an der Mauer, Uruguay blieb einmal stehen, aber Merano ging mit 0 Punkten. In diesem dramatischen Springen warteten Deutschlands Schlachtenbummler gespannt auf Winklers Start. Mit schmerzstillenden Mitteln hatte man ihm den Ritt ermöglicht, um damit eine Mannschaftsplacierung zu retten. Alle, die um den Zustand Winklers wußten, glaubten nicht, daß er den Ritt bis zum Schluß durchstehen würde. Man hatte wohl vergessen, daß die deutsche Ausbildungsmethode auch dann, wenn der Reiter nicht im Vollbesitz seiner Kräfte ist, noch einen Erfolg garantiert. Obwohl Winkler vor Schmerzen laut stöhnte und einige Male hin- und herschwankte, zog die Stute in einer verblüffenden Gleichmäßigkeit über die Bahn. Hier konnte die Welt erleben, was ein gut ausgebildetes Pferd zu leisten vermag, auch unter schwierigsten Bedingungen. War das überhaupt möglich? Einen schweren Parcours zu überwinden, mit einem Reiter auf dem Rücken des Pferdes, der sich nur noch krampfhaft festhalten konnte, der, anstatt das Pferd zu leiten, ganz im Gegenteil, oft die Bewegungsabläufe noch störte. Aber Deutschlands Wunderstute trug ihn in einer selbstverständlichen Vollkommenheit über den schweren Parcours, als erledige sie ein Übungsspringen in Warendorf, und beendete den Ritt ohne Fehler.

Viel überlegener als die Offiziere des Springstalles vor genau zwanzig Jahren gewannen Deutschlands Reiter dieses Olympische Jagdspringen, trotz wolkenbruchartigen Regens während Thiedemanns Ritt und Winklers Verletzung. Mit 40 Punkten siegten unsere Reiter vor Italien mit 66 und England mit 69 Punkten. In der Einzelwertung siegte Halla mit 4 Punkten vor Merano unter Raimondo d'Inzeo/Italien mit 8 Punkten und dem Dritten, Uruguay unter Cpt. Piero d'Inzeo, mit 11 Punkten. Mit 12 Punkten folgten auf dem vierten Platz Meteor und Nizefella unter White/Großbritannien. Ala kam mit 24 Fehlerpunkten auf den elften Rang.

Gleich nach den Olympischen Spielen fand noch im selben Stadion ein internationales Reitturnier statt. Thiedemann gewann drei Springen, zwei mit Meteor und eines mit Finale. Er wurde der erfolgreichste Einzelreiter, aber seine Goldmedaille und seine drei Einzelsiege wurden bitter erkauft, denn er hatte sich eine furchtbare Erkältung zugezogen, und wegen der starken Gelenk- und Gliederschmerzen konnte er nur unter starken schmerzstillenden Spritzen reiten.

In Hamburg, beim Springderby, mußte er sich noch aufs Pferd heben lassen, wie schon in Aachen bei der Weltmeisterschaft. Da Winkler am Stock humpelte und laut Reglement kein Reiter nachgemeldet werden konnte, mußte ein schwer angeschlagener Thiedemann Deutschland allein

vertreten. Erstmalig waren in einem Weltmeisterschaftschampionat Reiter aus Amerika mit am Start. Meteor konnte eine Qualifikation gewinnen. Das Finale bestritten d'Inzeo auf Merano, Goyoaga auf Fahnenkönig, der argentinische Major Delia auf Discotido sowie Thiedemann auf Meteor. Wieder regnete es in Strömen. Ein von Schmerzen gepeinigter Thiedemann ritt drei Pferde ohne Fehler, aber ausgerechnet mit dem sich im spanischen Besitz befindenden Hannoveraner Fahnenkönig warf er eine Stange. Das Schicksal meinte es mit dem holsteinischen Bauern nicht gut. Winkler konnte mit 8 Fehlerpunkten Weltmeister werden, Thiedemann wurde hier mit 4 Fehlerpunkten nur dritter. D'Inzeo gewann mit ³/₄ Fehlerpunkten, obwohl er sich mit Meteor gar nicht gut anfreunden konnte, und Goyoaga landete mit 3 Fehlerpunkten auf dem zweiten Platz. Major Delia wurde mit 25 Fehlerpunkten vierter. Thiedemann vermerkte jedoch mit Freude, daß Meteor bei dem Kampf dieser Besten das zuverlässigste und erfolgreichste Pferd gewesen war.
Die Brasilianer gewannen den Nationenpreis, obwohl sie in Stockholm die letzten waren. Dafür gewann Thiedemann 1956 zum dritten Male den Georg-von-Mumm-Gedächtnispreis in Wiesbaden. Sein Siegerpferd war Finale, und mit Meteor wurde er zweiter. Die drei ersten Plätze belegte er im Mächtigkeitsspringen. Mit Meteor und Finale wurde er erster, mit Godewind dritter.

Deutsche Erfolge 1957, 1958 und 1959

Das neue Jahr, 1957, wurde mit den Turnieren in Paris und Lissabon begonnen. Auf beiden Plätzen konnte Thiedemann acht Springen gewinnen, davon fünf mit Finale und drei mit Meteor. In Lissabon wurde zudem auch noch der Nationenpreis gewonnen. In Aachen holte sich Winkler mit Halla das erste Championat und den Großen Preis. Auch der Preis der Nationen wurde von unseren Reitern gewonnen. Winkler siegte fünfmal, Thiedemann dreimal und Anna Clement auf Nico errang für sich zwei goldene Schleifen.
In Rotterdam fand die erste Europameisterschaft der Springreiter statt. Am Start waren weder Thiedemann noch Goyoaga, noch die beiden d'Inzeos und d'Oriola. So war die Meisterschaft sehr schwach besetzt, der Pferdewechsel war nicht mehr beliebt und der Glücksaugenblick zu groß. Die vier Reiter, die das Finale bestritten, waren die Italiener Oppes und Medici, der Franzose de Fombelle und Hans Günter Winkler. Der Deutsche ritt den Halbbruder von Halla, Sonnenglanz. Auch dieses Springen sicherte sich Winkler vor de Fombelle, Oppes und Medici. Auf Halla gewann Winkler außerdem noch den Großen Preis von Rotterdam.
Meteor konnte in diesem Jahr den einhundertsiebzehnten Sieg seiner Laufbahn feiern. Er überflügelte damit das bisher erfolgreichste Springpferd der Welt, den Engländer Fox Hunter.
Das Jahr 1958 entwickelte sich für die deutschen Reiter als ein Jahr der Triumphe. Beim CHI in Dortmund sprang Halla, die eigentlich ihre Laufbahn beenden sollte, eine 2,20 Meter hohe Mauer fehlerfrei und stellte damit den deutschen Hochsprungrekord ein. Ihr Besitzer Gustav Vierling aus Darmstadt wartete schon sehnsüchtig darauf, sie als Zuchtstute einsetzen zu können. Nach diesem herrlichen Sprung aber entschloß sich Vierling, zur Freude Winklers, die Stute bis zu den Olympischen Spielen in Rom 1960 im Sport zu belassen.
In Rom gewannen dann Deutschlands Reiter den Nationenpreis, und das mit der zweiten Equipe. Sie bestand aus Stackfleth, v. Buchwaldt, Günther und Anna Clement und den Pferden Frechdachs, Flugwind, Asta und Delphin. Die erste Mannschaft startete in Luzern. Von zwölf Springen gewann sie acht, obwohl zehn Nationen am Start waren. Die Hälfte der deutschen Einzelsiege sicherte sich Fritz Thiedemann und, wie fast schon selbstverständlich, wurde auch der Nationenpreis gewonnen. Die zweite Europameisterschaft, diesmal ohne Pferdewechsel in Aachen ausgetragen, wurde eine

Beute von Fritz Thiedemann auf Meteor. Der Holsteiner hatte bis dahin über dreihundert Springen gewonnen. Zur ersten Prüfung dieses Titels traten vierunddreißig Reiter aus dreizehn Nationen an. In Wahrheit war es eine Weltmeisterschaft, denn es konkurrierten auch je zwei Reiter aus den USA und Chile. Die erste Prüfung gewann Thiedemann, die zweite Piero d'Inzeo auf The Rock gegen Thiedemann. Das dritte Springen sah drei Reiter auf dem ersten Platz: White aus England auf Nizefella, Hugh Willey/USA auf Nautical, Piero d'Inzeo auf The Rock. Winkler und Thiedemann waren auf Platz vier. Bisher führte Thiedemann vor d'Inzeo und Winkler. Im Finale ging es zweimal über den Parcours. Es regnete, der Boden war sehr tief. Thiedemann auf Meteor gewann nicht nur dieses letzte Springen gegen Winkler auf Halla, sondern er wurde auch Europameister. Er hatte 106, Winkler 98 und Piero d'Inzeo 98,3 Punkte.

Im Preis der Nationen gab es ein selten spannendes Stechen zwischen drei Mannschaften. Es war wie 1935 in Nizza. Aber diesmal siegte Spanien vor den USA und Deutschland. Magnus v. Buchwaldt gewann auf Flugwind den Großen Preis. Neun Springen gewannen die deutschen Reiter, davon drei Fritz Thiedemann und drei Anna Clement auf dem unerhört schnellen Nico. In Rotterdam siegte Thiedemann dreimal, Winkler dreimal und Anna Clement zweimal. Das waren acht Siege gegen die Besten der Welt. Zum vierten Male ging es in die USA und nach Kanada. Thiedemann, Winkler, Lütke-Westhues und Schridde waren die Reiter. Schulze-Dieckhoff führte die Mannschaft. In Harrisburg, New York und Toronto waren neununddreißig Springen ausgeschrieben, dreiundzwanzig davon gewannen unsere Reiter. Insgesamt konnten sie sich sechzigmal placieren, achtmal stand Thiedemann vorne, viermal Winkler, zweimal Lütke-Westhues, der Rest waren Siege in Mannschaftsspringen, darunter Preise der Nationen. Wohl noch nie in der Reitergeschichte gab es eine Siegesserie solchen Ausmaßes gegen einen Teil der besten Reiter der Welt. Fritz Thiedemann, mittlerweile vierzig Jahre alt, wurde zum Sportler des Jahres gewählt, ein mehr als glückliches deutsches Reiterjahr ging damit zu Ende.

Das Jahr 1959 begann in Rom für die deutschen Reiter sehr vielversprechend. Winkler und Halla gewannen den Großen Preis. Vor dem Kriege hatte dies nur Brinckmann geschafft. Beide Mächtigkeitsspringen gewann Fritz Thiedemann, eines mit Meteor und eines mit Godewind. Einmal siegte Winkler mit Sonnenglanz und einmal Schridde mit Fugosa.

Beim Europachampionat in Paris gelangten Thiedemann und Winkler ins Finale gegen Piero d'Inzeo und d'Oriola. Die Deutschen hatten Pech. Der neue Europameister hieß Piero d'Inzeo vor d'Oriola, Thiedemann und Winkler.

Aachen 1959 bewies wieder einmal eindeutig, wie wichtig das Glück bei Springkonkurrenzen sein kann. Bei den großen Springen waren die Ausländer fast ausschließlich unter sich. Den Großen Preis sicherte sich Piero d'Inzeo auf The Rock. Das internationale Championat gewann Steinkraus/ USA auf Riviera Wonder. Den Nationenpreis holten sich die Italiener. Dafür gewann Anna Clement auf Nico viermal, in einem Springen allerdings zusammen mit v. Buchwaldt und Klaus Pade. Zwei Springen gewann Thiedemann, je eines Schridde, Klaus Pade und Winkler.

Hamburg – Thiedemanns Siegesserie

Ungewöhnlich war die Siegesserie von Thiedemann in Hamburg. Sechs Springen waren international ausgeschrieben. „Fritze", so jetzt überall genannt, beteiligte sich an vier und gewann sie alle. Dreimal war er mit Retina vorn, einmal mit Hallo. Er dominierte also mit Nachwuchspferden. Es waren nur zwei von den hundertdreißig Pferden, die Thiedemann in der Nachkriegszeit neben seinen Turnierbesuchen ausgebildet hatte.

Das einunddreißigste Deutsche Springderby wurde dann noch einmal ein Triumph für den Holsteiner. Bis zu diesem Derbytag hatten tausendeinhunderteinundachtzig Pferde den Parcours überwunden, nur dreiundzwanzig Pferden war seit 1920 ein fehlerfreier Umlauf geglückt. Von diesen dreiundzwanzig hatte Thiedemann allein bisher sieben geschafft, aber 1959 konnte er Retina, Godewind und Meteor fehlerfrei über den Parcours steuern. Damit jedoch noch nicht genug. In diesem Jahr gab es noch drei weitere fehlerlose Ritte, einer davon gelang Alwin Schockemöhle auf Ramona, einer Halbschwester von Retina, die beide den Schimmelhengst Ramzes zum Vater hatten. Ferner konnte sich der süddeutsche Champion Edmund Müller mit Heidschnucke für das Stechen qualifizieren, und, als „drohende Gefahr", der Italiener Piero d'Inzeo mit The Rock.

Acht Tage zuvor in Aachen hatten die Ausländer die schweren Springen für sich entscheiden können. Wie war das nur möglich, daß sie in Hamburg so gar keine Rolle spielten und Thiedemann souverän die Springen beherrschte? Dieses Phänomen ist verhältnismäßig leicht zu erklären. Die ausländischen Reiter kamen nach Aachen mit gutausgeruhten und topfiten Pferden. Acht Tage Aachener Turnier waren aber auch an diesen Tieren nicht sang- und klanglos vorbeigegangen. In Aachen sind außerdem die Hindernisse fester als in Hamburg, und darum müssen die Pferde auf dem Derbyplatz viel sauberer springen. Fünf Holsteiner Pferde kämpften also gegen den irischen Schimmel, und voller Spannung erwarteten dreißigtausend Zuschauer dieses gigantische Stechen.

Fritz Thiedemann auf Retina begann. Er zeigte den Besuchern des In- und Auslandes auf dem Turnierplatz und den Fernsehzuschauern einen seiner Meisterritte. Es war ein Traumritt, wie ihn jeder Reiter vollbringen möchte, der einmal schwere Parcours geritten hat. Nicht nur das Tempo war gewaltig, nicht nur der Stil von Pferd und Reiter zeigte eine einmalige Harmonie, sondern auch das Glück war mit diesem prächtigen Schimmel. Alles blieb liegen, und als die Zeit von 46,7 Sekunden bekanntgegeben wurde, da war wohl jeder überzeugt, daß es keinem Reiter gelingen würde, Fritz Thiedemann und Retina zu schlagen.

Die nächste war Heidschnucke unter dem bayerischen Reiter Müller. Außer einem Fehler war Heidschnucke auch noch acht Sekunden langsamer. Thiedemann mit Godewind, der Braune sah Meteor sehr ähnlich, schien zu fliegen. Es fiel aber auch hier ein Hindernisteil, bei einer Zeit von 49,8 Sekunden. Der Lausejunge Godewind, immer noch verspielt, aber wunderbar geritten, hatte mal wieder nicht genau hingesehen. Dann kam Ramona, erst sechs Jahre alt, noch fast zu jung für eine solch schwere Prüfung; aber auf ihr saß Alwin Schockemöhle, ein Meister im Springsattel, ein Meister, wie es ihn selten gibt und dessen große Karriere erst 1957 begonnen hatte. Im Derbystechen ging die junge Ramona mit 0 Fehlern in 49,7 Sekunden. Um eine Zehntel-Sekunde schneller war Meteor, von seinem Meisterreiter mal wieder gewaltig aufgedreht, aber das war dem Dicken doch zu schnell, denn es gab 8 Fehlerpunkte. Der Nervenkitzel blieb also für die Zuschauer erhalten bis zum letzten Ritt des Stechens, denn bis dahin war noch alles offen. Piero d'Inzeo und The Rock kamen nämlich noch. Er war der dritte Schimmel im Stechen dieses Derbys. Beide absolute Weltklasse, und jeder wußte, wie schnell der Ire von dem italienischen Capitano gemacht werden konnte. Doch auch er wurde ein Opfer des Tempos, warf zwei Hindernisse und blieb vor dem Doppelsprung sogar stehen, worauf sein Reiter aufgab. Thiedemann gewann somit zum fünften Male das deutsche Springderby. Wird es jemals einen Reiter geben, der diese Siegesserie wiederholen kann? Zweiter wurde Ramona, dritter Godewind, vierter Heidschnucke, fünfter Meteor und sechster The Rock.

Im Rahmen des Turniers in Rotterdam erlebten die Besucher auch die Austragung der Europameisterschaft unter den Springreiterinnen. Frau Köhler und Anna Clement gewannen je eine

Qualifikation, aber im Endkampf wurde Anna Clement dritte und Frau Köhler fünfte. Dafür gewann Klaus Pade den Großen Preis mit Domherr. Walter Günther sicherte sich mit Asta das Mächtigkeitsspringen, und im Glücksspringen hatte Alfons Lütke-Westhues mit Atoll die Nase vorn.

Bei den Nationenpreisen hatten die deutschen Reiter im Jahre 1959 nichts zu bestellen, während sie 1958 sogar fünf dieser wertvollen Mannschaftspreise mit nach Hause bringen konnten. Nun hoffte alles auf den letzten Start in Genf. Ohne Thiedemann gewannen unsere Reiter von siebzehn Springen zehn, obwohl acht Nationen am Start waren. Fünfmal war Winkler vorn, viermal Schockemöhle, aber im Preis der Nationen gab es nur einen dritten Platz.

Die frühen sechziger Jahre

Die Olympischen Spiele in Rom – 1960

Das Olympiajahr begann in Turin. Die Deutschen, durch Erfahrungen gewitzt, ritten verhalten. Meteor war siebzehn, Halla sechzehn Jahre alt. Würden sie noch einmal mit Erfolg unsere Farben vertreten können? Zehn Jahre Hochleistungssport sind für ein Menschenleben schon eine lange Zeit, für die Pferde ist es unwahrscheinlich. Vorlaute Journalisten schrieben bereits, daß die Deutschen in Rom wohl keine Chancen hätten.

Zunächst mußte man jedoch in Aachen antreten, und siehe da, Meteor gewann eine Qualifikation zum Großen Preis von Europa. Man brauchte ihn also noch nicht abzuschreiben. Diesen Großen Preis gewann allerdings Schockemöhle auf Bacchus. Den Großen Preis von Aachen holte sich der Amerikaner Morris auf Night Owl. Den Nationenpreis gewannen die deutschen Reiter vor den USA und den Spaniern. Weitere Siege gab es für Schockemöhle, Schridde, Jarasinski und Ute Richter. Das große Ziel für alle, selbstverständlich nicht nur für unsere Reiter, war der Olympische Kampf in der Ewigen Stadt, denn für die Nationen zählt eine Olympische Placierung erheblich mehr als jeder andere Sieg auf irgendeinem Turnierplatz in der Welt.

Die glühende Sonne zeigte sich am 7. September 1960 in Rom so strahlend und schön wie fast an allen Tagen während der Olympischen Spiele. Jedoch einen Tag vor Beginn der Reiterkämpfe, am 4. September, gab es ein gewaltiges Gewitter. Damit, so glaubte man, sei die Macht des Sommers gebrochen. Es hatte zum ersten Male seit dem Mai wieder geregnet. Ein typischer italienischer Sommer war also zu Ende gegangen, und der Boden hatte das erfrischende Wasser gut gebrauchen können. Die Pinien bewegten sich leicht in der etwas frischen Brise an diesem frühen Morgen. Die Italiener hatten sich vorsichtshalber Strickwesten mitgenommen. Die Mitteleuropäer keuchten indes immer noch unter der schweißtreibenden Hitze.

Die Reiter hüllten sich in Schweigen, keiner wußte etwas Genaues: Reitet Winkler Halla oder Leila, Thiedemann Meteor oder Godewind, Schockemöhle Ferdl oder Bacchus. Jeder fragte jeden. Wie stehen die Chancen? Die Dressur war immer noch nicht entschieden. Die Military stand noch bevor. Es war also allgemein ein großes Rätselraten, und das erhöhte natürlich die Spannung bis aufs äußerste. Seit vielen Jahren gab es diesmal wieder zwei Springen, einmal für die Einzelwertung und am Sonntag darauf dann im Olympiastadion die Mannschaftswertung um den Preis der Nationen. Jedes Pferd mußte also viermal über den Parcours, und das war bei der italienischen Herbsthitze eine nicht zu unterschätzende Anstrengung. Oben in den Bergen bei der Military sah es anders aus, da war es wunderbar kühl, und es wehte auch ein frischer Wind, aber in Rom war es in den Mittagsstunden immer noch sehr warm, ja teilweise unerträglich.

Auf der Piazza di Siena gab es für die Reiter der Welt eine böse Überraschung. Jedermann rechnete damit, daß die Italiener gewaltige Hochweitsprünge bauen würden, denn das war bekanntlich die Stärke ihrer Reiter, aber daß sie noch die Abstände vor den gewaltigen Oxern reduziert hatten, das war schon fast unfair. Normal beträgt der Abstand in Doppelsprüngen 7,50 Meter bis 10,50 Meter. Hier aber gab es Kombinationen, die 8,80 Meter aufwiesen. Bei den Reitern gab es im Abgehen des Parcours ein allgemeines Rätselraten: Wie springt man diese Teufelskombination? Läßt man die Pferde zwei Galoppsprünge machen oder nur einen? Für zwei Galoppsprünge war der Abstand zu gering, für einen Galoppsprung konnte er viel zu weit sein, zumal das dritte Hindernis der dreifachen Kombination noch aus einem gewaltigen Oxer bestand, der höchste Kraftanstrengung von den Pferden forderte. Nun, in Berlin und London hatte es auch dreifache Kombinationen gegeben, die kein Pferd der Welt fehlerlos überwunden hatte. Warum nicht jetzt auch in Rom?

Der Parcours war zwar nicht so schwer wie in Stockholm, aber er hatte seine Tücken. Vierzehn Stürze bewiesen dies bei sechzig Teilnehmern. Die Steilsprünge hatten keine Absprungerleichterungen. Die Stangen waren teilweise sehr dünn und hell in der Farbe, was den Pferden das Taxieren erschwerte. Als Hauptfehlerquelle erwies sich schon bald der Wassergraben. Die Pferde respektierten ihn nicht genügend, und so gab es dort manche Überraschung. In der dreifachen Kombination lag die Schwierigkeit zwischen dem zweiten und dritten Sprung. Hier scheiterte ein Fünftel aller gestarteten Pferde. In beiden Umläufen kamen nur fünfunddreißig über die Bahn. Der Sieger Raimondo d'Inzeo hatte 12 Punkte, der vierunddreißigste jedoch 102 Fehlerpunkte, ein wahrhaft Olympischer Kampf.

Dieses Springen war für die Deutschen geradezu sensationell. Es gab Situationen, die man bei diesen Pferden sonst nicht kannte. Halla blieb in der Kombination einmal stehen, sprang aber überlegen beim zweiten Versuch. Am nächstfolgenden Hindernis lief sie vorbei, so daß sie auf 17 Springfehler kam. Meteor strauchelte am dritten Sprung der Kombination und kam zu Fall. Er sammelte dabei 13 1/2 Fehler, Schockemöhle hatte nach Stürzen 35 3/4 Fehlerpunkte. Im zweiten Umlauf kam dann die große Wende. Halla ging mit 8 Punkten, Meteor mit 12 und Ferdl mit 12 1/4. Die große Gleichmäßigkeit der deutschen Pferde wurde erneut sichtbar. Im Endergebnis war Winkler fünfter, Thiedemann sechster und Schockemöhle siebenundzwanzigster. Ohne die Fehler in der Dreifachen wäre Winkler zweiter und Thiedemann dritter gewesen. Die Italiener wußten genau, warum sie den Parcours so bauten.

Nun, jeder Nation steht es frei, ihre Parcours zu gestalten, zwar sind die Abmessungen international festgelegt, jedoch bestimmt die Nation, in der die Spiele stattfinden, deren Kombination. Man erwartete auf der Piazza di Siena schon einiges, aber mit derartigen Fallen hatten die Teilnehmer nicht gerechnet. Damit war der erste Sieger Raimondo und der zweite Piero. Es war ein Sieg der Gebrüder d'Inzeo. Den dritten Platz belegte David Broome aus Großbritannien. In der Dressur konnte Neckermann auf Asbach den dritten Platz einnehmen. Nach seiner überragenden Leistung hätte er Sieger werden müssen. Frau Springer und Doublette gingen weit unter Form, weil die Richter eine endlose Pause machten, obwohl sie sich bereits auf dem Dressurgelände befanden. Die nächsten Tage brachten keinen Sonnenschein für die deutschen Schlachtenbummler, denn in der Military schieden zwei deutsche Pferde aus, darunter der haushohe Favorit Ottokar Pohlmann auf Polarfuchs.

Der Preis der Nationen kam am 11. September im Olympiastadion zur Austragung. An diesem frühen Sonntagmorgen war das Stadion nur schwach besetzt, und, nach dem Applaus zu urteilen, fast nur von deutschen Schlachtenbummlern. Unter einem wolkenlosen blauen Himmel traten

Reiter aus achtzehn Nationen an. Ein wahrhaft Olympisches Ringen konnte beginnen. Als erster Deutscher erschien Schockemöhle auf Ferdl, und hier zeigte das Paar, daß Schockemöhles Berufung als dritter deutscher Reiter absolut gerechtfertigt war. Hier gab es Normalhindernisse mit korrekten Abmessungen zwischen den Sprüngen. Hier mußte gesprungen werden, im wahrsten Sinne des Wortes. In ausgezeichneter Manier ging der Hannoveraner mit tiefem Hals und gewölbtem Rücken mit nur 8½ Fehlerpunkten, das war eine Demonstration der deutschen Springreiterei, wie man sie sich nicht schöner wünschen konnte.

Meteor patschte mal wieder in den Wassergraben und warf das letzte Hindernis. Acht Punkte, eine überzeugende Leistung für den Siebzehnjährigen. Winkler pfiff auf die Zeit, er zeigte einen seiner Präzisionsritte, aber am letzten Hindernis versah sich Halla und verlor die Beine. Jeder glaubte schon an einen Sturz, doch es ging alles gut. Halla endete mit 9¼ Punkten. So führte die deutsche Mannschaft nach dem ersten Umlauf mit 25¾ Fehlerpunkten vor den Reitern der USA mit 29 und denen aus Italien mit 52½ Punkten. Der Vorsprung vor dem Zweiten war nicht groß, aber die Sicherheit der deutschen Pferde war so beeindruckend, daß niemand im Ernst daran zweifelte, daß sie ihrer Favoritenrolle gerecht werden würden. Sollten die deutschen Reiter noch am letzten Tag die großen Scharten auswetzen, die das Einzelspringen und die Military ihnen eingebracht hatten?

Am Nachmittag begann der zweite Durchgang vor vollbesetzten Tribünen. Es gab eine eindrucksvolle Demonstration für die deutsche Springreiterei. Ferdl hatte die gleiche Fehlerzahl wie am Vormittag, nur war er noch etwas langsamer, auch Meteor versah sich am Wassergraben, warf eine Stange und endete mit dem gleichen Ergebnis wie am Vormittag. Auch Halla endete mit vier Punkten. Sie hatte das zweitbeste Ergebnis hinter dem Olympiasieger Posillipo, und an dritter Stelle stand mal wieder Meteor. Er war dritter in Helsinki, vierter in Stockholm und sechster in Rom beim Einzelspringen, nur durch den verhängnisvollen Sturz.

Als Halla ihren Parcours absolvierte, nunmehr im vollbesetzten Olympiastadion, war die Entscheidung durch sie über die Goldmedaille bereits gefallen. Kein Reiter der Welt konnte der deutschen Mannschaft noch gefährlich werden. Zwischen den Hunderttausend im Stadion saßen Abertausende deutsche Besucher, die einer Sensation entgegenfieberten. Auf dem Kampffeld standen noch die deutschen Sportler, als ein ungewöhnlich tosender Beifall einsetzte, neben dem Raunen und Klatschen, das sich über die Parcours der anderen Pferde erstreckte, eine bisher nicht gekannte ungewöhnliche Ovation für die drei deutschen Reiter, die den Olympiasieg von 1936 in Berlin und 1956 in Stockholm wiederholt hatten. Bei allem Glanz dieses Sieges war aber bekannt, daß Meteor und Halla über kurz oder lang ihre Laufbahn beenden würden.

Weitere Turniere

Die Weltmeisterschaft in Venedig wurde eine Schlammschlacht. Erstmalig fand der Pferdewechsel ohne deutsche Teilnehmer statt. Die Konzentration auf den Olympischen Kampf in Rom war wohl doch zu groß geworden, die Leistungskurve neigte sich. Bei einem inoffiziellen internationalen Turnier in Brüssel, nach dem Sieg im Großen Preis, gab Winkler bekannt, daß Halla ihre Laufbahn beendet hätte. Mit sechzig internationalen Reitersiegen, davon zehn gewonnenen Nationenpreisen, war sie, international gesehen, das bisher erfolgreichste deutsche Springpferd.

Im Februar flogen Thiedemann und Schockemöhle nach Viva del Mar in Chile. Dort trafen sich die Spitzenreiter ohne eigene Pferde, die einheimischen wurden verlost. Thiedemann gewann auf

Amok das Mächtigkeitsspringen. Ebenfalls das Mächtigkeitsspringen holte sich in Madrid Peter Stackfleth auf Tornado. In Rom 1961 siegte Thomas Bagusat auf Bajazzo III, und in Nizza gewann das Amazonenspringen Ute Richter auf Spucht. Die beiden letztgenannten Pferde stammten aus Schockemöhles Stall. In Dublin gewann Winkler auf Romanus das Mächtigkeitsspringen. Die deutschen Reiter erkämpften für sich den Preis der Nationen. Es siegte auch hier Bagusat auf Bajazzo. In Ostende gab es zwei Winkler-Siege und den Sieg im Preis der Nationen. Ebenso gewann Schridde ein Springen. In Genf siegten sie nochmals im Preis der Nationen, und es gab zwei Siege für Schridde, einen für Anna Clement und je einen für Winkler und Jarasinski. In Rotterdam siegten Gustav Pfordte, Schockemöhle und dreimal Anna Clement. In Aachen fand wieder einmal die Europameisterschaft der Springreiter statt. Es siegte Broome/Großbritannien mit Sumsalve. Den Großen Preis holte sich Piero d'Inzeo auf The Rock, im Mächtigkeitsspringen gewann überlegen Schockemöhle mit Ferdl. Zu drei Siegen kam wiederum Anna Clement. Und Deutschland gewann den Preis der Nationen. Godewind mit Thiedemann blieben zweimal ohne Fehler, und mit diesem Sieg beendete Thiedemann seine Turnierlaufbahn. Damit ging einer der großartigsten und beliebtesten Reiter dieser Zeit. Er stand noch auf der Höhe seines Ruhmes. Auf Meteor sitzend, der ja einhundertfünfzig Springen gewonnen hatte, verabschiedete er sich von dem Sport, dem sein Leben gegolten hatte. Nach über fünfhundert Siegen, darunter zwei Goldmedaillen und zwei bronzene Medaillen bei Olympischen Spielen, nach fünf Siegen im Deutschen Springderby, nach drei Siegen im Großen Preis von Aachen und dem Georg V. Cup of London kehrte er wieder dorthin zurück, von wo er ausgezogen war mit seinen Pferden, zu seiner heimatlichen Scholle nach Heide in Holstein.

Das Jahr 1962 brachte den Deutschen in Nizza, Luzern, Kopenhagen, Ostende, Rotterdam, London, Aachen und Budapest eine Reihe von herrlichen Siegen. Den Nationenpreis gewannen sie in Kopenhagen, Ostende, Rotterdam und London. In Aachen erstritt Schockemöhle auf Freiherr den Großen Preis, den Preis von Europa sicherte sich Nelson Pessoa, den Nationenpreis die Reiter aus den USA. Zu den Siegern zählten Hauke Schmidt, Jarasinski, Wolfgang Pade, Hermann Schridde und Anna Clement.

Die deutschen Reiter gingen 1963 wieder nach Rom. Bei der Europameisterschaft der Springreiter wurde Schockemöhle zweiter. Er gewann aber zwei Springen, und zwar einmal das Mächtigkeitsspringen, beide mit Ferdl. Einen dritten Sieg gab es für Jarasinski auf Ramses XIII.

Aachen wurde wieder ein Volksfest. Den Großen Preis gewann Raimondo d'Inzeo auf Posillipo, den Nationenpreis die Deutschen, und zwar ganz überlegen mit 8 Punkten vor Italien mit 23½. Das Mächtigkeitsspringen sah als Sieger Stackfleth mit Tornado. Ein weiteres Springen gewann Schockemöhle mit Dozent II und ein Springen Jarasinski mit Ramses. Vier Siege waren das in achtzehn Springen. Aber den größten Triumph errang Hermann Schridde, als er mit Ilona den Preis von Deutschland holte. Die fünfzehn besten der Weltreiterelite aus den drei Qualifikationsprüfungen traten zum zweiten internationalen Championat von Deutschland an. Oberst a. D. Gerd Schlickum hatte einen wunderbaren Parcours aufgebaut, der einen spannenden Kampf garantierte. Elf Pferde kamen fehlerfrei über den ersten Parcours, sieben sogar über den zweiten. Ein überragender Beweis für das Klassefeld, das hier versammelt war. Unter den Ausgeschiedenen war allerdings auch der Italiener Manchinelli auf The Rock. Die sieben Fehlerfreien stachen über eine verkürzte Bahn, und wieder blieben alle fehlerfrei. Dann allerdings schieden sich die Geister, und zwar blieben beim dritten Stechen noch fünf Reiter übrig: Nelson Pessoa/Brasilien, Raimondo d'Inzeo/Italien, Calado/Portugal und von den Deutschen Schockemöhle und Schridde. Der Parcours bestand jetzt noch aus vier Sprüngen, darin enthalten war die dreifache Kombination. Das erste Hindernis war 1,63 Meter hoch, nach zwei Galoppsprüngen zeigte sich ein Oxer mit 1,68 Meter Höhe und 2,00 Meter Breite und wiederum nach zwei Galoppsprüngen ein steiles Stangenhindernis von 1,93 Meter Höhe. D'Inzeo hatte schon vor dem Stechen verzichtet, Calado scheiterte am letzten Sprung der dreifachen Kombination. Fehlerfrei blieben aber immer noch drei Reiter: Pessoa, Schockemöhle und Schridde. Jetzt wurde das Springen im wahrsten Sinne des Wortes zu einem spannenden Krimi.

Es war wohl eines der schwersten Springen, das je stattgefunden hatte. Sehr wichtig war das Tempo, das genau mit den Aktionen des Pferdes übereinstimmen mußte, wenn man hier noch überstehen wollte. Der erste Sprung in diesem vierten Stechen war 1,68 Meter hoch, der Maueroxer zeigte eine Höhe von 1,90 Meter und eine Breite von 2,00 Meter. Das letzte waren wieder die rot-weißen Stangen, diesmal aber 2,02 Meter hoch. Es gab auf dem Platz fünfzigtausend Zuschauer und Millionen an den Fernsehschirmen, die die Aufregung und Dramatik dieses Springens miterlebten. Grand Geste, unter dem Brasilianer als erste gestartet, scheiterte am letzten Steilsprung, allerdings nahm sie nur ganz knapp die oberste Stange mit. Einen schwereren Rumpler tat an diesem Sprung Freiherr unter Schockemöhle. Er war zu schnell hineingeritten worden und kam dadurch zu dicht an das Hindernis heran. Es fielen sozusagen „alle Neune".

Dann kam Schridde mit Ilona, dieser leichten, übersensiblen, sehr schwierig zu reitenden Stute. Beim Anreiten zum Start waren Reiter und Pferd von einer unheimlichen Ruhe. Nichts ließ erkennen, daß sie nun schon fast fünfzig Sprünge an diesem Tag fehlerfrei überwunden hatten. Das Pferd noch vollkommen trocken, mit leicht vibrierenden Ohren, der Reiter ganz Konzentration. Die Stute, die sich gerne gegen Hilfen wehrt, begann sehr flüssig, es wurde ein Bravourritt, der seinesgleichen sucht. Das Pferd verschenkte keinen Zentimeter, aber es sprang sauber und unter dem Aufschrei der Massen auch das letzte Hindernis fehlerfrei. Hier wurde das wahrhaft Große eines Pferdes und seines Reiters geprüft. Bei solch einem Springen muß alles stimmen, von den Nerven über die Balance bis zur Konstitution. Es war an seinem sechsundzwanzigsten Geburtstag, als Hermann Schridde den größten Triumph seiner Laufbahn erlebte. Die Welle der Begeisterung ebbte im Verlauf des Turniers nicht mehr ab. Immer wieder wurde das Paar stark gefeiert, besonders auch, als es im Preis der Nationen zweimal ohne Fehler blieb. Ein weiterer Beweis dafür, wie wichtig es ist, daß zu einem besonderen Turnier die Pferde genau im richtigen Zeitpunkt topfit sind. Hermann Schridde und Hans Günter Winkler handelten so wie früher auch Fritz Thiedemann, soweit es ihnen möglich war, nach diesem Prinzip.

Am Schluß des Jahres ging es in die USA und nach Kanada. Dieses Mal führte Thiedemann die Mannschaft. Der Erfolg des letzten Besuches wiederholte sich nicht, aber wie 1930 und 1954 gab es zehn Siege. Die Mannschaft bestand aus Schockemöhle, Schridde und Jarasinski.

Dann kam das Olympiajahr 1964 heran. Es begann in Rom mit einem Sieg von Peter Schmitz auf Monodie. Einen weiteren Erfolg hatte Lutz Merkel mit Waidmann V in Luzern. Und wieder gab es eine faustdicke Überraschung in Aachen, insofern, als dort nichts klappen wollte. Aber wie hatte schon Thiedemann 1952 vor Helsinki gesagt? Meine Pferde sollen in Helsinki in Höchstform sein, nicht in Rom oder Wiesbaden. Es wurde, so schien es, mit verdeckten Karten geritten. Noch nie war man in der Hinsicht so vorsichtig wie in diesem Jahr in Aachen. Grand Geste mit Nelson Pessoa, dieser Wunderschimmel mit scheinbar menschlicher Intelligenz, gewann den Großen Preis von Aachen und den Preis von Europa. Den Preis der Nationen sicherte sich Italien. Die deutschen Sieger waren Ammermann, Schmitz, Schridde, Winkler und zweimal Alwin Schockemöhle, darunter einmal geteilt mit Peter Schmitz.

Im Jahre 1960 hatten sich die Sportler Mitteldeutschlands zur Aufstellung einer gesamtdeutschen Mannschaft bereit erklärt und wollten Thiedemann und Winkler kampflos für die gesamtdeutsche Mannschaft anerkennen. Dazumal mußten nur die anderen Reiter durch eine zweifache

Ausscheidung. Für Tokio aber beharrten sie auf einer Gesamtausscheidung, also auch mit Winkler. Jarasinski hatte das Pech, ohne eigenes Verschulden beim Turnier in Ludwigsburg in einen Autounfall verwickelt zu werden. Er fiel für alle weiteren Turniere aus. Seinen Olympiaplatz sollte Peter Schmitz aus Aachen verteidigen.

Die westdeutschen Reiter bewiesen in Berlin einmal mehr, welche große physische Stärke sie hatten und wie sicher sie sich ihrer Pferde waren, wenn es darauf ankam. Diesmal ließen sie den Mitteldeutschen keine Chance. Sie ritten sie buchstäblich im wahrsten Sinne des Wortes in Grund und Boden. Jedem wurde nach dieser Ausscheidung klar, daß sie in Tokio erheblich mitmischen würden, wenn nur die launische Göttin Fortuna ihnen hold bliebe. In Rotterdam fand dann vom 2. bis 6. September so etwas wie eine Generalprobe statt. Sie fiel überraschenderweise sehr gut aus, denn die deutschen Reiter konnten fünf Springen, darunter den Nationenpreis, gewinnen. Die Sieger waren: Schockemöhle, Schridde, Winkler, Heinz v. Opel und Peter Schmitz.

Die Olympischen Spiele in Tokio – 1964

Wegen der langen Anreise zur japanischen Hauptstadt hatte man bereits erwogen, die Olympischen Reiterkämpfe in Europa stattfinden zu lassen, aber die Sorge war unbegründet, denn die Elite war tatsächlich zur Stelle, wenn auch einige wenige Nationen fehlten, die aber nicht zu den Anwärtern auf eine Medaille zählen konnten. Zum Auftakt gab es in Tokio, im Gegensatz zu Rom, bereits vor dem Springen für unsere Reiter erfreuliche Ergebnisse. Harry Boldt auf Remus verpaßte um nur einen Punkt den Olympischen Sieg und wurde zweiter. Aber mit Josef Neckermann und Dr. Klimke sicherten sie sich die Goldmedaille in der Dressur-Mannschaftswertung. Ein gerissenes Hindernis ließ bei den Militaryreitern die Wiederholung des Erfolges von Stockholm zunichte werden, zwei Silbermedaillen zu gewinnen. So wurde Fritz Ligges dritter, und die deutsche Mannschaft belegte mit Horst Carsten und dem mitteldeutschen Gerhard Schulz den dritten Platz.

Am 24. Oktober wurde der Preis der Nationen im Olympiastadion entschieden. Von sechsundvierzig Reitern aus siebzehn Nationen beendeten neununddreißig den Parcours. Im ersten Umlauf unterliefen Schridde mit Dozent II 12½ Fehlerpunkte. Im zweiten Umlauf blieb das Paar fehlerfrei, allerdings mußte es 1¼ Zeitfehlerpunkte in Kauf nehmen. Das war der zweite Platz. Ebenfalls mit 0 Fehler endete d'Oriola, der im ersten Umlauf 9 Fehler gemacht hatte. Um den dritten Platz mußte gestochen werden. Der Engländer Peter Robeson schaffte seine Aufgabe ohne Fehler, der Australier Thomas Fahay endete mit acht Fehlerpunkten. Die weiteren deutschen Placierungen waren Jarasinski auf Torro an achter Stelle und auf dem sechzehnten Platz Hans Günter Winkler auf Fidelitas mit 17½ Fehlerpunkten im ersten und weiteren 15 Fehlerpunkten im zweiten Umlauf.

Im Mannschaftsspringen gingen vierzehn Nationen an den Start. Nur zehn erreichten mit den drei gestarteten Reitern das Ziel. Die Schwierigkeiten dieses Olympischen Kampfes lagen zweifellos bei den Kombinationen der letzten Hälfte. Es waren jedoch nicht nur die Abmessungen der Hindernisse, daß es hier zu solch hohen Fehlerquoten kam. Der aufgeschüttete Boden war durch die Regengüsse so tief geworden, daß die Pferde sich einfach vertaxierten, weil sie nicht den richtigen Absprung fanden. Hier konnte sich tatsächlich nur das reell springende Pferd groß abdrücken.

Deutschlands Reiter starteten leider nicht mit ihren besten Pferden, diese waren ausgefallen, Cornelia II, Ilona und Freiherr, das beste deutsche Springpferd der letzten Jahre, mit dem Schockemöhle schwerste Springen gewann. Auch in der Qualifikationsprüfung mit der DDR war es noch gut gegangen, aber in Tokio bekam er Beinschmerzen, und deshalb mußte eine neue Berittmachung festgelegt werden. Jarasinski startete auf Torro, einem gewaltig springenden Holsteiner, in seiner Manier Baden ähnlich. Winkler ritt auf Fidelitas, die aus der Hand von Lutz Merkel kam und ein sehr reelles Pferd war, während der dritte Reiter, Schridde, auf Dozent II kam, der längere Zeit unter Schockemöhle gegangen war. Schridde und Dozent hatten vor den Spielen das Springderby gewonnen, und Hermann Schridde kam stilistisch diesem intelligenten Pferd entgegen, das trotz einer hervorragenden Ausbildung nach wie vor empfindsam war. Dozent konnte man nur sehr schwer einstufen. Er hat die Pferdefreunde Deutschlands oft genug in schwere Gewissenskonflikte gestürzt. Er war ein Kämpfertyp und kämpfte bei jeder Aufgabe, nur leider gab es dabei manchmal dumme Fehler. Es ist eine alte Pferdeweisheit, daß Klassespringpferde zu ihrem Vorteil ein etwas kühleres Temperament haben und nicht leicht erregbar sein sollten, um bei schwierigen Parcours die Nerven zu behalten. Dozent gehörte zweifellos zu den besten Pferden des deutschen Turniersportes. Der Derbysieg und eine Silbermedaille in diesem Olympischen Springen, dazu die Goldmedaille in der Mannschaftswertung heben ihn aus der großen Menge der springenden Pferde hervor. Daß er uns dann später in Mexiko so gänzlich im Stich ließ, hat viele Pferdefreunde erschüttert.

Erstmalig in der Geschichte des Turniersportes gewann ein Reiter zum zweiten Male das Große Springen, es war der Franzose d'Oriola, der seinen Triumph von Helsinki wiederholte. Diesmal hieß das Pferd Lutteur II, mit dem er auch beim Springderby am Start war. Lutteur II und Dozent lagen in ihrer Springmanier und ihrem mühelosen Gehen sehr eng beieinander. Bei ihnen konnte nur die Tagesform entscheiden. Tokio war das letzte große sportliche Ereignis des Jahres 1964. Es sollte auch wieder zu einem Meilenstein in der Geschichte des Springsportes werden, nicht nur für Deutschland allein, sondern auch für die ganze übrige Welt.

Ein kleiner Rückblick auf die Olympischen Spiele der Vergangenheit mag die Placierungsreihenfolge in die Erinnerung zurückrufen. 1936: Deutschland, Niederlande, Portugal. 1948: Mexiko, Spanien, Großbritannien. 1952: Großbritannien, Chile, USA. 1956: Deutschland, Italien, Großbritannien. 1960: Deutschland, USA, Italien. 1964: Deutschland, Frankreich, Italien. Die nüchterne Statistik beweist, daß die Spitze der Reiternationen verhältnismäßig eng ist. Vor dem Zweiten Weltkrieg lagen die Nationen näher beieinander, und das Niveau war im allgemeinen erheblich höher. Nach dem Kriege hingegen war alles bunt gemischt. Es gab zwar noch Militärmannschaften, aber die Motorisierung hatte doch wohl viele gute Reiteroffiziere genötigt, in diese Truppenteile einzutreten. Chile stellte allerdings noch 1952 eine komplette Militärmannschaft.

In Tokio starteten die Teilnehmer wiederum gemischt, ein Teil als Militär, aber auch erheblich viele Zivilreiter. Auch hier zeigte sich, daß etliche Staaten über gar keine berittenen Truppenteile mehr verfügten. Die Form der Pferde bei den einzelnen Nationen war sehr unterschiedlich. Die Dressurgymnastik hatte sich lediglich in den USA voll durchgesetzt. Auch die beiden italienischen Brüder d'Inzeo ritten ihre Pferde dressurmäßig. Die USA hatten jedoch das Pech, wie die deutsche Mannschaft seinerzeit in Mexiko, daß ihr wichtige Pferde ausfielen. So mußten Amazonen die Mannschaft auffüllen. Mary Mairs holte sich auf Tomboy 56¾ Fehlerpunkte. Kathy Kusner, diese Meisterreiterin, kam mit 29¾ Punkten auf den dreizehnten Rang, während Frank Chapot mit San Lucas mit 20½ Punkten siebenter wurde.

Deutschlands Reiter führten bereits nach dem ersten Umlauf mit 39¾ Punkten vor Italien mit 44 und Frankreich mit 45 Punkten. Im zweiten Umlauf war Deutschland noch besser, dieser erbrachte nur 28³/₄ Fehlerpunkte. Das Endergebnis von Tokio war recht knapp. Bei insgesamt vierzehn Mannschaften trennten die Deutschen als Sieger vom dritten Platz, der von Italien belegt wurde, nur 20 Punkte. Unsere Reiter hatten gewonnen und Gold verdient. Hermann Schridde und Dozent erhielten im Einzelspringen die silberne Medaille. Dabei muß man berücksichtigen, daß unsere Reiter nur mit der zweiten Pferdegarnitur antreten konnten, aber wir hatten mit ihr gewonnen, und somit war die Rechnung aufgegangen.

In den Jahren 1965 und 1966 konnten die deutschen Reiter keinen Nationenpreis gewinnen. Sie wurden 1965 fünfmal zweite und erkämpften 1966 zweimal den dritten Platz. In den zwei darauffolgenden Jahren gewann Deutschland je einen Nationenpreis. Wieder wurde der Beweis erbracht, daß die deutschen Reiter Einzelkämpfer waren und der Mannschaftsgeist nach wie vor in einer Krise steckte. Dafür entschädigte zwar Hans Günter Winkler die Deutschen, indem er 1965 den King Georg V. Cup of London auf Fortun gewinnen konnte und damit den Triumph Thiedemanns auf Meteor wiederholte. Mangelnde Aufklärung verwischte die Jahre nach Tokio. Das deutsche Publikum freute sich an den eigenen Reitern und übersah gänzlich, daß uns Pferde wie Meteor und Halla fehlten, die einst die deutschen Siege im Ausland trugen. Trotzdem, es gab noch gute Pferde. Da war vor allem Donald Rex, ein Pferd der Superklasse, dem Schockemöhle sein unvergleichliches Können aufstempelte. Mit Recht, denn obwohl der herrliche Hannoveraner nur drei Jahre im Einsatz war, gewann er siebzehn Große Preise. Sein Name darf mit den besten Nachkriegspferden in einem Atemzug genannt werden.

In der Höhenluft von Mexiko

Zur Olympiade 1968 versammelten sich die Weltbesten in Mexiko. Inzwischen hatte man Fritz Thiedemann zum Bundestrainer ernannt und hoffte damit endlich aus dem Dilemma herauszukommen. Nachdem Thiedemann jedoch unverzüglich auf Winkler zurückgriff, war er den Gegnern dieses Klassereiters zwar kein direkter Dorn im Auge, jedoch hoffte man, daß die beiden Reiterrivalen eines Jahrzehnts sich während des Kampfes auf den Turnierplätzen weiterhin gemeinsam arrangieren würden. Auf alle Fälle versuchte Thiedemann, im Sinne von Freiherr v. Waldenfels die besten Reiter auf die besten Pferde zu setzen. Damit griff er, wie man zu sagen pflegt, in ein Wespennest. Die besten Reiter der damaligen Zeit waren zweifelsohne Alwin Schockemöhle, Hartwig Steenken, Hermann Schridde, Kurt Jarasinski und Hans Günter Winkler. Dozent, der Silbermedaillengewinner von Tokio, nur ein kleines Pferd, war inzwischen in die Jahre gekommen, und wenn es ganz schwer für ihn kam, paßte er, weil dazu seine Springmechanik nicht mehr ausreichte. Die besten Pferde waren damals Donald Rex, Enigk, Ramona, Dorina und Revale. Aufgrund seiner jahrelangen Erfahrungen konnte es sich Thiedemann nicht verkneifen, Bedingungen in Sachen Berittmachung zu stellen. Obwohl seine Forderungen auf Unwillen stießen, ging er nicht nach Mexiko, ohne vorher als Equipechef die Höhenlage Mexikos mit einer Mannschaft kontrolliert und eine erfolgreiche Amerikatournee, wie sie Waldenfels und Gustav Rau hinter sich hatten, durchgeführt zu haben.
Das Olympische Springen war wieder geteilt worden. Wie in Rom gab es das Einzel- und das Mannschaftsspringen. Im Einzelspringen ritten Winkler, Schockemöhle und Steenken. Winkler wurde mit Enigk fünfter, Schockemöhle mit Donald Rex siebenter, aber Steenken auf Simona

belegte abgeschlagen den sechsundzwanzigsten Platz. Fragt man die Reiter, wo der schwerste Parcours je aufgebaut wurde, dann nennen sie einhellig Mexiko. Nur daraus ist es zu erklären, daß Simona so schlecht abschnitt. In den folgenden Jahren konnte man sie als würdige Nachfolgerin von Meteor und Halla bezeichnen, weil sie überaus zuverlässig war, auch wenn sie nicht an die ganz großen Erfolge der Vorgenannten anknüpfen konnte.
Beim Preis der Nationen gab es dann eine bittere Pille zu schlucken, die Deutschlands Spitzenreiter nicht verdient hatten. Donald Rex wurde mit 18,75 Punkten das beste Springpferd der Welt. Hätte es nur ein Springen gegeben wie in Tokio, dann wäre er Goldmedaillengewinner gewesen. Winkler auf Enigk hatte 28,25 Punkte. Beide Reiter distanzierten die Weltelite auf diesem fast irren Parcours, wo man auf kleinstem Raum eine Serie von Hoch-Weitsprüngen aufgebaut hatte. Dozent hätte unter Schridde 50 Fehler machen können und trotzdem wäre die Goldmedaille unangefochten noch immer die unsere gewesen. Ja, noch nie in der Geschichte der deutschen Springreiterei hatten bei Olympischen Spielen zwei Pferde so souverän geführt. Und dann geschah das, was Thiedemann vorausgesagt hatte. Dozent, der herrliche kleine, drahtige Fuchs, machte 70,25 Fehlerpunkte und warf damit die deutsche Mannschaft auf den dritten Platz zurück. Es siegte Kanada mit 102,75 Punkten, gefolgt von Frankreich mit 110,50 Punkten vor Deutschland mit 117,25 Punkten. Das war sehr knapp, nur sieben Punkte lag der Sieger vor dem dritten, aber wir mußten uns mit diesem Platz zufriedengeben, daran ließ sich nichts mehr ändern.

Nicht ganz glücklich in München 1972

Die nächsten Spiele sollten in München sein. Die deutschen Reiter, bis 1968, also sechzehn Jahre, Stiefkinder in Preisen der Nationen, trotz ihrer Olympiasiege von 1956, 1960 und 1964, kamen jetzt zu grandiosen Erfolgen in den Mannschaftsspringen. Es war so, als hätte Waldenfels die Equipes geführt. Von 1969 bis 1972, also vier Jahre hintereinander, gewannen die deutschen Reiter in jedem Jahr sechs Nationenpreise, ein gewiß großartiges Ergebnis. Dabei darf man die Schwierigkeiten nicht außer acht lassen, denn nach wie vor waren die Pferdebesitzer daran interessiert, ihre Pferde an den Start zu bringen, um mit ihnen Geld zu gewinnen.
Es war wohl das Verdienst von Dr. Schnapka aus Bochum, der sich als Mäzen der Springreiter Deutschlands hervortat und damit die geldlichen Interessen unterlief. In seinen Besitz gingen fast achtzig Prozent der deutschen Spitzenpferde, wobei er sie nicht in einen Stall zusammenführte, sondern sie den Reitern überließ, die auch ihren Einsatz bestimmen konnten. Leiter dieses Unternehmens wurde Landstallmeister a. D. Alfons Schulze-Dieckhoff. Ihm ist es zu verdanken, daß nun die besten Pferde bei den Nationenpreisen eingesetzt wurden, was vorher nicht immer der Fall war. Bei ihm gab man den Nationenpreispferden auch die nötige Ruhe, die sie brauchten, um bei diesen wichtigen Mannschaftskämpfen glänzend bestehen zu können.
In diesen Jahren gab es aber auch noch andere passionierte Pferdeliebhaber, wie Kuhn aus Homburg, Schulte-Frohlinden aus Berlin, Schwiegervater von Alwin Schockemöhle, die sich um die Sache des Reitsportes sehr verdient gemacht haben. Das DOKfR erledigte nur noch organisatorische Vorgänge, eine nicht ganz verständliche Haltung. Aber vielleicht wurde man auch durch die Initiativen der Privatleute so überrascht, daß man nicht dazu kam, sich so in den aktiven Sport einzuschalten, wie es aufgrund des zur Verfügung gestellten Geldes möglich gewesen wäre. Wo

sportliche Triumphe eine Rolle spielen, ist der Neid nicht weit entfernt, denn es gibt ja Tausende von passionierten Reitern, die gerne in die Spitzenklasse aufrücken möchten. Da sind auch die Reihe von Mäzenen, die tatsächlich etwas von der Sache verstehen oder eben dem Glück nachjagen.

Es ist bekannt, daß die Olympiasieger Tora und Halla Zufallsprodukte der Zucht waren, deren Geschwister zwar talentiert, aber eben nicht die unwahrscheinliche Größe an Können hatten, um in die erste Garnitur eingereiht zu werden. Trotzdem, im Laufe der Jahre hat es Blutlinien gegeben, die, wie in der Vollblutzucht, mehr Spitzenspringpferde hervorbrachten als Zufallsprodukte, wobei man allerdings nicht vergessen sollte, daß Tora in Heinz Brandt den besten Ausbilder hatte, den es wohl je in der Welt gab, und Halla durch den ehemaligen Kavallerieschulunteroffizier Herbert Schönfeldt ebenfalls einen Spitzenmann der Ausbildung gefunden hatte. Ohne ihn wäre Halla wahrscheinlich nicht leistungsstärker geworden als ihre vielen Kinder, die zwar alle mehr oder weniger ihr Springtalent geerbt hatten, aber nicht reguliert wurden durch einen Mann wie Schönfeldt, dessen Platz als Ausbilder, nach seinem Ausscheiden in der Military, nicht wieder besetzt wurde. Bei Meteor und Halla bewies die gute Ausbildung deren Beständigkeit in der Form und die stete Bereitschaft, das Beste zu geben. Diese Ausbildungserfolge begründeten das deutsche Reitsystem und seinen Weltruf, mit der Einschränkung, daß zwar unsere heutigen Reiter mal große Erfolge erzielen können, aber großes beständiges Reiten so gut wie unbekannt geworden ist. Auf den Abreiteplätzen werden die Pferde mit Hilfszügeln ganz tief geritten. Die Erkenntnis, mit der Nase vor der Senkrechten und dem damit verbundenen großen Schwung zu springen, hat man — so scheint es — im Springsport ignoriert.

Unvergessen die Worte, die uns Herbert Schönfeldt hinterlassen hat: „Wir haben fünfundneunzig Prozent aller Reiter, die die Nasen der Pferde vor die Senkrechte bringen, aber nur fünf Prozent sind in der Lage, ein Pferd hinter die Senkrechte zu reiten, und zwar nicht mit dem Druck des Zügels, also auch der jetzt verwandten Hilfszügel, sondern mit dem Reiten von Kreuz und Schenkel, wobei die Verbindung zum Pferdemaul nur hauchdünn sein soll."

Die vielen Hilfszügel, die die Pferdehälse heute herunterknebeln, rauben den Pferden die Lust am Sport. Sie machen sie unempfindlich gegen vorwärtstreibende Hilfen, und sie nehmen ihnen die Unbekümmertheit der großen Dressurpferde und der dressurgymnastischen Ausbildung. Schwankende Form ist jedenfalls auf diese Art der Reiterei zurückzuführen. Das Schlimmste aber ist, daß sich der heruntergezogene Kopf eines Pferdes gegen die Zügel stemmt. Wird das Pferd also frei gemacht von diesen Marterinstrumenten, dann geht es mit dem Kopf nicht tief, sondern erst recht in die Höhe, allerdings, und hier kommt die unumwundene Einschränkung, dieses zwangsweise An-den-Zügel-Stellen des Pferdes ist immer noch besser, als wenn Pferde wie Hirsche herumlaufen mit nach unten durchgedrückter Halslinie und auch nach unten gedrücktem Rücken, denn die tiefe Einstellung des Kopfes hebt und lockert die Rückenmuskulatur. Wichtig ist dabei nur, daß das Pferd zwischendurch langgemacht und vorwärts geritten wird.

Die Fülle der deutschen Reitersiege auf internationalen Turnierplätzen, die dieses Buch abschließt, beweist einmal mehr, daß es doch immer wieder die gleichen Reiter sind, die zu den großen Erfolgen auflaufen. Die Beständigkeit der Spitzenpferde ist eine Sache des sinnvollen Einsatzes, was zu ersehen ist bei Mannschaftsspringen um den Preis der Nationen, einmal Sieg und ein anderes Mal sechster oder sogar letzter. Fest steht auf jeden Fall, daß es inzwischen keinen deutschen Reiter mehr geben sollte, der nicht begriffen hat, daß nur die Dressurreiterei auf Dauer den großen Erfolg garantiert, denn mit Springen allein ist es nicht getan.

Im Jahre 1972 erlebten wir die Olympischen Spiele in München. Nach den erzielten Erfolgen konnten die deutschen Reiter mit Recht behaupten, daß sie gut vorbereitet waren. Nachdem

Steenken auf Simona in Aachen 1971 auch noch Europameister der Springreiter geworden war und die Zahl der gewonnenen Nationenpreise unwahrscheinliche Höhen erreichte, stand uns ein Aufgebot zur Verfügung, das seinesgleichen suchen konnte. Allerdings vermißten wir den damaligen besten deutschen Reiter, Alwin Schockemöhle, in der näheren Auswahl.

Erstmalig wurden vor den Olympischen Spielen Olympiapässe verteilt, und dabei wurde ein Mann übersehen, der seit Jahren mit großem Erfolg für Deutschland in den Sattel gestiegen war, nämlich Hugo Simon aus Weisenheim am Sand. Seine Eltern stammen aus dem Sudetenland, früher Österreich zugehörig. Nach der Flucht betrieb Vater Simon einen Viehhandel in Heuchelheim bei Gießen, wo Hugo von klein auf mit Pferden engsten Kontakt bekam. Schon mit jungen Jahren saß er im Sattel und lernte das, was heute kaum noch jemand reell kann: Pferde auszubilden. Seine Pferde wurden schulmäßig in Dressur und Springen gearbeitet. Schon sehr früh konnte er auf zahlreichen Turnieren Erfolge verbuchen.

Sein Können vervollständigte er in Warendorf, wo er jahrelang unter den Augen der Funktionäre seine Pferde arbeitete, um so unverständlicher für jeden, daß man ihm den Olympiapaß verweigerte. Er gehörte und gehört zu den Besten. In dem Bewußtsein seines Könnens und voller Energie benutzte er die sich ihm bietende Möglichkeit, in München für Österreich zu starten, da er von dort eine Reiterlizenz erhalten hatte.

Dank Dr. Schnapka hatten wir eine Fülle von Pferden, die die Weltklasse buchstäblich distanzieren konnte, was ja die vielen gewonnenen Nationenpreise ausreichend bewiesen. Wir kamen in eine, wenn auch nur oberflächliche, Zwickmühle. Brinckmann war Bundestrainer, sollte aber die Parcours bauen. Damit schied er automatisch als Trainer aus. Da wir aber auch von hier aus nicht unter Mangel zu leiden hatten, schien dieser Verzicht nicht gravierend.

Nach dem großen Triumph der deutschen Reiter bei den Olympischen Spielen von 1936 in Berlin wollte man nach Möglichkeit auch in München wieder gut bestehen. Aber es gab doch einiges, das man übersehen hatte, zumal es weder einen Waldenfels noch einen Schönfeldt noch einen Lörke gab. Schüler von Lörke trainierten Frau Linsenhoff, die auf Piaff Goldmedaillengewinnerin in der Dressur wurde. Aber schon bei der Military klafften Lücken. Ein Überschuß, den man an Springpferden verzeichnete, war in der Military nicht vorhanden, zumal die Trakehner nur echte Trakehner aus Ostpreußen sein konnten. Die Aufzuchtbedingungen dieses besten Soldaten-und Militarypferdes der Welt schienen nur in der Härte der ostpreußischen Heimat möglich zu sein.

Mit viel Glück errangen wir in der Mannschaftswertung eine Bronzemedaille. Da hatten wir in Helsinki, Stockholm und Tokio wesentlich besser abgeschnitten. Im Einzelspringen im Reitgelände München-Riem gab es eine große Überraschung. Die besten deutschen Reiter kamen auf den vierten Platz: Hartwig Steenken auf Simona und der für Österreich startende Hugo Simon auf Lavendel, wobei letzterer in den Graben tappste, sonst wäre er noch ins Stechen gekommen. Drei Pferde hatten in beiden Umläufen 8 Fehlerpunkte. Der Italiener Manchinelli auf Ambassador siegte im Stechen mit 0 Fehler, zweite wurde die Engländerin Ann Moore auf Psalm mit 3 und dritter der Amerikaner Neal Chapiro auf Sloopi mit 8 Fehlerpunkten. Die überquellende Fülle deutscher Klassepferde schien ihre Grenzen zu haben, denn Donald Rex, der Beste neben Simona, wurde krank und war dadurch nicht einsatzfähig.

Im Preis der Nationen zeigte sich im Olympiastadion noch einmal ein Aufgebot der Besten der Welt. Und wie in Rom 1960 war jetzt, zwölf Jahre später, die Reihenfolge die gleiche. Es siegte Deutschland vor den USA und Italien. Gab es in Rom mit nur drei Pferden einen souveränen Sieg, so war München mehr als ein Zufall. Obwohl hier vier Pferde zugelassen waren und das Ergebnis des schlechtesten gestrichen wurde, trennten Deutschland und die USA nur ein Viertel-Fehlerpunkt, und das nur, weil William Steinkraus auf Main Spring einen bösen Fehler am Wassergraben machte, sonst aber fehlerfrei blieb. Die Italiener hatten 48 Fehlerpunkte, die Sieger 32 und die USA 32 1/4. Fritz Ligges hatte mit Rubin in beiden Umläufen 8 Punkte, Gerd Wiltfang mit Askan 12, Hartwig Steenken auf Simona 12 und Hans Günter Winkler auf Torphy 16. Nun, die deutschen Reiter hatten das Turnier, an dem sich 17 Nationen beteiligten, gewonnen, wenn auch nicht sehr überzeugend, aber immerhin, man merkte der deutschen Mannschaft eine unbedingte Stärke an, wie man sie nach dem Kleeblatt Thiedemann-Winkler-Schockemöhle nicht mehr erlebt hatte. Interne Unstimmigkeiten, die heute bei allen Olympiaden eine Rolle spielen, verschonen auch die deutschen Reiter nicht. So nahm der Angriff auf Hans Günter Winker schon groteske Formen an, wobei Initiativen entwickelt wurden, die das Unglaublichste ausbrüteten.

Die Sieger von Mexiko, die Kanadier, endeten übrigens mit 64 Punkten auf Platz sechs, wobei zu vermerken ist, daß James Elder bei jedem Umlauf nur je 4 Fehlerpunkte machte, womit er in der Einzelwertung dieses großen Kampfes ganz vorn gestanden hätte.

Deutschland hatte gewonnen, und so gab es über ein Wenn und Aber keine Diskussionen mehr, auch wenn dieser Sieg nur hauchdünn war. So wurden den deutschen Reitern die Medaillen umgehängt. Zum insgesamt fünften Male gewannen sie bei acht Starts den Olympischen Mannschaftswettbewerb.

Hartwig Steenken Weltmeister 1974

Je drei Nationenpreise gewannen die deutschen Reiter in den Jahren 1973/1974. Sie konnten 1974 einen großartigen Erfolg verbuchen. Nach genau zwanzig Jahren stellte Deutschland bei der Weltmeisterschaft in Hickstead/Großbritannien vom 17. bis zum 21. Juli mit Hartwig Steenken erneut einen Weltmeister. Ihm stand die alte, treue Simona zur Verfügung, die in der ersten Qualifikation dritte, in der zweiten und dritten aber erste wurde. Wir stellten noch einen weiteren Teilnehmer im Finale, und zwar Hugo Simon auf Lavendel, allerdings mit österreichischer Lizenz reitend. Sie kämpften im Endkampf gegen Eddy Macken/Irland auf Pele und Frank Chapot/USA auf Main Spring.

Zwischen diesen vier Reitern wurde mit Pferdewechsel die Weltmeisterschaft entschieden. Ähnlich wie seinerzeit Thiedemann ritt Hugo Simon energisch und mit ungeheurem Siegeswillen, ohne dabei zu bedenken, daß die Pferde, denen er unbekannt war, nicht unbedingt auf seine Hilfen so eingehen würden wie sein eigenes Pferd. Der dritte Platz blieb trotzdem ein großer Triumph für den Wahlpfälzer. Wie er machte auch Frank Chapot acht Fehlerpunkte, der eindeutig der brillanteste Reiter dieses Teams war. Er demonstrierte den amerikanischen Sportsmann mit ernstem Gesicht, aber mit der menschlichen Überlegenheit, als seien ihm Sieg oder Niederlage letztlich vollkommen gleichgültig. Die Hauptsache war für ihn, dabeigewesen zu sein. Stilistisch blieben die Amerikaner sowieso das Vorbild für die Reiter der Welt.

Der Irländer Macken ritt unbeschwert und ganz auf Bravour. Auch ihm schien es gleichgültig zu sein, welchen Platz er belegen würde, und fehlende Routine meisterte er mit jugendlichem Tatendrang. Der Deutsche Steenken galt letztlich als Geheimfavorit. Und genau wie Winkler vor zwanzig Jahren studierte er eingehend die Pferde seiner Konkurrenten. Er ließ es zu keinem Zweikampf zwischen Pferd und Reiter kommen und ritt alle vier Pferde wie seine eigene Simona, die er letztlich auch von einem anderen Reiter übernommen hatte, und so hieß zum Schluß die

Reihenfolge: Sieger Steenken, zweiter Platz Macken, auf dem dritten Platz Simon und Chapot zusammen.

Zu Steenken sei noch vermerkt, daß er absolut in der Lage war, stets einen vorbildlichen Ritt zu demonstrieren. Meist tat er es nicht, denn seine vordringliche Aufgabe sah er in der Beherrschung des Pferdes, und damit glich er seinen Vorgängern in der deutschen Reiterei wie kein anderer, oder wie beispielsweise Thiedemann und Winkler in ihren klangvollsten Zeiten. Sowohl Thiedemann als auch Winkler waren absolut in der Lage, vollendeten Springstil zu zeigen. Daß sie dazu letztlich nicht immer bereit waren, beweist nur, daß sie den Sitz einnahmen, den ihnen das Pferd gerade anbot. Ein Foto von Thiedemann auf Finale zeigt die beiden in einer vollendeten Manier. Es ist an sich zu bedauern, daß viele unserer gewiß hervorragenden Reiter so selten ihren wahren Reitstil demonstrieren. Gerade das war es, was die deutschen Reiter vor dem Kriege besonders auszeichnete: Das große Reiten im vollendeten Stil!

Es gibt viele Wenn und Aber bei der Befragung der heutigen Reiter. Sie müssen ihre Pferde selbst arbeiten, und da sie nur mit möglichst vielen Pferden bestehen können, bleibt ihnen selten die Zeit, jedes Pferd ausreichend ohne Hilfszügel durch das Genick zu reiten. Man konnte erleben, wie Fritz Ligges in Iserlohn ein Pferd mit vielen Hilfszügeln total sicher am Zügel hatte. Als Zuschauer ihm zuriefen, er möge doch mal die Hilfszügel loslassen, da blieb die Antwort: „Auch das könnt ihr haben!" von verblüffender Wirkung, denn sein Pferd stand tatsächlich am Zügel, auch ohne die Wirkung des Hilfszügels.

Typisch dafür dürfte auch die Einstellung von Thiedemann gewesen sein. Meteor war nicht nur vom Aussehen und in seinen Erfolgen ein gewaltiges Pferd, sondern er verlangte auch einen gewaltigen Reiter, einen Reiter mit viel Kraft, nicht nur im Kreuz und im Schenkel, sondern auch in der Hand. Thiedemann sprach von einer Haßliebe, die trotz aller Erfolge geblieben war, denn Meteor blieb bis zum Ende seiner Laufbahn kampfbetont gegenüber seinem Reiter. Thiedemann suchte nach anderen Möglichkeiten, um seine Kräfte nicht allein bei Meteor zu verschwenden, denn er mußte ja auch andere Pferde ausbilden und vor den Parcours abreiten. So kam er auf Hilfszügel, und er nahm diese nicht nur für Meteor, sondern für alle Pferde, wodurch dann der Eindruck entstand, als hätten alle Thiedemannschen Pferde die gleichen Schwierigkeiten.

Das Jahr 1974 brachte uns wieder den zweiten Platz im Präsidentencup, eine über das ganze Jahr hinweggehende Bewertung der Placierungen in den Nationenpreisen, nur knapp geschlagen von den Reitern aus Großbritannien, die diesen Pokal damit zum dritten Male hintereinander gewinnen konnten. Geben wir uns also keinen Illusionen hin, die deutschen Reiter haben einer beachtlichen Konkurrenz zu begegnen, und zwar nicht nur bei den Springreitern, sondern auch in anderen Disziplinen, denn es spricht für sich, daß beispielsweise die Dressurreiterei in erster Linie von Boldt, Dr. Klimke und Dr. Neckermann getragen wird, während früher die Vertreter dieser Sportart gegenüber dem Ausland selten älter als dreißig Jahre waren. Glücklicherweise verfügen wir über eine Handvoll guter Springreiter, das ist Gold wert, denn der Springsport beherrscht nach wie vor das Turniergeschehen, und es gibt viele internationale Turniere, wo lediglich gesprungen wird, zumal man hier mit der Stoppuhr in der Hand ohne große Schwierigkeiten die Sieger und Placierten einstufen kann.

Alwin Schockemöhles Triumph

Die nun folgenden Jahre galten der Vorbereitung auf die Olympischen Reiterspiele in Montreal 1976. Wenn Deutschland 1975 noch fünf Nationenpreise und insgesamt siebzig internationale Springen gewinnen konnte, so war eines dennoch klar, die Stärke der Mannschaft ließ sich nicht halten. Der herrliche Schimmel Rubin, mit dem Fritz Ligges im Preis der Nationen bester deutscher Reiter bei den Olympischen Spielen in München geworden war und dann noch bei mehreren Nationenpreisen eingesetzt wurde, erkrankte. Beim Longieren vor dem Tierarzt machte der gewaltige Schimmel solche Freudensprünge, daß er sich dabei ein Bein brach. Damit endete die Laufbahn eines jungen hoffnungsvollen Pferdes. Simona, die Treue und ewig Kampfbereite, war in die Jahre gekommen und verließ den Turniersport, um in der Zucht eingesetzt zu werden. Schockemöhles Rex the Robber war auch nicht zuverlässiger geworden. Dieses Juwel von einem Pferd, das alles konnte — wenn es nur wollte —, wurde immer unsicherer.

Deutschlands souveräner Spitzenreiter, Alwin Schockemöhle, stets auf der Suche nach neuen Pferden, fand auch eines, mit dem vor ihm so recht niemand glücklich wurde. Warwick Rex, so hieß das Pferd, gewaltig in seinen Ausmaßen, paßte so gar nicht in die züchterische Landschaft Deutschlands. Er wirkte noch schwerer als Meteor, und das wollte schon etwas heißen. Der Braune brachte jedoch bei genauerem Hinsehen einige Vorzüge mit, die man von einem Weltklassepferd erwartete. Kalt in seinem Temperament, kurze Fesseln, starker Knochenbau, eine gewaltige Hals- und Schulterpartie, mit einem kräftigen Rücken, so stand er da. Was ihn noch mehr auszeichnete, er hatte auch einen Willen, der nicht so leicht zu bezwingen war und der letztlich nur vom starken Kreuz eines Reiters — das des Alwin Schockemöhle war leider lädiert — zu beeindrucken war. Dabei fehlte ihm die Leichtfüßigkeit eines Alchimist und eines Meteor, den beiden bisher gewaltigsten Pferden deutscher Zucht, wenn man von Wotan absieht, dessen Laufbahn jedoch frühzeitig beendet wurde. Warwick Rex war es auch, der am 17. August 1976 Alwin Schockemöhle den ersten großen Titel einbrachte, denn er wurde in München Europameister. Das ungeschriebene Gesetz der deutschen Reiterei, daß mit Rücksicht auf die deutsche Zucht bei internationalen Turnieren, vor allem bei den Preisen der Nationen, nur deutsche Pferde eingesetzt werden sollten, galt nach wie vor. Dieser Gedanke entsprang dem wohl vielseitigsten Reiterhirn, dem des Dr. Gustav Rau, und bis auf wenige Ausnahmen waren die Reiter des deutschen Springsports bisher gut damit gefahren. Nun, der Krieg hatte manches durcheinandergeworfen, und das erfolgreichste Trakehner Pferd ritten nicht etwa deutsche Reiter, sondern auf ihm, Pepel, wurde die Russin Elena Petuschkowa Olympiasiegerin und Weltmeisterin.

Piaff, Rex the Robber, Kwept waren Pferde aus dem Ausland, allerdings mit so viel deutschem Blut, daß man sie als deutsche Zuchtprodukte bezeichnen konnte, während ausgerechnet unsere Olympiasiegerinnen Tora und Halla sehr viel ausländisches Blut in sich hatten, daß es schwerfällt, sie einer deutschen Zucht zuzuordnen, obwohl sie beide in Deutschland geboren wurden. War die deutsche Mannschaft für München noch in der Lage, aus einer Reihe von Spitzenpferden die besten auszusuchen, so wurde es für Montreal so schwierig, daß man verzweifelt nach gutem Material Ausschau hielt. Man dachte mit Schrecken an den für Österreich reitenden Pfälzer Hugo Simon mit seinen ausgezeichneten Pferden, der ein Leben lang in Deutschland geritten hatte, nach wie vor auch auf deutschen Pferden saß, und man hätte jetzt dringend beides, Pferde und Reiter gebrauchen können. Nun unterlag man dem Zwang, auf zwei ausländische Springpferde zurückzugreifen: Kwept und Agent. Ersterer unter Sönksen, der andere unter Paul Schockemöhle. Ein Springreiterausschuß und die Equipechefs Brinckmann, Pfordte und Krah bemühten sich um die Aufstellung einer guten Mannschaft. Es stand nur zu befürchten, daß bei diesen drei Leitern der deutschen Mannschaft zwei zu viel waren, da nach einer alten Weisheit von einem starken Trainer vieles, ja, fast alles abhängt.

Ohne einen Waldenfels hätte es in der Vergangenheit weder eine deutsche Ausbildungsmethode, noch eine souveräne Erfolgsserie gegeben, ohne Gustav Rau keinen Aufstieg und ohne einen Harald Momm wäre nach dem Kriege der Einsatz anders gelaufen. Nun, eines wurde leider vollständig versäumt, daß man sich auch von seiten des deutschen Olympiadekomitees um die Beschaffung brauchbarer Spitzen bemühte. Die Reiter selbst waren ausnahmslos nur Einzelkämpfer. Sie arbeiteten in ihren Reithallen fast ausschließlich ohne Lehrer und bereiteten so ihre Pferde auf die internationalen Einsätze vor. Damit ist nicht gesagt, daß diese Pferde nicht gut ausgebildet werden. Es fehlt jedoch die konzentrierte Vorbereitung der Mannschaft, vor allem, wenn es um die Preise der Nationen geht, und dabei müssen nun einmal die Besten starten. Schnelle Pferde sollte man, wenn nötig, schon mal kaufen, behutsam an ihre äußerste Leistungsstärke heranführen, damit sie dann auch sicher in Preisen der Nationen gehen können.

Gustav Rau hat zu seiner Zeit immer versucht, das Deutsche Olympiadekomitee zumindest Teilbesitzer an den besten Pferden werden zu lassen. Einmal, damit man sie nicht ohne Zustimmung verkaufen konnte, und zum anderen, sie unter Kontrolle zu haben. Leider gibt es einige Reiter, die ihre Pferde rücksichtslos einsetzen, bis sie völlig ausgepumpt, müde, und, wie es in der Fachsprache heißt, „sauer" sind. Das gab es vor dem Zweiten Weltkrieg nicht. Die S-Pferde gingen nur in schweren Springen, davon nicht eines in M-Springen, und die Nationenpreispferde wurden nur in den Hauptspringen herausgebracht. Wenn diese auch in anderen Springen eingesetzt wurden, wobei man aber niemals auf Sieg ritt, so geschah das lediglich aus Trainingsgründen. Die oftmals fehlenden Siegesritte bei ganz großen Turnieren sind auf diese Handhabung zurückzuführen, daß die Spitzenpferde einfach für die größten Entscheidungen geschont wurden.

Baron IV, das international erfolgreichste Springpferd in Einzelspringen der Vorkriegszeit, ging nur in wenigen Preisen der Nationen mit. Er war bereit, Springen vom Start bis zum Ziel im Renntempo zu gehen, und Brinckmann schwärmte von dem braunen Hanseaten, der selbst gewaltige Oxer und Tribblebarrieren, schräg angeritten, vollkommen fehlerfrei überwand. Brandt hatte mit ihm serienweise Erfolge, und Baron IV war jahrelang sein erfolgreichstes Springpferd. Dafür wurde er aber nicht in Preisen der Nationen gestartet, nur in Ausnahmefällen, dann, wenn ein viertes Pferd in der Equipe nicht voll auf der Höhe war.

Der wohl erfolgreichste deutsche Springreiter dürfte neben Fritz Thiedemann und Hans Günter Winkler eindeutig Alwin Schockemöhle sein. Es würde den Rahmen sprengen, wollte man alle Pferde benennen, mit denen er Siege errang, darunter Weltklassepferde wie Donald Rex, Ferdl, Rex the Robber, Wimpel und viele andere mehr. Er ritt Dozent II, mit dem Schridde die Silbermedaille in Tokio errungen hatte. Er ritt das Universalpferd Freiherr, das alles konnte, schnell gehen und hoch springen, er ritt den Schimmel Bacchus in souveräner Weise von einem Erfolg zum anderen, und er ritt Ramona, die wie Thiedemanns Retina und Winklers Romanus von dem Hengst Ramses stammte und wie die anderen beiden ein Schimmel war. Alwin Schockemöhle bekam auch Warwick Rex unter seine Kontrolle, an dem sich so mancher Reiter die Zähne ausgebissen hatte. Wie viele andere Reiter, so neigte auch Schockemöhle zu einem bedingungslosen Einsatz auf jedem Turnier.

Hans Günter Winkler hat nach Halla letztlich das Ziel verfolgt, ein wertvolles Mitglied in der deutschen Auslandsmannschaft zu sein. Mit einem Pferd wollte er immer zu den vier Besten gehören, die Deutschland auf internationalen Turnieren vertraten. So ritt er auf vielen Plätzen der Welt oft anscheinend ohne sichtbaren Erfolg nach dem berühmten Motto der Kavallerieschule: Der Sieg ist nicht das einzige, sondern mehr noch die gute Placierung aller. So kam es, daß bei der

Auswahl für Montreal der Fünfzigjährige erneut zur Hauptstütze der deutschen Mannschaft wurde, obwohl ein Warwick Rex noch nicht einmal nominiert werden konnte, und das trotz der Erringung des Championats von 1975.

Mit Bangen sahen die Deutschen den Spielen in Montreal entgegen. Zwar stand die deutsche Mannschaft im Mittelpunkt des Interesses, doch waren nur ein oder zwei Reiter zuverlässig, Winkler und Simon, aber Simon ritt ja für Österreich. Wer also sollte unsere Farben vertreten? Steenken kündigte schon frühzeitig an, daß er kein Pferd habe für den zu erwartenden schweren Olympiaparcours. Nicht viel besser erging es der Hauptstütze von München, Fritz Ligges. Gerd Wiltfang, neben Schockemöhle erfolgreichster Reiter der letzten Jahre, ritt zwar in Aachen groß auf, aber einen zuverlässigen Springer hatte auch er nicht, ebensowenig wie Lutz Merkel und Hauke Schmidt. Es stand ein unglücklicher Stern über den Vorbereitungen der deutschen Reiter, die nicht nur die besten der Welt waren, sondern die durch ihre Gleichmäßigkeit üblicherweise alle Zuschauer der Welt begeisterten.

So kam es denn, daß man sich deutscherseits entschloß, Winkler, Sönksen, die Brüder Schockemöhle und den seit vielen Jahren erfolgreichen Hendrik Snoek zu benennen, wobei letzterer auch nicht gerade über ein Pferd verfügte, das Überzeugung ausstrahlte. In Bromont wurde das Einzelspringen durchgeführt. Was Fachleute vorausgesehen hatten, als zuverlässig erwiesen sich nur zwei Pferde, die von den zuerst benannten Reitern Hugo Simon und Hans Günter Winkler, der den hochveranlagten Holsteiner Torphy ritt, der mittlerweile sogar das Weltpferd Meteor in der Gewinnpreissumme überflügelt hat, wobei zu berücksichtigen ist, daß die Summen bis 1961, als Meteor abtrat, bei weitem nicht so hoch waren. Simon wurde auf Lavendel fünfter und Winkler zehnter. Paul Schockemöhle auf dem Franzosen Agent belegte den sechsunddreißigsten Rang. Überragender Sieger wurde Alwin Schockemöhle auf Warwick Rex, der ausgerechnet zum guten Schluß noch zu seiner großen Form zurückfand. Er war viel zu lange krank gewesen, als daß man noch mit ihm hätte rechnen können. Um so erstaunlicher war seine Leistung, denn noch nie in der Geschichte des Reitsportes ist ein Pferd so souverän gegangen wie Warwick Rex unter dem deutschen Champion. Dabei mußte man dem Parcoursaufbauer bescheinigen, daß er nicht Hindernisse aufgebaut hatte, sondern „Wochenendhäuser", wie man sich scherzhaft zuraunte. Das deutsche Paar blieb in beiden Umläufen als einziges ohne Fehler, bei einem dramatischen zweiten Umlauf. Es durften zwanzig Pferde von insgesamt achtundvierzig zum zweiten Umlauf antreten. Ein schweres Gewitter näherte sich dem Turnierplatz, und Schockemöhle ritt einen Teil des zweiten Umlaufs bereits in den einbrechenden Wolkenbruch hinein. Er war der letzte am Start, und als er das letzte Hindernis hinter sich gebracht hatte, da wußten die Pferdefreunde der ganzen Welt, daß noch kein Reiter das Einzelspringen so souverän gewonnen hatte wie das deutsche Paar. Um die Plätze zwei und drei kämpften drei Reiter, die mit insgesamt 12 Fehlerpunkten in beiden Umläufen verblieben waren. Zweiter wurde Michel Vaillancourt/Kanada auf Branch County mit 4 Fehlerpunkten im Stechen und dritter mit 8 Fehlerpunkten im Stechen der Belgier François Mathy auf Gai Luron.

Hugo Simon, erneut unter den Besten, wurde zum Schrecken der Favoriten. In jedem Umlauf hatte er zwei Abwürfe und erreichte mit insgesamt vier Reitern den fünften Platz. Torphy unter Winkler machte im ersten Umlauf nur einen Fehler, im zweiten allerdings 16. Er belegte damit den zehnten Platz, während Paul Schockemöhle zum zweiten Umlauf nicht mehr antreten konnte. Die große deutsche Form hielt auch noch für das abschließende Mannschaftsspringen um den Preis der Nationen im Olympiastadion.

Reiter aus vierzehn Nationen gingen erneut an den Start. Die USA wurden ausgerechnet in ihrem Nachbarland vierter, Kanada fünfter, Großbritannien siebter, alles Nationen, die bei früheren

Olympischen Spielen einen der vorderen Plätze errungen hatten. Italien auf dem neunten Platz wurde zum zweiten Umlauf gar nicht mehr zugelassen. Hugo Simon mit Lavendel hatte dabei mit 12 Fehlerpunkten das beste Ergebnis für Österreich, das elfter wurde und ebenfalls zum zweiten Umlauf nicht mehr antreten durfte. Deutscherseits ging Warwick im ersten Umlauf mit 4 Punkten, Kwept hatte 8 Punkte, Torphy 12 Punkte und Agent 16 Punkte. Im zweiten Umlauf hatte Kwept 12, Torphy 4 und Agent 8 Fehlerpunkte, auf Warwick ruhte jetzt die gesamte Hoffnung. Mit 0 Fehler hätten wir die Goldmedaille gehabt, machte er 4 Fehler, mußten wir mit den Franzosen stechen, bei 8 Fehlerpunkten würde die deutsche Mannschaft die Silbermedaille bekommen. Dabei schien das Springen bei der Parcoursbesichtigung gar nicht so schwer. Erst der tiefe Boden, entstanden durch schwere Regengüsse, hatte den Parcours so kompliziert gemacht, daß es keinem Pferd der vierzehn Nationen gelang, fehlerfrei zu gehen. Warwicks erster Umlauf mit 4 Fehlerpunkten war also mehr als olympisch. Von der deutschen Mannschaft wiederholte dies im zweiten Umlauf lediglich Torphy. Warwick riß erstmals ein Hindernis, das ihn scheinbar nicht imponierte, denn es war leicht zu springen und bisher nur von wenigen Pferden gerissen worden.

Dann kam allerdings zum Schluß eine sehr schwierige Kombination. Erst ein Steilsprung und dann, nach zwei Galoppsprüngen, ein gewaltiger Oxer, der vielen Pferden schon zum Verhängnis geworden war. Er sollte auch für Warwick zur Klippe werden. Bis zu diesem Zeitpunkt lagen wir also mit Frankreich gleichauf. Auf das Sprungvermögen konnte sich Schockemöhle verlassen. Es galt nur, den Galoppsprung so einzuteilen, daß der Abstand stimmte. Zum Entsetzen der Zuschauer, nicht nur im Olympiastadion, sondern in den Wohnzimmer der ganzen Welt am Fernseher, kam der große Braune vor dem zweitletzten Hindernis aus dem Galopp in den Trab, was undenkbar ist. Nur die Vorsicht des Reiters konnte diese Reaktion hervorgerufen haben, die so ganz unnatürlich war, denn aus dem Trab kann rein theoretisch ein Pferd ein derart gewaltiges Hindernis überhaupt nicht springen. Daß Warwick den Steilsprung trotzdem fehlerfrei nahm, ist mehr als ein Wunder. Dafür reichte der Schwung zum Oxer aber nicht mehr, und der herrliche Hannoveraner ging voll hinein. Der Steilsprung war übrigens 1,50 Meter hoch, aus dem Trab gesprungen schon eine Glanzleistung. Der Oxer hatte einen Abstand von 7,55 Meter, also einen verhältnismäßig weiten Abstand, denn üblicherweise sind es nur 7 Meter, die verlangt werden. Hier mußte also das Pferd einen weiten Galoppsprung machen. Der Oxer war 1,50 Meter hoch, 1,70 Meter weit und die vordere Stange war 1,45 Meter hoch. In seiner ganzen Anlage also nur fehlerfrei zu springen, wenn man im vollen Schwung war. Und das war Warwick nach dem Traben nicht mehr.

So siegte letztlich Frankreich mit 40 Fehlerpunkten vor Deutschland mit 44 und Belgien mit 63. Die deutschen Reiter waren somit nur ganz knapp unterlegen. Und ehrenvoll nach Schockemöhles Sieg im Einzelspringen ging es also auf Messersschneide um einen erneuten Sieg im Mannschaftsspringen, wobei eindeutig zu bewerten ist, daß die Mannschaft verhältnismäßig geschlossen war. Warwick hatte 12, Torphy 16, Kwept 20 und Agent 24 Fehlerpunkte.

Die Olympischen Spiele in Los Angeles — 1984

Die Olympischen Spiele von Moskau 1980 wurden boykottiert wegen des Überfalls der Sowjets auf Afghanistan. Somit konzentrierte sich das deutsche Interesse auf die Olympischen Spiele von Los Angeles 1984. Die Nichtteilnahme in Moskau wurde für die deutschen Reiter zu einem Bumerang, denn die Erwartungen, die man sich erhofft hatte, erfüllten sich nicht. Einige deutsche Zeitungen sprachen bereits von dem Ende der deutschen Reiterära, denn bisher galten beim olympischen Kampf die deutschen Reiter noch immer als sichere Medaillenanwärter. Auch diesmal wurden die Anhänger insofern nicht enttäuscht, als alle deutschen Reiter mit einer Medaille nach Hause kamen. Gold gab es allerdings nur für die Dressurmannschaft. In der Einzelwertung siegte Dr. Reiner Klimke auf Alerich mit 60 Punkten Vorsprung, fünfter wurde Herbert Krug auf Muscateur und sechster Uwe Sauer auf Montevideo. In der Mannschaftswertung siegten die Deutschen.

Die Militaryreiter hatten es schwerer, denn üblicherweise gewinnen diese Prüfung nur ältere, erfahrene Reiter. Nun, wir sind in Deutschland, was die Berittenmachung anbelangt, seit Jahrzehnten nicht verwöhnt. Und so wurde in der Military als bester Deutscher Dietmar Hogrefe auf Vollant 12., Bettina Overesch auf Peacetime 14. und 16. Claus Erhorn auf Fair Lady. Als Zweitletzter landete auf dem 39. Platz Burkhard Tesdorpf auf Freedom. In der Mannschaftswertung belegte Deutschland mit nur 1,6 Punkten Vorsprung den dritten Platz, das war die Bronzemedaille. Der Geländeritt war voll auf die amerikanischen Vollblüter zugeschnitten. Er war viel zu leicht, um eine ehrliche Klippe darzustellen. Genau wie im Springen ging man nicht an ein olympisches Kräftemessen heran, sondern prüfte mehr oder weniger das Galoppiervermögen.

In der Springkonkurrenz gab es ein Pferdejuwel, wie man es schon lange nicht mehr erlebt hatte. Der Trakehner Schimmelhengst Abdullah überstrahlte sozusagen die gesamten Pferde der Olympischen Spiele. Sein Vater war Donauwind, die Mutter Abizza aus dem Trakehner-Gestüt Zweibrücken. Sie wurde tragend in die USA verkauft, wo 1970 Abdullah geboren wurde. Er war als Trakehner reichlich groß, aber hier demonstrierte er das, was wir bereits in dem Artikel über Springpferde erwähnten. Fast schlafwandlerisch ging er, herrlich geritten, über die Parcours. Das war nicht nur der deutsche Trakehner, das war auch die deutsche Ausbildungsmethode. Wenn die deutschen Teilnehmer auch bitter enttäuschten, dieses deutsche Pferd bewies die Richtigkeit des deutschen Systems, und ein ehemaliger amerikanischer Spitzenreiter sagte dies auch dem deutschen Equipechef Hermann Schridde, der leider am 18. Mai 1985 mit seinem Flugzeug tödlich verunglückte: „Ihr braucht euer System nicht zu verändern, ihr müßt es nur richtig anwenden."
In der Einzelwertung siegte Joe Fargis mit Touch of Class mit 0 Fehlern in 58,6 Sekunden vor Conrad Homfeld auf Abdullah mit 8 Fehlern in 51,03 Sekunden. Es war wie in Berlin 1936: Abdullah mußte, genau wie Tora damals, als erster gehen, und der Reiter mußte schnell reiten und das Risiko mit Fehlern in Kauf nehmen. Touch of Class war eine siebzehnjährige Vollblüterin, die schon Hindernisrennen gegangen war, und sie brauchte als zweite nur ganz langsam geritten werden und ging mit 0 Fehlern. Um den dritten Platz mußte gestochen werden. Drei Reiter traten an, und mit 0 Punkten in 53,39 Sekunden gewann die Bronzemedaille die irische Stute Jessica unter der Schweizerin Heidi Rubbiani. Von den deutschen Teilnehmern belegte Deister unter Paul Schockemöhle den siebenten Platz mit 8 Punkten im ersten und 4 im zweiten Durchgang. Peter Lutter mit Livius wurde elfter mit 12 Fehlern im ersten und 4 im zweiten Umlauf. Ebenfalls belegte Franke Slootaak auf Farmer mit 8 Fehlerpunkten im ersten und 8 im zweiten Umlauf den elften Platz.

Fünfzehn Nationen kämpften um den Preis der Nationen. Der Ablauf war jedoch recht einseitig, denn die Reiter der Vereinigten Staaten blieben sehr souverän, obwohl sie nur mit drei Reitern den Umlauf beendeten. Zu den Einzelsiegern kamen Leslie Burr auf Albany und Melanie Smith auf Calypso mit insgesamt 12 Punkten. Den zweiten Platz belegten die Reiter von Großbritannien mit 36,75 Punkten. Dritter wurden die deutschen Reiter mit 39,25 Punkten, also mit nicht einmal einem Fehler Abstand. Zwischen den Reitern aus England mit 36,75 Punkten und den sechsten, den Spaniern mit 52,00 Punkten, bestand nur ein minimaler Fehlerunterschied.

Die deutschen Pferde gingen: Deister mit 8 Punkten, Livius mit 12, Farmer mit 19,25 und Ramses unter Fritz Ligges mit 29,00 Punkten. Der Springparcours war, wie auch schon die Geländestrecke, ganz auf schnelle Pferde abgestimmt. In Berlin 1936 gab es drei dreifache Kombinationen und fünf Wassergräben, von denen einer fünf Meter breit war. Nur mit viel Glück wären über den Berliner Parcours die Pferde aus Los Angeles hinübergekommen.

Erstmalig wurde der Preis der Nationen am letzten Tag der Spiele von Los Angeles nicht im Olympiastadion ausgetragen, und somit ein alter, stolzer Brauch durchbrochen. Alle Pferdefreunde bedauerten dies aus tiefstem Herzen.

Den Blick nach vorn

Es ist ein langer Weg gewesen vom Ausgang des 19. Jahrhunderts, als die ersten Springen gestartet wurden, bis in die heutige Zeit. Über achtzig Jahre sind seither verstrichen. Zieht man die Jahre ab, in denen Krieg herrschte, und auch die Nachkriegszeit, in der wir international nicht reiten durften, dann verbleiben nur etwa fünfundsechzig Jahre, in denen wir auf internationalem Parkett starteten. Wenn man sich überlegt, daß ein Harald Momm, der 1920 schon Turniere ritt, bis ins hohe Alter noch lebhaften Anteil am Geschehen zwischen Start und Ziel nahm, und daß ein Hans Günter Winkler über dreißig Jahre aktiv im Sattel saß, dann merkt man erst, wie relativ kurz doch die Zeit ist, in der sich deutsche Reiter springsportlich beteiligten. Um so höher sind die Erfolge zu bewerten, die deutsche Reiter auf internationalen Turnieren errungen haben.

Wir gewannen 1931, 1932 und 1933, also dreimal ohne Unterbrechung als einzige Mannschaft der Welt die Coppa Mussolini in Rom. Das war bisher der größte Triumph im Reitsport. Wir gewannen die Nationenpreise bei den Olympischen Spielen in Berlin 1936, in Stockholm 1956, in Rom 1960, in Tokio 1964 und in München 1972. Drei Springreiter wurden Olympiasieger, Oberleutnant Kurt Hasse auf Tora 1936, Hans Günter Winkler auf Halla 1956 und Alwin Schockemöhle auf Warwick Rex 1976. Winkler wurde Weltmeister der Springreiter 1954 und 1955. Hartwig Steenken errang diesen Titel 1974, Gerd Wiltfang 1978 und Norbert Koof 1982. Fritz Thiedemann gewann als einziger Reiter der Welt fünfmal das Deutsche Springderby, das wohl schwerste Springen der Welt, und außerdem gehört er zu den wenigen Reitern, die dreimal den Großen Preis von Aachen gewinnen konnten. Fritz Thiedemann, Hans Günter Winkler und Gerd Wiltfang gewannen in London den King George V. Cup, der seit 1912 ausgetragen wird. Dreimal wurde Paul Schockemöhle auf Deister Europameister.

Eine besondere Leistung vollbrachten die Reiter der Kavallerieschule, indem sie in einem Jahrzehnt neununddreißig Nationenpreise gewinnen konnten und Deutschland damit zur erfolgreichsten Reitemation der Welt machten. Harald Momm ritt bei dreißig gewonnenen Nationenpreisen mit und steht damit heute noch in der Weltspitze. Mit Pferden wie Wotan, Derby, Tora,

Alchimist, Baccarat II, Baron IV, Olaf, Oberst II, Meteor, Halla, Donald Rex und Simona besaßen wir wohl die besten Springpferde der Welt. Mit den Reitern Heinz Brandt, Marten v. Barnekow, Harald Momm, Ernst und Kurt Hasse, Richard Sahla, Fritz Weidemann, Hans-Heinrich Brinckmann, Fritz Thiedemann, Hartwig Steenken, Hans Günter Winkler, Alwin Schockemöhle und Gerd Wiltfang hatten wir zu deren Glanzzeit die besten Springreiter der Welt. Vergessen darf man dabei nicht, daß alle diese Reiter nur durch das deutsche Reitsystem, das als einmalig bezeichnet werden kann, zu ihren großen Erfolgen kamen. Es gibt sehr viele Historiker, die eindeutig feststellen, daß Deutschland ohne dieses bewährte System weder die guten Pferde noch die großen Reiter gehabt hätte.

Dies war allerdings nur möglich durch das günstige Zusammenwirken der vorzüglichen Lehrer mit einer Organisation, die es verstand, immer wieder den Reitern die Pferde zu geben, die ihr Können am besten unterstrichen. Eine tragende Säule war dabei vor allem der Oberlandstallmeister Dr. h. c. Gustav Rau, dem man 1933 aufgrund seines Könnens die Gesamtorganisation des Pferdesportes und der Pferdezucht übertragen hatte.

Die Züchter sind nach wie vor berufen, für unsere Reiter die besten Pferde heranzuziehen. Unabhängig von den einzelnen Zuchtgebieten wird das deutsche Sportpferd heute so gezüchtet wie einst in Irland, England und Polen, wie auch in Frankreich, wo allerdings noch andere Blutströme hinzukommen. Letztlich ist die Zucht eine tragende Säule des Reitsportes, und es darf nicht soweit kommen, wie es sich bereits andeutet, daß deutsche Reiter Pferde ausländischer Zucht reiten müssen. Kein Land verfügt über eine bessere Zuchtorganisation als West-Deutschland. Hier wird tatsächlich Großartiges geleistet. Anerkennenswert ist dabei auch die Haltung der Pferdebesitzer, die vielfach auf hohen Gewinn verzichten, um Pferde wie Meteor und Halla in Deutschland zu belassen. Vor dem Kriege war es ohnehin eine Selbstverständlichkeit, daß kein Spitzenpferd ins Ausland verkauft wurde.

Alle Reiterkünste und die athletischen Pferdeausbildungen bei bester Zucht könnte man nicht so intensivieren, wenn das Publikum dem Springsport nicht die uneingeschränkte Treue halten würde. Mit den gekauften Eintrittskarten finanzieren die Besucher nicht nur den Breitensport, sondern auch den sich daraus entwickelnden Spitzensport. Es muß daher alles getan werden, damit das Publikum dieses Interesse behält. Dabei ist auch der Einsatz der Presse von größter Wichtigkeit. Nicht Sensationsreporter sollten über den Reitsport berichten, sondern Fachleute. Wenn beispielsweise ein Pferd von zweihundert schweren Springen, an denen es sich beteiligt, zwanzig gewinnt, dann ist es damit schon ein Weltklassepferd. Es wird allerdings einhundertachtzigmal abgeschlagen. Man darf daraus jedoch nicht voreilig den Rückschluß ziehen, als würden nur die Niederlagen die Klasse des Pferdes oder die des Reiters beeinträchtigen. Dazu ist der Springsport viel zu kompliziert, und ein leicht gerissenes Hindernis kann schon alle Siegeschancen begraben.

Es wird kein internationales Turnier geben, bei dem es einer Nation gelänge, alle Siegespalmen zu erringen. Oft sind zehn Placierungen sehr viel wertvoller als ein Sieg. Es kommt bei einem erstklassigen Springpferd vor allem auf gute Placierungen an, denn es soll seine beständige Form zeigen. Ohne Leistungssport gibt es kein Interesse an der Reiterei. Daß es nur wenige sind, die Jahr für Jahr Deutschlands Interessen auf den internationalen Turnierplätzen vertreten, ist zwar bedauerlich, aber nicht zu ändern. In der Kavallerieschule blieben die Reiter nur eine kurze Zeit im Springstall und damit im Spitzensport.

Dieses Werk findet seinen Abschluß in Statistiken, die natürlich nicht vollständig sein können. Mit Rücksicht auf die lange Berichtszeit konnten nur die Siege erwähnt werden, die deutsche Reiter auf offiziellen internationalen Turnieren erkämpften, davon ausgehend, daß nur die besten deutschen Reiter mit den besten Pferden auf offiziellen internationalen Turnieren eingesetzt wurden. Ferner werden Placierungen deutscher Reiter bei den Olympischen Spielen und die Siege in den bedeutendsten deutschen Springen, wie dem Springderby in Hamburg und dem Großen Preis von Aachen, berücksichtigt. Unvollkommen ist diese Liste auch deshalb, weil die vielen prächtigen Ausbilder von großartigen Springpferden nicht alle benannt werden konnten. Es sind dies die Wachtmeister und Unteroffiziere vor dem Kriege und die Berufsreiter der Vor- und Nachkriegszeit, die manches Pferd erst dann dem Turniersport zuführten, nachdem es jahrelang unauffällig im Gros der Masse gearbeitet wurde.

Unter Freiherr v. Waldenfels und der späteren Leitung von Harald Momm war die erste deutsche Mannschaft dazu ausersehen, das Ansehen unseres Vaterlandes auf internationalen Turnieren erfolgreich zu vertreten. Und hier kommen wir automatisch auf das Wort „Vaterland" zu sprechen. Ein Begriff, der heute leider vielen Landsleuten, beeinflußt durch in- und ausländische Propaganda, so schwer über die Lippen kommt, obwohl gerade im Sport die Nationalität vordergründig eine sehr große Rolle spielt. So soll dieses Buch auch ein Ansporn für die Reiterjugend sein, den berühmten Vorbildern unbekümmert nachzueifern, denn ihr Verhalten und unermüdlicher Einsatz waren wirklich vorbildlich und außerdem, wo in der Welt ritt man einen so herrlichen Stil wie ihn Heinz Brandt, Marten v. Barnekow, Micky Brinckmann, Ernst und Kurt Hasse, Richard Sahla, Fritz Weidemann und andere demonstrierten. Es war nicht allein der Stil, sondern auch die souveräne Beherrschung der Pferde durch ihre Reiter, die man bewunderte, die überragenden Leistungen von Pferd und Reiter und nicht zuletzt ihre große Harmonie, die beide miteinander verband. Sie waren ungewöhnlich begnadete Springkünstler, die sich trotzdem, oder gerade deshalb, ihren Ruhm hart erkämpfen mußten, denn ein Genie gelangt nur durch Arbeit, wenn die Voraussetzungen geschaffen sind, zum Erfolg.

Die innere Einstellung zu seinem Land, seinem Reitsystem, seiner Pferdezucht, seinen Freunden, das alles ist in dem Begriff „Deutscher Reiter" eingebunden. Jeder deutsche Reiter, auch der, der nicht auf internationalen Turnieren startet, trägt, wenn auch unmerklich, seinen Teil zu den Erfolgen bei, mit denen die deutschen Reiter auf internationalen Turnieren glänzend bestehen. Durch ihre Tüchtigkeit, durch ihren sauberen Charakter und einer vorbildlichen sportlichen Einstellung ermutigen sie die Spitzenreiter zu immer größeren Leistungen. Allerdings muß eine ordnende Hand dafür sorgen, daß die Kraft der Pferde nicht vorzeitig verschlissen wird.

Wenn Reiter heute von Pferden sprechen, erinnert man sich besonders der beiden Olympiasiegerinnen Tora und Halla. Tora, die Holsteinerin, wurde fast dreißig Jahre alt, Halla, die in Hessen geboren wurde, hatte das dreißigste Lebensjahr überschritten. Beide haben noch Fohlen geboren nach ihrer Laufbahn, Halla sogar acht. Besonders interessant ist auch, daß Thiedemanns zweiterfolgreichstes Pferd Finale vor ihrer Laufbahn ein Fohlen zur Welt brachte, und dieses Fohlen dann zusammen mit seiner Mutter unter Thiedemann auf internationalen Turnieren eingesetzt wurde. Über wie viele herrliche Begebenheiten und Episoden könnte man berichten, und sehr viele denken voller Glück zurück an die Zeiten vor dem Kriege, als der Springsport so richtig im Entstehen war, nicht hektisch, nicht auf Sieg erpicht, sondern auf Demonstration eines Systems, das wir Deutschen erschaffen hatten. Unter diesen Männern gab es unzählige, die Herrliches erlebten und immer wieder erzählen konnten, denn dazumal war eben ein überragender Ritt noch etwas Besonderes, sowie ein Sturz oder ein außergewöhnlich schwieriges Pferd. Wer spricht noch von ihnen, von dem alten Olaf, das dritterfolgreichste Pferd hinter Tora und Baccarat bei gewonnenen Nationenpreisen, der nach achtstündigem Kampf mit dem Polizeimeister Schmidt kapitulierte und in seiner Box lag, wo man ihn erschießen wollte. Sein Reiter rettete ihm das Leben, obwohl selbst total überanstrengt.

Wer denkt noch an Tora, die man sehr lange vor jedem Parcours abreiten mußte, damit sie nicht gar zu wild die Hindernisse anzog, oder an Halla, die bei einer Dressurprüfung zur Military aus dem Viereck sprang, weil eine ländliche Bimmelbahn beim Einfahren in den Bahnhof einen schrillen Pfiff tat. Wer denkt schon noch an die Episoden, als man bei vier gestarteten S-Dressur-Pferden drei auf den ersten Platz setzte, weil man keinem der Reiter weh tun wollte, und sie hätten es sich auch wohl nicht gefallen lassen. Auf dieses Ergebnis angesprochen, antwortete Marten v. Barnekow: „Der vierte, der Schönwaldt, der war noch nicht aggressiv genug, sonst wäre er zum vierten Sieger erklärt worden."

Heute nehmen sich leider nur noch ganz wenige die Zeit, von diesen herrlichen Erlebnissen zu berichten, oder weiß einer noch, daß Freiherr v. Langen der erste große internationale deutsche Reiter, eine fanatische Liebe zu Motoren hatte? Er lenkte nicht nur seinen Traktor stundenlang über den heimischen Boden, sondern untersuchte auch mit Vorliebe die Automotoren neuester Modelle. Bei glanzvollen Festen verschwand er schon mal unbemerkt, und man fand ihn wieder, total verschmiert, bei einem der dazumal noch wenigen Autos, verzweifelt eine Stelle suchend, wo ein bestimmtes Teil noch hingehörte. Er fand diese selten, und nur Spezialwerkstätten waren in der Lage, die Motore wieder zum Laufen zu bringen. So wunderte es keinen, daß gute Freunde ihre Wagen weit vom Schloß entfernt parkten, nur damit Freiherr v. Langen dem Bastlertrieb nicht an ihren Fahrzeugen frönen konnte.

Die Wassergräben waren dazumal natürlich nicht so schön sauber, wie sie heute meist sind. So geschah es auf einem internationalen Turnier vor der Ehrenloge eines Staatsoberhauptes, daß Freiherr v. Nagel, der spätere Altmeister, vom Pferd geschleudert wurde und im Graben verschwand. Als er auftauchte, hing viel Gewächs an ihm, und das Volk brüllte vor Lachen. Nun, dem Freiherrn v. Nagel war nicht nach Lachen zumute. Er fischte seine Mütze auf, schüttelte das Wasser heraus, setzte sie auf und entbot militärisch dem Staatsoberhaupt seinen Gruß. Damit hatte der deutsche Reiter die Lacher selbstverständlich auf seiner Seite.

Mit besonderem Stolz erfüllt es die deutschen Reiter, daß sie bei Olympischen Spielen in der Mannschaftswertung fünf Goldmedaillen gewinnen konnten, denn bekanntlich treffen bei Olympischen Spielen sehr viele Nationen aufeinander. Ein Sieg ist hier besonders schwer zu erringen und daher auch höher zu bewerten. Wir haben auf die segensreiche Tätigkeit des Oberlandstallmeisters Dr. h. c. Gustav Rau schon mehrfach verwiesen. Es bedarf auch des Hinweises auf die Generäle Brandt, dem Vater des Springreiters Heinz Brandt, Freiherr Dalwigk-Lichtenfels und Volk, die Vorgesetzte des Militärreitinstituts waren. Ohne deren verantwortungsvolle Arbeit hätte der Aufstieg zum Weltruhm nicht so schnell geschehen können und wäre auch nicht nachhaltig geblieben.

Mit Recht werden viele fragen, warum gerade der Springsport eine solch große Bedeutung erlangte. Er ist für den Laien unkompliziert, jeder kann die Fehler nachzählen und mit einer Stoppuhr auch die Zeit nehmen. Auf großen Turnieren laufen sogar Uhren mit, die alle Zuschauer sehen können, so daß der Springsport sehr schnell von der Materie her begriffen werden kann. Außerdem treffen mehrere Faktoren zusammen, die von den Zuschauern bewundert werden, die Kühnheit und die Elastizität der Reiter und die Manier der Pferde, die sich ja nicht verändern soll, ganz gleich, ob das Hindernis ein oder zwei Meter hoch ist.

Die Liebe zum Pferd ist dem Menschen angeboren. Man erinnerte sich, daß das Pferd der älteste Kamerad des Menschen ist und daß die Erschließung und Kultivierung der Erde ohne das Pferd unmöglich gewesen wäre und mit Sicherheit einen anderen Verlauf genommen hätte. Daß wir heute viel mehr Kraftwagen als Pferde in der westlichen Welt haben, liegt allein daran, daß die Technik vielseitiger und natürlich auch schneller ist. So bleibt dem Pferd der Sport, neben seiner eingeschränkten Tätigkeit in der Landwirtschaft.

Der Weg des deutschen Springsportes war nicht nur eine Quelle reiner Freude, sondern, wie alles im Leben, hatte auch er zwei Seiten, nämlich die angenehme, die der Besucher sah, und eine der Arbeit, die hinter den Kulissen gemeistert werden mußte. Das ist gut so, denn der Reiter mit seinem Pferd soll die Umwelt erfreuen wie der Sänger mit seiner Stimme oder der Fußballspieler mit seiner Balltechnik. Auch ein Reiter gehört zu dem großen Rhythmus, den wir Leben nennen, wobei Generationen kommen und gehen und man daran denken sollte, daß Pferde meist nur fünf, oder wenn es ganz hoch kommt, zehn Jahre eingesetzt werden können. Kommende Generationen werden immer wieder Überlegungen anstellen müssen, wie sie das Problem der Berittenmachung lösen wollen. Solange wir Züchter und Pferdefreunde haben, wird dieser Reitsport blühen und gedeihen.

Ich möchte den Textteil dieses Buches schließen mit dem Hinweis auf den Ausspruch, den Freiherr v. Langen Freunden gegenüber von sich gab:

„Ich liebe meine Pferde und zeige es ihnen, und sie lieben mich und zeigen es mir!"

Oberst Freiherr von Waldenfels †

Was Oberst v. Waldenfels als Leiter des Springstalles der Kavallerieschule Hannover geleistet hat, ist so gewaltig und so ungewöhnlich, daß sein Name, sein Vorbild und sein Wirken für immer im nationalen und internationalen Springsport unvergessen bleiben.

Nachruf

Ende Januar verschied nach kurzer, im Felde zugezogener Krankheit im 50. Lebensjahre als Führer einer Reiter-Brigade

Oberst
W. Freiherr von Waldenfels

Mit ihm betrauert der Reichsverband für Zucht und Prüfung deutschen Warmbluts nicht nur den Verlust eines seiner ältesten Mitglieder, sondern vor allem den erfolgreichsten Vorkämpfer, wo es galt die deutsche Reiterei und die deutsche Pferdezucht im In- und Auslande zur Geltung zu bringen.

Zahllos sind die von ihm selbst und unter seiner Führung durch die Offiziere des Springstalles der Kavallerieschule Hannover im Sattel errungenen Siege, und 25 mal gewann er mit seiner Mannschaft die stolzeste internationale Trophäe, den „Preis der Nationen" für Deutschland.

Sein Andenken wird noch vielen als Vorbild dienen und bei allen, die ihn kannten, unvergessen bleiben.

Der Reichsverband für Zucht und Prüfung deutschen Warmbluts

Der Vorsitzende
von Poseck, General der Kavallerie a. D.

Am 1. Februar 1940 starb nach kurzer und schwerer Krankheit der Oberst und Kommandeur einer Reiter-Brigade

Freiherr von Waldenfels

In dienstlicher und außerdienstlicher Beziehung nicht nur ein Vorgesetzter, sondern auch Vorbild, wird er als unser erster Kommandeur stets unvergessen sein.

Im Namen der Offiziere, Beamten und Unteroffiziere seines Stabes

VOLK
Rittmeister und Adjutant

Die Zeitschrift „Deutsche Reiterhefte" schrieb:

Am 1. Februar 1940 verschied nach einer schweren Erkrankung der Kommandeur einer Kavalleriebrigade Oberst Wolfgang Freiherr von Waldenfels.

Im 50. Lebensjahr, viel zu früh, ist Waldenfels, der langjährige Betreuer der deutschen Springmannschaft, von uns gegangen. Die deutsche Reiterei, die Reiterei der ganzen Welt hat einen schmerzlichen, einen schweren Verlust erlitten.

Freiherr v. Waldenfels war aus dem hessischen Leib-Dragoner-Regiment 24 in Darmstadt hervorgegangen. Den Weltkrieg machte er an allen Fronten mit. Nach dem Kriege finden wir ihn als Rittmeister beim Reiter-Regiment 4 in Potsdam. Hier hatte er vor allem bei den Berliner Internationalen Turnieren glänzende Erfolge mit seinem Ostpreußen Chef. Zum Major befördert, wurde er dann Nachfolger des Grafen Rothkirch in der Leitung des Springstalles der Kavallerieschule Hannover. Nach der Olympiade im Jahre 1936 wurde Oberst v. Waldenfels Kommandeur des Kavallerieregiments 5 in Stolp. Aus dieser Stellung schied er im Jahre 1939 aus: man ernannte ihn zum Höheren Kavallerie-Offizier beim Chef der Schnellen Truppen. Nach Beendigung des Polenfeldzuges übernahm Waldenfels als Kommandeur eine Kavalleriebrigade. Trotz schwerer Erkrankung hielt er bis zuletzt aus. In dieser Stellung erlosch das reich gestaltende Leben. Er ging von uns als der Mann, dem der deutsche, der internationale Turniersport so unendlich viel verdanken, als eine Persönlichkeit, die unvergessen bleiben wird, solange deutsche Reiter in den Sattel steigen.

Im Springsport war Deutschland bei den Olympischen Spielen in Amsterdam im Jahre 1928 noch nicht voll auf der Höhe. Die Spiele in Amsterdam gaben den Anstoß zur Gründung des Springstalles an der Kavallerieschule. Man schuf auf der Grundlage der deutschen Reiterei den deutschen Springstil, beobachtete die Methoden anderer Länder und übernahm das Wertvolle. Die gewaltigen Auslandserfolge des Springstalles auf allen großen internationalen Turnieren waren erstaunlich, ja fast einmalig. Waldenfels hatte es verstanden, das beste Pferdematerial auszusuchen und mit größter Sachkenntnis das geeignete Pferd dem dafür in Betracht kommenden Reiter anzuvertrauen. Die deutsche Springequipe war erfolgreich in New York, in Boston, in Nizza, Dublin, London, Warschau, Wien und Rom. Um diese Leistungen voll würdigen zu können, vergegenwärtige man sich die ungeheuerliche Verantwortung des Equipechefs, der Reiter und Pferd für die schwersten internationalen Kämpfe auf den Tag in Kondition haben mußte.

In die Zeit des Oberst v. Waldenfels fällt der größte Erfolg des Springstalles: der dreimalige ununterbrochene Sieg in der Coppa d'oro Mussolini in den Jahren 1931, 1932 und 1933. Der wertvolle Preis ging endgültig in den Besitz der Kavallerieschule über.

Bei den Olympischen Spielen in Berlin erlebte Freiherr v. Waldenfels alsdann den Höhepunkt seiner nimmer rastenden Arbeit und Tätigkeit. Die deutschen Pferde waren auf Grund der ihnen von Waldenfels gegebenen Ausbildung alle gleichmäßig an den Hilfen, sie schnellten sich mächtig ab, sprangen so hoch und so weit, wie ihre Reiter es verlangten; sie erreichten, wie besonders Tora, den größten Tag ihrer wundervollen Laufbahn. Mit Recht sagte damals Gustav Rau: „Die Pferde haben durch ihre Ausbildung und durch ihre Leistung ein System verkündet: das deutsche System."

Wir begegneten damals Oberst v. Waldenfels bei seinem Weggang aus dem Stadion. Als wir ihm begeistert zu seinem Erfolge Glück wünschten, wies er in seiner selbstverständlichen Bescheidenheit alles von sich und sagte nur: „Das Verdienst gebührt meinen guten Pferden und meinen unübertrefflichen Reitern."

Beruhigt konnte Waldenfels damals seine Arbeit an seinen Schüler, Major Momm, abgeben. Er wußte sie in besten Händen und er hatte die Gewähr, daß in seinem Sinne und in seinem Geiste das Erbe verwaltet und weitergeführt wurde.

Oberst Freiherr v. Waldenfels war auf Grund seiner gewinnenden Persönlichkeit überall beliebt, nicht nur bei Vorgesetzten und Untergebenen, darüber hinaus bei den Mitgliedern aller ausländischen Equipen und bei seinen zahlreichen Freunden und Bekannten.

Waldenfels ist von uns gegangen inmitten der Verehrung und Dankbarkeit der ganzen deutschen Reiterwelt. Ein Trost bleibt uns, wenn wir heute von ihm Abschied nehmen: durch Waldenfels und sein Werk, das so einmalig ist und das sich in allen seinen Auswirkungen als so richtig erwiesen hat, sind soviel Reiter geworden, daß die deutsche Reitkunst immer und überall verteidigt werden kann. Für alle Zukunft bleibt der Name Waldenfels mit den schönsten Erfolgen deutscher Reiterei verknüpft. Deutschlands Reiter haben einen ihrer Besten verloren.

Der Nachruf des Dr. h. c. Gustav Rau zum frühen Tod des Obersten Freiherr v. Waldenfels im „St. Georg"

Oberst Freiherr W. von Waldenfels ist Ende Januar (Todestag war der 1. Februar 1940; der Verfasser) nach einer ganz kurzen, schweren Erkrankung völlig unerwartet verschieden. Er hatte sich erkältet. Eine heftige Grippe mit hohem Fieber attackierte ihn und brach mit ihrem Ungestüm die zähe Kraft des durchtrainierten Körpers. – Es scheidet, von jedem Reitersmann in Deutschland und von vielen Reitersleuten in der Welt schmerzlich betrauert, eine der größten Figuren der deutschen Reitergeschichte. Der Mann, der einem großen Teil deutscher Reiterei eine neue Prägung gegeben hat, der in erster Linie der Schöpfer des deutschen Springstils geworden ist, der Praktiker, der den gärenden Ideen über neue Wege innerhalb der deutschen Reiterei die feste Form gegeben hat. Unterstützt von den jungen, beispiellos veranlagten und geistig hochstehenden Reitern seiner ersten Equipe, formte er in einer großartigen Gemeinschaftsarbeit mit diesen die Art des deutschen Springreiters. Der Erfolg ist einzigartig gewesen. Als Waldenfels Ende 1929 die damals mit der Gründung des Springstalles der Kavallerieschule Hannover ins Leben gerufene offizielle Equipe zusammenstellte, wuchs mit Kräften wie Nagel, Momm, Barnekow, Ernst Hasse, Brandt, Lippert und anderen unter Führung von Waldenfels geradezu kometengleich eine Reitergruppe empor, die mit unvergleichlichen Pferden wie Wotan, Baccarat, Tora und Derby eine Durchschlagskraft entwickelte und erhielt, wie sie in der Geschichte jeder Art sportlicher Kämpfe noch nie dagewesen war. Der Einfluß von Waldenfels erfaßte schnell über den Heeresspringstall hinaus die gesamte deutsche Springreiterei und weitergreifend die einiger fremder Länder. Die Equipe von Waldenfels war ein wirklicher Stoßtrupp. Sie kämpfte, Kampf um Kampf, von 1930 ab, die Reitermannschaften aller anderen Länder nieder. Der dreifache Sieg in der Coppa Mussolini und das Einbringen der Trophäe nach Deutschland bleibt unvergessen. Die Equipe hatte ihren größten Erfolg im Jahre 1936 mit dem Olympiasieg der deutschen Reiter. Man soll und wird sie nie vergessen: Barnekow auf Nordland, Brandt auf Alchimist, Kurt Hasse auf Tora. Der Erfolg wurde getragen von Waldenfels. Es war der Tag seines Lebens. Im Herbst 1936 gab Waldenfels die Führung ab. Seine militärische Laufbahn nahm eine andere Richtung. Aber was er der Reitermannschaft des Heeres gegeben hatte, wirkte fort und steigerte sich in logischer Entwicklung von Technik, Routine und Überlegung mehr und mehr. Diejenigen, die sagen, Springsport wäre Akrobatie und ohne militärischen Wert, ermessen nicht die Feinheit, Überlegung und den Willen, die notwendig sind, ein Springpferd auszubilden und bei Laune zu halten. Die Höchstleistung eines Pferdes läßt sich für das Heer stets verwenden. Der Faktor der großen Leistung ist immer die größte Anregung für den Soldaten. Diejenigen, die das verneinen, müßten einmal die Unterhaltung einer Schwadron über ihren Oberleutnant oder Rittmeister hören, wenn dieser ein großes Springen gewinnt. Das feine Reiten, das notwendig ist, ein Springpferd auf die

Dauer in seiner Leistung zu erhalten, ist beispielgebend für das gute Reiten in der Truppe. Das waren auch Waldenfels' Überzeugungen.

Das Wichtigste in seinem Leben war die Beharrlichkeit, mit der er allem nachging. Er gab nie auf und setzte sich durch. Sechs Jahre seines Lebens hat er der Equipe gewidmet, in zähen Kämpfen alle organisatorischen Widerstände besiegt und dabei stets das Wichtigste, den Erfolg in den internationalen Treffen, im Auge behalten. Mit Ruhm und Ehren kehrte er mit seinen Reitern stets aus dem Ausland heim und verwöhnte die Heimat.

Waldenfels begann bei den 24. Dragonern in Darmstadt. Er war einer der guten Rennreiter vor dem Kriege im südlichen Deutschland. Der Krieg vermehrte seine tieferen Kenntnisse um das Pferd. Nach dem Kriege hatte er eine Schwadron bei den 4. Reitern in Potsdam, die in ihrer reiterlichen Ausbildung zum Besten gehörte, was unsere Kavallerie nach dem Kriege besaß. Es war die gestaltende Kraft von Waldenfels, die die Schwadron geformt hatte. Er ritt sehr fleißig an Turnieren mit, sprang an Turnieren eine ganze Anzahl von guten, schnell springenden Pferden auf vielen großen und kleinen Plätzen, wie Chef, Reseda, Dorettchen. Er machte aus allen seinen Unteroffizieren fixe Springreiter.

Auch Dressurprüfungen hat Waldenfels mit Bengel gewonnen. Neben dem Springstall leitete er in Hannover auch eine Zeitlang den Militarystall. Doch wurden diese beiden Aufgaben für einen Leitenden zu viel. Der Kommandeur der Kavallerieschule vollzog die Trennung zum Nutzen beider Abteilungen, die daraufhin in ihren Erfolgen noch höher stiegen. Waldenfels hat auch in den ersten Jahren seiner Chefzeit am Springstall noch geritten. Seine beiden erfolgreichsten Pferde waren der Ostpreuße Chef und die holsteinische Stute Winzige.

Die Kavallerie hatte in Waldenfels einen ihrer besten Männer. Er begriff frühzeitig vollkommen die geänderten Anforderungen an die Waffe. Ein Kommando zur Infanterie gab ihm Gelegenheit, Wesen und Neuerungen dieser Waffe kennenzulernen. Hiernach bekam Waldenfels das Kavallerieregiment 5 und führte es nach einer von seiner Persönlichkeit getragenen Ausbildung in den großen Manövern mit Auszeichnung. Nach zwei Jahren mußte er die Führung des Regiments abgeben, weil er bei der Eingliederung der Kavallerie in die schnellen Truppen in den Stab des Generals der schnellen Truppen für die kavalleristischen Belange berufen wurde. Man hielt ihn für den Besten aus den Reihen der Kavallerie für diese Aufgabe. Bei Kriegsausbruch übernahm Waldenfels ein Infanterieregiment. Dann berief man ihn zu einer wichtigen organisatorischen Tat. Als er an die Spitze der von ihm aufgestellten neuen Einheit getreten war, den Einsatz erwartend, trat der Tod auf die Bühne seines Lebens und rang ihn nieder, nach einem Dasein voll Kampf, auch Enttäuschungen persönlicher Art, aber letzten Endes doch großen Erfolgen, die dem Ganzen zugute kamen. Seine Arbeit ist bahnbrechend, gestaltend, wegbereitend und fundamental gewesen. So wie seine Arbeit wird seine Persönlichkeit weiterleben. Die gesamte deutsche Reiterei entbietet ihm, dankbar und erschüttert, ihren letzten Gruß. Das Heer, und in ihm besonders die Kavallerie, vermissen ihn schwer. Sein starker, unbeirrter Geist und seine Tatkraft waren ein Teil echten deutschen Offizierstums, das in diesem Kriege den Sieg erringen wird.

Leutnant Freiherr v. Waldenfels. Als Darmstädter Dragoner gewann er 1913 den Preis des Griesheimer Jagdrennens auf Eugen.

Von links: Major Bürkner, Rittmeister Gerhard, Rittmeister v. Oppeln-Bronikowski, Oberleutnant Stubbendorf, Rittmeister Freiherr v. Nagel, Oberleutnant Ernst Hasse, Oberleutnant Brandt, Oberleutnant Lippert, Oberleutnant v. Nostiz-Wallwitz, Oberleutnant Momm. Vor den Reitern: Major Freiherr v. Waldenfels in Wien 1933.

Freiherr v. Waldenfels mit Familie in Potsdam 1924.

Freiherr v. Waldenfels als Oberst und Kommandeur des Kavallerieregiments 5 in Stolp/Pommern beim Abschreiten der Front der ersten berittenen Abteilung.

Die Gesichter der weltberühmten Reiter sind ernst, und ihr Auftritt strahlt Bescheidenheit aus, denn darauf wurde großer Wert gelegt. Der Inspekteur der Kavallerie, General v. Hirschberg, im hellen Mantel auf den Degen gestützt. Die Ansprache hält der Kommandeur der Schule, General v. Dalwigk-Lichtenfels. Der Leiter des Springstalles, Major v. Waldenfels, steht mit dem Rücken zur Kamera. Die Reiter von links: Hauptmann v. Nostiz-Wallwitz, Oberleutnant Brandt, Rittmeister Ernst Hasse, Rittmeister Freiherr v. Nagel, Rittmeister Lippert, Oberleutnant Graf Uexküll, Rittmeister Sahla.

Oberst Freiherr v. Waldenfels leitete den Springstall der Kavallerieschule Hannover von 1930 bis 1936. Er entwickelte den deutschen Springstil, die deutsche Ausbildungsmethode und die dressurgymnastische Arbeit für Springpferde. In seiner Zeit feierte der deutsche Reitsport seine größten Triumphe. Dann wurde er Kommandeur des Kavallerieregiments 5 in Stolp/Pommern von 1937 bis 1939. Er starb, erst fünfzig Jahre alt, am 1. Februar 1940 als Kommandeur der einzigen Kavalleriebrigade der damaligen Zeit.

Die Grabstätte von Oberst Freiherr v. Waldenfels nahe dem Springderbyplatz.

Links: Die Coppa d'Oro, von Benito Mussolini gestiftet, war ein Wanderpreis, der nur der Mannschaft endgültig gehörte, die ihn in drei Jahren hintereinander gewinnen konnte, was dann nur einer Mannschaft gelang, der deutschen unter Freiherr v. Waldenfels.

Eine Karte, die die deutschen Reiter unsterblich machte, die hintereinander die Coppa Mussolini in den drei Jahren gewonnen hatten. Trotzdem gibt es Fehler im Text. Brandt ritt Tora 1932 und 1933. 1931 ritt sie Momm. Momm ritt 1933 Baccarat II, kam aber nach einem Sturz nicht mehr in die Wertung. Disqualifiziert wurde 1932 Freiherr v. Nagel auf Benno, der nach fehlerlosem Ritt eine falsche Bahn einschlug.

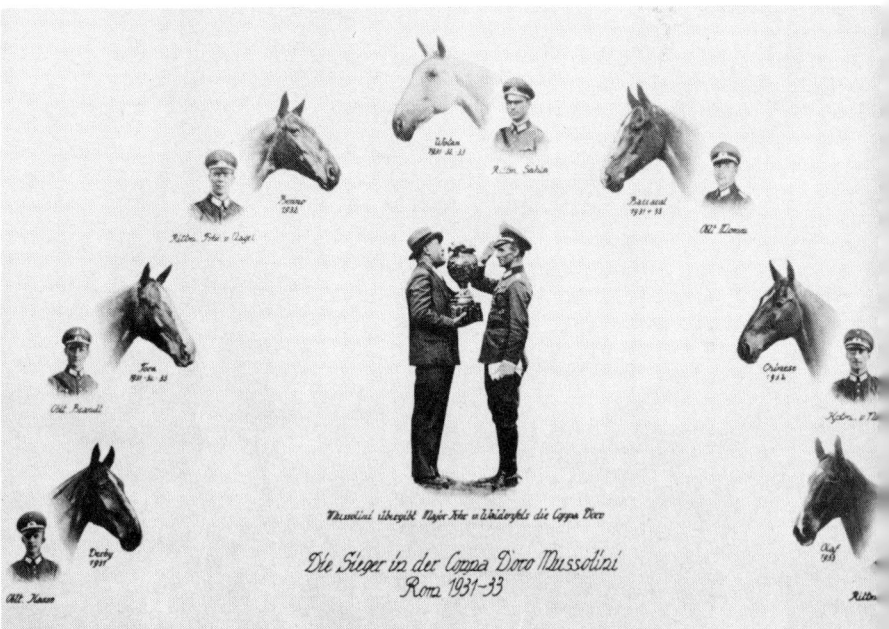

Staatschef Benito Mussolini gratuliert 1932 Leutnant Heinz Brandt und seinen Reiterkameraden Oberleutnant Sahla und Oberleutnant v. Nostiz-Wallwitz, die mit den Pferden Tora, Wotan und Chinese zum zweiten Male die Coppa gewonnen haben.

Vor der Abfahrt nach Rom 1933. Von links: Ernst Hasse, Baron; Heinz Brandt, Tora; Freiherr v. Nagel, Wotan; v. Salviati, Senator; Wilhelm Lippert, Schneemann; Richard Sahla, Niobe; Plötz, Dedo; Großkreuz, Raubritter; Momm, Baccarat; v. Barnekow, General.

Rom 1933. Zum dritten Male gewannen deutsche Reiter unter Freiherr v. Waldenfels die Coppa Mussolini. Von links: Major Freiherr v. Waldenfels mit dem am Boden stehenden Goldpokal. Rittmeister Sahla auf Wotan, Oberleutnant Freiherr v. Nagel auf Olaf, Oberleutnant Momm auf Baccarat II und Oberleutnant Brandt, der Tora ritt, auf dem Foto auf Raubritter.

Die vier Reiter, die zum drittenmal die Coppa in Rom gewannen: Richard Sahla auf Wotan, Freiherr v. Nagel auf Olaf, Heinz Brandt auf Tora und Harald Momm auf Baccarat II. Außer Wotan sind die gezeigten Pferde nicht identisch mit den Siegerpferden.

Eines der historischen Bilder des internationalen Turniersportes: Der Staatschef Benito Mussolini überreicht Major Freiherr v. Waldenfels 1933 die Coppa d'Oro zum drittenmal. Diese hohe Auszeichnung verblieb bei einer Mannschaft, die Waldenfels gegründet, zusammengeschmiedet und deren Reitgrundsätze er geschaffen hatte. Den italienischen Springstil verband er mit den Grundsätzen der deutschen Reitvorschrift.

Nach dem Sieg in New York 1928 gewannen die deutschen Reiter den nächsten Preis der Nationen in Genf 1929. Von links: Ernst Hasse, Lippert, Körfer und Sahla, als Equipechef Graf Rothkirch.

Der preußische Ministerpräsident, General der Flieger Hermann Göring, beglückwünscht die deutschen Reiter zum Sieg im Nationenpreis in Aachen 1933. Von links: Oberleutnant Großkreuz auf Benno, Rittmeister Momm auf Baccarat II, Rittmeister Ernst Hasse auf Derby und Oberleutnant Brandt auf Tora.

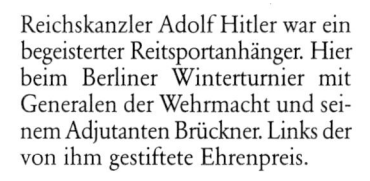

Reichskanzler Adolf Hitler war ein begeisterter Reitsportanhänger. Hier beim Berliner Winterturnier mit Generalen der Wehrmacht und seinem Adjutanten Brückner. Links der von ihm gestiftete Ehrenpreis.

Ein blendendes Bild: So sah der deutsche Springstil aus, und so sollte das deutsche Springpferd springen, für jeden jungen Reiter ein Ansporn sein.
Wandgemälde in der Reithalle der Kavallerieschule Hannover.

O. MERTÉ

Berliner Turnier 1935. Die Pferde wurden ausgelost. Jeder Reiter mußte das Pferd einer anderen Nation reiten. Von links der Sieger Oberleutnant Brandt, der französische Equipechef, Botschafter François Poncet, Freiherr v. Waldenfels, Harald Momm, zwei französische Reiter und Landwirtschaftsminister Darré.

Reiter der Kavallerieschule Hannover erringen den „Preis von Deutschland". Den Höhepunkt des VII. Internationalen Reitturniers in Berlin 1936 bildete der Entscheidungskampf im Mannschaftswettbewerb um den „Preis von Deutschland", dem der Führer beiwohnte und der für Deutschland mit 8 Fehlerpunkten vor Polen (33) und Italien (50) entschieden wurde. Der Reichskanzler gratuliert der bewährten Mannschaft. Von links: Die Rittmeister Momm und v. Barnekow, Oberleutnant Brandt und Oberleutnant Kurt Hasse.

Die Olympiasieger von Berlin 1936, ein Gemälde von Meisterhand: Kurt Hasse auf Tora, Brandt auf Alchimist, v. Barnekow auf Nordland. Daneben stehend Equipechef Freiherr v. Waldenfels.

Olympia-stadion Berlin 1936.

So marschierten sie 1936 ins Olympiastadion. In der ersten Reihe von rechts: Rittmeister Brandt, Hauptmann Stubbendorf, Hauptmann (E) v. Barnekow, Rittmeister Lippert, Oberleutnant Pollay, Rittmeister v. Oppeln-Bronikowski, Rittmeister Metzsch, Major Gerhard und Oberleutnant Freiherr v. Wangenheim in der zweiten Reihe.

Besuch ausländischer Reiteroffiziere von zwanzig Nationen anläßlich der Olympischen Spiele in Berlin 1936 — in der Kavallerieschule Hannover.

Oben: Zweimal Gold im Großen Jagdspringen. Von links: Heinz Brandt auf Alchimist, Kurt Hasse, Goldmedaille auf Tora, Marten v. Barnekow auf Nordland. Alle: Mannschafts-Goldmedaille.

Mitte: Zweimal Gold in der Military. Von links: Rudolf Lippert auf Fasan, Ludwig Stubbendorf, Gold auf Nurmi, K. Freiherr v. Wangenheim auf Kurfürst. Alle: Mannschafts-Goldmedaille.

Zweimal Gold in der Großen Dressurprüfung. Von links: Friedrich Gerhard auf Absinth, H. v. Oppeln-Bronikowski auf Gimpel, H. Pollay, Gold mit Kronos. Alle: Mannschafts-Goldmedaille.

Das waren die Reiter, die zur engsten Olympiaauswahl 1936 gehörten. Von links: Kurt Hasse, v. Barnekow, Chef v. Waldenfels, Schlickum, Momm, Brandt, Sahla und Ernst Hasse.

Die Olympiasieger von Berlin ohne Pferde vor einem festlichen Empfang. Von links: Kurt Hasse, v. Barnekow und Heinz Brandt.

Der italienische Leutnant Caprilli ist der Erfinder der natürlichen Methode, auf der die Fortschritte des Springsports beruhen. Völlige Freiheit des Pferdes in seiner Haltung und Anpassung des Reiterschwerpunkts an den des Pferdes sind die Grundsätze seiner Lehre. Auf der Stute La piccola Lark nimmt Caprilli in Tor di Quinto den etwa 1,60 Meter hohen Fang der Steinmauer. Dieses vor mehr als achtzig Jahren aufgenommene Lichtbild erläutert in vollendeter Weise die Grundsätze des Meisters.

General Freiherr v. Holzing, einer der ersten höheren Offiziere, die sich der neuen Art zu springen in Deutschland zuwandten. Ein ebenso eleganter Schulreiter wie moderner Springreiter. Dennoch, mit der Freiherr v. Holzing 1914 in Magdeburg einen Hochsprungrekord von 1,90 Meter aufgestellt hatte, machte unter ihrem Besitzer den ganzen Feldzug mit, diente ihm nach dem Kriege als Kutsch- und Ackerpferd und erzielte bei einem Turnier in Baden-Baden 1922 (Bild) wieder Höchstleistungen.

Einige typische Bilder der früheren Haltung von Reiter und Pferd beim Springen.
Der Sitz tief im Sattel sollte auch während des Springens beibehalten werden. Wo nicht ein ganz besonders fester Schluß trotzdem die Freigabe des Halses erlaubte, wurde der Hals des Pferdes meist festgehalten, was zu verkrampfter Haltung von Reiter und Pferd führte.

Oben links: Frau Weigel im Damensattel, eine gewiß sehr schwierige Art über Hindernisse zu reiten, aber es war dazumal, als dieses Foto entstand, die einzige Möglichkeit für die Damenwelt, reiterlich aktiv zu sein. Die lange Gerte ersetzte den rechten Schenkel, der an der linken Seite über einem Bügel lag. Das Pferd konnte also nur mit dem linken Schenkel und der Reitgerte angetrieben werden. Frau Weigel ist die Mutter von Frau Liselotte Kanehl, verwitwete Fangman.

Oben rechts: Frau Spielberg bekam die spätere Olympiasiegerin Tora von ihrem Mann zum Geschenk und ritt sie mit großem Erfolg. Die ungestüme Stute sprang bei einem Turnier in Kreutz, ohne jemanden zu verletzen, über die Zuschauer hinweg, die in sieben Reihen hintereinander standen. Damit weckte sie das Interesse deutscher Reitsportexperten.

Oberleutnant Sahla auf Wotan am großen Wall beim Derbyturnier in Hamburg 1932.

Aufmarsch der Nationen in Warschau 1936. Auf dem rechten Flügel die deutsche Mannschaft und Frau v. Opel.

Tag des Nationen-Preises in Warschau 1937. Rittmeister Momm auf Alchimist.

Empfang der Equipen in Warschau.

Marschall Pilsudski überreicht den Preis der Polnischen Armee an Rittmeister Momm.

In fröhlicher Turnierrunde. Ein Teil der Prominenz der deutschen Reiter: Frau v. Opel, Momm, Brandt, Ernst Hasse, Graf Westphalen und der Dressurreiter Wätjen.

Rittmeister Lippert, langjährige Stütze der deutschen Auslandsmannschaft, nahm bereits bei der Olympiade Amsterdam an der Vielseitigkeitsprüfung auf Flucht teil und kam auf der Berliner Olympiade in dieser Prüfung auf Fasan auf den sechsten Platz. Hier auf Mollwitz bei der Olympia-Vorbereitungs-Military 1934 in Wiesbaden. Im Hintergrund links: Reichssportführer v. Tschammer und Osten.

Rittmeister Ernst Hasse auf Der Aar beim Überwinden eines 2x2 m Oxers im Stechen um den Sieg eines S-Springens in Aachen.

Oben: Genf 1929. Die deutsche Mannschaft.

Rechts: Major a. D. Kurt Neumann aus Semerow bei Schivelbein, Kreis Belgard, auf Ulan 1943. Er war wohl einer der bedeutendsten Pferdeleute in Deutschland nach dem Ersten Weltkrieg. Von seinem Gut gingen viele der herrlichen Pferde unter den verschiedensten Reitern auf heimischen und internationalen Turnieren. Er war derjenige, der dem Schweden Axel Holst als erster deutscher Reitstallbesitzer seine Pferde für Großturniere zur Verfügung stellte. Man kann ihn als den Mann bezeichnen, der in Axel Holst das reiterliche Genie erkannte und förderte. Neben seinen reiterlichen Qualitäten war Neumann ein ausgezeichneter Reitlehrer und bedeutender Führer ländlicher Reitervereine, die er in großem Umfange unterstützte. Er war Initiator vieler Turniere, und seine Verbindungen gingen vor allem zum Generalfeldmarschall v. Mackensen, dem Danziger Leibhusar und Führer großer Truppenverbände im Ersten Weltkrieg. Auch die Familie Mackensen war eng mit der Neumanns verbunden. Er liegt begraben in Geiglitz, Kreis Regenwalde, wo der Vater der Olympiasiegerin Tora nach einem Beinbruch 1936 getötet wurde.

Die siegreiche deutsche Mannschaft mit ihren deutschen Pferden in Amerika 1930. Von links: Oberleutnant v. Nagel auf Wotan, Major Freiherr v. Waldenfels auf Baccarat, Oberleutnant Momm auf Kampfgesell und Oberleutnant Hasse auf Derby.

Turnierplatz „Unter den Eichen" in Wiesbaden, Pfingsten 1932. Interessierte Teilnehmer am großen Wassergraben. Im Vordergrund von links: Oskar Waldrich, Siegen; Freiherr v. Waldenfels, Leiter des Springstalls der Kavallerieschule; Carlo Schunck und Graf Uexküll, beide Kavallerieschule Hannover; Irmgard v. Opel.

Eine glänzende Fotomontage von Wisskirchen aus Berlin. Von links: Barnekow, Heinz Brandt, Freiherr v. Waldenfels, Ernst Hasse und Richard Sahla.

Sieger im Preis der Nationen unter dem Equipechef v. Weingart in Aachen 1935. Von links: Freiherr v. Nagel auf Wotan, Schunck auf Nelke, Ernst Hasse auf Nemo und Großkreuz auf Harras.

Weihnachtsfeier 1935, eine Gruppenaufnahme in der Reithalle des Springstalles. Untere Reihe von links: Einziger Zivilist Herbert Frick, Heinz Pollay (späterer Olympiasieger in der Dressur), Brandt, Momm, Freiherr v. Waldenfels, v. Salviati, v. Barnekow, Schlickum, Sahla, Kurt Hasse. Der linke Jagdhund gehörte v. Barnekow, der Hund, den Sahla hält, gehörte Weidemann und Kanehl. 2. Reihe: Der Bursche von Momm, Zobel, Lamm, der Bursche von Ernst Hasse, Silbernagel, Pfannenschmidt, Kanehl, Staudinger, Weidemann, Pietschmann, Kistner. Das waren die Militärs, die Namen der Zivilisten sind nicht bekannt.

Zum letzten Male führte v. Waldenfels die deutsche Equipe im eigenen Land. Sie gewann nach den Erfolgen bei den Olympischen Spielen in Berlin in Aachen den Preis der Nationen. Von links: Rittmeister Momm, Rittmeister Kurt Hasse, Rittmeister Brandt und Hauptmann v. Barnekow mit ihrem Equipechef, Oberst Freiherr v. Waldenfels.

Freiherr v. Waldenfels bespricht mit seinen Offizieren den Trainingsplan für ihren Start in Nizza 1935. Von links: Momm, Weiking, v. Baade, Ernst Hasse, Schlickum, Kurt Hasse, Brandt, v. Salviati.

Im Spezialtraining: Marten v. Barnekow, Lippert, Brandt, Momm, Schmalz, Sahla, Ernst Hasse, in der Mitte zwischen Momm und Schmalz Freiherr v. Waldenfels.

Oberleutnant H. H. Brinckmann auf Prinz in vollendetem Stil.

Generalleutnant Volk, Chef der Kavallerieschule, mit Equipechef Major Momm in Hannover 1937.

Vor dem Start nach Rom 1937. Von links: Oberleutnant Freiherr v. Wangenheim auf Fliegerheld, Rittmeister Kurt Hasse auf Tora, Rittmeister Momm auf Landrat, Hauptmann (E) Marten v. Barnekow auf Bingo, Oberleutnant Kahler auf Wange und Oberleutnant Brinckmann auf Baron IV. Aufgenommen ist das Foto auf dem Blackelayon, dem ehemaligen Reitplatz des Jagdstalles Hannover. Benannt wurde der Platz nach seinem Erbauer dem Rittmeister v. Blackelay. Auf diesem Platz wurden die jungen Vielseitigkeitspferde trainiert und auf der Sandbahn, die rund um den Platz ging, gekantert, nach Stoppuhr sechshundert Meter in der Minute. Im Hintergrund erkennt man noch einige feste Sprünge.

Genf 1938: Oberstleutnant v. Arnim mit der siegreichen Mannschaft im Nationen-Preis.

Alchimist unter Major Momm.

Berlin 1939. Von links: Momm, Kurt Hasse, Max Huck, Brinckmann. Die Siegerpferde waren: Alchimist, Tora, Arthur und Baron IV.

Die vier siegreichen deutschen Reiteroffiziere in Berlin 1937. Von links: Rittmeister Momm auf Baccarat, Hauptmann v. Barnekow auf Olaf, Oberleutnant Brinckmann auf Alchimist und Rittmeister Kurt Hasse auf Dedo.

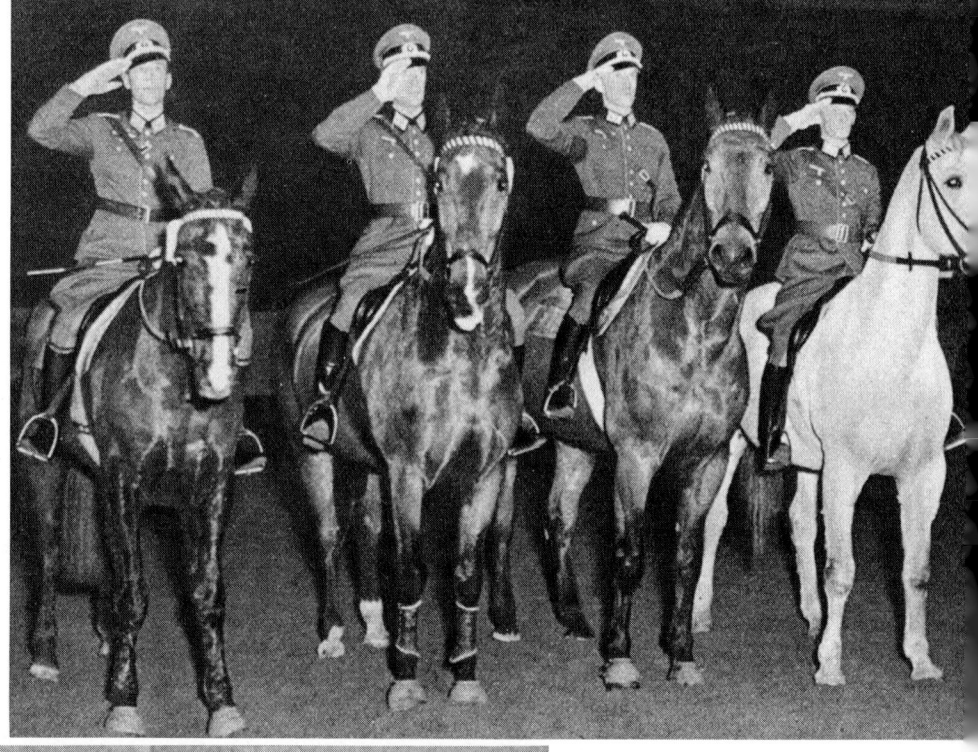

1937 gratuliert der Führer und Reichskanzler der deutschen Mannschaft nach ihrem Sieg in Berlin: Rittmeister Momm, Hauptmann (E) v. Barnekow, Rittmeister Kurt Hasse und Oberleutnant Micky Brinckmann.

Oben: In der gewaltigen Glaskuppel des Grand Palais wurde der Nationen-Preis, das Hauptereignis des Turniers, zwischen den Offiziersmannschaften von neun Nationen ausgetragen. Deutschland siegte mit 33 Punkten vor Irland und Frankreich. Unser Bild zeigt die deutsche Mannschaft bei der Siegerehrung: Vorn Rittmeister Momm, dahinter von links: Oberleutnant Brinckmann, Rittmeister Kurt Hasse und Hauptmann v. Barnekow.

Rechts: Oberleutnant Brinckmann (links) auf Alchimist siegte 1937 im Preis der nationalsozialistischen Erhebung vor Rittmeister K. Hasse auf Fridolin.

Die Sieger in den Vielseitigkeitsprüfungen um den Preis des Stabschefs der SA Lutze und um den Preis des Reichsführers-SS. Von links: Stabsführer Herzog, Obergruppenführer Prinz zu Waldeck, SS-Mann Moritz, SA-Mann Thiedemann und SA-Obergruppenführer Litzmann.

125

Oben: Rittmeister Brinckmann am gewaltigen Mauersprung in Amsterdam auf Oberst II.

Mitte: Rittmeister Max Huck auf Arthur im Stadion Amsterdam.

Links: Siegerehrung im Nationen-Preis 1939 in Amsterdam. Major Momm mit dem Ehrenpreis, rechts Rittmeister Brinckmann auf Oberst II.

Oberleutnant Lippert in vollendeter Manier auf Friedericus.

Zum letzten Male ritt eine deutsche Offiziersmannschaft in die Aachener Soers ein. Kurz vor Beginn des Krieges war es ein Abschied von den besten Reitern der Welt, denn nur Thiedemann, Winkler, A. Schockemöhle und Simon konnten später den Grad reiterlichen Könnens erreichen, wie wir ihn dazumal in mindestens dreißig deutschen Reitern fanden.
Von links: Harald Momm auf Alchimist, Fritz Weidemann auf Alant, Max Huck auf Arthur und Micky Brinckmann auf Oberst II.

Zum letzten Male uniformiert in Rom. Sie gewannen 1940, nachdem sie dreimal zweite geworden waren, erneut die Coppa Mussolini. Momm auf Alchimist, Ernst Hasse auf Notar, Brinckmann auf Oberst und Weidemann auf Alant.

Major Graf Rothkirch auf Draufgänger.

Er war der erste Leiter des Springstalles der Kavallerieschule Hannover, aber nur für ein Jahr, dann löste ihn Waldenfels ab.

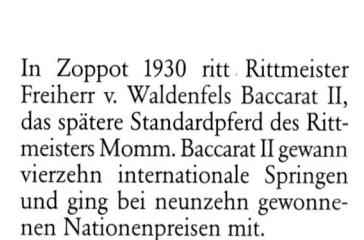

In Zoppot 1930 ritt Rittmeister Freiherr v. Waldenfels Baccarat II, das spätere Standardpferd des Rittmeisters Momm. Baccarat II gewann vierzehn internationale Springen und ging bei neunzehn gewonnenen Nationenpreisen mit.

Oberst Freiherr v. Waldenfels auf Winzige in vorbildlichem Stil. Er war nicht nur ein glänzender Reitlehrer und hervorragender Equipechef, sondern als überragender Reiter auch ein Vorbild.

Rittmeister Momm auf Baccarat II. Er gehörte am längsten dem Springstall an, war kein starker Dressurreiter, galt aber als ungewöhnlich geschickt im Parcours. Er hat neunzehn internationale Springen gewonnen, ritt an dreißig gewonnenen Nationenpreisen mit, womit er heute noch an der Weltspitze steht, dabei war er zehnmal bester Einzelreiter aller Nationen, somit hatte er sechzig internationale Siege. Mit Baccarat II gewann er 1933 das Springderby. Siege mit Baccarat II hatte aber auch Marten v. Barnekow und v. Nostiz-Wallwitz. Momm übernahm 1936 den Springstall in Hannover, der dann später nach Krampnitz umsiedelte. Momm war überaus sympathisch und ein allseits beliebter Vorgesetzter. Er hatte einen Stamm hervorragender Unteroffiziere und Wachtmeister und über sechzig Spitzenpferde in einem Stall vereinigt. Während bei Waldenfels jeder Spitzenreiter nur ein Spitzenpferd haben durfte, hatte bei Momm jedes Mitglied des Springstalles fünf und mehr. Das Siegen war leichter geworden. Auch machte er einige Unteroffiziere zu Offizieren und hob somit das Niveau des Springstalles erheblich.

Rittmeister Momm auf Baccarat II, einem der zuverlässigsten Springpferde.

Die Streckung des Pferdes gleicht der Reiter in hervorragender Weise aus. Es war eines der am besten abgestimmten Paare im Springsport. Rittmeister Momm auf Baccarat II in Rom 1933.

Harald Momm auf Baccarat II. Zuerst als Holsteiner gewürdigt, hieß es später, er sei unbekannter Abstammung. Viele tippten auf Irländer. Wahrscheinlicher ist, daß er als gutes deutsches Pferd als Irländer angeboten wurde, und zwar durch die Besatzungsmacht, denn dazumal konnten angeblich nur Irländer springen.

Leutnant Harald Momm auf Tora während des Turniers 1931 in Wiesbaden-Erbenheim.

Major Momm auf Alchimist. Nachdem Wachtmeister Kanehl den großen Hellbraunen ausgebildet hatte, ritt ihn Brandt 1936 auf internationalen Turnieren vollendet und sehr erfolgreich. Als Brandt den Springstall 1936 verließ, wurde H. H. Brinckmann der Reiter von Alchimist. Dieser ritt ihn 1937 und gewann mit ihm zehn internationale Springen.

Staatschef Benito Mussolini überreicht Major Momm die Coppa d'Oro Mussolini, 1940.

Unten links:
Rittmeister Harald Momm auf Baccarat II.

Unten rechts:
Die Ruhestätte von Oberst Momm in Oberkirch im Schwarzwald.

Der bedeutendste Reiter bis 1928, bis zu seinem Olympischen Dressursieg in Amsterdam, war Freiherr v. Langen. Er ritt Springen genauso souverän wie Militarys und war 1928 der überragende Dressurreiter des Olympischen Kampfes.

Frau Irmgard v. Opel auf Nanuk in Aachen 1934.

Freiherr v. Langen auf Irene, mit der er in der Military in Döberitz 1934 tödlich stürzte.

Chefreiterführer und SA-Obersturmbannführer Freiherr von Langen.

Zur Erinnerung an den unvergeßlichen Chefreitlehrer und Olympiasieger Freiherr v. Langen wurde auf dem Hamburger Derbyplatz ein kleines Denkmal errichtet, v. Langen gewann das Derby dreimal.

Freiherr v. Langen

auf Goliath

auf Irokese

auf Draufgänger
in Amsterdam 1928

auf Goliath
beim Geländeritt

Die Ehrung des Olympiasiegers in Aachen 1928.

auf Meerkönig 1926

auf Auer

auf Hanko

auf Falkner

Carl-Friedrich Freiherr v. Langen †
Aus der Zeitschrift „St. Georg"

Die Totenglocken schwingen und hallen dumpf durch das weite Land der Reiterei. Wie wohl in keinem andern Sport sind die Reiter aller Länder kameradschaftlich miteinander verbunden. Dazu tragen sicher die vielen Gefahrenmomente des Reitsports, der ein echter Kampfsport ist, bei. Fällt der Reiter eines Landes, dann beklagen ihn die Reiter aller Länder. So wird die Totenklage um Freiherrn v. Langen durch alle Länder gehen, denn überall, wo Reiter im Turniersport in den Sattel steigen, war Langen geschätzt und bekannt. Als bei den Olympischen Spielen von 1928 zu Amsterdam nach der Großen Dressurprüfung die deutsche Fahne am Siegesmast emporstieg und den Olympischen Erfolg von Freiherrn v. Langen verkündete, da waren es nicht nur die deutschen Reiter, die ihn hochhoben und auf den Schultern trugen.

Es ist bestimmt in Gottes Rat, daß die Besten der Reiterei in allen Ländern ihre Hingabe für den reiterlichen Kampf mit dem Herzblute besiegeln müssen. Die Italiener haben den gewaltigsten reiterlichen Neuerer, Caprilli, und eine ganze Anzahl seiner Schüler durch tödliche Reitunfälle verloren. In Frankreich verunglückte vor einigen Jahren der beste Mann, den die französische Springreiterei hatte, Commandant Horment, tödlich. Die Engländer sahen bei der Horse Show in Dublin ihren besten Reitersmann, General Malise Graham, tödlich stürzen. In Holland starb mit dem Pferde der treffliche Colembrander. Dem unvergeßlichen Prinzen Friedrich Sigismund von Preußen ist nach sieben Jahren sein bester und treuester Freund, Freiherr v. Langen, durch einen ganz ähnlichen Sturz gefolgt. Es ist ein grausames Schicksal, ohne Trost für die hinterbliebene Familie, und doch in etwas versöhnend durch den erschütternden, aber gewaltigen und erhebenden Abschluß eines unvergleichlichen heldischen Reiterlebens, in tausend Kämpfen zu siegen, und dann, einem neuen Siege nahe, tödlich mit dem Pferde zu stürzen. Denn, was den Freiherrn v. Langen dazu trieb, nach Jahren einer gewissen reiterlichen Ruhe wieder in den schweren Kampf einer Military mit den Olympia-Bedingungen zu gehen, das war die Überzeugung, daß er ohne den Kampf zu Pferde nicht leben konnte. Er mußte kämpfen und den andern ein Beispiel sein. Die Stellung, die Rolle Langens im Reitsport, seine Verdienste um diesen, sind nur zu verstehen, wenn man die Entwicklung des Turniersports nach dem Kriege genau kennt. Freiherr v. Langen wurde der praktische Exponent, der die Pläne, die man im Reichsverband für den Aufbau des Turniersports und für die Rolle des deutschen Pferdes gesponnen hatte, ausführte, in einer Weise so voller Tatkraft und Umsicht, wie es eben nur ein Langen konnte. Er ist es gewesen, der als erster in Schweden, Italien, der Schweiz, in Ungarn und in Holland, nach dem Kriege gezeigt hat, was deutsche Pferde können. Damals war alles unendlich schwierig. Es gab noch nicht die überzeugende Durchschlagskraft des Springstalles der Kavallerieschule Hannover, sondern es blieb alles der Initiative des einzelnen Privatmannes überlassen. Schon 1923 gewann Langen mit Goliath und einigen anderen Pferden in Malmö. Es folgten 1924 in Neapel, Rom und Pinerolo die Siege von Goliath, Hanko, Apoll und Rauhreif. Das Gastspiel in Holland wirkte nicht weniger überzeugend, und auch in der Schweiz hat Freiherr v. Langen, ebenso wie in Ungarn, ausgezeichnet abgeschnitten. In Deutschland konnte Langen in den Jahren 1920 bis 1928 die Turnierbahnen in jeder Art Prüfung tatsächlich beherrschen. Sein Reiterleben und seine Reitererfolge stehen, das kann man wohl ohne jede Übertreibung sagen, auf der ganzen Welt einzig da. Wohl kaum jemals war ein einziger Reiter auf jedem Gebiete der Reitkunst so zu Hause wie Langen. Er war Meister in den Vielseitigkeitsprüfungen. Er gewann viele schwere Dressurprüfungen. Er siegte in unzähligen Jagdspringen, hatte beim Stechen über erhöhte Hindernisse die festen Nerven und die Sicherheit, das Pferd zu regulieren bis zuletzt. Er betrieb das Hochspringen mit besonderem Erfolge. Seine Siege in Material- und Eignungsprüfungen zählen nach Hunderten. Fast alle seine Pferde hat er jung gekauft und selbst herangebildet. Er war nicht nur der Meister im Sattel, sondern der Mann mit dem fabelhaften Blick für Pferde, der sich hier und dort die künftige Größe heraussuchte und kaum einmal fehlgriff. Mit Ausnahme des herrlichen Hanko, einem französischen Beutepferd aus dem Weltkriege, und dem alten Irländer Royal Salute schlug er alle seine Schlachten für das deutsche Pferd. Die deutschen Züchter sind ihm ein Ehrenmal schuldig. Die bekanntesten deutschen Pferde, die er ritt, waren, außer Goliath, der alles konnte und der von dem Namen Langen unzertrennlich ist, die Trakehner Seidenspinner und Hartherz, ferner der doppelte Springderby-Sieger Falkner, Rauhreif, Emir, Apoll, Auer, Nosoza, Bodega, Honett, Glück und Glas, Siegfried, Cyrano, Prinz XI, Matador, Leibfuchs, Servatius. Die Olympia-Dressurprüfung hatte Freiherr v. Langen auf Draufgänger gewonnen, der aus dem Stalle Staeck für einige Zeit in Langens Besitz übergegangen war.

In Freiherrn v. Langen schlummerten die Keime zu jeder reiterlichen Entwicklung. Er wäre sicher auch ein ausgezeichneter Rennreiter gewesen, hätte ihn sein hohes Gewicht hier nicht abgehalten. Sein schnelles Reiten in den Querfeldeinstrecken der Militarys beweist seinen Sinn für das rascheste Tempo und seine Begabung für die Beherrschung des Pferdes in höchster Geschwindigkeit. Langen hatte als junger Offizier bei den 1. Garde-Ulanen einige Rennen geritten. Er konnte nicht lange dienen, weil ihn der Tod seines Vaters zwang, den Abschied aus dem aktiven Dienst zu erbitten, um die Verwaltung der Langenschen Güter zu übernehmen. Beeinflussend für seine reiterliche Entwicklung ist, wie bei allen deutschen Reitern, die militärische Reiterei gewesen, war er doch als ganz junger Leutnant zu der einige Jahre vor dem Krieg eröffneten militärischen Neben-Reitschule Paderborn kommandiert gewesen. Für seine reiterliche Verfeinerung sorgte nach dem Kriege der unvergeßliche deutsche Reitmeister Gustav Göbel, dessen Lehren Langen geradezu mit Leidenschaft annahm. Von Göbel hatte Langen die feine Hilfengebung, die leichte Einwirkung bekommen, die ihm seine zahlreichen Siege in den Dressurprüfungen ermöglichten und die die Grundlagen bildeten zu seinem Olympiasieg.

In einer Zeit, wo sich die Reiter mehr und mehr spezialisierten, wo sich Gruppen von einer gewissen Einseitigkeit, wie die Dressurreiter, die Springreiter, gebildet haben, muß man mit besonderer Dankbarkeit des Freiherrn v. Langen gedenken, dessen reiterliche Betätigung jede Einseitigkeit ausschloß. Er ist vielleicht der letzte große vielseitige Reiter in der Geschichte der Reitkunst gewesen. Wenn wir nicht auf die Heranbildung vielseitiger Reiter hinarbeiten, kommen wir in die Gefahr, die Reitkunst ganz zu verlieren. Sicher wird der Reichsverband dem Andenken des Verstorbenen den Tribut der Dankbarkeit zollen und für alle Zeiten als „Langen-Gedächtnispreis" eine Prüfung ausschreiben, die durch ihre Bedingungen vielseitige Reiter heranbildet und auszeichnet.

Der Ritt in der Döberitzer Military am 15. Juli zeigte allen Langens Routine und Energie noch einmal. Er führte die Stute Irene, die noch nicht auf der Höhe der Ausbildung stand, in seiner meisterhaften Weise über den schweren Geländeritt bis zum vorletzten Hindernis, nachdem die Stute an dem fünf Meter breiten Rheinbaben-Graben kopfüber gegangen war. Am vorletzten Sprung, einem sieben Meter auseinanderstehenden, durch die wellige Bodenbeschaffenheit schwer anzugehenden Doppelrick, stürzte die Stute über das erste Rick so unglücklich, daß sie auf den Reiter zu liegen kam. Freiherr v. Langen trug einen Beckenbruch, eine Zerreißung der Blase und weitere innere Verletzungen davon. Einige Tage hoffte man, daß die sprichwörtlich gewordene Lebensenergie des Freiherrn v. Langen der Kunst der Ärzte, die sofort eine Operation vorgenommen hatten, in ausschlaggebender Weise zu Hilfe kommen würde. Aber die inneren Blutungen schwächten den Körper von Tag zu Tag mehr und zehrten die Kräfte auf. Am Freitag, dem 3. August 1934, frühmorgens um 2 Uhr, ist Freiherr v. Langen verschieden. Mit Erschütterung stehen wir vor seinem frühen Sterben. Walküren holen den mit dem Lorbeer des Olympiasiegers geschmückten Reiterhelden heim nach Walhall, wo er alle großen Reiter der Zeiten vor ihm trifft. Möge das Opfer seines Lebens segnend über der deutschen Reiterei stehen und mögen aus diesem Opfer Reiter wachsen, die es Freiherrn v. Langen gleichtun werden. Er gereichte seinem Vaterlande zur höchsten Ehre. Die Reiterei der ganzen Welt sah mit Stolz auf diesen deutschen Reiter.

Aus der ersten Ehe des Freiherrn v. Langen sind zwei erwachsene Söhne und eine Tochter vorhanden. Freiherr v. Langen war in zweiter Ehe vermählt mit Marie Luise v. Prollius, die, wie wohl noch keine zweite Frau, sein Reiterleben mit ihm geteilt hat als Beraterin, Gehilfin und als ein steter stiller Ansporn, den Sieg in der höchsten Vollkommenheit und in der schönsten Form anzustreben. Als die ländlichen Reit- und Fahrvereine mehr und mehr emporblühten, hat auch Freiherr v. Langen ihnen seine starke praktische Hilfe geliehen, indem er als Vorsitzender an die Spitze des Provinzialverbandes der ländlichen Reitervereine Pommerns trat. Das war ein Vorbild für die ländliche Jugend! Als mit dem Siege der nationalsozialistischen Erhebung die ländlichen Reitervereine in die SA überführt wurden, wirkte Freiherr v. Langen mit Begeisterung und mit besonderer Tatkraft mit. Er war Chefreiterführer bei einer Obergruppe der SA.

Die Trauerfeier für Freiherrn v. Langen
Aus der Zeitschrift „St. Georg"

Nachdem durch die SA die feierliche Abholung der irdischen Überreste des Freiherrn v. Langen vom Potsdamer St. Josef-Krankenhaus stattgefunden hatte, ging am 6. August in Parow die Trauerfeier vor sich. Auf grünem Plane vor dem Schlosse, angesichts der See und der Küste von Rügen, die im Sonnenschein schwammen, war der Sarg aufgestellt, umgeben von der schweren Last von Hunderten von Kränzen militärischer, reiterlicher und züchterischer Organisationen, sowie von bekannten Persönlichkeiten. Ein berittener SA-Sturm flankierte vor dem Schloß. Stürme zu Fuß schlossen im großen Rechteck das Bild, in dessen Mittelpunkt man alle bekannten Reitersleute, vor allem die Reiterkameraden aus Langens großen Reitertagen, wie Freiherrn v. Buddenbrock, Oberstleutnant Freiherrn v. Waldenfels, Herrn Pulvermann, Major a. D. Bürkner, Graf Trautvetter, Herrn Olson, Oberleutnant Freiherrn v. Nagel, Herrn A. Staeck und viele andere neben den Abordnungen der Vereine, Verbände und Formationen sah.

Am Fuße des Sarges hielt der treue Hertel, der alle Langenschen Sieger gestellt hatte, den 32jährigen noch ganz frischen Hanko. Den Braunen, so lange Jahre der Liebling des deutschen Turnierpublikums, muß einst in Frankreich ein Schulreiter besessen haben, der ihm die Levade beibrachte, die Hanko später so oft an Turnieren gezeigt hat. Als Superintendent Schumacher in einer ergreifenden, dem Toten ganz gerecht werdenden Trauerrede den olympischen Sieg des Freiherrn v. Langen pries und von seinem echten Reitertum Abschied nahm, da erhob sich Hanko, wie berührt von einer geheimnisvollen, zauberhaften Übertragung, zur Levade und erwies seinem toten Reiter die letzte Reverenz. Mit gespitzten Ohren stand der wunderbare Braune an dem Sarge, als die schmetternden Klänge der Kavallerie-Retraite dem Toten die letzten Grüße der Welt, die er so innig geliebt, zuriefen.

Nach dem Superintendenten Schumacher sprachen noch kurz der Präsident des Warmblut-Reichsverbandes, Exzellenz v. Poseck, der Inspekteur der SA- und SS-Reiterstürme, General a. D. Hederich, und ein Vertreter der Regierung. Die Beisetzung fand im Kreise der Familie in Neuhof, einem Langenschen Gute bei Sternberg in Mecklenburg, statt.

„Mein Regiment – mein Heimatland", so hieß ein altes Soldatenlied. Dies ist der Eingang zum weltberühmten Springstall der Kavallerieschule Hannover.

Das war der Hof des Springstalles, schon von Häusern umbaut, trotzdem erkennt man die Vielzahl von Hindernissen.

Der Kommandeur der Kavallerieschule Hannover, in der Zeit, da Waldenfels den Springstall leitete: General Freiherr v. Dalwigk-Lichtenfels auf der Trakehnerin Frauchen, die sonst Brandt ritt.

Am Anfang jeder Springkarriere steht die Ausbildung der Springkanonen. In Weidemann (von links), Staudinger und Kanehl standen dem Springstall von Hannover drei Reiter zur Verfügung, die ihre Turniergeschichte selbst geschrieben haben. Während Weidemann und Staudinger inzwischen verstorben sind, reitet Kanehl noch immer und ist ein eifriger Mitarbeiter an diesem Werk. Weidemann kam vom Reiterregiment 18 zunächst zum Ergänzungsstall des Obersten v. Flothow. Von dort 1931 zum Springstall, wo er Berittunteroffizier von Oberleutnant Ernst Hasse wurde. Er ritt dort Pferde wie Bosco und Hein hervorragend in der Arbeit. Die Trakehnerstute Preisliste fand in ihm ihren größten Steuermann. 1937 wurde er Offizier und ritt Fridolin, Alant und Olaf zu großen Erfolgen. Nach dem Kriege war er sofort wieder mit dabei, wurde nach v. Barnekow Leiter des Springstalles des DOKfR, ritt Toni und stellte mit Prinz zu Salms Harras einen neuen deutschen Hochsprungrekord über 2,15 Meter auf, der in zwanzig Jahren nicht gebrochen wurde.
Staudinger kam 1930 von der Infanterieschule Dresden zum Springstall. Er betreute die wertvollen Pferde als „Mutter des Springstalles". Auch er wurde 1937 Offizier.
Otto Kanehl kam 1931 vom Reiterregiment 13 zum Springstall. Er wurde dem damaligen Oberleutnant Brandt zugeteilt, dem wohl bis heute besten Reiter der Welt. Mit ihm arbeitete er viele Pferde und bildete sie aus, darunter Herold, Undank, Bianka, Tango, Nemo, Holsteiner, Alchimist und Nike.
Alchimist wurde zuerst von Kanehl geritten und hatte unter ihm seine ersten Turniererfolge. Später mußte er den gewaltigen Braunen an Brandt abtreten, der ihn für die Olympischen Spiele 1936 vorbereitete. Kanehl wurde 1937 Nachfolger von Staudinger, also „Mutter des Springstalles", und 1940 Offizier. Er wurde Lehrer einer Wehrkreisreit- und Fahrschule und später Leiter einer Ausbildungsschule bei einer Armee in Rußland. Er ist der letzte Angehörige des Springstalles, der trotz hohen Alters noch aktiv an Pferdeleistungsschauen teilnimmt.

Die deutschen Springpferde Tora, Derby, Wotan und Baccarat II. Sie galten zu ihrer Zeit als die besten Springpferde der Welt.

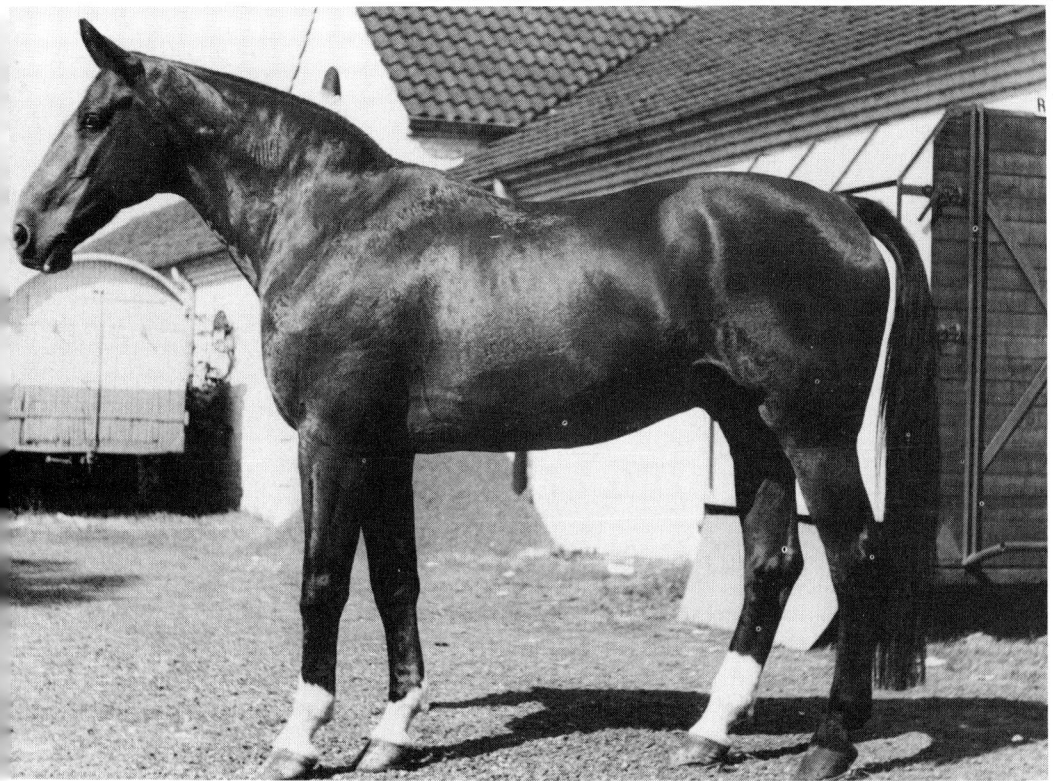

Das erfolgreichste Springpferd der Welt: Der Holsteiner Meteor, der einhundertfünfzig Springen gewann und an drei Olympiaden beteiligt war. In Helsinki wurde er dritter, in Stockholm vierter und in Rom mit nur einem halben Zeitfehlerpunkt Unterschied sechster. Das Foto entstand während des Turniers in Aachen 1961, bei dem Meteor seinen letzten Start unter seinem Meisterreiter Fritz Thiedemann mit sehr viel Erfolg bestritt. Es war auch das letzte Turnier für Fritz Thiedemann, dem bis dahin erfolgreichsten deutschen Reiter.

Ausbildung der Springpferde über den „Piano". Vorn Kanehl auf Bianka, dann Förster auf Akazie, Weidemann auf Nordsturm und Beckendorf auf Reseda. Pferde ohne Hilfszügel in vollständig natürlicher Haltung. Spitzengrad der Ausbildung.

Von Fotografen hielt Heinz Brandt scheinbar gar nichts. Man sieht es an der herausgestreckten Zunge. Vor ihm Micky Brinckmann, Marten von Barnekow und Oberleutnant Kurt Hasse.

Oberleutnant E. Hasse, General v. Dalwigk-Lichtenfels, Major Freiherr v. Waldenfels und Leutnant Heinz Brandt beim Training für Rom 1932.

Leutnant Brandt 1931 auf dem Ostpreußen Der Mohr, der dann später unter Kurt Hasse viele große Erfolge hatte.

Leutnant Heinz Brandt auf Tora am Beginn der großen Laufbahn, die sie an die Spitze der Pferde der Welt brachte. Tora wurde das zuverlässigste Springpferd in den Preisen der Nationen. An neununddreißig gewonnenen Preisen war sie fünfundzwanzigmal beteiligt. Ihre ersten Erfolge hatte sie unter ihrer Besitzerin Frau Spielberg. Diese stellte die Holsteinerin, die von einem englischen Hackney-Hengst abstammte, dem Springstall zur Verfügung, wo sie zuerst Momm zugeteilt wurde. Tora konnte gewaltige Sprünge machen, die nicht leicht auszusitzen waren, und sie war dabei noch ziemlich heftig. Schon ein halbes Jahr später übernahm sie Brandt, der 1932 mit ihr die erfolgreichste Saison hatte, denn sie gewann sieben Springen und war noch an drei gewonnenen Nationenpreisen beteiligt. In den Wintermonaten wurde sie unter Aufsicht v. Waldenfels' von einem Wachtmeister Schmidt dressurmäßig gearbeitet, damit ihr Tatendrang zu regulieren war. Ihre langen Winterhaare wurden regelmäßig vor dem Berliner Turnier geschoren. Nach erfolgreicher dressurgymnastischer Arbeit bekam sie einen ausgesprochenen Huntertyp, war also nicht so spillerich, daß sie Vorderzeug benötigte, um den Sattel nicht zu verlieren. Warum sich Brandt von Tora trennte, ist nicht ganz geklärt. Fest steht, daß dazumal ein Reiter nur ein Weltklassepferd zur Verfügung hatte. Da Brandt Baron IV seine Dummheiten abgewöhnen konnte und in ihm ein ausgesprochen schnelles Pferd hatte und dann in Alchimist ein Nachwuchspferd besaß, das zu großen Hoffnungen Anlaß gab, ist es möglich, daß er deshalb Ende 1934 die Stute an Kurt Hasse weitergab. Fest steht, daß Waldenfels ihn vor die Alternative stellte, entweder Baron oder Tora. Brandt war übrigens als junger Leutnant Rennen geritten, kam 1930 zum Springstall, wurde erfolgreichster Springreiter der Welt, ritt Tora zweimal in der Coppa d'Oro Mussolini, gewann mit Herold und Sportvogel zwei Olympiavorbereitungsmilitarys, wurde 1936, nach den Olympischen Spielen, Generalstäbler, ritt dabei Dressurpferde der Klasse S aus dem Stalle Staeck in Berlin. Bei Kriegsbeginn kam er in das Führerhauptquartier Abt. Organisation und gehörte zu den drei Toten beim Anschlag auf Hitler am 20. Juli 1944.

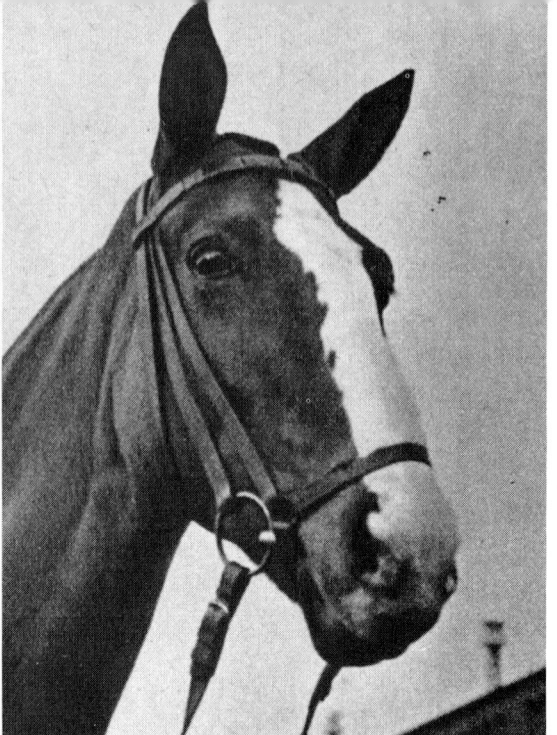

Unter den Größen des Springstalls nahm Oberleutnant Heinz Brandt eine Vorrangstellung ein. Er gehörte dem Stall sechs Jahre an, gewann in dieser Zeit neununddreißig offizielle internationale Springen und ritt an siebzehn gewonnenen Nationenpreisen mit. Er war der einzige Offizier, der junge Pferde ausbilden konnte. Seine größten Triumphe waren der Sieg im Preis der Republik in Berlin 1932, der zweifache Sieg in der Coppa Mussolini, der Sieg 1933 im Großen Preis von Aachen und die Olympische Goldmedaille in Berlin 1936. In Warschau 1935 siegte er fünfmal, dreimal mit Derby, zweimal mit Baron IV und wurde zweimal zweiter, unter anderen mit Tora.

Das beste Springpferd:
Die Holsteiner Fuchsstute Tora.
Gemälde von O. Maertè.

Brandt auf Tora, Olympiavorbereitung in Hannover 1936.

Rom 1933. Tora unter Oberleutnant Brandt bei ihrem Siegesritt.

Eines der ersten Fotos dieses weltberühmten Paares. Der Schaum im Maul beweist die intensive Vorbereitung. Brandt auf Tora.

Links:
Tora und Brandt, unvergessen im internationalen Springsport.

Rechts:
Brandt auf Tora. Rom 1933.

Oben links:
Tora liebte Süßigkeiten über alles.

Oben rechts:
So gewaltig sprang Tora. Bei der Arbeit 1932 unter Brandt: über einen Meter über das Hindernis.

Rechts:
Brandt auf Tora vor dem Absprung in Aachen 1933. Man beachte die tiefe Senkung der Hinterhand.

Brandt auf Tora in Aachen. Die Stute hat es nicht einmal nötig, den Hals langzumachen. Sie ist wohl Deutschlands bestes Springpferd gewesen dank der Ausbildung von Brandt.

Brandt auf Baron IV gegen die Elite der Welt. In Dublin feierten sie 1935 einen überragenden Erfolg. Sie gewannen als erste Ausländer den Preis der Republik. Dort bezeichnete man Brandt öffentlich als den besten Reiter der Welt.

Baron IV, Lieblingspferd zweier Generationen, setzte in den Wintermonaten seinen Reiter Ernst Hasse wegen eines gespannten Rückens gerne ab. Dann kam Brandt, der ihn zum erfolgreichsten Springpferd der damaligen Zeit machte. Oberlandstallmeister Dr. Rau bezeichnete Baron IV, zusammen mit Derby, Der Aar, Nanuk und Egly als typisches deutsches Halbblutpferd. Für ihn war das Aussehen und die Art der Bewegung von diesem Pferd vorbildlich. Übrigens Baron IV, Der Aar und Derby waren Hannoveraner, Nanuk ostpreußischer Abstammung und Egly Holsteiner. Es waren also drei deutsche Zuchtgebiete vertreten. Befragt nach seinem Lieblingspferd, wird Brinckmann nur eines nennen: Baron IV.

Oben links:
Brandt und Baron IV, die Sieger von Dublin 1935.

Oben rechts:
Als Sieger im Großen Preis von Aachen 1933: Brandt auf Coralle, einem mecklenburgischen Rotschimmel.

Links:
Brandt auf Herold, dem berühmten Rennpferd Trakehner Abstammung. Bei der Dressurprüfung der Military.

Unten links:
Brandt und Herold auf der Militarygeländestrecke. Auch hier ein vollendeter Stil.

Unten rechts:
Brandt auf Bianca.

Brandt auf Coralle in Aachen. Besitzer des Pferdes war das niederländische Königshaus.

Turmfink unter Oberleutnant Brandt.

Brandt mit Jungfrau.

Brandt auf Raswida, konzentriert auf den Sieg.

Brandts erstes großes Springpferd, der Hannoveraner Balmung.

Seinen ersten ausländischen Sieg holte sich Brandt auf Balmung 1932 in Rom.

150

Oben links:
Eines der ersten Pferde von Brandt, das internationales Format hatte, der Holsteiner Hein.

Oben rechts:
Die Mauer ist zwei Meter hoch. Brandt in vollendeter Manier. Alchimist in seiner Jugend springt noch nicht flüssig genug.

Rechts:
Brandt auf Alchimist vor dem Absprung. Aachen 1937. Brandt war als Gastreiter in Aachen, denn er gehörte nicht mehr zum Springstall.

Brandt auf Chef. Man beachte die einmalige Schenkellage und den klassischen Springsitz dieses Reiters, der das Pech hatte, kurz vor seiner Versetzung in den Springstall zu stürzen, wobei er einen schweren Kniescheibenschaden davontrug, der erst nach mehreren Operationen ein Weiterreiten ermöglichte.

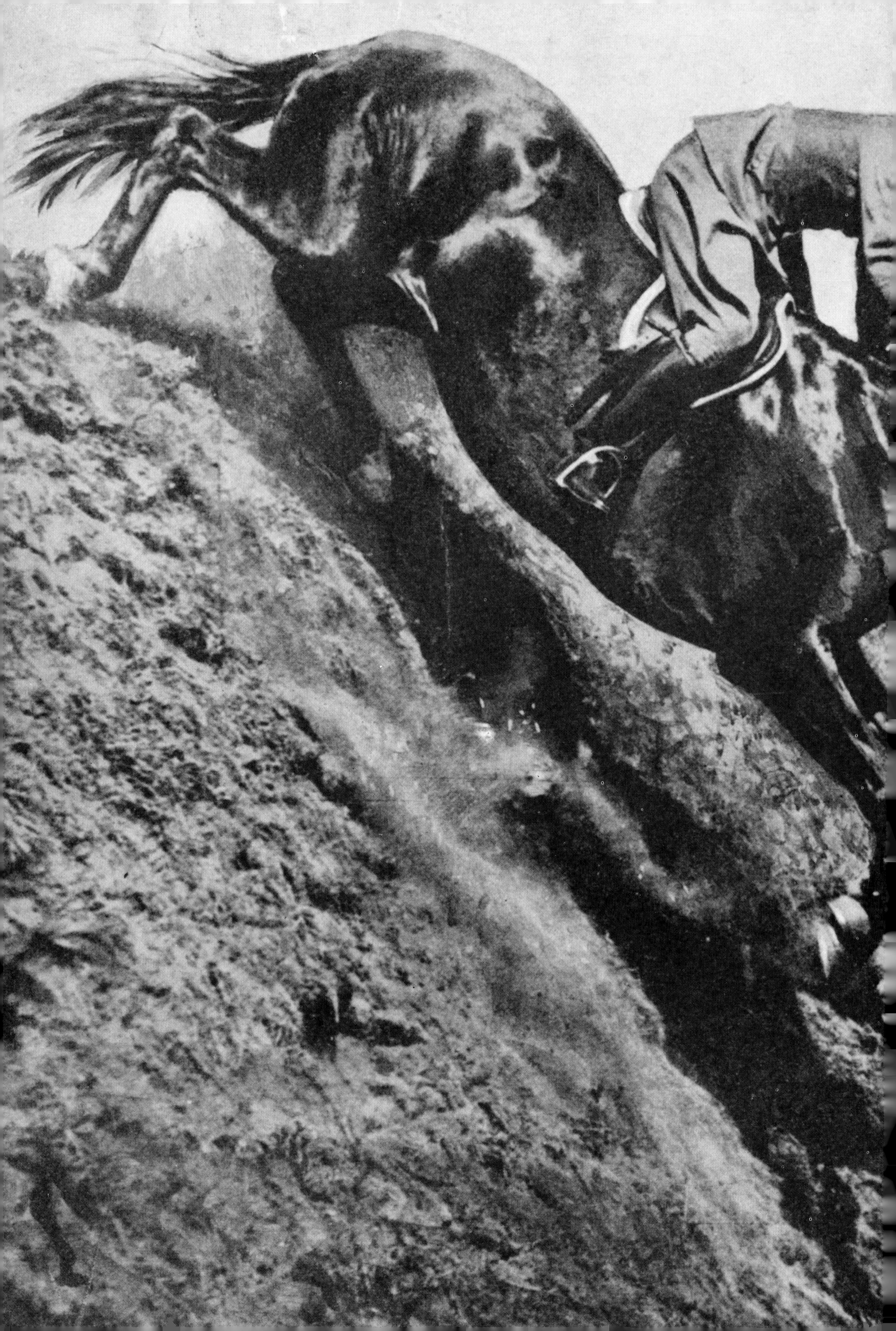

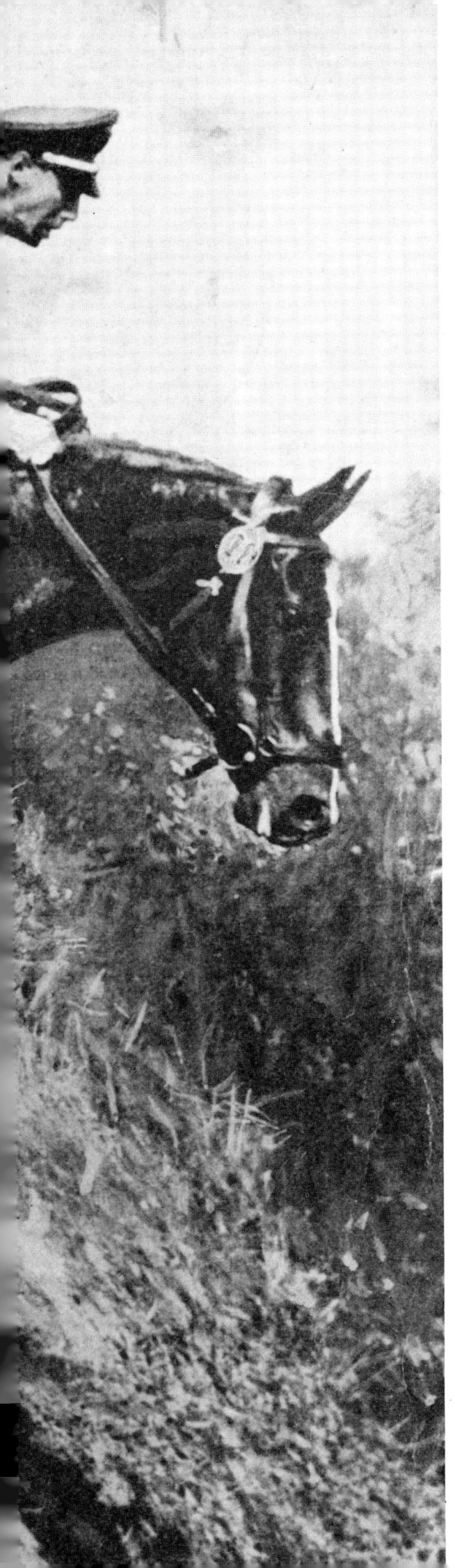

Man muß es einmal gewonnen haben: Das deutsche Springderby, Traumziel eines jeden Reiters.
Hier wird der Traum von Oberleutnant Momm auf Baccarat II 1933 erfüllt. Das Paar gleitet katzengewandt vom großen Wall. Man beachte die einmalige Manier von Reiter und Pferd.

Das Pferd, das Brandt wohl am besten lag und mit dem er die meisten Einzelsiege errang, war Baron IV. Er übernahm ihn reichlich unzuverlässig 1934. Baron IV war unerhört schnell, aber er hatte die Eigenart, abrupt stehenzubleiben, auch wenn es im Stechen war. In Brandt hatte das international erfolgreichste Springpferd der Vorkriegszeit einen begnadeten Reiter gefunden.

Brandt auf Baron IV in Nizza 1934. Man beachte die herrliche Bascüle des Pferdes.

Oben links:
Rittmeister H. Brandt auf dem Hannoveraner Baron IV.

Oben rechts:
Die Wohnung ist mit Ehrenpreisen dekoriert. Hier ein Schrank. Nachträglich ließ Brandt in jeden Ehrenpreis den Namen des siegreichen Pferdes eingravieren.

Rechts:
Brandt auf Balmung beim Hamburger Derby. Bei jedem Start hochplaciert, auch bei Stechen beteiligt, aber das wertvollste Springen konnte er, wie Axel Holst, nie gewinnen.

155

Brandt auf dem Übungsplatz der Kavallerieschule. Hier auf Bianca.

Ein glückliches Paar: Brandt mit Frau Ursula und den Pferden Rute und Raswida.

In Rom 1932: Leutnant Brandt auf der Trakehnerin Rute, die einer englischen Pferdenärrin gehörte.

In Aachen: Brandt auf Balmung über den großen Wall, der heute leider nicht mehr steht.

Brandt auf Baron IV beim Springderby 1934, wo sie nach Stechen dritter wurden.

Absprung vom Wall beim Derby 1934. Nach einem Galoppsprung kommen die gefährlichen Planken. Reiter und Pferd fixieren das Hindernis an.

Auch irische Wälle lösten bei Tora nur ein verschmitztes Lächeln aus. Diese kleine Stute sprang sie spielend. Auf ihrem Rücken sitzt Brandt, 1935 in Dublin.

Nichts charakterisiert die Reitweise von Brandt besser als die Ausscheidungskämpfe für die Olympischen Spiele in Berlin. Obwohl das Gesäß wieder weit aus dem Sattel ist, bleibt der Sitz ideal. Herrliche Anpassung, tiefer Absatz, Schulter, Zügelfaust und Pferdemaul bilden eine Linie. Alchimist, ein Naturspringer, ließ sich aber vor Hindernissen, die ihm unbekannt waren, gerne treiben. Er war nicht ganz so einfach, wie man es jahrelang glaubhaft machen wollte. Nach Brandt ritt ihn Brinckmann, dann Harald Momm, wo er in erster Linie bei Nationenpreisen eingesetzt war.

Brandt und Derby in atemberaubender Fahrt. Der beste Reiter auf dem damals erfolgreichsten deutschen Pferd.

Oben: Heinz Brandt auf Derby. Als Heeresremonte des Reiterregimentes 4 wurde er von Ernst Hasse ausgebildet. Achtundsechzig Springen hat er gewonnen und nahm an zehn gewonnenen Nationenpreisen teil. Hasse stürzte des öfteren mit ihm und mußte lange pausieren. Sein bester Reiter blieb Marten v. Barnekow, der mit ihm unter anderem Siege in Rom und im Springderby hatte. Später verweigerte er unter Barnekow genauso wie unter Brandt.

Unten links: Derby war das erfolgreichste Springpferd der Vorkriegszeit, aber seine größten Erfolge hatte er Ausgang der zwanziger, Anfang der dreißiger Jahre. Da sein Reiter und Besitzer Ernst Hasse häufig auf Grund von Krankheiten nicht reiten konnte, wurde der reichlich eigenwillige Fuchs oft von Barnekow und Brandt geritten. Hier unter Brandt, der ihn energisch anpackt.

Unten rechts: Heinz Brandt auf Ebro. Entgegen der deutschen Reitauffassung das Gesäß nicht zu hoch aus dem Sattel zu nehmen, hatte Brandt Schwierigkeiten wegen seines steifen Knies. Doch Schenkellage, Führung des Pferdes ideal und souverän.

1937: In Aachen verfolgte Harald Momm eine ausgesprochene Pechsträhne. Noch einmal ritt Heinz Brandt Alchimist. Auch er konnte das Schicksal nicht wenden.

Brandt gehörte zwar nicht mehr dem Springstall an, aber da es bei dem Equipechef Momm in Aachen nicht recht nach Wunsch lief, holte man ihn, um wieder Alchimist zu steuern. Im Preis der Nationen waren sie zweimal fehlerfrei. Züchter von Alchimist ist der ausgezeichnete Reitlehrer Fritz Meyer aus Stocksdorf, Kreis Sulingen, in Niedersachsen.

Oben links: Brandt auf Alchimist im Olympiastadion beim Kampf um die Goldmedaille. Der junge Hellbraune war erst sieben Jahre alt, als er von Brandt über den schweren Parcours gesteuert wurde. Außer sechs Wassergräben, darunter einer fünf Meter breit, waren drei dreifache Kombinationen zu springen, eine zweimal in zwei verschiedenen Richtungen mit je zwei Wassergräben, einmal vor und einmal hinter dem Hindernis. Da die Abstände sehr begrenzt waren, mußten die Pferde hervorragend taxieren. Alchimist hatte Schwierigkeiten, zum einen fehlte ihm die Erfahrung, denn es war sein erster Nationenpreis, und zum anderen hatte ein Gewitterregen die Grasnarbe rutschig gemacht, so daß der Wallach nicht kraftvoll genug abdrücken konnte.

Oben rechts: Springsport in der Vollendung. Mit tiefem Absatz die Hand mit Zügel am Kopf und langgeschnalltem Martingal: Brandt und Alchimist.

Unten: Alchimist unter Brandt über zwei Meter.

Eine Woche nach den Olympischen Spielen bei dem Turnier in Aachen zeigten Brandt und Alchimist ihre Sonderklasse. Sie gewannen gegen die Elite der Welt drei Springen, darunter auch das für die Olympiateilnehmer.

Die Ruhestätte des Generalmajors Heinz Brandt in Hannover.

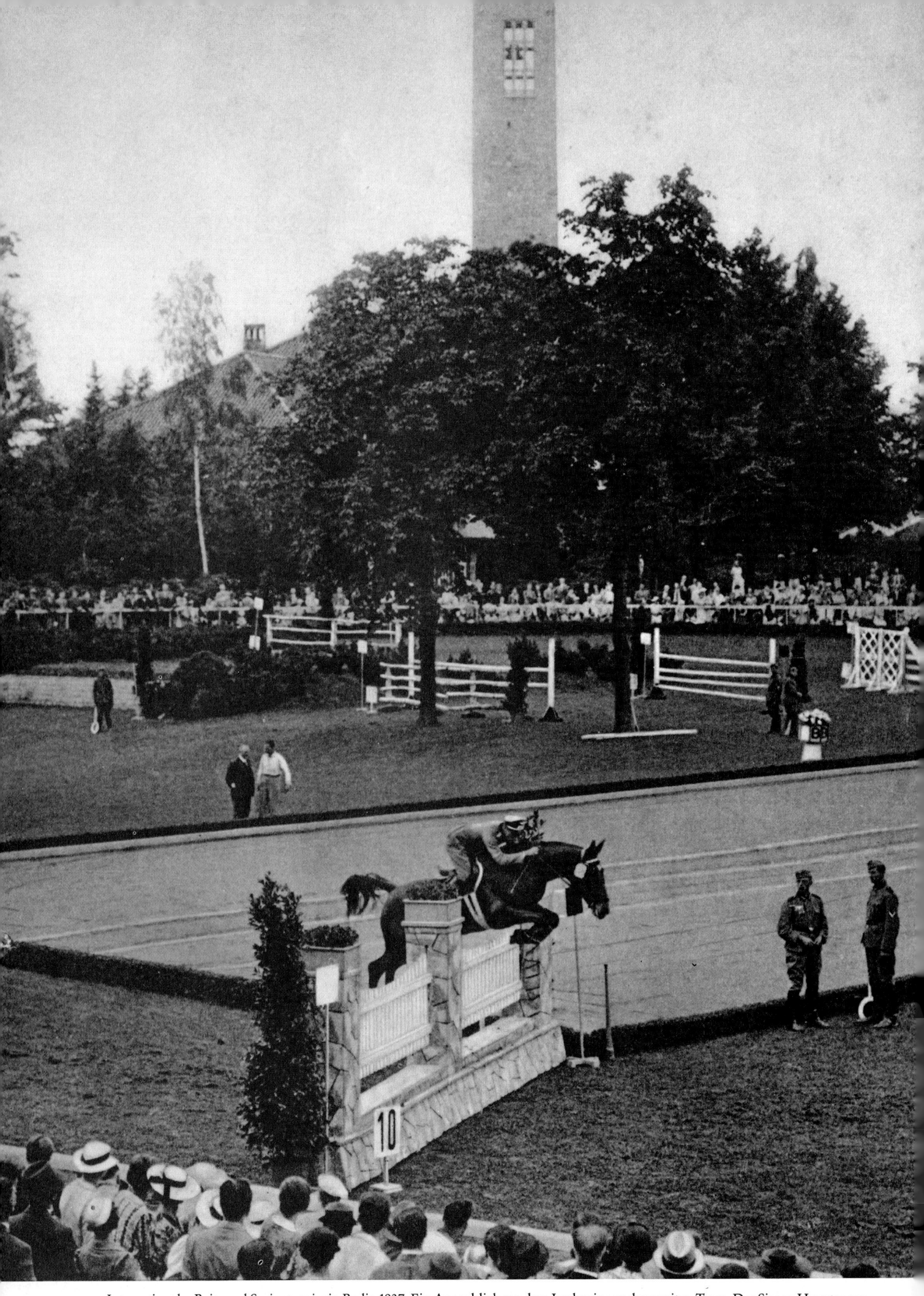

Internationales Reit- und Springturnier in Berlin 1937. Ein Augenblick aus dem Jagdspringen des zweiten Tages. Der Sieger, Hauptmann v. Barnekow, auf Olaf nimmt den Mauerzaun vor der Tribüne. Im Hintergrund der Glockenturm des Berliner Olympiageländes.

Marten v. Barnekow auf Olaf beim Sieg im Braunen Band, das er 1936 und 1937 in München-Riem gewonnen hat. Olaf entstammte der hannoverschen Zucht und war an sich ein langsames Pferd mit gewaltigem Springvermögen. Er war wohl der Schwierigste, den die deutsche Reiterei je besessen hat, bis ihn Polizeimeister Otto Schmidt in einem wahrhaft „olympischen" Kampf bezwang. Neben Tora und Alchimist, Derby und Wotan dürfte Olaf zu den bedeutendsten Springpferden gehören.

Oberleutnant Marten v. Barnekow. Sieger in der International Military Stake in New York 1928.

Marten v. Barnekow auf der Trakehner Stute Preisliste, mit der Fritz Weidemann seine ersten großen Erfolge errang.

Marten v. Barnekow auf Derby, hier 1933 nach seinem Sieg in Rom. Die Italiener schrieben, Barnekow hätte mit jedem deutschen Pferd gewinnen können. Dr. Gustav Rau schrieb: „Um Marten v. Barnekow beneidet uns die ganze Welt." Sein bestes Springpferd war Derby, mit dem er auch das Springderby in Hamburg 1929 gewann. 1932 wiederholte er diesen Triumph über den schwersten Parcours der Welt auf General, mit dem er auch 1931 in Rom gewann.
Barnekow siegte in fünfzehn internationalen Springen und ritt in elf gewonnenen Nationenpreisen mit, darunter in dem ersten in New York 1928. Er hatte Einzelsiege in den USA und in fast allen Staaten Europas, in denen es internationale Springen gibt. In Warschau gewann er 1936 gleich zweimal.

Rittmeister v. Barnekow auf Stürmer. Bis zum Absprung mußte der Reiter treiben.

Links:
Marten v. Barnekow auf Der Aar.

Unten links:
Rittmeister v. Barnekow auf Preisliste. Glanzvoll der Sprung. Obwohl das Pferd zu nahe an das Hindernis kam, gab es keinen Fehler.

Unten rechts:
Marten v. Barnekow auf Olaf beim olympischen Vorbereitungsspringen. Olaf war das Reservepferd v. Barnekow für das olympische Springen.

Marten v. Barnekow auf General, mit dem er 1931 in Rom die Siegesserie der deutschen Reiter eröffnete.

Sieger im wichtigsten Springen des ganzen Turniers: Preis des Reichsnährstandes (Jagdspringen der Kl. Sa) Hauptmann v. Barnekow auf Schneemann.

v. Barnekow auf Olaf auf dem Reitplatz des Olympiastadions, wo er den Preis des Führers und Reichskanzlers gewann. 1937

Nemo
(Hauptm. v. Barnekow)

Hauptmann (E) v. Barnekow auf Nemo. Selbst einem Weltklassemann rutschte mal der Absatz hoch, wenn man bis zum Schluß treiben mußte.

Olaf gewann unter v. Barnekow u. a. zweimal das Braune Band in München, 1936 und 1937. Es war ein mehrteiliges Springen, wie es Freiherr v. Waldenfels schon 1934 in Hannover eingeführt hatte. Barnekow siegte in Riem überlegen. Er war ein Reiter, den man nur äußerst schwierig beurteilen kann, weil man die Grenzen seines Könnens nur selten erproben konnte, denn er verließ schon 1930 den Springstall und wurde 1934 von Waldenfels im Hinblick auf die Olympischen Spiele in Berlin wiedergeholt.

Unten links:
Sein zweitbestes Pferd hatte Barnekow in dem Hannoveraner Olaf, den er übernahm, als er seine große Zeit eigentlich schon hinter sich hatte. Trotzdem erlebte ihn der Autor noch 1942 in der Kavallerieschule in Krampnitz. Olaf war in seiner Jugend Polizeipferd.

Unten rechts:
Hauptmann (E) v. Barnekow auf Olaf, Sieger im Braunen Band des Springsportes, eine Haltung, von der man lernen kann, wie sie sein soll: Pferd und Reiter blicken ruhig und gesammelt auf das nächste Hindernis. Der Reiter befindet sich in vollendetem Einklang mit dem Pferd. Das Knie liegt fest, Unterschenkel senkrecht, Absatz tief. Wenn gewünscht, wird die Hand des Reiters im nächsten Augenblick in Richtung Pferdemaul nachgeben.

Ein Weltklassepaar, wenn man bei v. Barnekow von einem Paar sprechen kann. Es gab selten Pferde, die er nicht reiten konnte. Marten v. Barnekow wurde am 16. März 1900 geboren. In ihm fand man die Vollendung des deutschen Springstils. Er ritt alle Pferde, die man ihm zur Verfügung stellte, in klassisch schöner Form. Ja, ich möchte sagen, daß keiner, auch der deutschen Größen wie Brandt und Brinckmann, ihn erreichen konnten, wenn Barnekow eben nicht der Reiter der Schönheit gewesen wäre. So wird er von vielen seiner Mitstreiter in der Anzahl der Erfolge weit überflügelt. Trotzdem, seine Berufung für die Olympiade 1936, als er zwischenzeitlich bereits seinen Dienst bei der Wehrmacht quittiert hatte, beweist die Größe seiner Qualität. Schon in den zwanziger Jahren war er sehr erfolgreich mit Nicoline, Derby und General. Ab 1934 wieder im Springstall, ritt er Schneemann, Olaf und bei den Olympischen Spielen Nordland, die Axel Holst für den Stall Glahn gekauft hatte.

Hier auf Schneemann in souveräner Haltung, in vorbildlicher Losgelassenheit und herrlicher Balance. In dieser Hinsicht war Marten v. Barnekow von keinem Reiter erreichbar.

Oben links:
Die hervorragende Elastizität kurz vor dem Landen: Barnekow auf Olaf.
Oben rechts:
Hauptmann v. Barnekow auf Nordland im Olympiastadion von Berlin.
Unten links:
Hauptmann (E) Marten v. Barnekow auf der Holsteiner Stute Nordland im schwersten Parcours der Welt, Olympiastadion in Berlin, als Olympiasieger beim Preis der Nationen.
Unten rechts:
v. Barnekow auf Schneemann beim olympischen Vorbereitungsspringen.

Otto Kanehl auf Alchimist in Koblenz 1934. Hervorragende Haltung von Reiter und Pferd. Hier zeigt sich einer der großen Vorteile von dem späteren Olympiasieger Alchimist. Er schaut genau dorthin, wo er landen muß.

Otto Kanehl mit Alchimist beim Absprung vor dem Wall in Siegen 1934.

Wachtmeister Kanehl auf Nemo 1935, einem ganz großartigen Springpferd der Kavallerieschule.

Oberwachtmeister Kanehl auf Bianca bei einem vorbildlichen Sprung auf dem Trainingsplatz der Kavallerieschule.

Otto Kanehl auf Siegen in Verden an der Aller. Siegen gehört zu den erfolgreichsten deutschen Springpferden der Vorkriegszeit und erlangte große Erfolge mit v. Sydow.

Im Springstall von Hannover gab es unter v. Waldenfels sehr viel freie Hand für die Ausbildung, denn nur der Erfolg zählte, und in ein Schema läßt sich weder der Reiter noch das Pferd pressen. Hauptaufgabe war es, zu einer Harmonie zu gelangen und als Endprodukt einen gleichmäßigen Stil zu bekommen, bei Reiter und Pferd. Der Weg dorthin war oft grundverschieden. Hier Kanehl bei der Longearbeit.

Noch einmal Otto Kanehl auf Bianca bei einem der gefährlichen Absprünge von hohen Wällen, die es heute nicht mehr gibt. Das Pferd springt willig, mit vollem Vertrauen auf die Kunst seines Reiters.

Otto Kanehl als Oberwachtmeister auf dem weltberühmten, von ihm gearbeiteten Schneemann. 1938 gewann Otto Kanehl, damals Hauptwachtmeister des Springstalles, auf Schneemann in Pforzheim den Preis des deutschen Schmuckgewerbes. Er gewann ihn in diesem Jahre endgültig, und zwar gegen Gustav Lange auf Fahnenweihe, Hauptmann Hauck auf Gutschnell und Piet Fangman auf Richthofen. Der Preis war ein großer goldener Ring mit Stein, den Otto Kanehl trotz der Kriegswirren noch heute in seinem Besitz hat.
Das Foto entstand auf dem Springderbyplatz in Hamburg 1938, als das Paar mit vier Fehlerpunkten den siebenten Platz belegte.

Der Aar unter Otto Kanehl, den Experten in der Vorkriegszeit als den besten Ausbilder bezeichneten, den der Springstall je besessen hat.

Oben links:
Otto Kanehl auf Herold, ein weltberühmtes Vielseitigkeitspferd, in vollendeter Manier bei der Arbeit. Mit diesem ostpreußischen Schimmel gewann Otto Lengnick die Pardubitzer Steeble-Chase, ehe er in den Springstall kam. Heinz Brandt gewann auf Herold 1934 die vorolympische Military in Döberitz, woraus man ersieht, wie vielseitig die damaligen Ausbilder und Reiter sein mußten.

Oben rechts:
Major Otto Kanehl mit Der Aar, den er als Unteroffizier zu einem der besten deutschen Pferde machte.

Mitte links:
Auf dem Turnierplatz in Hannover: Otto Kanehl auf Bianca, die später unter Momm zu vielen Erfolgen kam.

Unten links:
Otto Kanehl auf einem der besten Springpferde, das Deutschland je besessen hat, und das durch seine Reitkunst erst die Grundlage bekam für die späteren Erfolge: Alchimist, in Hannover geboren.

Otto Kanehl ging nach dem Krieg als Reiter und Ausbilder in die Schweiz, ehe er in Saarbrücken eine neue Heimat fand.

Beide Fotos entstanden in der ehemaligen Artilleriekaserne Saarbrücken-St. Arnual.

Unten links:
1974: Kanehl im vorzüglichen Stil reitend, das Pferd mit der Nase etwas hinter der Senkrechten, aber Muskelpartie des Halses ganz hervorragend, zudem wird hier in der Arbeit geritten und nicht vor den Richtern.

Unten rechts:
Otto Kanehl im achtzigsten Lebensjahr. 1985 beim Piaffieren vor dem Stall des Saarbrücker Reiterbunds auf Borsalino.

Unterwachtmeister Fritz Weidemann auf einem der Springwunder seiner Zeit, dem Trakehner Preisliste (Tochter von Dampfroß). Dieses Pferd konnte alles. Obwohl nur mittelgroß, war es sehr schnell und konnte gewaltig hoch springen. In Verden 1935 kam es zu einem Stechen zwischen ihr, Brandt auf Alchimist und Schlickum auf Wange. Weidemann konnte als Uneroffizier nicht auf ausländischen Turnieren reiten, darum taucht Preisliste in unserer Nationenpreiswertung nicht auf, obwohl sie zu den besten Springpferden des Stalles gehörte.

Weidemann gehörte zu den Unteroffizieren, die unter Momm Offizier wurden. Er ritt in Nationenpreisen mit und war auch als Einzelreiter sehr erfolgreich. Hier auf Goldammer.

Weidemann war der Bereiter im Beritt von Ernst Hasse. Er ritt die Pferde in Vollendung. Auf dem Bild ist es Bosco.

Im Parcours war Weidemann ein äußerst aggressiver Reiter, der zu den besten der Welt gehörte. Hier sitzt er auf Großfürst. Nach dem Kriege stellte er mit Arras des Prinzen Salm in Aachen einen Hochsprungrekord über 2,15 Meter auf.

Die drei „Musketiere" des Springstalles: Wachtmeister Höltig, Oberwachtmeister Kanehl und Oberleutnant Weidemann.

Oberleutnant Kurt Hasse auf Tora, die, wie das Bild zeigt, über eine gewaltige Muskulatur verfügte, durch die sie zu Recht als deutscher Hunter bezeichnet wurde. In Kurt Hasse hatte Tora ihren besten Steuermann gefunden.

Kurt Hasse auf Fridolin, der vom Milchwagen weg gekauft wurde. Spieß war sein Entdekker und Ausbilder. Im Springstall ritten ihn v. Salviati, Kurt Hasse und Weidemann. Er litt oft an Kolik, trat nach dem Krieg, in Nurmi umgetauft, in Ludwigsburg auf, wo er noch ein M-Springen gewann.

Olympiasieger von 1936 in Berlin wurde Tora am letzten Tag der Spiele unter Oberleutnant Kurt Hasse nach einem Stechen gegen Oberleutnant Rang/Rumänien auf Delphis. Tora, die für Rittmeister Brandt als Reservepferd gemeldet war, ging unter Kurt Hasse wie unter ihrem glänzenden Ausbilder Brandt sehr zuverlässig. Der Kampf fand durch diesen Sieg seinen krönenden Abschluß. Tora war an diesem Tag zum besten Springpferd der Welt aufgestiegen. Sie erreichte später mit fünfundzwanzig gewonnenen Nationenpreisen Weltruhm. Bis heute ist diese Leistung nicht wieder erreicht worden. Kurt Hasse gewann achtundzwanzig internationale Springen und ritt an achtzehn gewonnenen Nationenpreisen mit.

Tora über dem letzten Hindernis des olympischen Springens 1936.

Tora unter Kurt Hasse, inzwischen zum Rittmeister befördert, beim Turnier in Aachen 1936. Dieses Bild beweist, daß der Ausdruck „Fliegende Tora" zu Recht bestand.

Leutnant Kurt Hasse auf Der Mohr, einem ostpreußischen Rappen, in Nizza 1934. Der Mohr blieb nie stehen und sprang noch mit vollkommen gekrümmten Vorderbeinen absolut zuverlässig. Er wurde das erste Pferd von Kurt Hasse in eigenem Besitz.

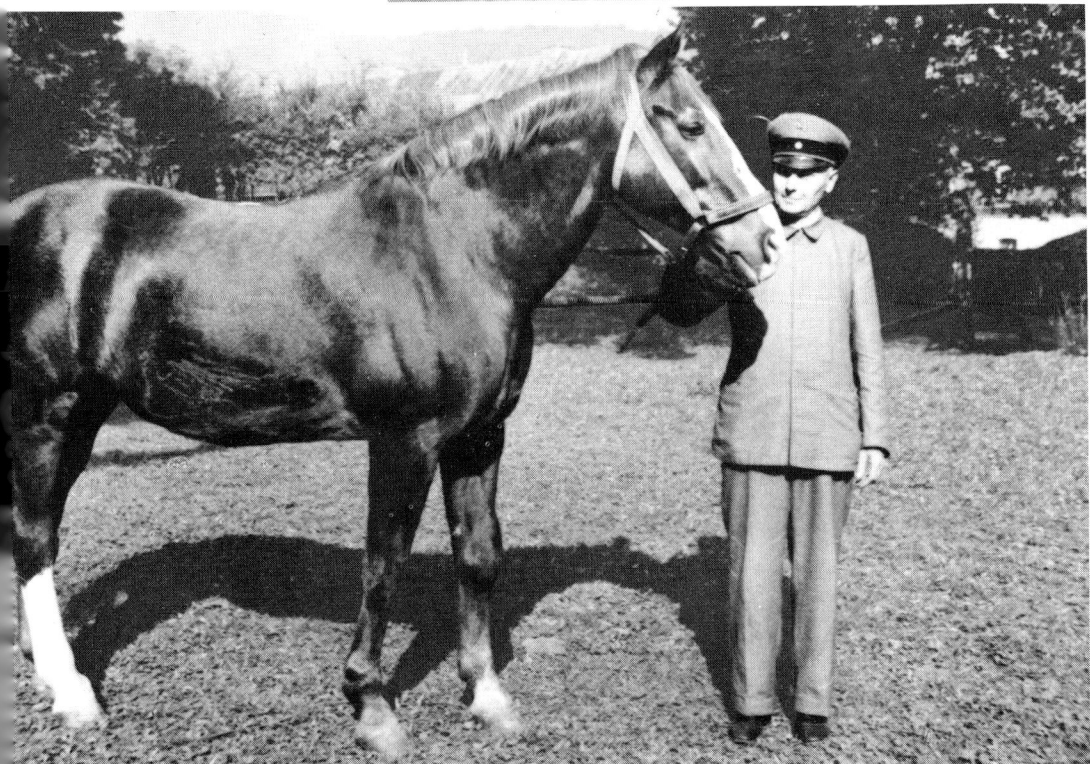

Sie wurde fast dreißig Jahre alt: Deutschlands Wunderstute Tora. Hier im Landgestüt Dillenburg 1950, sechsundzwanzigjährig. Man sieht die angeschwollenen Beine. Trotzdem wurde sie bei jeder Hengstparade gestartet und sprang noch Hindernisse.

Unter der von ihr gewonnenen Eiche, die von Hannover nach Warendorf verpflanzt wurde, liegt vor den Stallungen des DOKfR Tora begraben, die 1953 einging.

Oberleutnant Schlickum kam als Artillerist zum Springstall, was sehr selten geschah, denn die Kavallerieschule war natürlich eine Institution der Kavallerie, und es war eine hohe Auszeichnung für Artilleristen, wenn sie dorthin berufen wurden. Schlickum brachte mit Wange und Fanfare zwei Artillerie-Stangenpferde mit, mit denen er weltberühmt wurde. In Hannover wurde ihm der bildschöne Schimmel Dedo zugeteilt, der, aus kleinbäuerlichem Besitz stammend, die ostpreußische Zucht auch als Lieferant von hochwertigen Springpferden weltberühmt machte. Er war der Liebling von Amerikanern, Italienern und natürlich auch Deutschen, die allgemein seine Schönheit bewunderten. Er hatte einen Hufspalt und konnte nur auf weichem Boden eingesetzt werden. Das ist mit ein Grund, warum seine Erfolge nicht weit höher liegen. Aber hier hatte die Natur eine harte Grenze gezogen. Dedo ging unter Freiherr v. Nagel genauso zuverlässig wie unter vielen anderen Reitern, die ihn vorbildlich steuerten.

Hauptmann Ludwig Stubbendorf gehört mit zu den bedeutendsten Reitern, die Deutschland besaß. Er war erfolgreich in allen Arten des deutschen Turniersportes, und als einziger deutscher Reiter gewann er die Olympische Military in der Einzel- und Mannschaftswertung in Berlin 1936. Sein Pferd trug den Namen des Sportlers, den man disqualifiziert hatte, ehe er startete: Nurmi. So verhalf der ostpreußische Fuchs dem Namen des Wunderläufers doch noch zu olympischen Ehren.

Olympia-Military-Sieger: Hauptmann Stubbendorff auf Nurmi. Der harmlose, zu späterer Berühmtheit gelangte Dorfteich in Döberitz, den man als Hindernis in die Querfeldeinstrecke der Olympischen Military einbezogen hatte, wurde für zwei Drittel aller Teilnehmer zum Verhängnis. Die Fachliteratur aller Länder hat sich mit der Frage der Zweckmäßigkeit eines derartigen Hindernissprunges: über ein 1 Meter hohes Rick in das etwa 1 Meter tiefe Wasser befaßt, ohne zu einer einheitlichen Auffassung zu gelangen.

Oben:
Oberleutnant Schlickum auf Fridericus über einem breiten Graben.

Links:
Zu den besten deutschen Reitern zählte auch der Artillerist Hauptmann Schlickum. Er gehörte jahrelang dem Springstall an. Hier reitet er Fanfare in vorbildlichem Stil.

Unten links:
Oberleutnant Schlickum auf Wange. Er war nach dem Kriege lange Jahre Parcoursaufbauer, u. a. in Aachen.

Unten rechts:
Der damalige Wachtmeister Höltig mit Nemo, mit dem er viele Erfolge hatte.

Richard Sahla auf Wotan. Mit v. Barnekow eng befreundet, war Sahla ein begnadeter Reiter, dazu war er ein ausgezeichneter Klavierspieler und Boxer. Er ritt überaus elegant. Wenn Unteroffiziere die Pferde arbeiteten, stand er auf einem Gerüst in der Reithalle von Hannover und malte zwischen den Fenstern Landesfahnen, Reiter- und Pferdenamen der bis dahin gewonnenen Nationenpreise. Serienweise brachte er gute Pferde hervor. Er galt als einer der ganz starken Reiter des Springstalles von einer reiterlichen Größe, wie wir sie heute vergeblich suchen. Ein besonderes Pferd war der kleine Ublick, der wie ein Gummiball trotz seiner kleinen Figur über die gewaltigsten Hindernisse flog. Posidonius, der Trakehner, ging schon nicht mehr ganz klar auf seinen Beinen, aber bei Sahla wurde selbst er noch zum fliegenden Springpferd. Sein größter Triumph aber waren die Ritte auf Wotan in der Coppa Mussolini, mit dem er in drei Jahren hintereinander das erfolgreichste Paar der gesamten Konkurrenz bildete. Er starb auf einem Verbandsplatz in der Nähe von Leningrad an den Folgen seiner erlittenen Verwundung.

Richard Sahla auf dem Trakehner Posidonius. Er war ein Reiter, der sich auch auf Pferde setzte, die andere gerne stehenließen. Dank seiner Kräfte feuerte er sie dann buchstäblich über den Parcours. Die ostpreußische Pferdezucht brachte nicht viele bedeutende Springpferde hervor, weil dort meist Remontezucht betrieben wurde. Die Kavallerieremonte durfte nicht zu groß sein, damit sie leichtfutterig blieb. Trotzdem hat der Springstall mit Dedo, Posidonius und Der Mohr bedeutende Ostpreußen besessen, auch Alchimist besaß ostpreußisches Blut.

Rittmeister Sahla auf Kreuzritter. Er war immer einer der Besten und gehörte zur engsten Auswahl deutscher Spitzenreiter.

Oberleutnant Sahla auf Wotan im Kampf um den Mussolini-Pokal. Rom 1933.

Rittmeister Sahla auf Eichenkranz.

Nach der Entscheidung des Großen Preises der Nationalsozialistischen Erhebung 1939 in Berlin. Sieger (links): Rittmeister Brinckmann auf Baron (Hannover), daneben die beiden zweiten: Kapitän Komorowski (Polen) auf Zbieg und Rittmeister K. Hasse auf Tora (hier auf Oberst II) und Major Momm auf Alchimist als vierter.

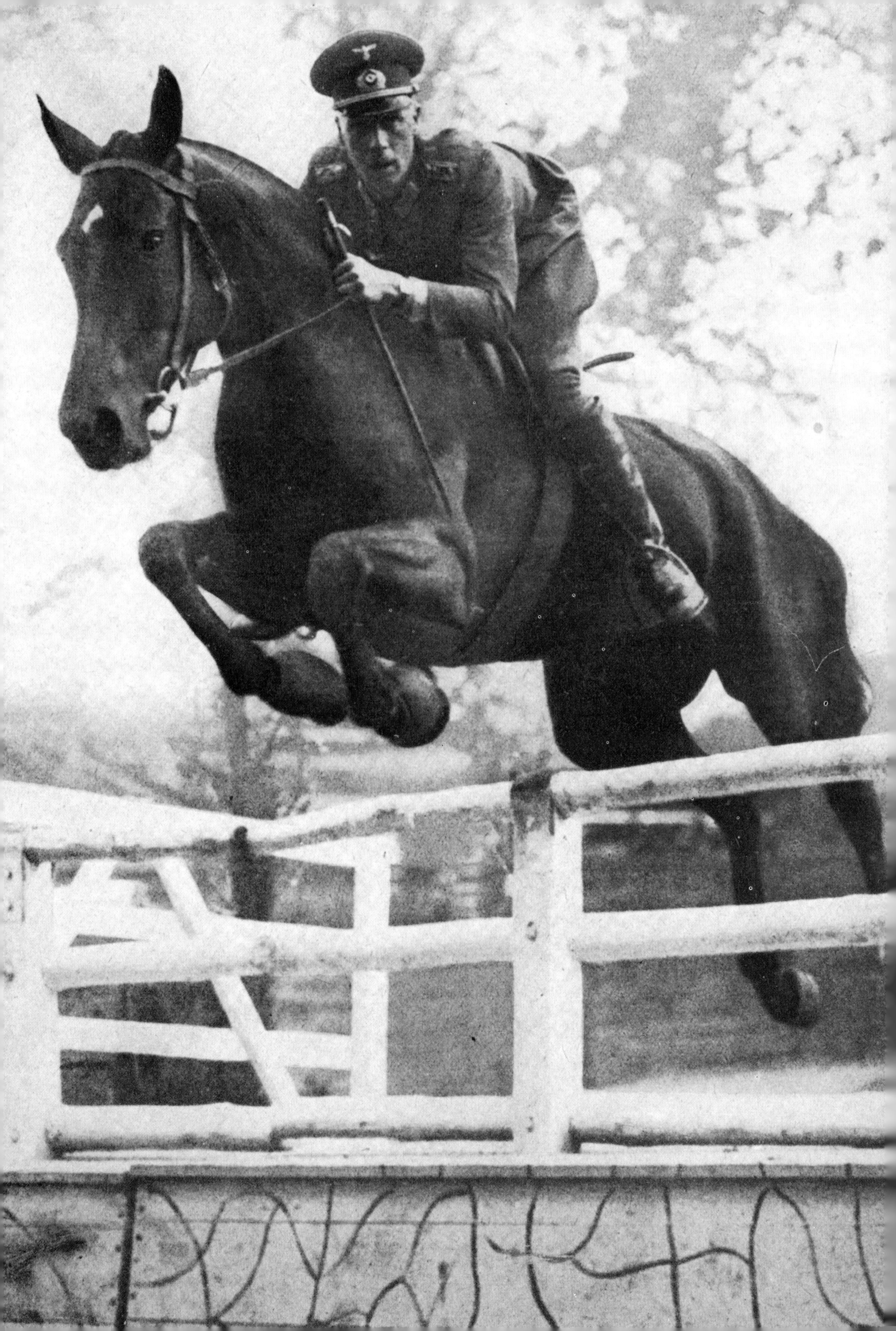

v. Salviati auf Senator während eines gewaltigen Hochweitsprunges. Man sieht es deutlich, auch früher gab es gewaltige Hindernisse, die aber im vorbildlichen Stil gesprungen wurden.

Rechts:
Derby gewann zweimal das Springderby, zuerst unter Marten v. Barnekow, dann unter Ernst Hasse, hier auf dem Bild.

Linke Seite:
Rittmeister v. Salviati auf Christa III.

Barrierenspringen über zwei Meter. Derbys größter Erfolg in Stresa 1931, als er den Königspreis von Italien gewann.

Sieger im Braunen Band in München 1939: Ernst Hasse auf Landrat, mit dem Oberwachtmeister Nippe überraschend das Springderby 1936 gewann.

Aachen 1939:
SS-Hauptsturmführer Waldemar Fegelein auf Nordrud.

Major Momm auf Alchimist, Leiter des Springstalles von Krampnitz.

Das Springpferd Derby eingegangen

Aus der Zeitschrift „St. Georg" vom August 1934

„Selten nur wird es vorkommen, daß ein Pferd im Leben eines Reiters eine derart überragende und einmalige Rolle spielt, wie Derby in dem meinen. So ist denn auch eine Schilderung seines Werdeganges nicht nur ein Abschnitt meiner Reiterlaufbahn, sondern ich kann wohl sagen, daß ich diesem herrlichen Pferde fast alles verdanke, was mir der Sport Schönes und Interessantes gegeben hat." Mit diesen Worten beginnt der Besitzer und Reiter von Derby, Major Ernst Hasse, seinen Beitrag, den er für das Buch „Berühmte Reiter erzählen" geschrieben hat.

Derby ist vor kurzem im Alter von 22 Jahren im Heeres-Remonteamt Mecklenhorst, wo er das Gnadenbrot erhielt, an Altersschwäche eingegangen. Er stammte von dem Celler Landbeschäler Island, während seine Mutter eine Traberstute mit amerikanischer Blutführung war. Der Züchter Nikolaus von Drateln im Kreis Harburg/Elbe verkaufte ihn an Dr. Borck-Redderstorf in Mecklenburg, der ihn als Hengst aufzog und ihn erst legen ließ, als er an die Remonte-Kommission verkauft werden sollte. So kam Derby als Remonte zur Truppe und wurde das erste Offizierspferd des damaligen Leutnants Ernst Hasse. Es war ein schwer zu reitendes Pferd, mit dem auch sein Besitzer in jungen Jahren einmal schwer verunglückte, was andererseits charakteristisch ist für viele große Leistungspferde. Zu den besten, die jemals in Deutschland gezogen wurden, hat dieser Hannoveraner zweifellos gehört. Mit 65 Siegen einschließlich 11 Siegen in Nationenpreisen und 95 Placierungen gehört er auch zu den erfolgreichsten Pferden Deutschlands. Sein Name steht in nahezu sämtlichen Siegerlisten der bedeutendsten deutschen und ausländischen Springkonkurrenzen. In seinen Springleistungen war Derby eines jener Ausnahmepferde, die in hervorragendem Maße beides konnten: sehr schnell und sehr hoch springen. In Rom gewann er gegen die schnellsten italienischen Vollblüter, um dann am nächsten Tage gleich wieder in einem Kanonenspringen mit vielfachem Stechen über 2 Meter und höher zu gehen. Sein höchster Sprung war einmal 2,10 m in London. Als seine beste Leistung überhaupt bezeichnete Major Hasse den Sieg im Königspreis in Stresa 1931. Hier handelte es sich um ein Barrierenspringen, wo nach viermaligem Stechen über 1,50 m bis 1,90 m nur noch Italiens und wohl der Welt bestes Barrierenpferd Nasello und Derby übrig blieben. Das letzte Stechen ging über 1,60 bis 2 m, was Derby fehlerlos überwand und damit Sieger wurde, während sein Gegner Nasello mehrere Fehler machte. Der Preis war die Goldmedaille des Königs von Italien. Infolge des schon erwähnten Sturzes des Majors Hasse sowie eines weiteren 1931 in Rom wurde Derby häufig von dem damaligen Oberleutnant Marten v. Barnekow geritten, der mit ihm u. a. das Deutsche Springderby in Klein-Flottbek gewann, während ein zweiter Sieg in dieser schweren Prüfung unter seinem Besitzer später folgte. Den Namen Derby erhielt dieses Pferd bereits bei der Truppe als Remonte, der sich später auch auf seinen Besitzer zum Unterschied von seinem gleich berühmten Bruder Kurt in Freundes- und Kameradenkreisen übertrug.

Br.

Major Ernst Hasse auf dem Hannoveraner Derby.

Oberleutnant Perl-Mückenberger auf Litho in Luzern 1939. Perl-Mückenberger gehörte zu den besten Nachwuchsspringreitern, die Deutschland kurz vor dem Kriege hatte.

Perl-Mückenberger in Luzern 1939 auf Nachtmarsch.

Rittmeister Perl-Mückenberger auf Nachtmarsch. Der glänzende Nachwuchsreiter verstarb 1940 an einer Angina in Krampnitz.

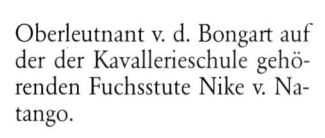

Oberleutnant v. d. Bongart auf der der Kavallerieschule gehörenden Fuchsstute Nike v. Natango.

Oberleutnant Höltig auf Fürst in wunderbarem Springstil in Krampnitz. Höltig kam 1937 vom Reiterregiment 13 zum Springstall. Er ritt sehr energisch und sehr elegant in vorbildlichem Stil. Pferde wie Arthur, Cascade und Alant wurden von ihm hervorragend weitergefördert. Seine Ritte auf Osborne waren schön und schnell. Oberlandstallmeister Dr. h. c. Gustav Rau holte ihn 1952 in die deutsche Mannschaft, wo er erst Original Holsatia von Fritz Thiedemann ritt. Mit ihr hatte er Schwierigkeiten, aber den Holsteiner Fink, den v. Barnekow vorbereitet hatte, ritt er in vollendetem Stil im Olympiastadion von Helsinki.

Polizeimeister Schmidt auf Olaf. Er ritt dieses Pferd in Aachen. Olaf gehörte mit Tora und Baccarat II zu den zuverlässigsten deutschen Springpferden. Nach dem Kriege bildete Schmidt Hubertus aus, der bei den Olympischen Spielen in Helsinki in der Militarymannschaft eine bronzene und eine silberne Medaille gewann.

Rechte Seite:
Graf Üxküll auf Winzige.

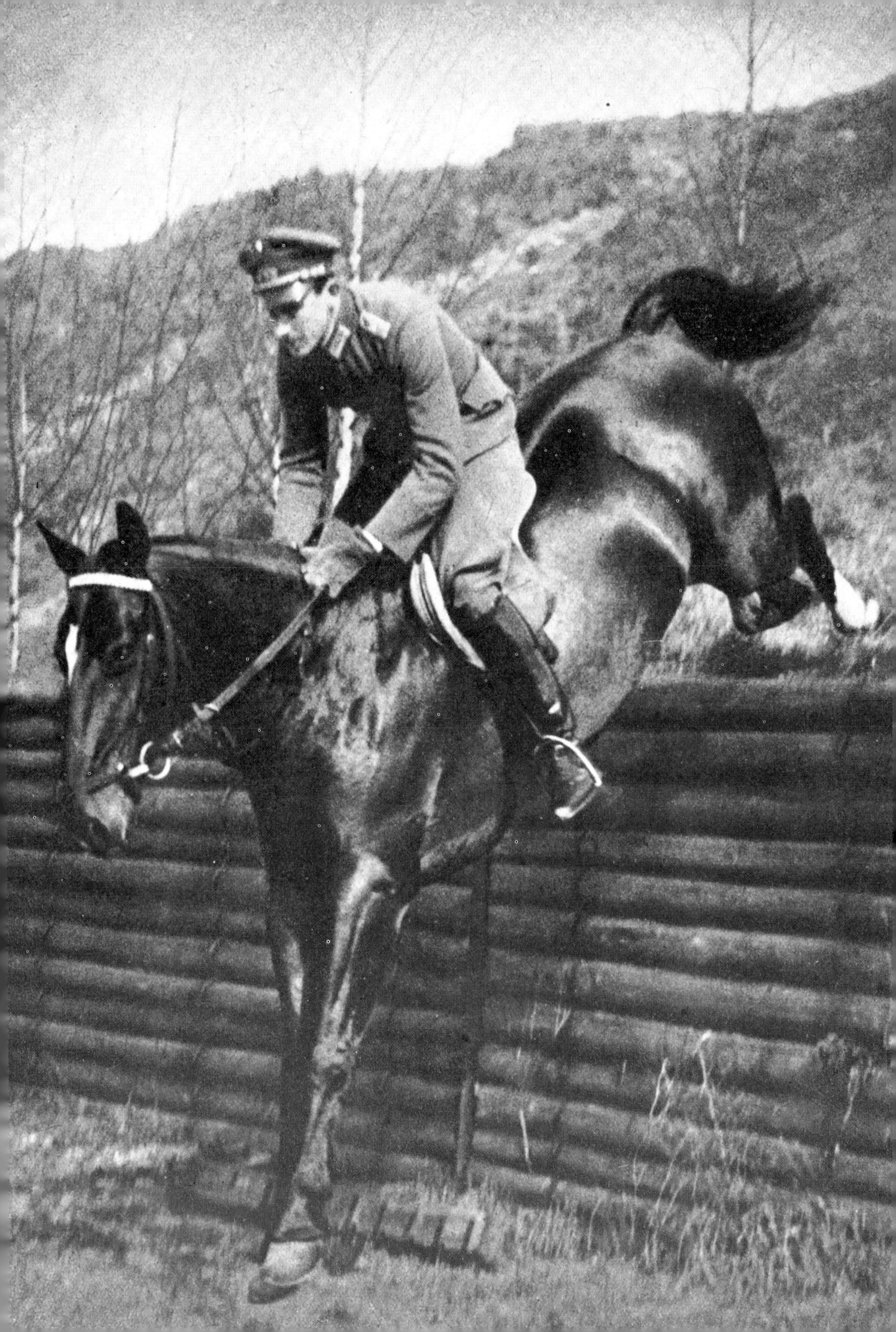

Staatssekretär Grauert, Züchter von Rennpferden und eifriger Turnierreiter im Rheinland, auf dem Springwunder Olaf am Beginn seiner großartigen Karriere.

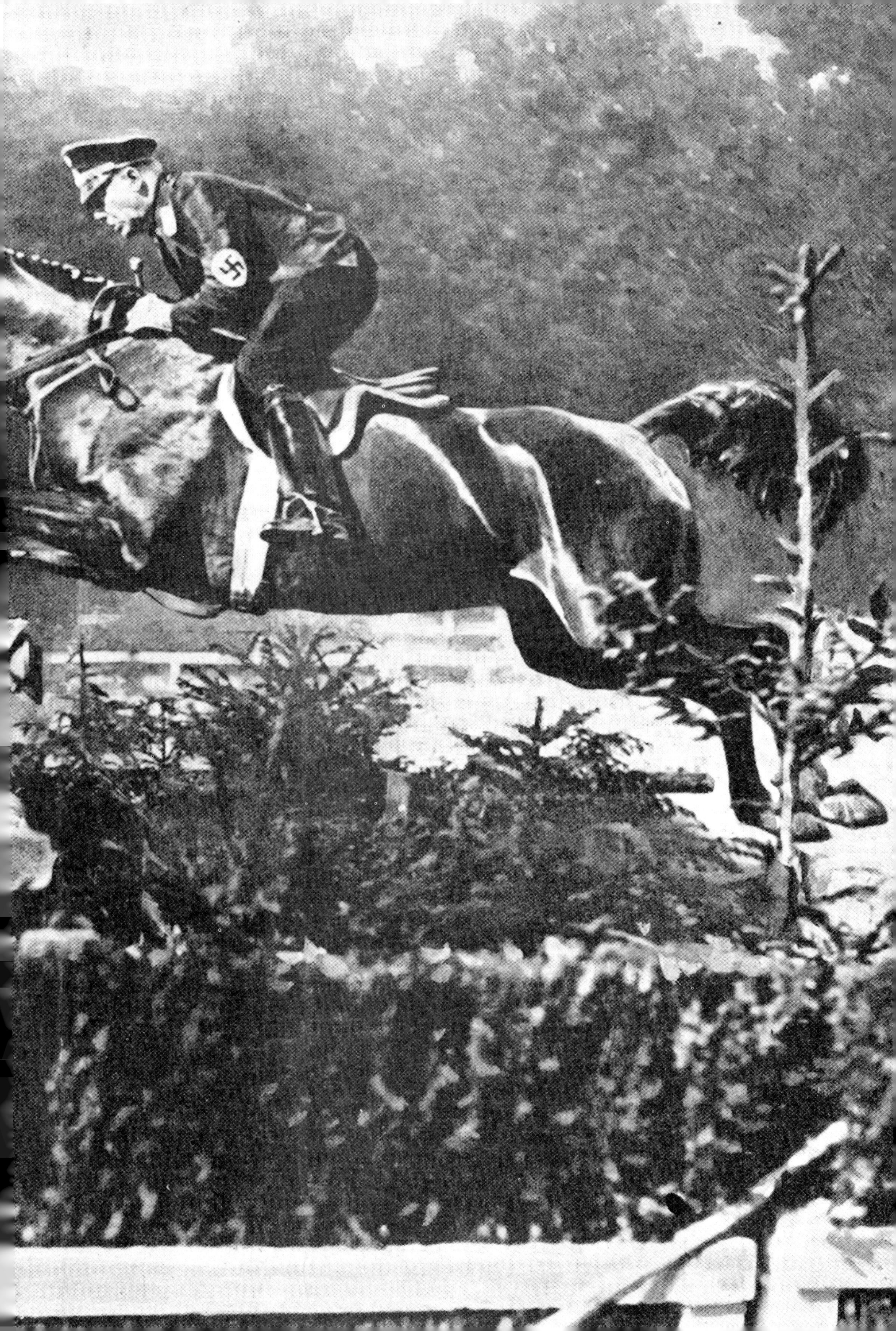

Wotan, der schlesische Schimmel, kam aus der Zucht des Freiherrn v. Buddenbrock. Die Italiener nannten ihn das silberne Pferd. Er war die stärkste Stütze der deutschen Mannschaft, die die Coppa entführte. Erste große Erfolge unter seinem Besitzer Freiherr v. Nagel, dann unter Richard Sahla. Nach dem Triumph in Rom schenkte 1933 sein Besitzer Wotan dem Ministerpräsidenten Hermann Göring. Sein langjähriger Pfleger, Obergefreiter Feckelsberg, betreute ihn auch in der Schorfheide. Wotan kam 1934 zur Olympiaauswahl in die Kavallerieschule zurück, wo ihn Ernst Hasse und Marten v. Barnekow ritten.

Aachen 1935: Rittmeister Freiherr v. Nagel auf Wotan, der nach langer Pause wieder gestartet wurde.

Einer der schönsten und gewaltigsten Sprünge, die je von einem Pferd überwunden wurden, war ein Hochweitsprung 1,50 m hoch und 5 m breit. Das in Florenz 1932 aufgebaute Hindernis überwand er fehlerfrei, der schlesische Schimmel Wotan unter Freiherr v. Nagel. Nagel hatte dreizehn internationale Reitersiege und ritt an neun gewonnenen Nationenpreisen mit. Wotan gewann sieben internationale Springen und war an neun Nationenpreisen beteiligt. Außer den gespreizten Ellenbogen ist alles an diesem Bild vollendet dargestellt. Auch Tora unter Brandt sprang dieses Hindernis fehlerfrei. Leider gibt es davon keine Dokumentation. Beide Deutsche teilten sich den Sieg.

Freiherr v. Nagel auf seinem Wotan, Aachen 1932.

Wotan unter seinem Besitzer Freiherr v. Nagel. Kein Pferd konnte bis dahin solche gewaltigen Sätze machen wie dieser herrliche Schimmel. Aus dem Stall in Schlesien kamen auch noch Wotansbruder, den Brinckmann zu größten Erfolgen ritt und Harald, der unter Rittmeister v. Hülsen den Weltrekord im Hochweitspringen aufstellte: 2 m hohes und 2 m breites Hindernis.

Oberleutnant Freiherr v. Nagel auf Olaf vor seinem Sieg in der Coppa Mussolini in Rom beim Training in Hannover.

Der litauische Rittmeister Ozols auf dem Ostpreußen Etimologija über dem großen Insterburger Turnierwall, einem der typischen Wälle dieses herrlichen Platzes.

Oberst v. Flothow in vorbildlichem Stil. Er war einer der besten Reitlehrer seiner Zeit, in allen Sparten des Turniersportes zu Hause und trainierte die deutschen Olympiapferde, die für den modernen Fünfkampf vorgesehen waren. Ein verdienstvoller Mann.

Paul Heil auf Grey Lad in Kissingen über dem breiten Wassergraben 1922.

Frau Käthe Franke ist die erfolgreichste Reiterin der Welt. Sie war auf allen Gebieten des Pferdesportes gleichmäßig gut, einschließlich dem Fahrsport. Sie ritt Dressurprüfungen, Eignungsprüfungen und hatte mit dem Trakehner Hartherz, den unser Bild zeigt, eines der besten Pferde des deutschen Turniersports. Der Besitzer, Freiherr v. Langen, stellte Hartherz für die Vorbereitungen zur Olympiade 1928 in Amsterdam dem Freiherrn v. Nagel zur Verfügung. Doch das Pferd begann zu lahmen. Seiner weiteren glanzvollen Laufbahn tat dies jedoch keinen Abbruch.

Er baute das Springderby in Hamburg: Eduard F. Pulvermann auf Tristan in Frankfurt 1912 im modernen Springstil mit scharfer Zäumung.

Der Vater des modernen deutschen Springsports wurde schon vor dem Ersten Weltkrieg Oberleutnant v. Günther. Hier auf dem Pommeraner Qual.

Florenz 1931: Graf v. Görtz auf dem Trakehner Schimmel Posidonius, einem der Spitzenpferde des Springsportes.

Unten links:
W. Spillner, der auf Miß Swinburnes Trakehner Morgenglanz den ersten Großen Preis von Berlin gewann, gehörte zur Extraklasse.

Unten rechts:
Oberwachtmeister Nippe bildete Landrat aus, den Holsteiner, der dann in den Springstall kam, wo ihn Brandt für den Olympischen Parcours vorbereitete. Er gehörte zur kleinsten Auswahl der besten Springpferde Deutschlands. Hier gewinnt Nippe 1936 das Deutsche Springderby. Er fiel bereits 1939 im Polenfeldzug.

Prinz Sigismund von Preußen war eine überragende Reiterfigur nach dem Ersten Weltkrieg. Er brachte viele gute Pferde heraus, u. a. Posidonius, den später Richard Sahla ritt. Nach einem Sieg in der großen Military in Luzern stürzte der Preußenprinz bei der Morgenarbeit mit Posidonius und verletzte sich tödlich. Er war das erste Opfer des herrlichen Springsports von internationalem Rang in Deutschland.

Irmgard Georgius ritt glänzende Parcours, vor allem auf Fürstin, die unser Bild zeigt. Noch heute staunt man über den vorzüglichen Stil unserer Damen.

Das dritte Klassepferd, das der schlesische Züchter Buddenbrock dem Turniersport zur Verfügung stellte, war Harald. Neben Wotan und später Wotansbruder zeichnete sich der kleine Schimmel Harald durch ein enormes Springvermögen aus. Den Hochweitsprung-Rekord hielt er bis in die Nachkriegszeit. Das Hindernis war 2 Meter hoch und 2 Meter breit bei 1,30 Meter vorderer Höhe.

Nordland, die Holsteiner Stute, die von Axel Holst entdeckt und gearbeitet, dann von Temme geritten und bei den Olympischen Spielen von Barnekow vorgestellt wurde, gehörte zu den größten Springwundern. Als damals schon bedeutender Turnierreiter entdeckte Axel Holst als erster die Springveranlagung bei den holsteinischen Wagenpferden.

Axel Holst war wohl der bedeutendste Springreiter, den Deutschland, ja die Welt, je besessen hat. Darüber hinaus hatte er die große Veranlagung, Klassepferde zu entdecken. So auch den Ostpreußen Nurmi, den er ausbildete und der dann unter Hauptmann Stubbendorf der bisher einzige Olympiasieger der deutschen Reiterei bei der Military wurde. Auf dem Foto reitet Holst Bianka.

Den Bericht über seinen tödlichen Unfall und die Trauerfeier finden Sie auf Seite 245.

Günter Temme, Nachfolger von Axel Holst im Stall Glahn, auf Bianka.

SS-Hauptsturmführer Günter Temme nimmt mit Nordland den 4-m-Graben auf dem Reiterplatz des Olympiastadions in Berlin. Temme, einer unserer erfolgreichsten deutschen Springreiter, gewann außerdem auf Bianka nach dreimaligem Stechen das Barrierenspringen gegen die rumänischen Reiter Oberleutnant Tzopescu (Vulgar) und Oberleutnant Apostol (Bucurie).

Oberleutnant Prinz zu Salm auf Der Aar in Bad Harzburg 1937. Er gab im Springstall nur eine kurze Vorstellung, aber er nahm sich Der Aar mit, der dazumal nicht auf voller Höhe seines Könnens war. Prinz zu Salm war jahrelang erfolgreichster Springreiter des Heeres auf den Turnierplätzen Deutschlands. Als Truppenoffizier war es ihm nicht möglich, im Ausland zu reiten. Er machte auf deutschen Turnieren seinen Kameraden manchen wertvollen Preis streitig.

Prinz zu Salm auf seinem Fuchswallach Arras im Braunen Band des Springsports München 1938.

Hans Koerffer besaß in Baron III, den Spillner ausgebildet hatte, ein Pferd von unbegrenztem Springvermögen. Mit ihm sprang er 2,10 Meter, und dieser Rekord hielt bis in die Nachkriegszeit. Aachen 1930.

Der sechsjährige dunkelbraune Trakehnerwallach Sachsenwald aus dem Stall Georgen. Dritter im Preis des Ostlandes unter Axel Holst.

SA-Obersturmführer Fangmann

Piet Fangman, 1938 und 1939 in der Liste der erfolgreichsten Springreiter jeweils an fünfter Stelle liegend. Hier 1939 in Aachen auf Richthofen, einem der besten deutschen Springpferde. Frau Kanehl war in erster Ehe mit Piet Fangman verheiratet, der erst Reitlehrer in Belgard (Pommern), später in Saarbrücken, war. Er gehörte zu den ganz großen Talenten, die jederzeit mit den Offizieren des Springstalles konkurrieren konnten.

Turnier Saarbrücken 1939. SA-Sturmführer Fangman auf Perle.

Piet Fangman auf Richthofen beim Turnier in Darmstadt 1939.

Frau Alexandra Baade auf Clemens.

Frau Käthe Franke auf Niobe.

Fräulein Liselotte Weigel, jetzige Frau Kanehl, bei einem Turnier in Pforzheim 1938 auf dem Hannoveraner Richthofen.

Frau Liselotte Fangman geb. Weigel auf Richthofen in Pforzheim 1939.

Frau Liselotte Kanehl auf Charlo, der 1962 geboren wurde und von dem Vollblüter Chronist abstammt, den Thiedemann bei den Olympischen Spielen in Helsinki ritt. Genau wie ihr Mann war Frau Kanehl jederzeit in der Lage, Olympiadressur und Olympiaspringen zu reiten. Eine seltene Gabe, über die nur wenige Reiter verfügen.

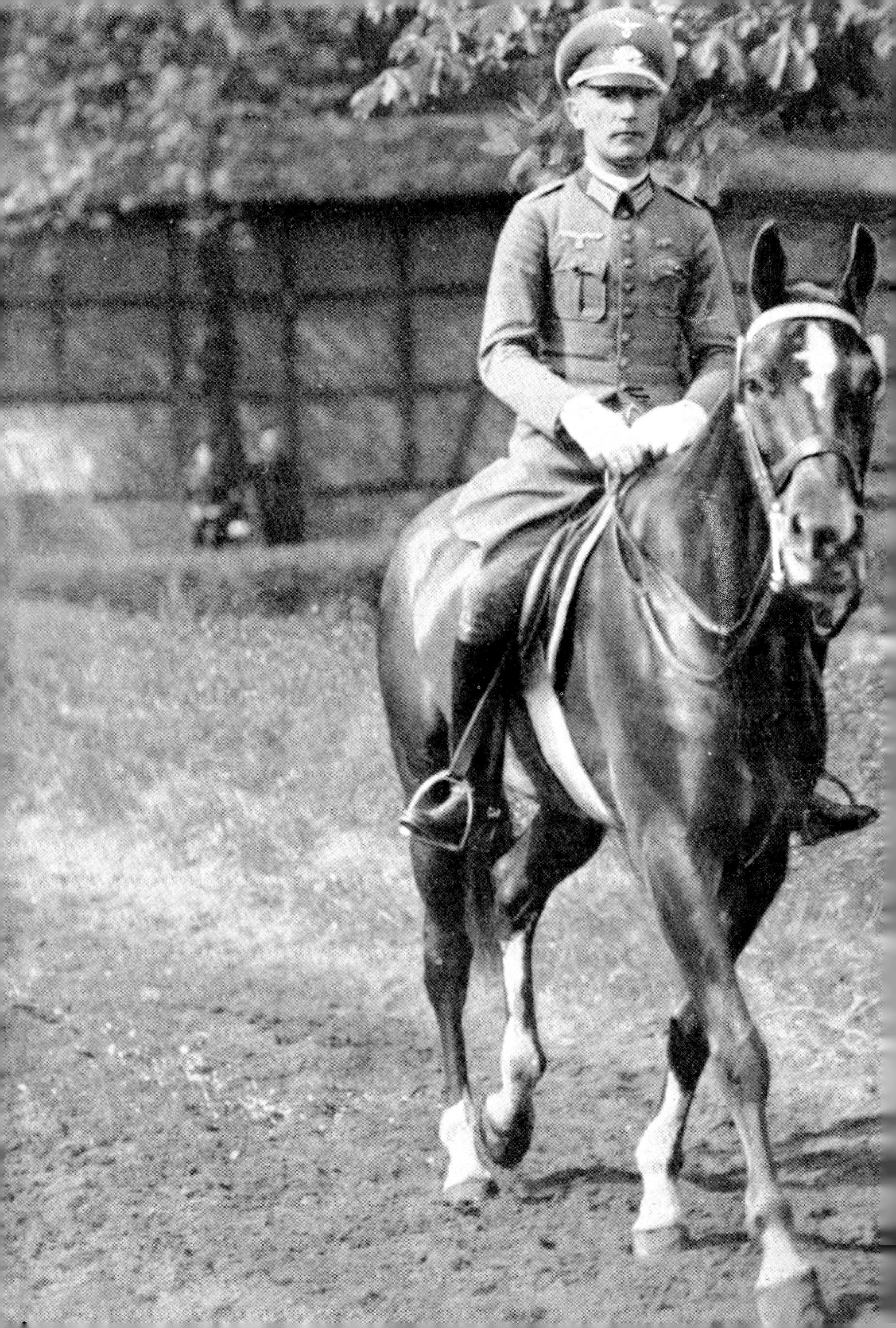

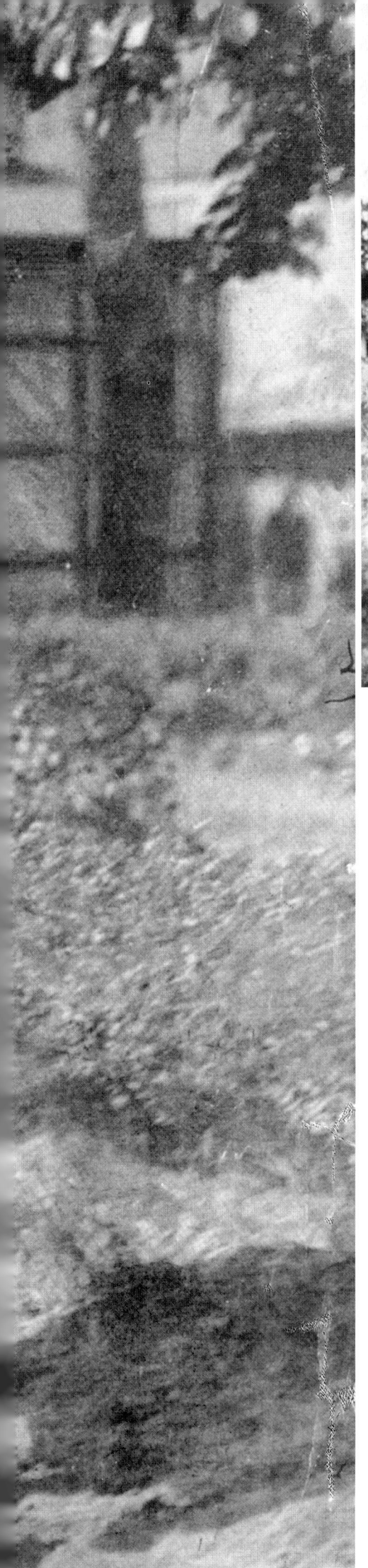

Fasan unter Rittmeister Lippert.

Rittmeister Lippert 1935 auf Granit. Er gehörte dem Springstall und dem Militarystall gleichermaßen an. Er war zweifelsohne einer der ganz großen Reiter unserer Zeit. Er erzielte als Springreiter Siege im In- und Ausland und ritt bei zwei Olympischen Spielen mit, 1928 in Amsterdam und 1936 in Berlin. In Amsterdam den Schimmel Flucht und in Berlin den Fuchswallach Fasan, beides Ostpreußen. An beiden Olympischen Spielen stand er nach Dressur- und Geländeritt, dem schwersten Teil dieser Prüfung, auf dem dritten Platz, und beide Male verdarb er sich beste Plazierungen durch Fehler beim abschließenden leichten Springen. In Amsterdam wurde er Zehnter und in Berlin Sechster. Auch als Truppenführer war er großartig, zum Schluß des Krieges Kommandeur der 5. Panzerdivision und Ritterkreuzträger. Er wurde von amerikanischen Soldaten erschossen, als er bei einem Genesungsurlaub auf einem Fahrrad sitzend in Neuhaus bei Paderborn Bekannte besuchen wollte. Der sympathische Offizier der Kavallerieschule fand seine letzte Ruhestätte auf einem Soldatenfriedhof bei Königswinter.

Major Neumann auf Flucht, die in der Vielseitigkeit von Leutnant Lippert geritten wurde. Major Neumann war auf dem Trakehner Ilja im Sattel, mit dem er die Bronzemedaille gewann. Der Dritte im Bunde war Hauptmann Feyerabend auf Alpenrose.
1928.

Freiherr v. Langen gewann auf Draufgänger die Dressur, Rittmeister Linkenbach auf Gimpel wurde in dieser Prüfung Fünfter, Major Freiherr v. Lotzbeck auf Caracalla Elfter. Damit erhielt Deutschland auch den Mannschaftspreis.
Amsterdam 1928.

Hauptmann Krueger auf Donauwelle bildete mit Freiherr v. Langen auf Falkner und Oberleutnant Sahla auf Coreggio die Springmannschaft.
1928.

Altmeister Otto Lörke auf Kronos in der Piaffe. Olympiasiegerpferd von 1936. Ausbilder der Olympiasieger in der Dressur: Berlin 1936, Helsinki 1952 und Stockholm 1956.

Hauptmann v. Barnekow auf Schneemann.

Hier sind zwei Momente von außergewöhnlicher reittechnischer Bedeutung festgehalten. Die Pferde machen beide einen schweren Fehler, der ihren Sturz voraussehen läßt. Der Reiter darf also beim Landen die Vorhand nicht belasten und schwingt daher seinen Oberkörper nach rückwärts. Da das Pferd aber den Kopf beim Landen als fünftes Bein braucht, muß der Reiter den Zügel fortwerfen, da dessen Länge bei weit zurückgelehntem Oberkörper und weit vorgestrecktem Pferdekopf sonst nicht reichen würde. Es ist klar, daß das nur Reiter von höchster Geistesgegenwart und absolutem Vertrauen auf ihren Sitz fertigbringen.

Erik R. Miville auf Sentenz.

München: Einer der erfolgreichsten deutschen Springreiter: SS-Hauptsturmführer Temme auf Bianka.

München 1938: SS-Untersturmführer Schönfeldt auf Jäger. Nach dem Zweiten Weltkrieg bildete er in Dillenburg und Warendorf u. a. Halla, Orient, Forstmeister, Nordsturm und Baden aus. Er gehörte vorher zu den Wachtmeistern der Kavallerieschule Hannover.

München 1938: Siegerehrung im Braunen Band des Springsports.

Vordere Reihe: von links Hermann Fegelein, Günter Temme, Rittmeister Rang (Rumänien).

Hintere Reihe: ganz links Prinz zu Salm.

München 1938: Der Kommandeur der SS-Hauptreitschule Hermann Fegelein mit den Militärattachés von Rumänien, USA und Finnland.

Oberleutnant Hasse auf Derby. Ein wunderbarer Sprung mit großem Schwung (gut gegengeritten) in voller Harmonie – das Pferd mit weit vorgestrecktem Halse, aufmerksam, mit gespitzten Ohren, bei voller Kraftentfaltung in deutlich erkennbarer Ruhe! Wer dabei an den verrutschten Unterschenkeln des Reiters und den ausgestreckten Armen Anstoß nehmen will, sollte lieber auf Wesentlicheres (den festen Knieschluß und Gewichtsverteilung) achten!

Oberleutnant Ernst Hasse auf Derby.

Generalmajor Horst Niemack, im Kriege Reiter- und Panzerführer. Ausgezeichnet mit dem Ritterkreuz mit Eichenlaub und Schwertern. Hier auf dem späteren Olympiasieger Nurmi bei der Military in Potsdam 1934.

Herbert Frick, einer der besten deutschen Privatreiter, auf dem Trakehnerpferd Kampfer.

SA-Sturmführer Frick auf Kampfer beim Jagdspringen in Ludwigslust.

Olympiade-Vorbereitungsturnier 1928. Graf Görtz auf Harras II. Sieger im Jagdspringen um den Großen Preis von Berlin.

Olympiade-Vorbereitungsturnier 1928. Graf W. Hohenau auf Imperator VIII. Sieger im Barrieren-Springen. Gewinner des Ehrenpreises des Turnier-Herren-Reiter und -Fahrer-Verbandes.

Oberleutnant Lippert auf Hartmannsdorf.

Olympiade-Vorbereitungsturnier 1928. Major Lotz gewann mit Olnad das Kanonen-Jagdspringen mit nur drei Fehlern.

Diese beiden deutschen Spitzenreiter Oberleutnant Lippert und Leutnant v. Barnekow demonstrieren in anschaulicher Weise das deutsche System. Die Ohren der Pferde gespitzt, die Hälse lang und die Rücken gewölbt. Die Reitersitze sind als ideal und vorbildlich zu bezeichnen. Beide Reiter gehörten zu den Olympiasiegern von 1936.

Leutnant v. Barnekow.

Prinz zu Salm auf Arras. Er war drei Jahre lang erfolgreichster Reiter des Heeres und gehörte dem Springstall 1936 und 1937 an. Er ritt den vollendeten italienischen Springstil.

Der Autor mit der Ostpreußin Niete im Olympia-Vorbereitungsturnier in Stolp 1939 beim Geländeritt.

Frau Irmgard v. Opel auf Nanuk in Aachen 1934.

Oben links: Frau Irmgard v. Opel auf Nanuk. Letzter Sprung vor dem Sieg im Derby 1934.
Oben rechts: Die wohl beste Amazone, die die Welt je besessen hat, war Irmgard v. Opel aus Ingelheim. Mit Arnim und Nanuk hatte sie zwei Weltklassepferde. Überragend die Tatsache, daß sie nicht nur im Springen erfolgreich war, sondern auch in Militarys und in der Dressur, und daß sie alle ihre Pferde selbst arbeitete.

Unten links: Frau Irmgard v. Opel Springderbysiegerin 1934 auf Nanuk.
Unten rechts: Frau Irmgard v. Opel auf Nanuk beim Stechen über die 2-m-Mauer in Aachen.

SA-Scharführer Wolfgang Spieß, der zu den besten Ausbildern gehörte, u. a. bereitete er Fridolin für seine große Laufbahn vor. Das Bild zeigt ihn auf Löwenherz.

Hauptmann Hauck, gefallen in Rußland, vom Artillerieregiment 34 in Darmstadt, auf dem Dressurpferd Palette. Er brachte, weil sein Pferd durch einen Artillerievolltreffer getötet wurde, aus dem Frankreichfeldzug ein Pferd mit, das zu Weltruhm kam: Helene, die Mutter von Halla, dem international erfolgreichsten Springpferd der Welt.

Der Leiter des Stalles der obersten SA-Führung, SA-Sturmhauptführer Herbert Frick, auf dem Trakehner Kampfer. Er war der einzige Zivilist, der von Waldenfels für die Olympiavorbereitung eingeladen wurde. Der erfolgreiche Reiter nach 1945, Fritz Thiedemann, war bei ihm Schüler und Bereiter.

Dem italienischen Leutnant Caprilli verdanken wir alles das, was wir heute als moderne Springreiterei bezeichnen. Leider verlassen heute viele den Weg dieses meisterlichen Lehrers, dessen Stil vom deutschen Springstall übernommen wurde. Allerdings hatte auch Caprillis Methode eine Achillesferse. Weil er seine Springpferde nicht dressurmäßig ausbilden ließ, gab es oft Probleme. Freiherr v. Waldenfels löste sie durch die dressurmäßig gymnastische Ausbildung sämtlicher Springpferde. Caprilli starb Anfang unseres Jahrhunderts in Pinerolo bei Turin den Reitertod.

In Aachen der italienische Major Bettoni auf Aladino.

Das italienische Wunderpferd Crispa unter dem Capitano Borsarelli. Der Reiter starb als General im Afrikafeldzug unter Marschall Rommel den Soldatentod.

Aachen 1939. Das zweite italienische Wunderpferd, der Schimmel Nasello, der sogenannte Barrierenkönig, unter seinem ständigen Reiter Capitano Filliponi.

Die nimmermüde alte Crispa unter dem italienischen Equipenchef, Oberstleutnant Borsarelli.

General Borsarelli auf Crispa.

Major Bettoni, der Aachener Reiterteufel genannt, der wohl beste italienische Reiter.

Italiens Wunderpferde bei der Morgenarbeit: Der berühmte Schimmel Nasello, daneben die Wunderstute Crispa.

In scharfem Tempo fast senkrecht in die Tiefe. Italienische Geländeschulung in Pinerolo.

Alpine Reitkunst unter mexikanischer Sonne.

Günter Temme auf Nordland. Dieses Pferd ritt Marten v. Barnekow bei den Olympischen Spielen 1936. Es war noch von Axel Holst entdeckt worden und galt als eines der besten Springpferde der Welt, als es in Aachen 1935 eine zwei Meter hohe Mauer um dreißig Zentimeter übersprang. Der Ostpreuße Temme war Nachfolger von Axel Holst im Reitstall Glahn in Hinterpommern. Da Nordland schon in jungen Jahren springen mußte, war sie nicht gänzlich zuverlässig. Der beste Reiter, der sich mit ihr großartig verstand, war v. Barnekow. Wenn sie bei Doppel- und Dreifachsprüngen einen Fehler machte, wurde sie heftig und versuchte davonzustürmen. v. Barnekow allein konnte sie regulieren.

Rittmeister v. Oppeln-Bronikowski auf dem wohl besten Dressurpferd der Welt, dem Ostpreußen Gimpel, der an zwei Olympischen Spielen teilnahm, 1928 und 1936, und dabei zwei Goldmedaillen erhielt. v. Oppeln wurde im Krieg ein großartiger Panzerführer und war Träger des Ritterkreuzes mit Eichenlaub und Schwertern. Im Westen Führer des Panzerregiments 22 der 21. Panzerdivision, dann im Osten als Generalmajor Kommandeur der 20. Panzerdivision. Nach 1945 war er einige Jahre Reitlehrer in Kanada.

Springstall der Kavallerieschule Hannover 1938

Froböse, Grewe, Bormann, Knobloch, Möhring, Dähler, Reimann, Schötz, Andres;
Arlt, Reisener, Kraus, Henninger, Stolze, Burk, Gerke, Klein;
Reichert, Schulz, Schartmann, Hahn, Walther, Brüx, Stoppa;
Unteroffizier Washausen, Wachtmeister Schulz, Wachtmeister Höltig, Unteroffizier Knuth, Schnippering, Jung;
Stabswachtmeister Zobel, Oberleutnant Frhr. v. d. Bongart, Rittmeister Hasse, Rittmeister Momm,
Stabswachtmeister Kanehl, Oberleutnant Brinkmann, Oberleutnant Huck, Oberleutnant Weidemann.

Micky Brinckmann auf Oberst II, seinem dazumal erfolgreichsten Pferd. Es wurde von v. Platen ausgebildet, nach dem Kriege hatte er große Erfolge unter den Reitern der USA.

H. H. Brinckmann auf Oberst II in vollendeter Manier.

Brinckmann auf Oberst II,
der acht internationale Springen gewinnen konnte und an vier gewonnenen Nationenpreisen beteiligt war.

Micky Brinckmann kam schon zu Waldenfels' Zeiten in den Springstall. Er übernahm, als Brandt Generalstabsoffizier wurde, die Pferde und den Ruhm des besten Springreiters der Welt. Es gibt keinen Reiter, der so die deutsche Auffassung des Springreitens vertrat wie Brinckmann, aber er war nicht der „Dressurreiter" Brandt, und er brauchte gute Unteroffiziere, die seine Pferde für die schwierigen Aufgaben vorbereiteten, denn jeder Ritt von ihm stand unter dem Motto: Alles oder Nichts. Doch selbst große Siege stiegen ihm nicht zu Kopf. Niemals hat die große Natürlichkeit seines bescheidenen Wesens ihn verlassen.

Er kommandierte als Oberst und hervorragender Truppenführer im Einsatz eine Kavalleriebrigade und war der letzte Kommandeur der Kavallerieschule Krampnitz. Er konnte zwar nicht verhindern, daß Alchimist von den Sowjets totgeschlagen wurde, aber er vergrub mit einigen Treuen die wertvollen Preise des Springstalles, darunter die Coppa Mussolini irgendwo in Mitteldeutschland. Er holte sie über die Grenze und versteckte sie in Warendorf bei Gestütswärtern. Der deutsche Turniersport verdankt ihm mehr als fünfundfünfzig internationale Springreitersiege und die Beteiligung an zehn gewonnenen Nationenpreisen. Zwei Siege im Großen Preis von Aachen 1937 mit Erle und 1939 mit Baron IV. Sie verdankt ihm den sichtbaren Beweis der großen Reitertriumphe vor dem Kriege. Niemals wird es eine Equipe geben, die so einheitlich ritt, wie die von Hannover und Krampnitz. Brinckmann war aber auch ein großartiger Lehrer im In- und Ausland. Außerdem Bundestrainer deutscher Reiter und Parcoursbauer von Weltruf.

Brinckmann auf Erle auf dem Derbyplatz. Wie Axel Holst, wie Heinz Brandt, gewann auch er das Derby nicht. Er wurde mit Baron IV Zweiter, aber mit Erle, einem mehr als launischem Pferd, gewann er den Großen Preis von Aachen, und auf dem Bild können wir seine herrliche Reitweise bewundern.

Auf beiden
Abbildungen:
Wotansbruder
unter
Oberleutnant
Brinckmann.

Brinckmann auf Alchimist. Er ritt dieses Brandtsche Pferd in Vollendung. Er hat niemals bestritten, daß das Können dieses mächtigen Hannoveraners ein Meisterwerk von Brandt und Kanehl war, und das Publikum spendete ihm bereits Beifall, ehe er den Parcours begann. In London 1937 blieben beide in sechs Parcours fehlerfrei, was noch keinem Pferd zuvor gelungen war.

Rom 1937: Brinckmann auf Wotansbruder. Dieser Rappe war tatsächlich der Bruder des Schimmels Wotan, der unter Freiherr v. Nagel und Sahla zu den besten Springpferden der Welt gehörte. Man mußte Brinckmann bewundern, denn die Meisterleistung seiner Reitkunst offenbarte sich vor allem in diesem Pferd.

Brinckmann auf Baron IV. Wie Tora, so machte Brandt auch Baron IV zu einem hundert Prozent zuverlässigen Springpferd. Er wurde Brinckmanns Liebling und Held vieler Schlachten. Hier als Sieger im Berliner Olympiastadion 1937.

Max Huck auf Schneemann in Dublin 1938. Auch auf diesem Bild der klassisch schöne Sitz des Reiters.

Ein Spitzenreiter der zweiten Generation wurde Max Huck. Hier auf Arthur in Amsterdam. Er war ein ausgezeichneter Reiter, dem es mit diesem Pferd gelang, in der Reithalle der Kavallerieschule Krampnitz ein Hindernis in Höhe von 2,50 Meter zu überspringen. Leider wurde dieser Weltrekord nicht anerkannt, weil er weder angemeldet war noch Richter vorhanden waren.

Axel Holst auf seinem Besten, dem Holsteiner Egly, mit dem er auch Nationenpreise gewann.

Axel Holst auf Bianka in Insterburg 1934. Vollendeter Stil von Reiter und Pferd.

Axel Holst und ein Teil seiner Pferde:

Oben links: Lustige
Oben rechts: Landsknecht
Mitte: Sachsenwald
Unten links: Lodi
Unten rechts: Meerkönig

Axel Holst, ein Schwede, der in Deutschland Heimatrecht besaß, war ein springtechnisches Genie. Die Pferde entwickelten unter ihm Zauberkräfte, und Reitstallbesitzer August Staeck sagte einmal in Berlin: „Der Kerl sitzt im Pferd drin, sonst könnte es solche Leistungen nicht vollbringen."

Die Umstände waren mehr oder weniger kurios. Er hatte in dem Reitstall Glahn, deren Pferde er ein Jahrzehnt lang ritt, keine Reithalle. Vor dem Berliner Winterturnier ließ er ein paar Pferdepfleger im Park des Schlosses Stangen halten, und über sie sprang er dann hinweg. So kam er, ohne die Pferde dressurmäßig ausgebildet zu haben, von einem Sieg zum anderen. Er schlug die Spitzen der Weltelite. Er gehörte zu den Privatreitern, zu den wenigen, die Waldenfels in seine Offiziersmannschaft aufnahm. Es gab über seine Reitweise verständlicherweise große Diskussionen. Warum sollte man Pferde zwei Jahre und mehr ausbilden, wenn man sie nur über ein paar Steilsprünge reiten brauchte? Axel Holst wurde so die Illusion vieler junger, nicht starker Turnierreiter, die sich der Hoffnung hingaben, daß man auch ohne Dressur zu Erfolgen kommen könnte. Der Turnierstall Glahn war der größte Privatstall in Deutschland. Er war in Hinterpommern und besaß immer ein Dutzend erstklassiger Pferde. Als Waldenfels seine Olympiamannschaft zusammenstellte, holte er für Barnekow Nordland aus dem Stalle Glahn, trotz der Kavallerieschule und trotz achtzehn Kavallerieregimentern. Dabei hatte Axel Holst Nordland für Frau Glahn gekauft. Sein Ende kam plötzlich, und mit Axel Holst starben auch die Illusionen Tausender Reiter.

In der Deutschlandhalle, beim internationalen Turnier 1935, gab es auch leichtere Springen für junge Pferde, und die Zuschauer wunderten sich, als der Weltreiter Holst in diesem leichten Springen einen Trakehner namens Troll ritt. Schon beim Einreiten merkten die Fachleute, daß etwas nicht in Ordnung war. Holst mußte stark treiben, um das Pferd in Schwung zu halten. Hier sah man die mangelnde Dressurausbildung. An der Mauer geschah es dann. Statt abzuspringen, machte der Trakehner noch einen Galoppsprung und blieb mit beiden Vorderbeinen hängen. Er überschlug sich und begrub seinen Reiter unter sich. Holst war zwar nicht sofort tot, erlangte das Bewußtsein jedoch nicht mehr. Die besten Reiter der Welt hielten an seinem Sarg die Ehrenwache. Sein Gesicht zeigte das leichte bekannte Lächeln, aber es war keine Belustigung, die darin lag, es war das Lächeln einer ungläubigen Verwunderung. Dieses Lächeln lag auch noch auf seinem Gesicht, als die Reiter aus aller Welt seine Bahre passierten und von ihm Abschied nahmen, von ihm und einer Illusion.

Axel Holst †

Erinnerung an den genialen Springreiter Axel Holst

Aus der Zeitschrift „St. Georg", Februar 1935

Die Reiterleute der ganzen Welt stehen trauernd an der Bahre dieses Mannes, der der Besten einer war und der für den deutschen Reitsport einen unersetzbaren Verlust darstellt. Axel Holst gehörte, wenn er auch in Südschweden in Schonen als Sohn eines Gutspächters geboren war, doch zu uns, zu den deutschen Reitern, denn in Deutschland und nur für deutsche Farben hat er seine großen Triumphe gefeiert. Aus frischem Leben, aus ruhmvoller reiterlicher Laufbahn wurde er hinweggerissen. Viele Hoffnungen sind mit ihm begraben. Er wird immer fehlen, und immer wird man ihn vermissen, wenn eine große reiterliche Prüfung zur Entscheidung steht; denn er war immer da, stets auf der Höhe der Form, stets verläßlich, und mit absoluter Sicherheit konnte man auf ihn, seine Pferde und sein Können bauen. In diesem Vertrauen hat er nie enttäuscht und nie versagt. Diese Treue und dieses Verantwortungsgefühl zu sich, seinem Werk und seiner reiterlichen Kunst bildeten den Inhalt seines ruhmreichen, tatfrohen, mannhaften Lebens. Darin lag seine einzigartige Größe, die beispielhaft ohnegleichen dasteht. In dieser Innerlichkeit und tief empfundenen Verantwortlichkeit zu seinem reiterlichen Beruf, den er sich selbst aus freiem Willen gewählt hat, erfüllte er eine Mission für den Reitsport, mit der er sich in die Reihe der großen Meister und Künstler auf diesem Gebiet stellt. Er hat stets die größten Ziele verfolgt und sich von Anfang an, als er zum erstenmal 1922 in Deutschland auftrat, nur auf Höchstleistungen eingestellt. Vom Jahre 1924 an war er schon in der Spitzengruppe und hielt sich die ganzen Jahre über, auch in der Zeit, in der er nicht über erstklassige Pferde verfügte, unter den Ersten, um dann, als er die Verbindung mit dem Stalle Georgen einging, sich souverän an die Spitze der deutschen Springreiter zu setzen und sich vier Jahre hintereinander das Championat zu sichern.
Der Reiter Axel Holst fand sehr schnell die verdiente Wertschätzung und Würdigung im In- und Auslande und die Bewunderung aller, die ihn im Sattel gesehen haben. Der Mensch Axel Holst hatte nur Freunde, denn er blieb trotz aller Erfolge, Leistungen und Ehrungen der stille, bescheidene, in sich zurückgezogene, seinen Pferden, seiner Passion, seiner Arbeit sich widmende Mensch, der nie hervortrat, sich nirgends vordrängte, gerade, klar, aufrecht in stiller Arbeit seinen Weg ging, um bei einem größeren Turnier durch eine ungeheure Leistung, durch ein neues Pferd und sein Können zu überraschen, die Öffentlichkeit aufhorchen zu lassen, um dann wieder in ruhiger Selbstverständlichkeit seine stille Tätigkeit auf dem Lande fortzusetzen. Dieses eindeutige Leben, geadelt durch Erfolg und Arbeit und eine immer stete Einsatzbereitschaft, führte er jahrelang mit einer Zielsicherheit, Energie und Schlichtheit, wie es alle von einer Idee innerlich erfüllten, sich ihrer Sendung und Aufgabe voll bewußten Persönlichkeiten und großen Naturen zur Bewunderung der Welt getan haben. – Nun hat sich in sich der Kreislauf eines herrlichen Reiterlebens vollendet. Aus dem Sattel, in dem er den größten Teil seines Lebens vollbrachte, in dem er so oft das Glücksgefühl des Siegers erlebte, wurde er mitten aus blühendem Schaffen und Leben hinweggerufen. Die Tragik des Geschickes liegt darin, daß er, der in so vielen schweren und ernsten Prüfungen ohne größeren Unfall geritten ist, nun bei einer so leichten Aufgabe den Reitertod fand. Erschüttert stehen wir vor der Gewalt dieses Schicksals, das sich erfüllt hat.
Axel Holst hatte zwei Pferde für die Vielseitigkeitsprüfung gestartet, die Trakehnerin Feuernelke und den Ostpreußen Troll, den er vor einigen Monaten von Dr. Rättig gekauft hatte. Troll war ein sehr sicherer Springer, der in Ostpreußen Geländeritte, Springen und Jagden gegangen war und nie gefallen war. Schon in der Galoppierprüfung ging er nicht so recht vorwärts und schien auch

am Tage des Springens nicht recht aufgelegt. Das Pferd hatte mehrere Hindernisse gut genommen, stieß dann an der grauen Mauer an; das Pferd verlor die Beine und überschlug sich nach vorne. Der Reiter war dabei nach vorne flach auf die Erde gefallen und im Augenblick lag das Pferd mit voller Wucht auf ihm, so daß es nichts mehr zu retten gab. Sanitäter trugen ihn hinaus, und der Arzt stellte einen Genickbruch und doppelten Schädelbruch fest. Es erfolgte sofort die Überführung nach dem Hildegard-Krankenhaus, wo die Ärzte nur noch den Tod feststellen konnten. Exzellenz v. Poseck, der Präsident des Reichsverbandes, gab nach Beendigung der Springprüfung vom Lautsprecher aus dem Publikum die Todesnachricht bekannt und hob die unvergänglichen Leistungen und Taten von Axel Holst für die Reiterei der ganzen Welt hervor, und daß man seiner in Deutschland nie vergessen und immer in Ehren seiner gedenken wird. Um so größer sei die Trauer und Anteilnahme um diesen Reiter. Spontan hatten sich die ausländischen und deutschen Teilnehmer in der Reitbahn vor der Ehrenloge zu einer Trauerkundgebung zusammengefunden. Das Lied vom guten Kameraden ertönte; ergriffen und erschüttert ehrte die Zuschauermenge stehend das Andenken an den Toten.

Die Aufbahrung erfolgte im Hildegard-Krankenhaus, wo die SS-Reiterstandarte 7, der Axel Holst als Sturmführer angehörte, die Ehrenwache bis zur Überführung der Leiche nach Schweden stellte. Als erste erschienen der französische Equipenchef de Laissardière und Captain Durand an der Bahre, um in echt sportlicher kameradschaftlicher Verbundenheit die letzte Ehrung zu erweisen. Ihnen schlossen sich bald darauf alle ausländischen Teilnehmer und viele deutsche Reiter an. Eine Fülle von Blumen häuften sich an der Bahre. Bald nach Bekanntwerden dieses tragischen Unglücks liefen Beileidstelegramme von allen Seiten ein, die am Abend vor dem Publikum verlesen wurden, worauf nochmals das Lied vom guten Kameraden gespielt wurde und eine würdige Trauerkundgebung in der Turnierhalle stattfand.

Der Reichs- und Preußische Minister für Ernährung und Landwirtschaft, R. Walther Darré, sandte einen seiner Adjutanten und ließ dem Reichsverband zu diesem unersetzlichen Verlust seine aufrichtigste Teilnahme aussprechen.

Der Herr Ministerpräsident General Göring drahtete:

„Die Nachricht von dem tödlichen Sturz unseres Axel Holst hat mich tief erschüttert. Ich bitte Sie, zu diesem schweren Verlust, der die deutsche Reiterei durch sein Ableben getroffen hat, meine aufrichtigste und tiefempfundene Anteilnahme entgegenzunehmen.

Ministerpräsident Göring."

Der Führer der Obersten Behörde für die Prüfungen der Warm- und Kaltblutpferde, Reichssportführer Gruppenführer von Tschammer-Osten, übersandte dem Reichsverband folgendes Telegramm:

„Erhalte soeben Nachricht von dem bedauerlichen Sturz Axel Holsts. Die deutsche Turniersportgemeinde trauert in tiefster Erschütterung um den Verlust dieses einzigartigen und genialen Reiters von Weltruf und wird ihm für alle Zeiten ein ehrendes Denkmal bewahren.

v. Tschammer-Osten"

Die Trauerfeier in der Turnierhalle

In einer einzigartigen Feierlichkeit fand die Trauerfeier für Axel Holst in der Turnierhalle, dem Schauplatz seiner Kämpfe und Siege, statt. Auf einem Katafalk, umgeben von Lorbeerbäumen, wurde der Sarg aufgebahrt. Unter Vorantritt der Musikkapelle der SS-Leibstandarte, die für den SS-Sturmführer auch das Ehrengeleit stellte, bewegte sich der Trauerzug in die Halle. Neben dem Sarge, der von SS-Männern getragen wurde, bildeten sechs Springoffiziere der Kavallerieschule, die Reiterkameraden von Axel Holst, das Ehrengeleit. Hinter dem Sarge wurde Egly, eines seiner erfolgreichsten Pferde, geführt. Vor dem Sarge hatten sämtliche anwesenden ausländischen Reiter und die deutschen Reiterkameraden Aufstellung genommen. Obergruppenführer Brückner legte im Namen des Führers einen Kranz nieder. Ihm schlossen sich die anderen Abordnungen zur Kranzniederlegung an. Choräle erklangen, und in Trauer und Ergriffenheit erlebten alle die letzte Stunde des Abschieds. Reichslandwirtschaftsminister Darré, hohe Führer der SS, Obergruppenführer Dietrich, die Gruppenführer Wittje, Lorenz, Erbprinz zu Waldeck, Freiherr von Obernitz, der Reichspressechef der NSDAP, der Befehlshaber der deutschen Polizei, SS-Gruppenführer Daluege, General d. L.-P. Wecke, Generale und Offiziere der Reichswehr usw. waren ebenso wie ein zahlreiches Publikum als Trauergäste anwesend. Sturmbannführer Brantenaar widmete seinem SS-Kameraden die letzten Worte, in denen er alles das, was Axel Holst für die deutsche Reiterei, für die Schutzstaffeln und für die Bewegung bedeutete, noch einmal hervorhob und an deren Schluß er diesen Reiter, Kämpfer und Sieger als leuchtendes Vorbild für alle jungen Kameraden der Bewegung hinstellte. Für den Reichsverband sprach General der Kavallerie von Poseck. Oberst Cederstroem rief seinem schwedischen Landsmanne, der für seine Heimat überall nur Ehre eingelegt hatte, den letzten Gruß nach. Pfarrer Siems segnete die Leiche ein. Dann wurde der Sarg im Kraftwagen, von sechs Offizieren der Reichswehr begleitet, nach dem Flughafen in Tempelhof überführt, wo die Deutschland G 38 unter Führung des Flugkapitäns Baur bereits stand, um den toten Reiter durch die Lüfte in das Land seiner Väter und an seine letzte Ruhestätte zu bringen. Als das Flugzeug sich hob, gab die SS drei Ehrensalven ab. Die sterblichen Überreste von Axel Holst gehören seiner Heimat Schweden, das uns ihn geschenkt hat; von seinen Taten und Leistungen wird die ganze Welt sprechen. Der SS-Sturmführer und siegreiche Reiter Axel Holst wird in Deutschland unvergeßlich sein! Sein Geist wird als großes herrliches Vorbild der deutschen Reiterei in alle sieghafte Zukunft voranleuchten.

Er baute nach zwei verlorenen Kriegen den deutschen Turniersport wieder auf, gründete die ländlichen Reit- und Fahrvereine und verlangte als höchstes Ziel den deutschen Bauern auf seinem von ihm gezogenen Pferd, wurde Oberlandstallmeister und Dr. h. c. Er war Hauptschriftleiter des St. Georg und Gestütsleiter in Dillenburg nach dem Zweiten Weltkrieg. Er war schon vor dem Ersten Weltkrieg Generalsekretär des deutschen Olympiadekomitees für Reiterei, und er führte von Warendorf aus als Equipechef die deutschen Reiter Thiedemann, Winkler und Frau Köhler 1954 nach Amerika. Nach diesem Triumph seiner Reiter starb er und mit ihm der wohl bedeutendste Geist, den der deutsche Pferdesport je besessen hat: Gustav Rau.

Die beiden Ausbildungsleiter in Dillenburg 1950. Marten v. Barnekow und Herbert Schönfeldt.

Oben links: Als Dr. Gustav Rau nach dem Kriege den deutschen Sport wieder ankurbelte, gehörte zu den Ersten der ehemalige Major a. D. Marten v. Barnekow. Er war der letzte der drei Olympiasieger vom Nationenpreis in Berlin 1936, und er übernahm den Stall des DOKfR in Dillenburg. Hier arbeitete er vor allem Fink, den Höltig in Helsinki bei den Olympischen Spielen ritt. Fink gehört zu den herrlichsten Holsteiner Pferden der Nachkriegszeit.

Oben rechts: Marten v. Barnekow fünfzigjährig in Dillenburg.

Mitte: Marten v. Barnekow auf Fink in Dillenburg beim Leichttraben, ohne Hilfszügel, Pferd ganz tief gestellt mit weit ausholenden Schritten und einer vollständig gymnastizierten Hinterhand.

Unten rechts: Trotz seiner fünfzig Jahre in höchster Elastizität auf dem Holsteiner Orient in Herborn. Orient wurde nach der Ausbildung im Stall des DOKfR Winklers zweitbestes Pferd in der Anfangszeit seiner Turnierlaufbahn.

In Dillenburg nach dem Kriege in gemütlicher Runde. Von rechts hintere Reihe: Marten v. Barnekow, H. J. Andreae, Hans Koerffer. Vordere Reihe von rechts: H. H. Brinckmann, dritter von rechts: H. H. Ewers, Olympiareiter in Helsinki.

Einer der erfolgreichsten Ausbilder. Herbert Schönfeldt auf Hoffmanns Orient, der in Dillenburg seine grundlegende Ausbildung bekam.

Nach dem Krieg einer der Erfolgreichsten: Der Pole, der in Deutschland Heimatrecht hatte, Alfons Przybrylski auf Arnica, im Besitz von Freiherr v. Nagel in Vornholz.

Eines der letzten Fotos von Marten v. Barnekow. Als S-Dressurrichter in Donaueschingen 1966. Hier gratuliert er Herzmann.

Ein Wunderpferd, dem man den Namen Hubschrauber gab, weil es entgegen den deutschen Reitmethoden gänzlich aus der Rolle fiel: Baden, unter ihrem Besitzer H. H. Ewers. Die beiden Holsteiner machten Karriere. Sie sprangen alles, was es zu springen gab. Das Pferd, ein herrlicher Huntertyp mit hocherhobenem Haupt, durchgedrücktem Rücken und auf der Kruppe liegendem Schweif, der ständig in Bewegung war. Sie kamen nach Dillenburg 1950 zur Spezialausbildung, und Herbert Schönfeldt, einst Hauptwachtmeister der Kavallerieschule Hannover, dann SS-Offizier der SS-Hauptreitschule in München, international erfolgreich in Rom und in der Nachkriegszeit, bemühte sich ehrlich, Baden an den Zügel zu stellen. Es gelang nicht. Erst nach Wochen kam er zum Ziel. Baden ging am Zügel, und da geschah ein hippologisches Wunder: Baden verweigerte das Springen. Daraufhin wurde wohl erstmalig in der Geschichte der Reiterei jede Dressurarbeit eingestellt. Baden startete trotzdem bei den Olympischen Spielen in Helsinki, allerdings stark angefeindet. Aber sie ging auch dort in ihrer Art großartig, bis sie am letzten Hindernis auf rutschigem Boden zu Fall kam. Das kostete der deutschen Mannschaft eine Medaille. Sie wurde nur fünfte, trotzdem ein stolzer Neubeginn.

Oben rechts: Der Olympiasieger von gestern unterhält sich mit dem Olympiasieger von morgen. Marten v. Barnekow mit Krücke aufgrund seiner Beinverwundung und Fritz Thiedemann vor dem Richterhaus in Herborn 1955.

Mitte: Hier begann der deutsche Turniersport der Nachkriegszeit. Auf dem Reitplatz in Dillenburg sind versammelt: von links: Oberlandstallmeister Dr. h. c. Gustav Rau, Herbert Frick, Marten v. Barnekow, auf dem Pferd Freiherr v. Nagel, F. G. Eppelsheimer und Kurt Capellmann.

Unten links: Der Autor auf der Ostpreußin Nicoline in der Dillenburger Reithalle bei der Arbeit.

Unten rechts: Eppelsheimer und Herbert Frick genießen die Frühlingssonne.

Oben links: F. G. Eppelsheimer, damals unser Erfolgreichster, in Dillenburg beim Training auf Königsadler.

Oben rechts: 1950 begann der Springsport intensiv zu blühen: Herbert Frick in Dillenburg auf Meerschaum.

Bis auf den letzten Platz besetzt: Der Aachener Reitplatz in der Soers am letzten Tag, dem Großen Preis von Aachen.

Hier ist Reitsport Volkssport. Blick von der Tribüne herab auf die Steh- und Sitzplätze beim Turnier in Aachen, 1958.

„Garant" v. Armring I. (Hann.)
Champion der Springpferde 47 u. 48
unter seinem Besitzer Prinz Salm

Den ersten großen internationalen Erfolg in der Nachkriegszeit hatte Prinz zu Salm auf Garant, als er 1947 den Großen Preis von Aachen gewann.

Prinz zu Salm auf Erlkönig 1951. Immer noch im herrlich ausbalancierten Sitz, gehörte er auch in der Nachkriegszeit zu den deutschen Spitzenreitern.

Hier wird das schwerste Springen der Welt entschieden: Der Springderbyplatz in Hamburg.

Von Mussolini in ungewöhnlicher Weise gefördert, da er selbst ein passionierter Reiter war: Der Turnierplatz in Rom auf einem der sieben Hügel in der Villa Borghese. Hier siegten die deutschen Reiter 1931, 1932 und 1933 in der Coppa Mussolini, die sie damit endgültig gewannen. In der Folgezeit belegten sie grundsätzlich den zweiten Platz, bis 1940 Harald Momm, Ernst Hasse, Micky Brinckmann und Fritz Weidemann die Coppa erneut gewannen. Es war der letzte Nationenpreis, den die grauen Reiter der Kavallerieschule gewinnen konnten.

Oben links: Der Kopf von Fugosa, einem der besten deutschen Springpferde.

Oben rechts: Hans Pracht auf Forstmeister, dem wohl besten Vielseitigkeitspferd des bundesdeutschen Turniersportes. Herbert Schönfeldt, der ihn zusammen mit Orient und Halla ausbildete, bezeichnete ihn als das beste deutsche Pferd. Leider stürzte Forstmeister während der Olympiavorbereitung für Helsinki 1952 so unglücklich, daß seine große Laufbahn vorzeitig beendet wurde. Am Pferd stehend der Autor, der beide nach dem Unfall eine Zeitlang trainierte.

Der Tandem von Franz Lage in Hamburg. Er ist der erfolgreichste deutsche Fahrkünstler der Nachkriegszeit geworden.

Oben links:
Unter Pferdeleuten gibt es immer etwas zu diskutieren. Hier in Köln Anfang der sechziger Jahre die internationalen Springkanonen Harald Momm und Gerd Schlickum. Gesprächspartner ist ein enger Mitarbeiter von Dr. Rau, Dr. Pulte.

Oben rechts:
Auf dem Dillenburger Reitgelände trafen sich einige Berühmtheiten der Vor- und Nachkriegszeit: Helmuth Krah, heute noch oft deutscher Equipechef, Frau Irmgard v. Opel, die beste Amazone, die die Welt je besessen hat, und Prinz zu Sayn-Wittgenstein aus Laasphe.

Als Springreiterin weltberühmt, aber auch als Dressurreiterin Weltklasse. Frau v. Opel auf Dr. Raus Aar, mit dem Thiedemann den Großen Preis von Aachen gewann. Das Paar bei der Olympiavorbereitung für Stockholm.

Beim DOKfR in Warendorf sind sie ausgestellt, die größten Preise, die deutsche Reiter je erringen konnten. In der unteren Reihe der dritte von rechts, die Coppa Mussolini.

Aufmarsch vor dem Springderby: Die alten Derbysieger von einst und jetzt. Von links: Frau v. Opel, Frau Schmidt-Metzger, H. J. Andreae, Herbert Frick, Harald Momm, Günther Temme, Waldemar Fegelein, Fritz Thiedemann, H. G. Winkler, Walter Schmidt.

Micky Brinckmann in Herborn 1950. Der Hals des Pferdes ist viel zu hoch gestellt. Fehler sind in dieser Haltung unvermeidlich.

In Ludwigsburg Anfang der sechziger Jahre. Das herrliche Foto zeigt einen der Besten der Welt: Nelson Pessoa (Brasilien) auf Gran Geste über die 2,20 Meter hohe Mauer. Pessoa gewann viermal das Deutsche Springderby und ist hinter Thiedemann der bisher Erfolgreichste, auf alle Fälle der erfolgreichste Ausländer.

Der Franzose Jonqueres d'Oriola. Er ist der einzige Reiter der Welt, der bisher zwei Olympische Springen gewinnen konnte. Das erste Mal in Helsinki 1952 und das zweite Mal 1964 in Tokio. Hier mit Lutteur auf dem Derbyplatz in Hamburg.

Die klassische Schönheit deutscher Schule, elegant und kraftvoll. Höltig auf Fink, Helsinki 1952.

Einst Weltklassereiter der Kavallerieschule, auch nach dem Kriege wieder vielfach erfolgreich: Max Huck in Herborn auf Sonja, letzter Sprung beim Stechen, ein Sitz, wie man ihn heute suchen kann.

1954 ging es in Aachen um die Weltmeisterschaft. Hans Günter Winkler und Equipechef Harald Momm beim Abschreiten des Parcours.

Olympischer Sieg in Stockholm 1956. Thiedemann auf Meteor in der Einzelwertung vierter, Winkler auf Halla, in der Einzelwertung erster, und Alfons Lüttke-Westhues als elfter auf Ala.

Der ehemalige Rittmeister Fritz Weidemann auf dem Holsteiner Fink 1951 in Herborn.

Ein typisches Weidemann-Bild. Auf Würzer in Herborn.

Deutschlands vielseitigster Reiter: Fritz Thiedemann auf Meteor, Europameister 1958 in Aachen.

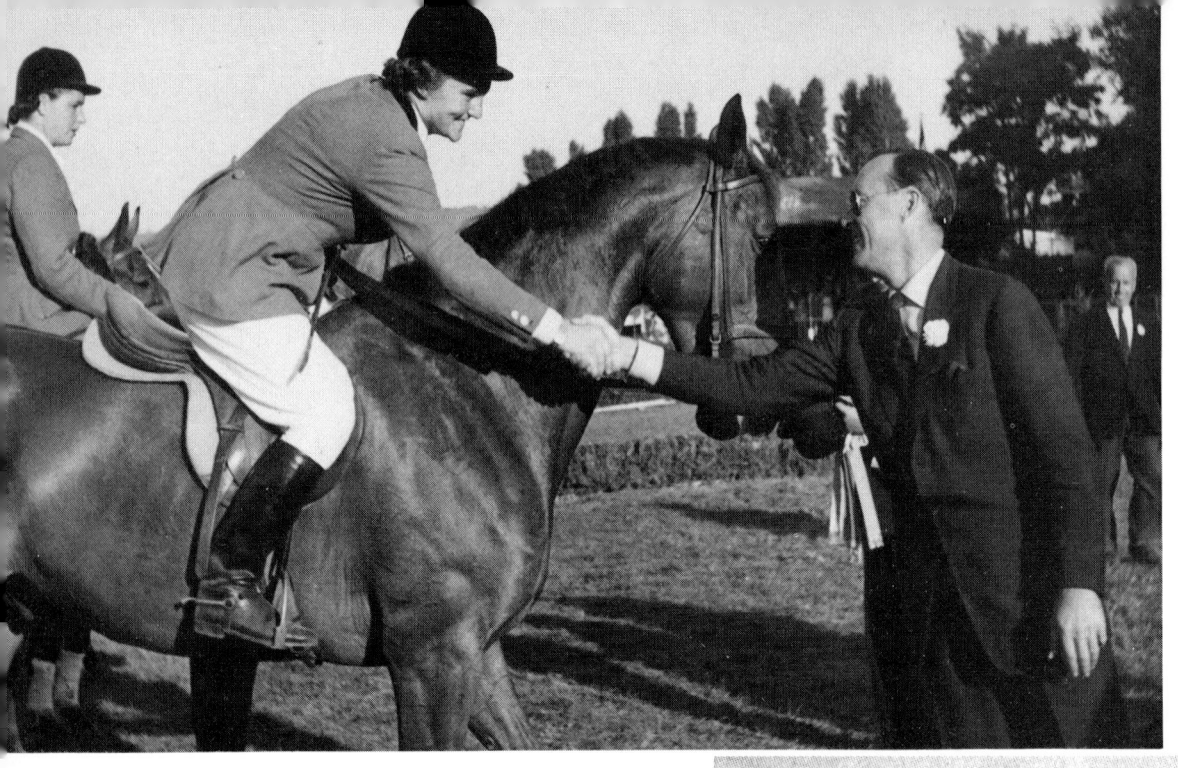

Prinz Bernhard der Niederlande gratuliert in Rotterdam 1959 Giulia Serventi (Italien) zum Sieg im Amazonenspringen. Links die beste Nachkriegsreiterin der Welt, Pat Smith.

Mitte: Und hier Fritz Thiedemann in vorbildlichem Stil in der Vorkriegszeit auf Erato.

Unten links: Drei Reitergenerationen auf dem Herborner Turnierplatz. Von rechts: H. J. Andreae, der 1921 das Springderby auf Teufel gewann. In der Mitte Fritz Weidemann, der Meisterreiter der Kavallerieschule der dreißiger Jahre, und H. G. Winkler.

Unten rechts: Otto Kanehl auf Prinzeß beim Wiesbadener Turnier 1965.

Der erste Reiter, der nach dem Kriege den Anschluß zur Weltspitze errang, war Fritz Thiedemann aus Heide in Holstein. Mit seinen holsteinischen Pferden bewies er der Welt, daß die deutsche Methode der dressurgymnastischen Ausbildung von Springpferden nach wie vor Garant für Erfolge ist. Als er nach dem Rom-Turnier 1952, als die Deutschen erstmalig wieder international zugelassen wurden, zu keinem Sieg kam, obwohl ein Micky Brinckmann mit von der Partie war und Harald Momm die Mannschaft führte, gaben viele Fachleute Gustav Rau den Rat, weder eine Spring- noch eine Military-Mannschaft nach Helsinki zu entsenden. Thiedemann erklärte kategorisch: Meine Pferde sind in Helsinki fertig, noch nicht in Rom. Es begann eine Zeit wie einst unter Waldenfels. Das System war klar und im In- und Ausland bekannt. Würden es die Deutschen schaffen? Die Dressurmannschaft erhielt die bronzene Medaille. Unter ihr Olympiasieger von 1936 Pollay, Baroneß Ida v. Nagel und Fritz Thiedemann. In der Military gab es die bronzene Medaille für Dr. Büsing und in der Mannschaft die silberne für Dr. Büsing, Otto Rothe und Klaus Wagner. Außer Ewers ritt noch Höltig auf Fink vom alten Springstall in Hannover. Das einzige Pferd der Welt, das den ersten Umlauf im olympischen Springen fehlerfrei überwand, war Meteor, dem sogenannte Fachleute in deutschen Landen eine Zukunft als Ackerpferd voraussagten. Im zweiten Umlauf machte er acht Fehlerpunkte und mußte gegen fünf andere Reiter stechen. Dabei hatten die beiden zwar die beste Zeit, aber das Tempo war doch wohl zu hoch, denn Meteor erhielt erneut acht Fehlerpunkte angekreidet. Es reichte für ihn zur Bronzemedaille. Meteor ist bis heute der Welt erfolgreichstes Springpferd. Er siegte in hundertfünfzig Springen, hundert mehr als Tora, und ging an drei Olympischen Spielen mit an den Start, was bisher keinem Pferd der Welt gelang. In der Einzelwertung wurde er in Helsinki dritter, in Stockholm vierter und in Rom 1960 sechster. Eine wahrhaft glänzende Leistung, und das bei zwölf Zentner Gewicht. Der einzige, der außer seinem Reiter an Meteor glaubte, war Dr. Gustav Rau.

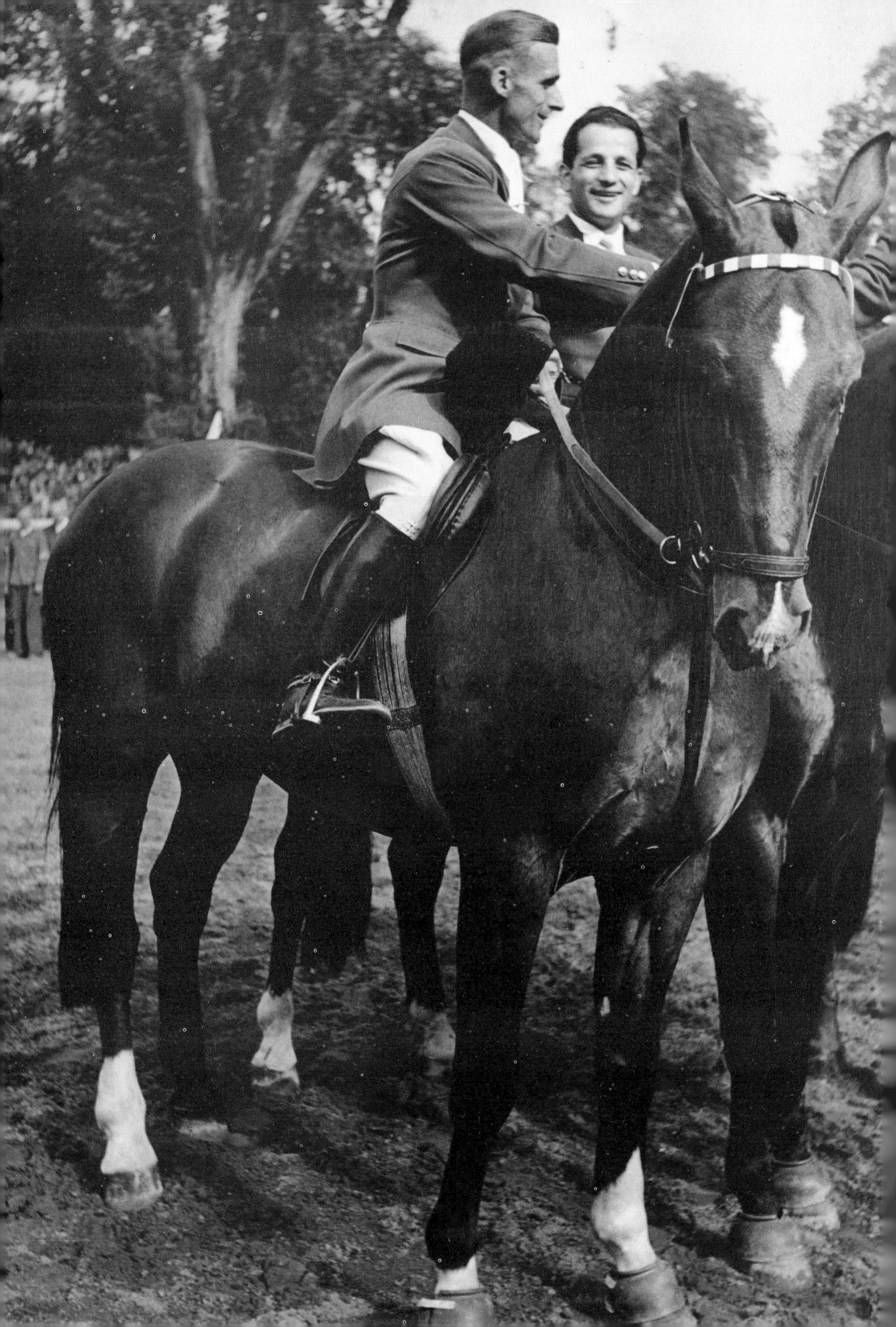

Links: Am Beginn seiner Laufbahn: Meteor in Wiesbaden unter seinem Meisterreiter. Rechts H. G. Winkler als Zweiter.
Oben: Meteor in Hamburg 1958.
Unten: Meteor bei den Olympischen Spielen in Rom 1960.

Thiedemann auf dem vorgesehenen Nachfolger von Meteor, der Holsteinerin Retina. Lübbecke 1959.

Meteor in Rotterdam 1958.

Meteors letzter Parcours beim internationalen Reitturnier in Aachen 1961.

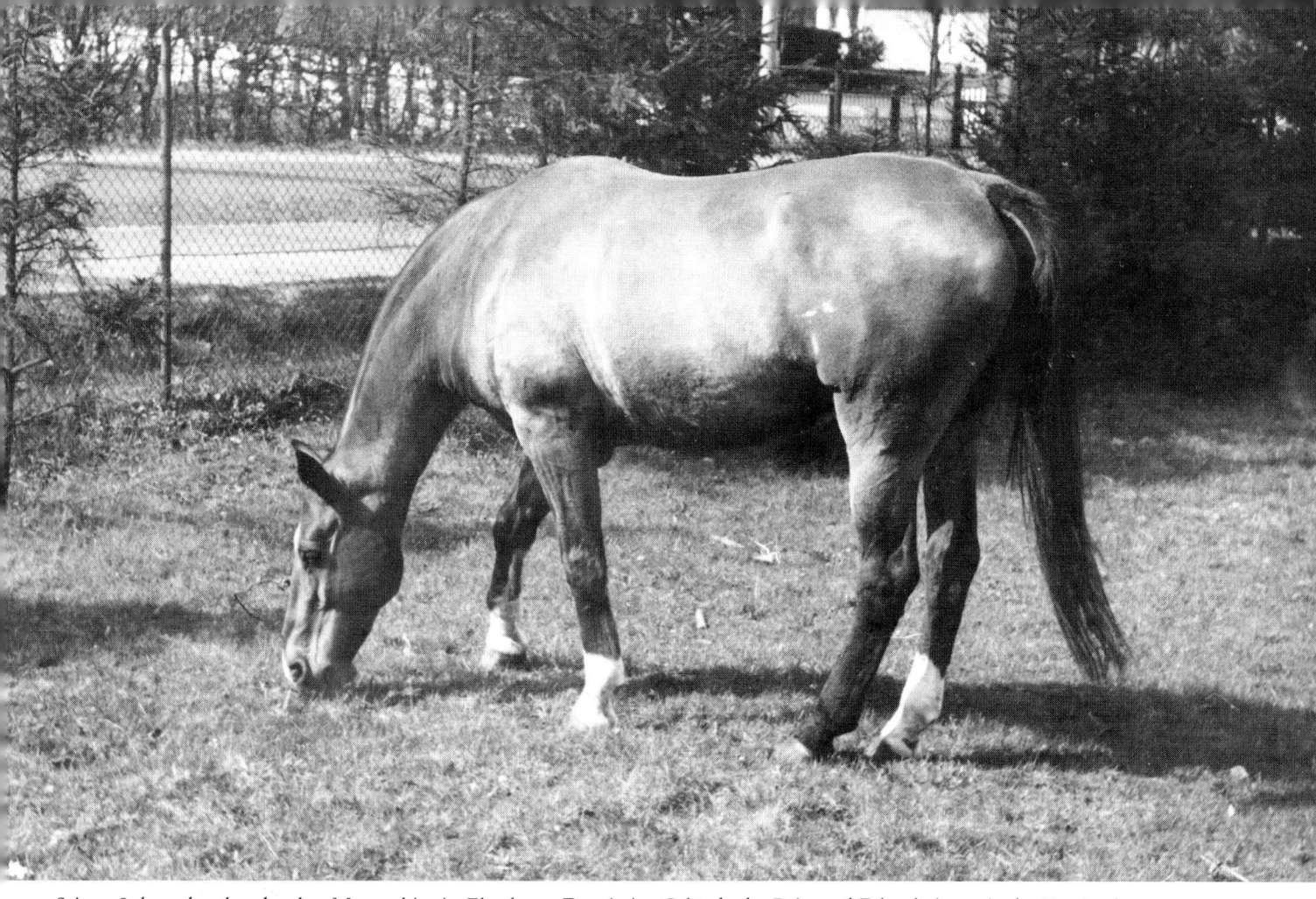

Seinen Lebensabend verbrachte Meteor hier in Elmshorn. Das riesige Gelände der Reit- und Fahrschule sowie der Turnierplatz stand ihm uneingeschränkt zur Verfügung.

Auf dem Gelände der Reit- und Fahrschule Elmshorn wurde es begraben, das erfolgreichste Springpferd aller Zeiten und Länder: Meteor.

Neben einer großen Zahl von Turniererfolgen ist Thiedemann der Ausbilder gewesen. Er bildete neben der Arbeit seiner Spitzenpferde in Elmshorn etwa 120 Pferde aus. Sein Lausekerl wurde Godewind. Hier über 2,10 Meter in Aachen.

Godewind unter den Pinien in Rom. Hier gewann er das Kanonenspringen.

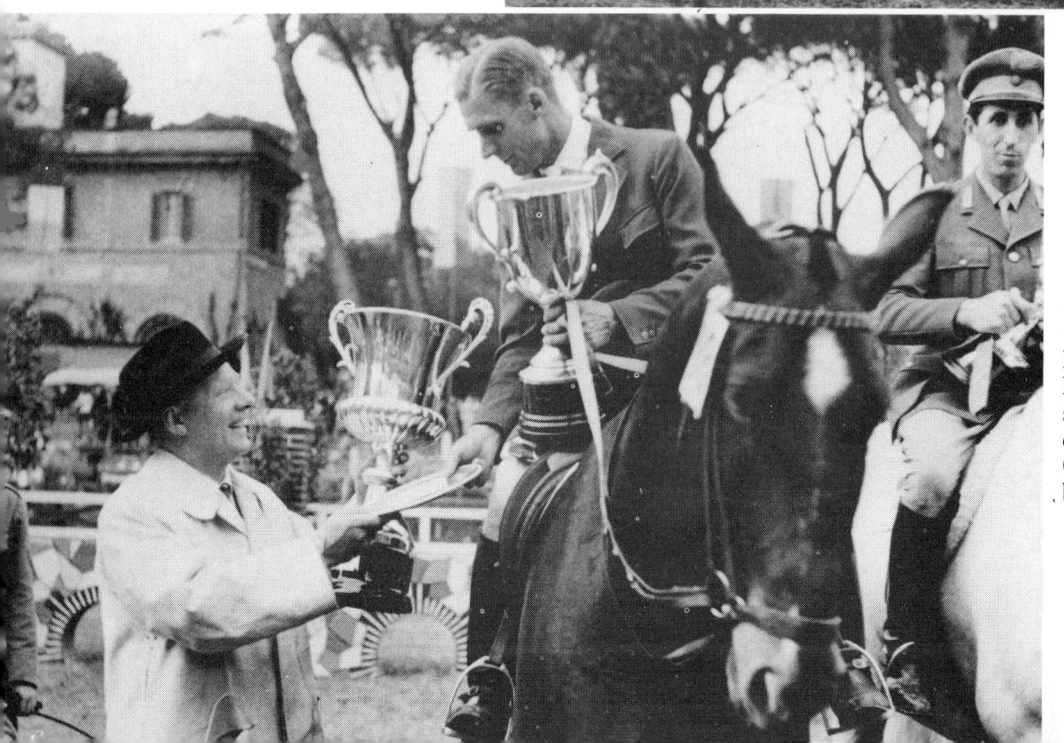

Landstallmeister Schulze-Dieckhoff, der Nachfolger von Dr. Rau und Mannschaftsführer der Reiter in Rom, hält die Ehrenpreise, die Thiedemann mit Godewind gerade gewonnen hat. Daneben der Zweite: Raimondo d'Inzeo.

Dieses Mal war Retina unter Thiedemann das Siegerpferd in Hamburg. Daneben Alwin Schockemöhle auf der Schwester von Retina: Ramona. Beide sind Ramses-Kinder. Thiedemann gewann das Springderby 1950 mit Loretto, 1951 mit Meteor, 1954 mit Diamant, 1958 mit Finale und 1959 mit Retina.

Ein Wunderpferd wurde auch Finale. Hier unter Thiedemann in Aachen. Die Stute war zwar knapp mittelgroß, hatte aber ein gewaltiges Sprungvermögen. In der Anfangszeit war sie recht schwierig.

Thiedemann auf Diamant, sein zweites Spitzenpferd neben Meteor, das in die USA verkauft wurde.

Europameister 1958 wurde Fritz Thiedemann auf Meteor, zweiter H. G. Winkler auf Halla.

Das Holsteiner Kleeblatt: Fritz Thiedemann, Finale und Meteor.

274

Beim Olympischen Springen in Rom: Meteor über dem Wassergraben, auf dem Gelände der Villa Borghese, wo das Einzelspringen stattfand.

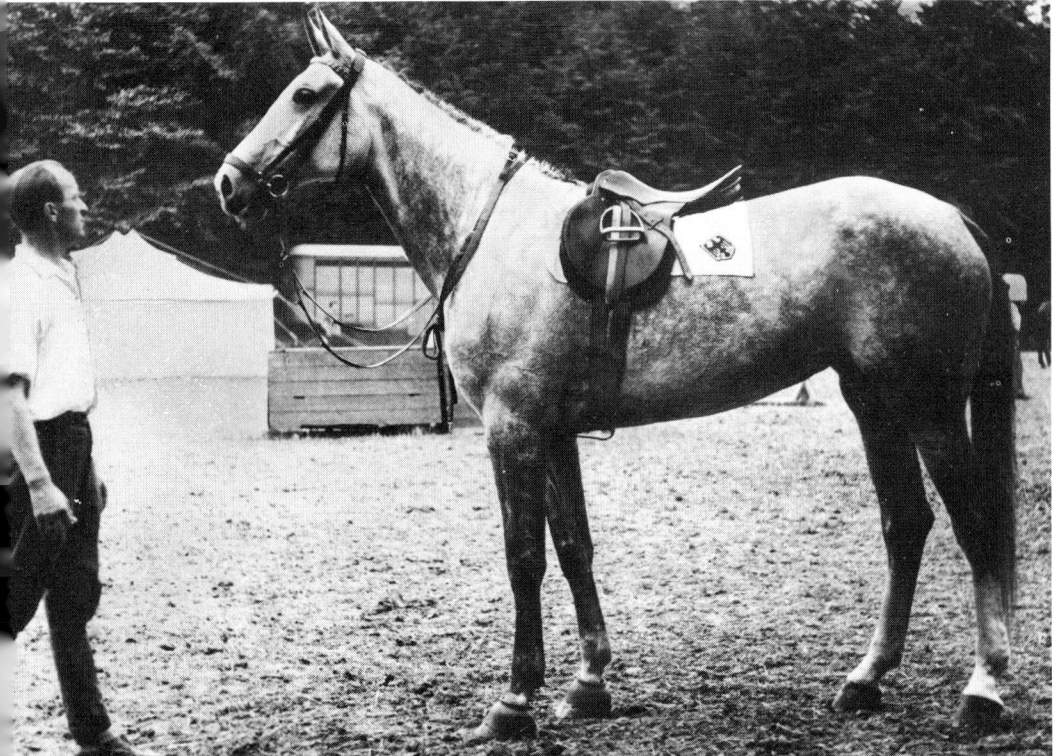

Retina sollte Meteor ablösen. Sie war eine herrliche Stute, Tochter von Ramses. Vor ihr steht der langjährige Betreuer der Thiedemannschen Pferde, Hans Thiede.

Retina unter Thiedemann in Rotterdam 1959, im langen Zügel nach vollendetem Parcours.

Thiedemann auf Aar, im Besitz von Dr. Gustav Rau. 1953 gewann Aar den Großen Preis von Aachen.

Thiedemann auf Original Holsatia.

Das international erfolgreichste deutsche Springpferd ist zweifelsohne Halla gewesen, die eine einmalige Laufbahn hinter sich brachte. Da sie über sehr viel Blut verfügte, wurde sie zunächst in Jagdrennen in Frankfurt gestartet. Ihr Vater war ein Traberhengst, Oberst, der im Darmstädter Gestüt als Beschäler wirkte. Aufgrund dieser Abstammung kam es zu Schwierigkeiten in der Ausbildung, denn das Traberblut läßt sich nicht einfach durch dressurmäßiges Reiten verwischen. Herbert Schönfeldt beim Stall des Deutschen Olympiadekomitees für Reiterei in Dillenburg hat sie erst einmal dressurgymnastisch gearbeitet, und sie wurde bei Militarys eingesetzt. Im Springen hatte sie nie Schwierigkeiten, aber dafür gab es diese in der Dressur. Schönfeldt war Berufsreiter, und da Winkler bei Olympischen Spielen nicht startberechtigt war, wurden Reiter für das sensible Pferd gesucht, die berufstätig waren oder studierten. Das konnte nicht gutgehen, und bei einer Vorbereitungsmilitary für Helsinki fuhr eine Kleinbahn mit lautem Pfeifen nahe dem Dressurviereck vorbei, aus dem Halla vor Schreck heraussprang. Das war das Ende ihrer Militaryzeit. Die Springreiterlaufbahn und die dann folgende Zeit als Mutterstute sind von höchstem Glanz. Drei Olympische Goldmedaillen gewann sie bei zwei Spielen. Sie gewann fünfzig internationale Springen und ging bei zehn gewonnenen Nationenpreisen mit. Ihren Abschied nahm sie, als sie 1961 den Großen Preis der Stadt Brüssel gewann. Sie war eine Säule des Deutschen Turniersportes der Nachkriegszeit.

Deutschlands erfolgreichstes Pferd auf internationalen Turnieren wurde die in Hessen gezogene Vollblüterin Halla. In Darmstadt erblickte sie auf dem Gut von Herrn Vierling das Licht der Welt. Sie kam in den Stall Winkler, der sie zu sechzig internationalen Siegen ritt.

Halla als Mutterstute.

Oben links:
Hans Günter Winkler, der äußerst geschickte Springreiter von unerreichter Kondition. Hier über die 2-Meter-Mauer 1959 in Aachen auf Halla.

Oben rechts:
Jetzt liegt die Mauer auf 2,10 Meter. Beide haben falsch taxiert. Dank der Schnellkraft von Halla wird die Mauer fehlerfrei gesprungen. Der Reiter hat Mühe, diesen gewaltigen Satz auszusitzen.

Halla unter Winkler beim Olympischen Springen in der Piazza di Siena in Rom 1960. Fünfte in der Einzelwertung, einen halben Punkt besser als Meteor.

Halla und Winkler im Einzelspringen der Olympischen Spiele in Rom 1960 über dem Wassergraben.

Reservepferd für die Olympischen Spiele in Rom war die Stute Leila, im Besitz von Helmut Krah, Fulda. Hier auf dem Trainingsplatz in Warendorf unter Hans Günter Winkler.

Winkler auf Orient im Schloßpark von Wiesbaden-Biebrich 1954.

Winkler auf Orient in Limburg beim SB-Springen 1950.

Einer der schönsten Holsteiner war Orient. Hier in Herborn unter H. G. Winkler.

Orient über eine 2-Meter-Mauer in Ostende 1954.

Winkler auf Sturmwind in Wiesbaden 1953.

Winkler auf Romanus beim Aachener Turnier. Romanus gehörte zur Ramses-Familie, Retina, Ramona, Romanus und Ramses XIII hatten alle den gleichen Vater, den Angloaraber, der aus Polen kam.

Winkler auf Romanus bei der Arbeit in Warendorf.

Winkler auf Waldmeister in Wolfsburg, ein Pferd mit scheinbar unbegrenztem Können, das leider zu früh erkrankte und einging.

Winkler auf Torphy in der Volkswagenstadt Wolfsburg. Vorbildlich die Reitweise, überlegen das Springen des Pferdes.

Winkler auf dem Halbbruder von Halla, Morgenglanz, bei einem Siegesritt in Rom 1959.

Abreiten vor dem Parcours. H. G. Winkler auf Torphy in Wolfsburg vor dem Kraftwerk.

Sieger in Rotterdam 1959. Winkler auf Sonnenglanz, einem Halbbruder von Halla, den vorher Josef Neckermann ritt.

Winkler auf Enigk und Alwin Schockemöhle auf Wimpel II. Sie siegten im Großen Preis von Aachen.

Alwin Schockemöhle, der die Tradition von Heinz Brandt und Fritz Thiedemann fortsetzte, auf Bacchus auf dem Derbyplatz in Hamburg.

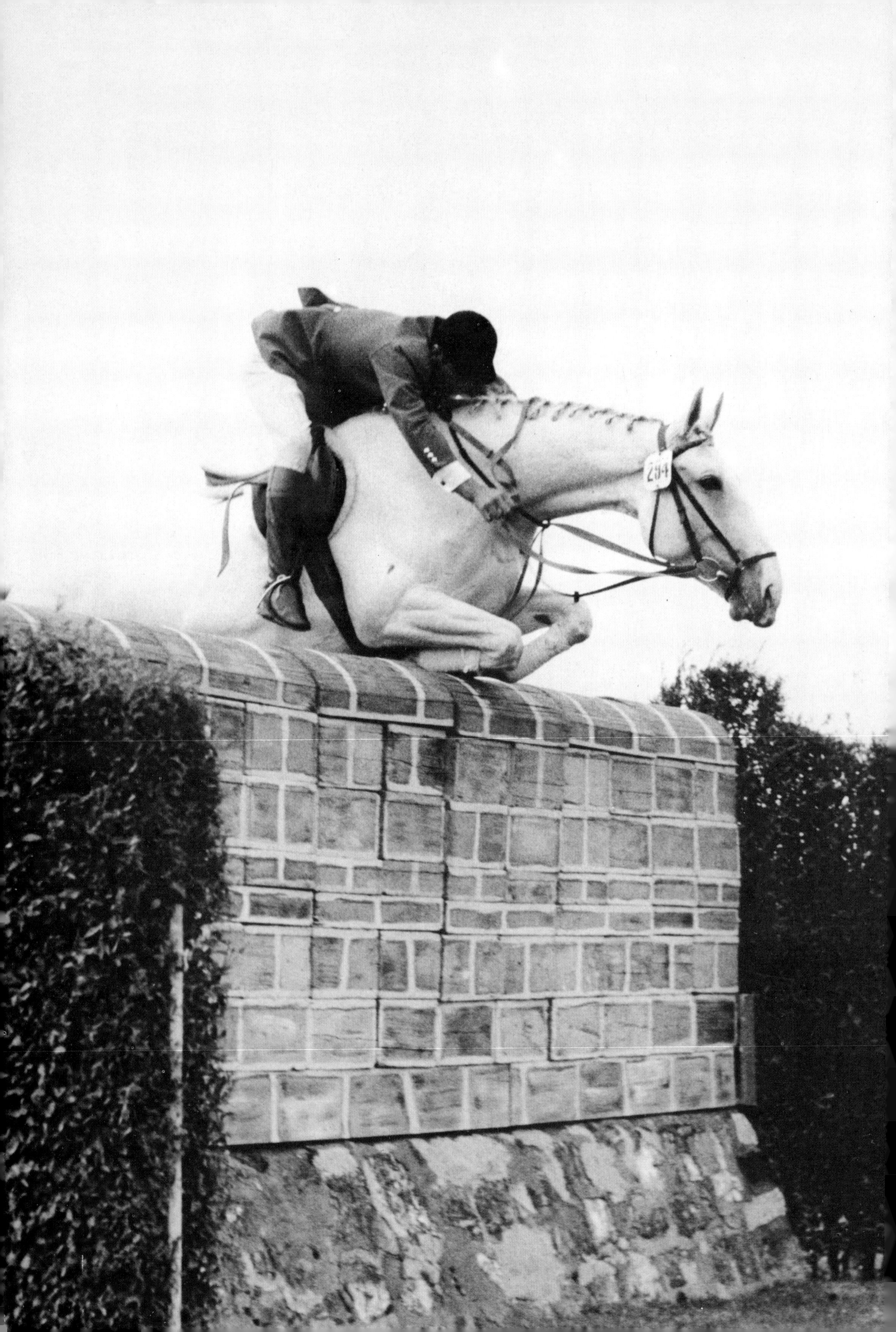
294

Linke Seite: Alwin Schockemöhle auf Ramona in Aachen 1961 im Sprung über die 2,15 Meter hohe Mauer. Es gibt nur wenige Reiter, die ihre Pferde im Sprung so gut aussitzen wie Alwin Schockemöhle.
Oben links: Sprung über die 2-Meter-Mauer in Aachen. Alwin Schockemöhle auf dem Olympiasiegerpferd von Rom, Ferdl.
Oben rechts: Alwin Schockemöhle auf Freiherr in Hamburg.
Unten: Schockemöhle auf Ramona in Hamburg 1959.

Donald Rex unter Alwin Schockemöhle in Mannheim 1969. Neben Meteor und Halla war dies das beste deutsche Springpferd der Nachkriegszeit. Leider überstand es nur drei Turniersaisons, dann erkrankte er. In dieser Zeit gewann das Paar siebzehn Große Preise. Es war das beste Pferd im Nationenpreis der Olympischen Spiele 1968 in Mexiko.

Alwin Schockemöhle auf seinem vielfachen Siegerpferd Freiherr, das Ersatzpferd für die Olympischen Spiele in Tokio 1964. Bild: Aachen 1961.

Alwin Schockemöhle auf Ferdl in Aachen vor großer Kulisse.

Alwin Schockemöhle bei seinem Olympiasieg in Montreal 1976 auf Warwick Rex, einem gewaltigen Springpferd.

Wimpel unter Alwin Schockemöhle.
Der geteilte Siegessprung in Aachen 1969.

Links und Mitte links:
Ottocar Pohlmann auf Polarfuchs, das überragende Militarypaar für die Olympischen Spiele in Rom 1960, wo er leider durch einen Sturz ausfiel. Bild links wurde in Bad Lippspringe aufgenommen, das Mitte links bei der Dressurprüfung in Rom.

Mitte rechts:
Dr. Reiner Klimke auf Winzerin bei den Olympischen Spielen in Rom auf der Querfeldeinstrecke der Military. Seine Liebe gehörte der Militaryreiterei und natürlich auch dem Springen, die größten Triumphe jedoch feierte er als Dressurreiter, 1984 wurde er Olympiasieger.

Dr. Reiner Klimke auf Winzerin im Rennbahngalopp in Bad Lippspringe 1959.

Die Entscheidung ist gefallen: Die deutschen Reiter gewinnen den Preis der Nationen bei den Olympischen Spielen in Rom 1960, 2. USA, 3. Italien.

Olympische Spiele in Rom 1960: Die beste deutsche Mannschaft der Nachkriegszeit nach ihrem größten Erfolg, dem Preis der Nationen in Rom 1960: Thiedemann auf Meteor, Winkler auf Halla und Schockemöhle auf Ferdl.

Die Nachkriegsgeneration italienischer Springkünstler: Raimondo d'Inzeo über zwei Meter in Aachen 1962 auf Posillipo.

Raimondo d'Inzeo auf Italiens bestem Nachkriegspferd Merano, Rom 1959.

Raimondo d'Inzeo auf Posillipo in Aachen. Reichlich übertriebenes Mitgehen. Auch der Schenkel liegt nicht am Gurt. Beide gewannen das Olympische Springen in Rom 1960.

Piero d'Inzeo auf The Quiet Man in Aachen 1959.

Der Bruder Piero d'Inzeo, der meist Irländer ritt, auf The Rock in Aachen.

Prinzessin Anne auf Doublet bei der Military-Europameisterschaft in Luhmühlen, die sie 1971 gewann. In großer Fahrt geht's über eine sehr schwierige Kombination, wo sie bis zum letzten Moment stark treiben mußte.

Und dann kamen sie aus Übersee, die Reiterinnen und Reiter der USA. Von Nemethy ausgebildet, dem ungarischen Offizier, der in der Kavallerieschule Krampnitz seine Ausbildung bekommen hatte. Da staunten die deutschen Fachleute nicht schlecht, als ausgerechnet aus den USA der alte deutsche Springstil wieder in sein Heimatland zurückkehrte. Was Thiedemann fast erreichte, was Winkler und Alwin Schockemöhle anstrebten, zeigten die Amerikaner in Vollendung. Hier Kathy Kusner auf Untouchable in Wiesbaden 1966.

Ebenfalls vollendeter deutscher Springstil. Pferd mit einem wunderbaren Auge. Mary Chapot auf White Lightning, Köln 1966.

Er ritt jahrelang Fritz Thiedemanns Diamant und trainiert heute die Weltklassemannschaft der USA: Frank Chapot auf San Lukas, hier in Wiesbaden 1966.

Ein Vorrangreiter der US-Mannschaft: William Steinkraus auf Riviera Wonder in Aachen, wo er 1965 große Triumphe feierte.

William Steinkraus gewann auch das Olympische Springen in Mexiko 1968. Hier 1966 in Köln auf Snowbound.

In Wolfsburg gewann Hartwig Steenken vor Winkler den Preis um den Goldenen Käfer, der hier vom Direktor des Volkswagenwerkes, Lotz, übergeben wird.

Dressurelite in Wolfsburg. Auf dem Schimmel Mariano Dr. Josef Neckermann, links Dux unter Dr. Reiner Klimke. Beide Pferde in der Passage. Rechts im Hintergrund mit dem Arm in der Binde Horst Münzner, der Turnierveranstalter.

Renate Freitag, sehr erfolgreich als Schülerin von Alwin Schockemöhle, hier auf Freia.

Sie wurden gemeinsam Welt- und Europameister, Sieger im Deutschen Springderby und errangen die Goldmedaille bei den Olympischen Spielen 1972 in München: Hartwig Steenken und Simona. Hier in Hamburg.

Hartwig Steenken in rasantem Tempo auf Der Lord in Köln.

Reiter und Pferd in vorbildlichem Stil von einer Klasse, die man heute selten erlebt. Steenken auf Porta Westfalica.

Hartwig Steenken auf seinem ersten Wunderpferd Fairness. Doppelsieger in Bad Segeberg.

Nachfolger von Alwin Schockemöhle wurde auf alle Fälle, fast gleichgestellt mit dem Mühlener, Hartwig Steenken. Hier auf Cosmos. Er war ein glänzender Ausbilder und großartiger Siegreiter, bis ein Autounfall 1977 sein Leben viel zu früh beendete.

Karin Schlüter auf Liostro im starken Trab beim Turnier in Ludwigsburg.

Oben links:
Roeder auf Orlando VI. Sein Springstil ist über jedes Lob erhaben.

Oben rechts:
Hartmut Roeder, hochgradiger Dressurreiter. Hier auf Arie VII beim Hamburger Derby-Turnier 1974.

Mitte:
Walter Günther, hier als Springreiter auf Firnflora. Günther wurde später Bundestrainer der Dressurreiter.

Unten links:
Bei einem Turnier in Wolfsburg auf glattem Boden passierte dieses Mißgeschick. Das Pferd rutschte durch das Hindernis und warf den Reiter einen Meter aus dem Sattel.

Unten rechts:
Walter Günther auf Minister in Herborn, vorbildlich sein Stil. Er siegte in der Vorkriegszeit beim internationalen Reitturnier in Aachen.

Bundestrainer Harry Boldt auf Remus, mit dem er alles gewinnen konnte, was im Bereich der Möglichkeiten lag. Es war jahrelang das erfolgreichste Paar mit olympischen Medaillen im Dressurreiten. Hier auf heimatlichem Boden in Iserlohn.

Dr. Josef Neckermann hier auf Mariano. Er hatte unzählige nationale und internationale Erfolge, wozu auch olympische Medaillen gehören.

Dr. Josef Neckermann auf Venezia, Bronzemedaille bei den Olympischen Spielen in München 1972. Hier in Wiesbaden bei der Passage.

Wir haben einige Dressurreiter in dieses Buch mit aufgenommen, weil viele von der Springreiterei oder der Militaryreiterei herkamen. Wir wollen damit beweisen, daß beides Hand in Hand geht und ein Springpferd nur dann zu großen Erfolgen kommt, wenn es von einem Dressurreiter ausgebildet wurde. Brandt ist dabei genauso ein Vorbild wie Fritz Thiedemann, der als Unteroffizier zur großen Schulquadrille der Kavallerieschule in Krampnitz gehörte.

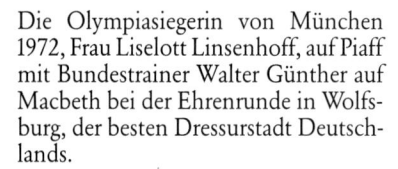

Die Olympiasiegerin von München 1972, Frau Liselott Linsenhoff, auf Piaff mit Bundestrainer Walter Günther auf Macbeth bei der Ehrenrunde in Wolfsburg, der besten Dressurstadt Deutschlands.

Frau Linsenhoff auf Piaff beim Piaffieren in Wiesbaden.

Oben links:
Fräulein Fellgiebel auf Sturmwind in Herborn 1953.

Oben rechts:
Fräulein Fellgiebel, jetzige Frau Theodorescu, auf Alpenjäger. Wiesbaden 1954.

Helmuth Krah auf Laila in vollem Galopp durch den Aachener See. Laila war Winklers Reservepferd bei den Olympischen Spielen in Rom 1960.

Helmuth Krah auf Laila im Derbyparcours in Hamburg.

Michael Gockel auf Wendelin in Bad Kissingen über die große Mauer.

Sherio unter Gockel beim Landen in Köln.

Michael Gockel war der letzte Reiter des Trakehners Spritzer. Hier beide in Wiesbaden.

Michael Gockel auf Aldato II, einem gewaltig springenden Pferd.

Karl Heinz Giebmanns auf Gabriela in Euskirchen.

Unten links:
Karl Heinz Giebmanns auf dem Trakehner Spritzer in Donaueschingen. Spritzer ist das erfolgreichste Trakehnerpferd der Nachkriegszeit.

Unten rechts:
Karl Heinz Giebmanns, jahrelang zur deutschen Spitze gehörend, auf Fanal in Iserlohn.

Die westfälische Stute Ala, die 1956 Olympisches Gold erreichen konnte.

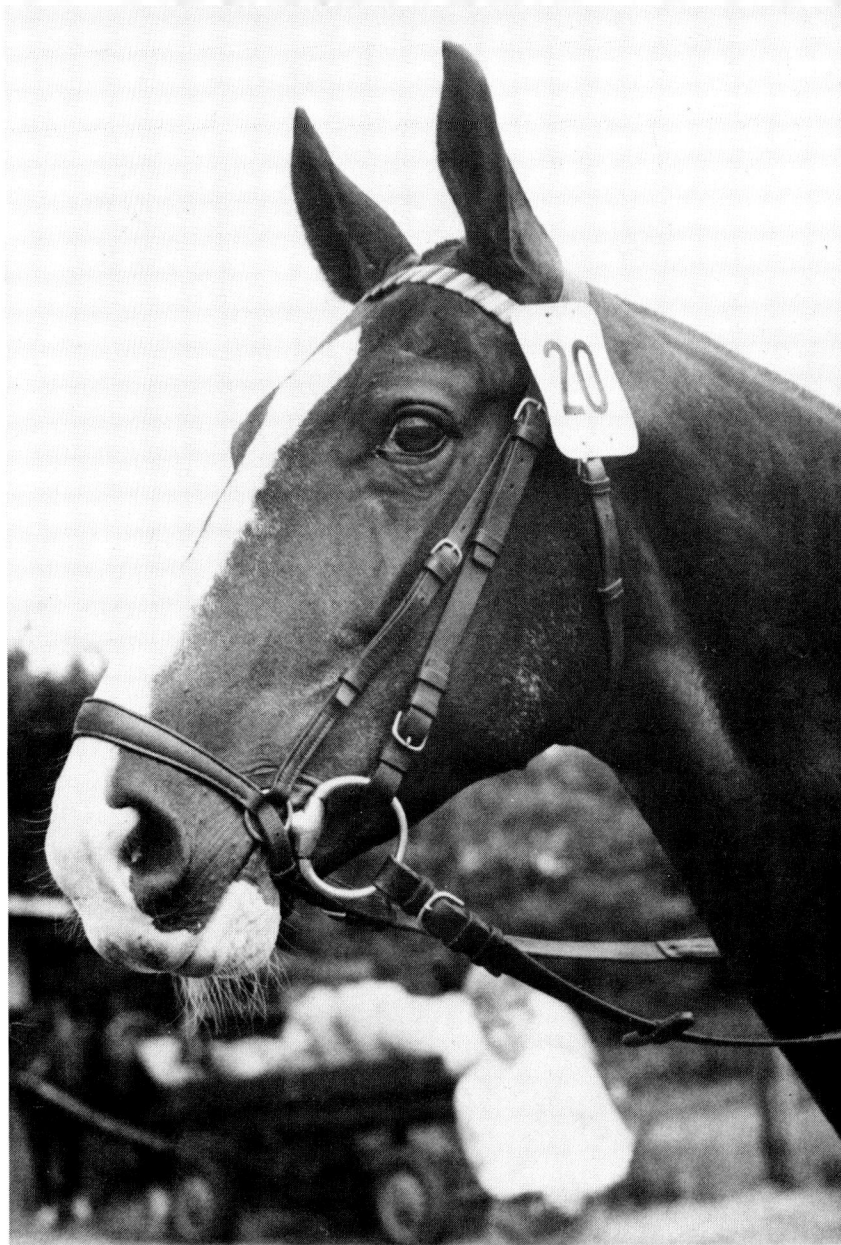

Alfons Lüttke-Westhues auf Ala beim Aachener Turnier 1959.

Oben links:
Gerd Wiltfang auf seinem Superspringpferd Roman in Mannheim 1979.

Oben rechts:
In Ludwigsburg wie überall in der Welt erfolgreich. Gerd Wiltfang auf Extra.

Gerd Wiltfang auf Dorian Gray beim Turnier in Mannheim im Stechen des SB-Springens.

Gerd Wiltfang auf Firlefanz beim Turnier in Heide in Holstein.

Gerd Wiltfang noch als Nachwuchsreiter des Stalles Schockemöhle auf Ferdl in Donaueschingen 1966.

Gerd Wiltfang auf Akteur XVII beim Aachener Reitturnier.

Peter Schmitz auf Monodie, einem der erfolgreichsten deutschen Springpferde 1965.

Auf Aachener Boden geboren und damit ein echter Reitersmann, wie sie die Stadt der Pferde nur hervorbringen kann. Peter Schmitz auf Amsella.

Eva-Maria Pracht geb. Neckermann, im Spring- und Dressursattel zu den Besten gehörend. Hier auf dem Vollblüter Königsfalter in Nördlingen 1965.

Rosemarie Springer auf dem erfolgreichsten Dressurpferd der Nachkriegszeit, Doublette, Olympiateilnehmer in Rom 1960.

Frau Rosemarie Springer auf Lenard in Köln.

Josef Neckermann auf Asbach. Beide belegten den dritten Platz bei den Olympischen Spielen in Rom 1960. Das bedeutete Bronze. Nach Ansicht der Fachleute gehörten diese beiden auf den ersten Platz.

Magnus v. Buchwaldt auf Flugwind, Köln 1958. Erfolgreich bei vielen internationalen Turnieren. Er siegte auch im Großen Preis von Aachen.

Hans Pracht aus Dillenburg glänzte damit, eine Anzahl bester deutscher Pferde gefunden und herausgebracht zu haben. Hier reitet er in Nördlingen Donald Rex, mit dem Alwin Schockemöhle u. a. Bester im Preis der Nationen bei den Olympischen Spielen in Mexiko 1968 wurde.

Johannes Neckermann auf dem Trakehner Raubautz, einem der besten deutschen Springpferde der Nachkriegszeit, bei einem Turnier in Aachen 1960.

Hermann Schridde auf Dozent II. Mit ihm gewann er u. a. bei den Olympischen Spielen in Tokio 1964 die Silbermedaille in der Einzelwertung und die Goldmedaille in der Mannschaftswertung. Dieses Foto wurde in Ludwigsburg aufgenommen.

Hermann Schridde auf Fugosa bei einem ausgezeichneten Sprung auf dem Gelände des Olympiastadions in Berlin.

Abdullah unter Conrad Homfeld/USA. Deutsche Pferdezucht, deutsche Reiterei und das deutsche Reitsystem demonstriert in neuester Zeit ein Trakehnerschimmel im amerikanischen Besitz, in deutschem Reitstil geritten und im deutschen System dressurgymnastisch ausgebildet unter der Leitung des Ungarn Nemethy, der seine Ausbildung auf den Kavallerieschulen Hannover und Krampnitz erfahren hatte. Olympiasieger im Preis der Nationen 1984 und Olympiazweiter im Einzelspringen, Sieger im Europacup 1985 und bestes Pferd im Preis der Nationen in Aachen 1985. Abdullahs Mutter stammt aus dem Trakehner-Gestüt Zweibrücken, wo einst der Restbestand der Fuchsherde vom Hauptgestüt Trakehnen eine neue Heimat fand.

Unten links:
Hartwig Steenken fällt beim Wolfsburger Turnier 1972 so unglücklich, daß das Pferd über ihn hinwegrollt. Der Reiter blieb unverletzt.

Unten rechts:
Als er beim Springderby 1968 den zweiten Platz auf Passat VII belegte, und zwar nach Stechen von sechs Reitern, trugen ihn die Reiterkameraden auf den Schultern vom Platz. Ein großer Triumph von Reiter und Pferd: Hans Emsländer und Passat.

Ein historisches Bild: Hugo Simon gewinnt 1977 auf Little One zum ersten Male das Springderby in Hamburg. Zweiter Hartwig Steenken auf Gladstone. Es war die letzte Siegerehrung für Hartwig Steenken, der dann bei einem Autounfall tödlich verunglückte. Simon übernahm sein Pferd. Gladstone verhalf ihm zum zweimaligen Derbysieg.

Oben links: Hugo Simon auf Faktor im versammelten Rechtsgalopp bei einem Turnier in Herborn 1959. Man beachte den zufriedenen Ausdruck im Gesicht des Pferdes.

Oben rechts: Was jeder Springreiter als erstes tun sollte, das zeigt Hugo Simon. Vor seiner Springreiterzeit, die ihn an die Spitze der Springreiter der Welt führte, ritt er drei Jahre Dressurprüfungen. Hier auf Faktor.

Unten: Hugo Simon auf seinem ausgezeichneten kleinen Hannoveraner Flipper, der, mit vollkommen klaren Beinen, das Gnadenbrot im Reitstall in Weisenheim/Pfalz, Kreis Bad Dürkheim, bekommt. Hier im vollendeten Sprung auf dem Aachener Turnierplatz 1979.

Hugo Simon, Sieger beim inoffiziellen internationalen Reitturnier in Wiesbaden, wo er den Großen Preis der Spielbank auf Fair Lady gewinnt – 18. Mai 1970.

Zweimal siegte Simon im Springderby mit Gladstone. Hier hat er gerade das letzte Hindernis gesprungen, und mit äußerstem Kampfeswillen jagt er dem Ziele zu – 26. Mai 1984.

Rechts:
Hugo Simon gewann dreimal das Deutsche Springderby. Hier auf dem Hengst Little One in einem vorbildlichen Sprung über den großen Oxer 1977.

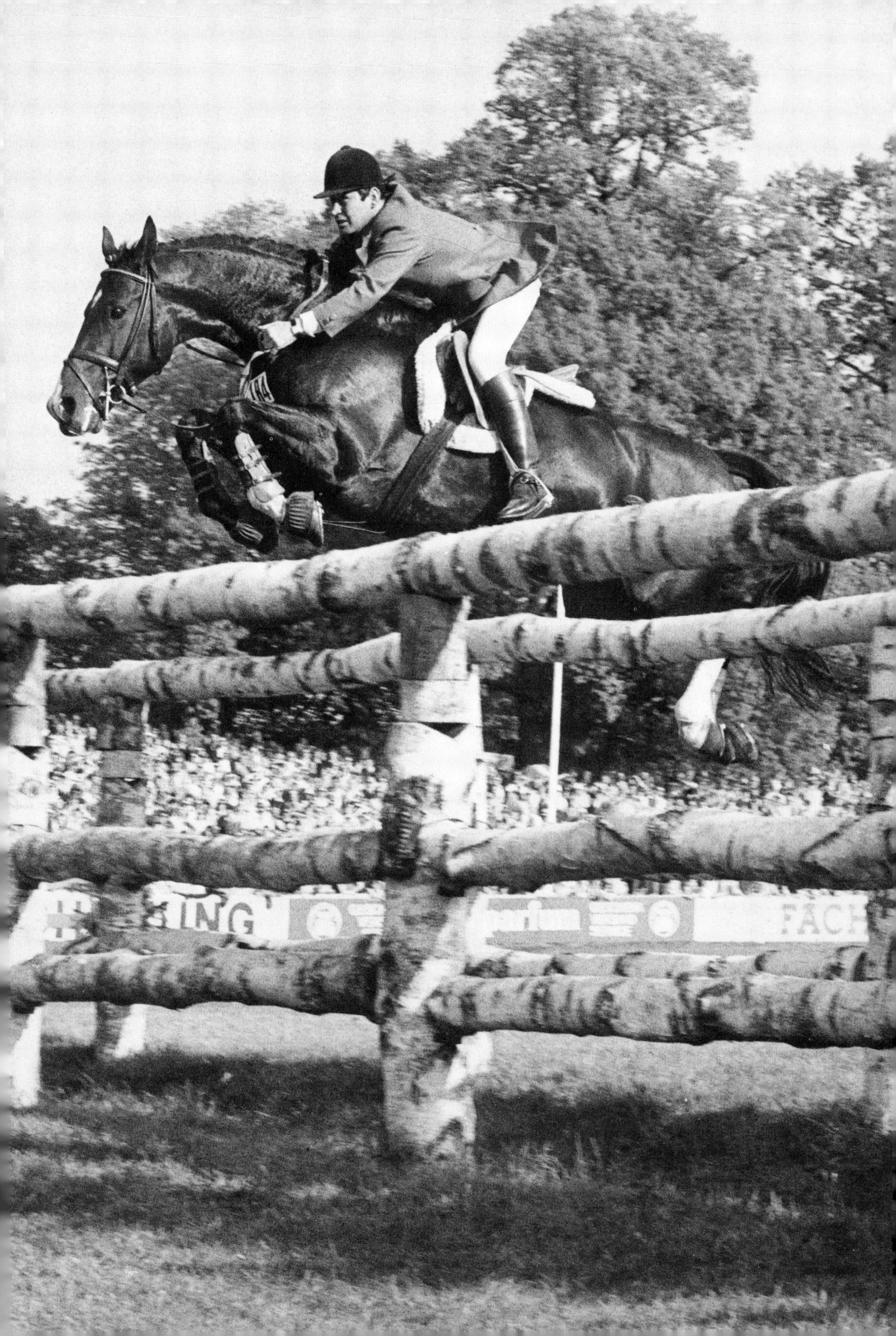

ING
FACH

Hugo Simon auf Lavendel beim Olympischen Springen in Montreal 1976. Auch hier bewiesen Reiter und Pferd ihre absolute Weltklasse. Nach dem vierten Platz in München 1972 wurden sie hier Fünfte.

Ein vollendeter Absprung vom großen Wall in Hamburg, wie man ihn heute selten sieht. Hugo Simon auf Lavendel.

Hugo Simon auf Lavendel, seinem zweifachen Olympiapferd. In München 1972 waren sie Vierte, und nur ein Fehler am Wassergraben verhinderte eine Medaille.

Hugo Simon auf Biene, die unter einem mexikanischen Reiter in München bei den Olympischen Spielen startete. Sie ist von reiner Trakehner Abstammung. Hier in Saarbrücken 1969.

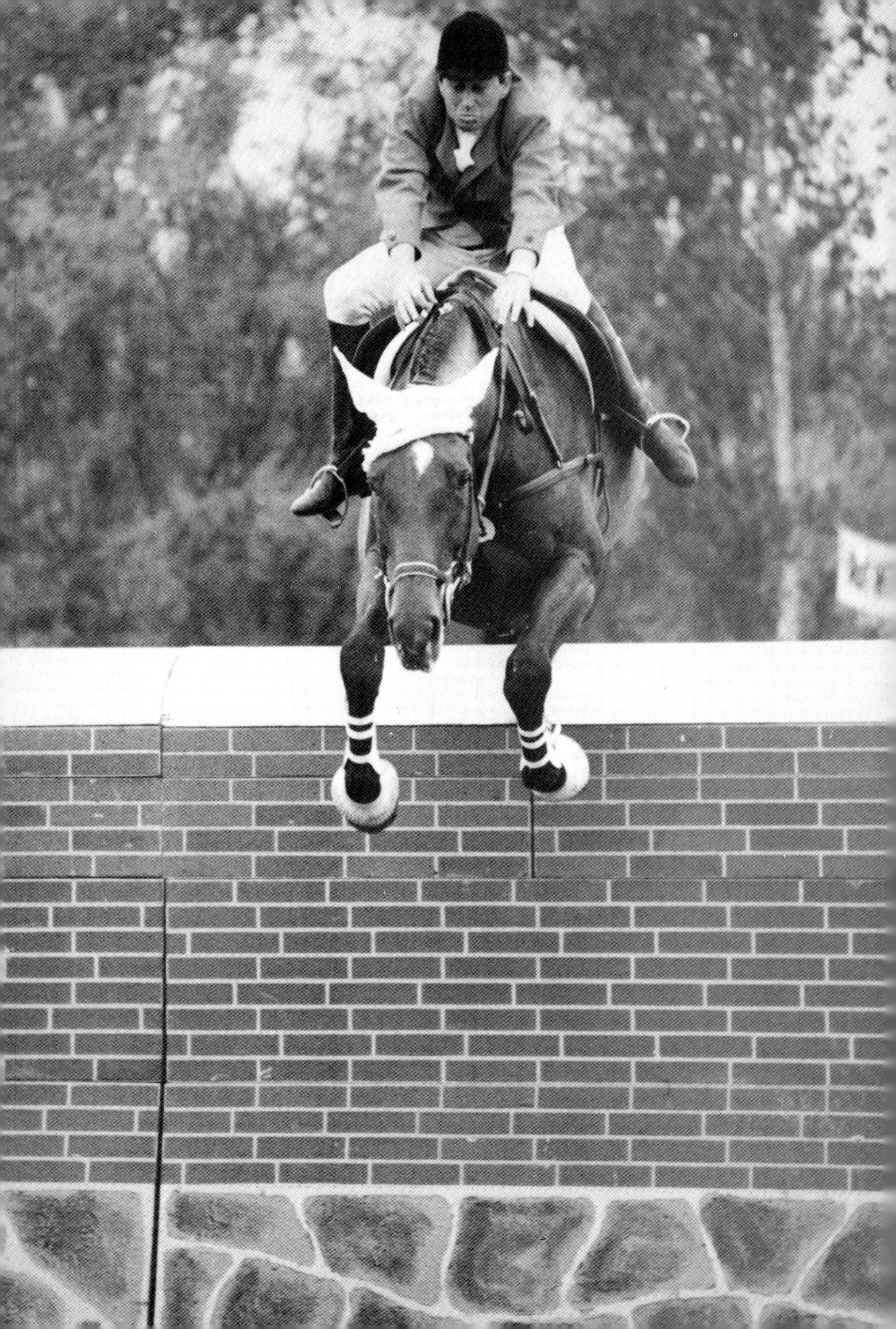

Oben:
Auf Sorry. Simon in London 1980, wo die Mauer 2,27 Meter hoch ist.

Rechts:
Auch das ist Hugo Simon: Mit einem Motorrad springt er über ein Hindernis.

Links:
Simon auf Landgräfin über 2,20 Meter. Man beachte die herrliche Technik des Pferdes und das Bestreben des Reiters, unter keinen Umständen zu stören, indem er die Hände aufmacht und somit die Zügel fallen läßt.

Juwel war das erste internationale Springpferd von Hugo Simon. Hier beim Siegessprung in Saarbrücken 1967 über die große Mauer.

Es gibt viele Spitzenreiter, die das Springderby nie gewonnen haben. Simon siegte dreimal. Hier auf dem schweren Parcours auf Csardas 1969.

Sie siegten beim Turnier in Aachen 1956. Thiedemann auf Meteor, Winkler auf Fahnenjunker, Lüttke-Westhues auf Ala und Alwin Schockemöhle auf Bacchus.

Ilona Bühl mit Gera, auf vielen Turnieren zu Hause und erfolgreich. Hier 1960 in Ludwigsburg.

Rolf Knecht aus Ludwigsburg 1960 auf heimischem Turnier mit Nebel, einem sehr zuverlässigen Springpferd.

Die deutsche Mannschaft beim Turnier in Rotterdam 1959. Links Chef der Equipe, Landstallmeister Schulze-Dieckhoff, Fritz Thiedemann auf Meteor, Peter Stackfleth auf Frechdachs, Alfons Lüttke-Westhues auf Ala und H. G. Winkler auf Halla.

Oben:
Walter Schmidt auf Logig beim Turnier in Aachen 1959.

Rechts:
Walter Schmidt auf Logig in ausgezeichnetem Stil.

Unten:
Walter Schmidt, der Schlesier, der auch das Hamburger Derby gewann und in Aachen erfolgreich war, auf Achselsport.

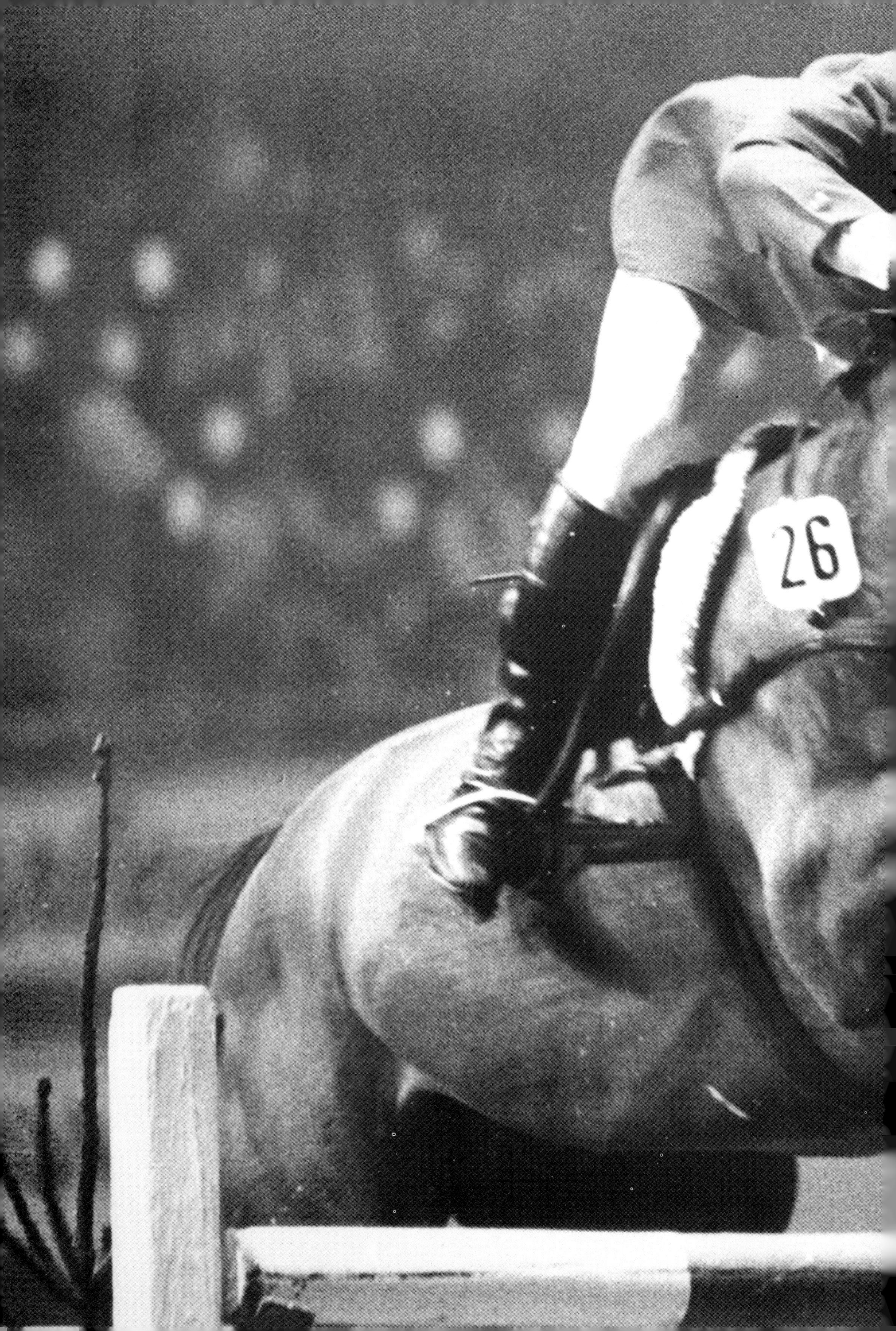
26

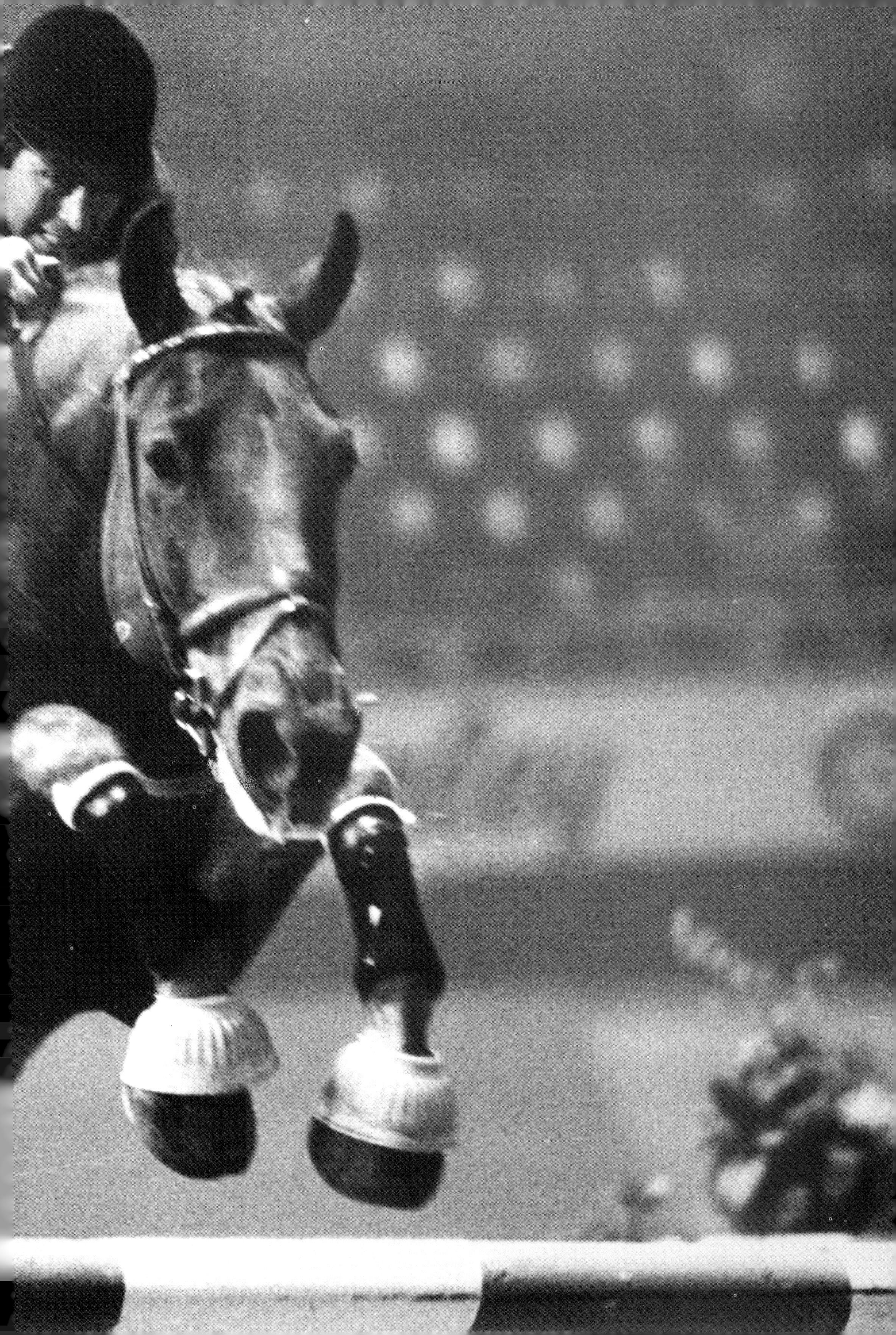

Heute noch deutscher Equipechef. Gustav Pfordte bei der Jagdeignungsprüfung in Donaueschingen 1965 in vollendet leichtem Sitz.

◂ Hugo Simon gewann auf Gladstone das erste Weltcupfinale der Springreiter in Göteborg am 7. 4. 1979. Man beachte die beiden Vorderbeine des Pferdes und den tiefen Hals.

Gustav Pfordte auf Felix. Das Pferd sprang zu früh ab, daher das Bemühen des Reiters, nicht zu stören.

Gustav Pfordte auf Felix, mit dem er viele internationale Springen gewann, in Köln 1958.

Romy Laurenz auf Humor in Ludwigsburg 1965.

Romy Laurenz, eine der deutschen Spitzenreiterinnen, auf Freier in Balve 1966.

Mit der Meßlatte unterwegs. H. H. Brinckmann, zweimal Sieger im Großen Preis von Aachen vor dem Kriege, baute dort die Parcours.

Rodenberg gehörte zu den Reitern der ersten Stunde und gewann mit Hanna und seinen Reiterkameraden den ersten Nationenpreis in Dortmund 1954.

Graf v. d. Schulenburg, immer zu den Besten gehörend, auf Goliath in Friedberg 1960.

Der Spanier Francesco Goyoaga auf Fahnenkönig, einem deutschen Pferd, über den Aachener Billard. Goyoaga kaufte Baden von Ewers und gewann in einem Jahr beim Aachener Turnier sechs Springen mit ihr. Er gehörte zu den besten Reitern der Welt.

Wolfgang Kun auf Agent XVI. Kun verfügt über einen großen Privatstall, in dem auch Wiltfang alle Möglichkeiten hatte, seine großen Talente zu trainieren.

Magalow vom Gut Ising am Chiemsee auf Dewi in Nürnberg 1967. Der Reiter ritt erfolgreich in Aachen für Österreich.

Fritz Ligges auf Rubin in Iserlohn 1970. Sie waren die Besten beim Nationenpreis der Olympischen Spiele in München 1972.

Fritz Ligges als Militaryreiter in Luhmühlen. Er gehörte zur Militarymannschaft, die in Tokio 1964 zwei Bronzemedaillen bekam, Ligges auch in der Einzelwertung. Hier auf Donkosak durch den Teich am Ende der Geländestrecke.

Fritz Ligges auf Amsel II in Lübbecke/Westfalen 1960.

Benno v. Bormann auf Glancheck in Ludwigsburg 1967 in vorbildlicher Manier.

Benno v. Bormann auf Hederich mit großem Schwung über den letzten Sprung des Parcours auf dem Fußballplatz in Ludwigsburg 1967.

Benno v. Bormann in Saarbrücken 1968 über die gewaltige Mauer.

Peter Stackfleth auf seinem besten Pferd Frechdachs.

Peter Stackfleth auf Tornado in Aachen 1960 über die Mauer, die bis 2,30 Meter wachsen kann.

Altmeister und ehemaliger Bundestrainer Willi Schultheis auf Doublette in Köln 1962.

Olympiasieger Dr. Reiner Klimke beim Turnier in Aachen auf Mehmet.

Dr. Reiner Klimke in Wolfsburg auf Dux, einem sehr erfolgreichen Dressurpferd.

Dr. Reiner Klimke auf Mehmet im Mitteltrab auf dem Turnierplatz in Wiesbaden.

Heinz v. Opel auf Odette über die 2-Meter-Mauer in Bad Kissingen 1962.

Heinz v. Opel auf Odette im Hamburger Derbyparcours 1965.

Ute Richter auf Scholly über den großen Birkenoxer beim Derbyparcours in Hamburg.

Ute Richter, eine Spitzenreiterin, auf Scholly, die sie von Alwin Schockemöhle übernahm. 1960.

Hendrik Snoek auf Faustus in Mannheim 1967.

Rechts:
Hendrik Snoek auf einem der besten deutschen Springpferde, der Westfälin Dorina, in der Dortmunder Westfalenhalle 1967 über 2,10 Meter.

Unten links:
Das Internationale Münchener Reitturnier auf dem Oktoberfest 1966. Sieger Hauke Schmidt auf Gerona, daneben Oberst a. D. Harald Momm, der ihn lange unterrichtete.

Unten rechts:
Aus der berühmten Reiterfamilie Huck kamen nach Max die Brüder Hans Jürgen und Wolf-Diether. Letzterer bildete u. a. Wolfdieter aus, der unter Hauke Schmidt zu internationalen Erfolgen kam.
Hier Wolf-Diether Huck auf Ramses II in Donaueschingen 1963.

Hauke Schmidt auf Trumpf 1968 über dem Billard in Aachen.

Hauke Schmidt auf Wolfdieter beim Kanonenspringen in Donaueschingen 1969.

Hauke Schmidt in der Dortmunder Westfalenhalle auf Wolfdieter beim Kanonenspringen 1966.

Hauke Schmidt über dem Oxer des Springderbys in Hamburg auf Gerona 1968.

Hauke Schmidt beim Kanonenspringen auf Espartacco in Donaueschingen 1966. Die Sache wird knapp.

Hauke Schmidt. Er reitet schon mehr als 25 Jahre im internationalen Turniersport. Hier auf Arabella beim Derbyturnier in Hamburg 1962.

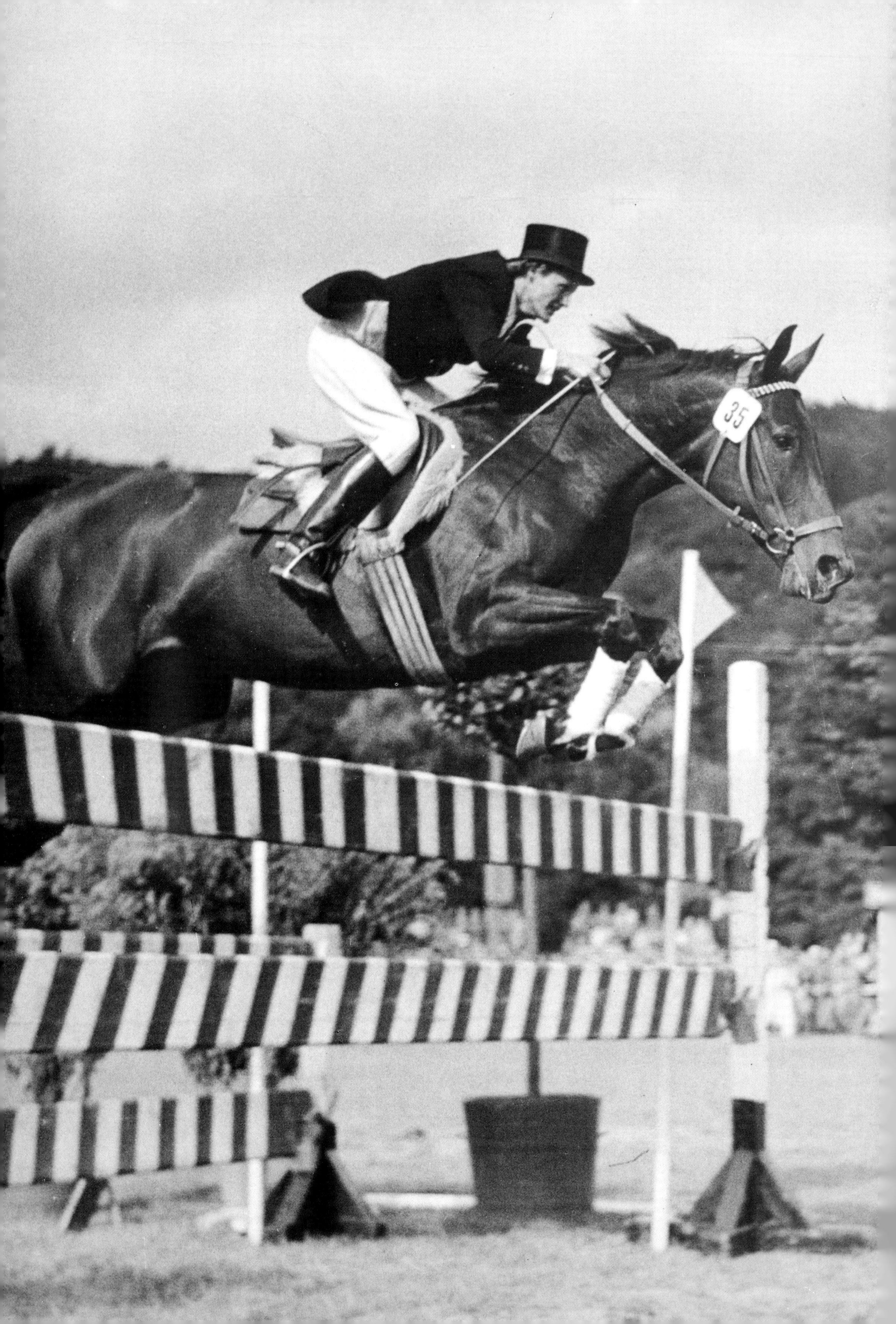
35

Rechts:
Helga Köhler auf Armalva in Verden an der Aller, ihrer Heimatstadt.

Mitte links:
Helga Köhler in Harzburg auf Pesgö, den später Alwin Schockemöhle ritt. Frau Köhler hatte das Pech, sich im Laufe ihrer Springreiterei neunzehn Knochenbrüche zuzuziehen.

Mitte rechts:
Frau Helga Köhler, Deutschlands beste Amazone der Nachkriegszeit. Sie springt auf Armalva durch das Hufeisen des Herborner Reitturnierplatzes.

◀
Helga Köhler auf Armalva, eines der sichersten Paare des deutschen Springsportes. Frau Köhler ritt den Stil der Kavallerieschule Hannover und bekam viele Jahre den Stilpreis beim Derbyturnier in Hamburg. Armalva, eine Hannoversche Stute, war ein Spitzenprodukt der deutschen Zucht und in der Zuverlässigkeit eine Offenbarung. Hier das Paar in Herborn, 22. 10. 1954.

Rechts:
Frau Köhler auf Piroschka 1963 beim Hamburger Springderby.

Kurt Jarasinski, Nachfolger Thiedemanns in der Reit- und Fahrschule Elmshorn, auf Almmusik in Herborn 1964.

Jarasinski auf Godewind, mit dem er sehr erfolgreich war. 1962.

Kurt Jarasinski auf Nelson VII in Vechta 1963.

Kurt Jarasinski auf Torro. Mit diesem Pferd wurde er Olympiasieger im Preis der Nationen in Tokio.

Kurt Jarasinski auf Rivale, seinem letzten internationalen Springpferd, das Thiedemann für Mexiko vorgesehen hatte, das aber leider nicht zum Einsatz kam. Hamburg 1963.

Jarasinski auf Ramses XIII. Hier beim internationalen Turnier in Köln 1962. Aus berühmter Familie der Ramseskinder, die Thiedemann, Winkler und Alwin Schockemöhle ritten.

Hermann Schridde mit Flagrant in Aachen.

Hermann Schridde auf Kamerad, ein übergroßes Pferd mit gewaltigem Springvermögen und großem Kämpferherz, Hamburg 1968.

Hermann Schridde auf Franca in Bad Kissingen 1962.

Hermann Schridde auf Ilona, einer Holsteinerin mit fast unbegrenztem Springvermögen, aber sehr schwierig zu reiten. Auf dem Foto in blendender Manier während eines Turniers in Köln.

Ria Hobelsberger glänzte nicht nur durch ausgezeichnete Ritte, sondern war auch eine vielseitige Ausbilderin von Reitern und Pferden. Hier auf Fama in Ludwigsburg beim Piaffieren.

Über den Derbyparcours in Hamburg: Lutz Gössing, Military-Bronzemedaille in München, auf Trabant 1968.

Lutz Gössing auf Penny bei der Deutschen Meisterschaft in Euskirchen 1970.

Einer der Zuverlässigsten: Peter Weinberg, aus der Nähe von Aachen, auf Quolibet in Euskirchen 1970.

In schwarzer Jacke, aber oft die Rotröcke schlagend: Hubert Nettekoven, hier auf Gemse.

Thomas Bagusat auf Barbarina in Nördlingen 1970. Dieses Pferd mit internationalen Erfolgen konnte nur auf dem Turnierplatz bestiegen werden, sonst betrat es keinen Platz. Der Reiter brauchte überall Sondergenehmigung.

Bagusat auf dem Trakehner Schwalberich.

Drei Bagusats gab es im Springsport. Hier heißt das Pferd Weibi. Der Springsitz ist ideal.

Frau Hannelore Raab auf Wakuba in Zeiskam. Beide siegten in München bei der Deutschen Meisterschaft 1974.

Es gab kein Zeitspringen in Aachen, das sie nicht gewannen: Anna Clement auf dem Holsteiner Nico, der jedes Springen in windender Fahrt zurücklegte.

Ernst Wagner auf Grando Giso. Dies Pferd übernahm nach ihm Winkler und ritt es zu vielen Erfolgen.

Paul Schockemöhle erhält von Landstallmeister Schulze-Dieckhoff die Deutsche Meisterwürde in München 1974.

Auf dem Münchener Oktoberfest 1970 in tiefem Boden Paul Schockemöhle auf Askan IV.

Unten links:
Den Großen Preis der Stadt Köln gewann Ernst Schüler aus Siegen 1962. Präsident Winkler gratuliert.

Unten rechts:
Ernst Schüler auf Faime. In seiner Zeit gehörte er der zweiten Deutschen Mannschaft an.

Paul Schockemöhle, dreifacher Europameister. Das Pferd ist Deister.

Lutz Merkel auf Fidelitas, die nach ihm Winkler ritt.

Lutz Merkel auf seiner hocherprobten Schlagetta.

Klaus Pade auf dem Trakehner Raubautz, den nach ihm Johannes Neckermann übernahm, 1960 in Lübbecke.

Kronprinzessin Beatrix der Niederlande gratuliert Klaus Pade zum Gewinn des Großen Preises von Rotterdam 1958.

Oben links:
Klaus Pade auf seinem erfolgreichsten Pferd Fröhlich in Herborn 1960.

Oben rechts:
Lutz Merkel, Trainer der Reiterjugend, auf Weidmann in vorbildlichem Stil.

Schlagetta mit Merkel in Hamburg 1962.

Wolfgang Pade aus Köln mit vielen Erfolgen im modernen Springstil.

Als Springreiter Weltklasse, als Dressurreiter zur Olympiaauswahl gehörend. Kurt Capellmann auf Granit 1968 in Wiesbaden.

Aachen ist seine nähere Heimat. In der Stadt der Pferde und des einzigen offiziellen internationalen Reitturniers spielt Capellmann eine führende Rolle. Unser Bild zeigt ihn mit seinen Turnierspitzenpferden, die auf dem Gut das Gnadenbrot bekommen.

Kurt Capellmann als Sieger in Aachen 1958. Sein Pferd ist Alpenkönig.

Capellmann, immer in vollendeter Manier reitend, hier auf Filippo, mehrfach hoch placiert, immer zu den Besten gehörend.

Rolf Bartels auf dem König der SB-Springen: Axel. Auch in Konus hatte er ein international erfolgreiches Pferd.

Der Autor dieses Buches, Karl Schönerstedt, als Springreiter auf den selbstausgebildeten Pferden in Dillenburg. Hier auf Nestor, einem Holsteiner im Besitz von Pracht in Dillenburg.

Der Autor auf dem Holsteiner Brigant, im Besitz von Emil Koch aus Siegen. Beide Pferde erkrankten an Rotz und mußten in jungen Jahren schon getötet werden. Nestor sprang als Fohlen über Drahtzäune seiner Weide rein und raus. Brigant war ein nerviges Edelpferd mit großem Sprungvermögen und größter Gelehrigkeit. Am Beginn seiner Ausbildung war er sehr heftig und schreckhaft.

Stürze und Rumpler

Die Ausübung des Reitsports birgt auch Gefahren in sich. Dies dokumentiert am bedrückendsten der Tod einiger der besten deutschen Reiter: Prinz Friedrich Sigismund von Preußen in Luzern, Olympiasieger Freiherr v. Langen bei einer Military in Döberitz und Axel Holst in der Deutschlandhalle in Berlin.

Die Gefährlichkeit des Reitsports liegt in dem Sportkameraden Pferd begründet, das den Risikofaktor darstellt. Unebenheiten im Gelände, falsch taxierte Hindernisse, das Berühren von Stangen im Geländeritt, bei dem alle Hindernisteile fest sind. Das alles sind Momente, die zum Sturz führen können. Da man das Stürzen nicht erlernen kann, ist es äußerst schwierig, dem Reiter einen Rat für die Verhaltensweise zu geben, wenn sein Pferd einen Rumpler macht, das heißt, in der Vorhand zusammenbricht, ohne zu Fall zu kommen. Das kann allerdings auch schon einen Sturz des Reiters herbeiführen.

Diese Rumpler können dann besonders gefährlich sein, wenn der Reiter nicht weit genug vom Pferd auf dem Boden landet. Das Pferd bleibt bemüht, auf den Beinen zu bleiben, und kann daher die Situation des Reiters nicht beachten. Fällt das Pferd voll auf den Boden, ist es von Vorteil, wenn der stürzende Reiter weit durch die Luft geschleudert wird. Das sieht zwar gefährlich aus, doch vielfach sind diese Stürze harmlos. Es muß sich also der Reiter möglichst frühzeitig vom Pferd trennen, wenn dieses die „Beine verliert" oder sogar zum Sturz kommt.

Pferdehufe sind gefährlich und von großer Kraft, denn das Pferd versucht, nach dem Fall wieder auf die Beine zu kommen. In dem Augenblick ist es wichtig, daß sich der Reiter bereits aus dem Bereich der Hufe entfernt hat. Das geht natürlich nur, wenn er sich möglichst schnell vom Pferd löst, denn einen Sturz auszusitzen bringt erfahrungsgemäß keinen Vorteil. Kommt der Reiter jedoch in den Bereich des Pferdes mit seinen zehn oder mehr Zentnern Gewicht zu liegen, dann ergeben sich oftmals schwere Verletzungen. Es ist für den Reiter äußerst schwer, sich richtig zu verhalten, weil die Stürze völlig unterschiedlich sind und es dafür keine Verhaltensregeln gibt.

Die folgenden Fotos geben dem Betrachter eine kleine Übersicht über Stürze und Rumpler, die der Autor im Laufe seiner Tätigkeit fotografisch festgehalten hat. Aus eigener Erfahrung — sieben Knochenbrüche hat er davongetragen — sei der Hinweis erlaubt, daß man sein Pferd dressurgymnastisch arbeiten muß und als Reiter auch andere Sportarten betreiben sollte, um die eigene notwendige Elastizität zu erhalten. Mit selbstausgebildeten Pferden ist der Autor nie gestürzt.

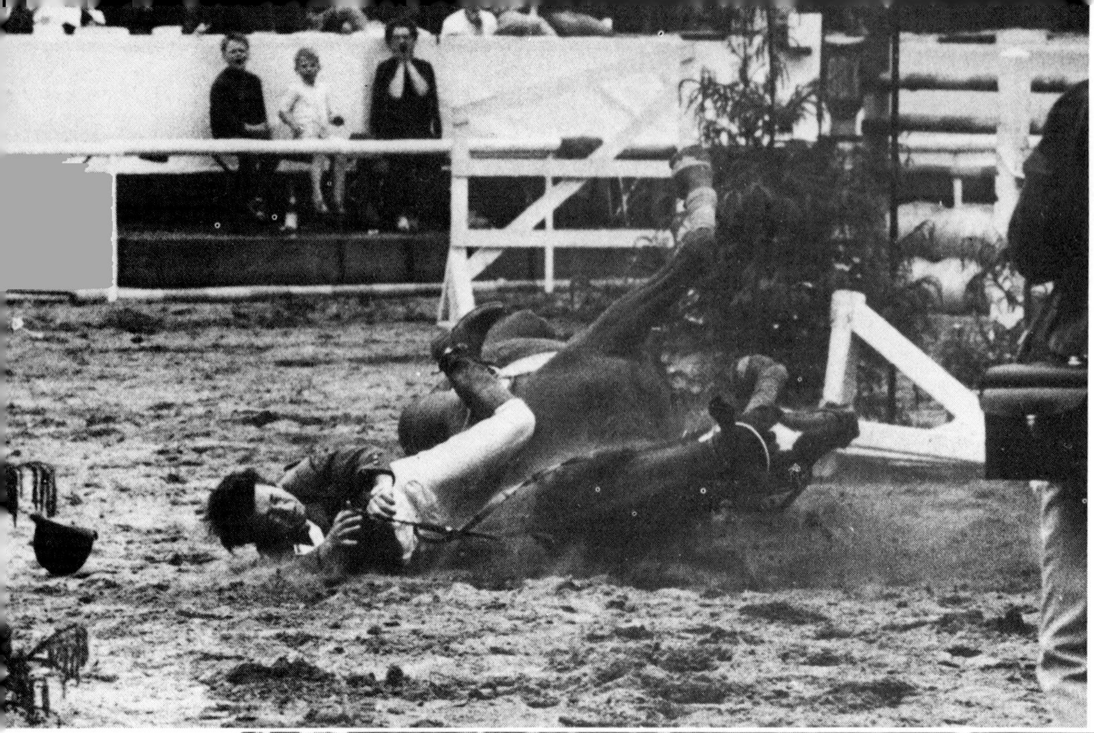

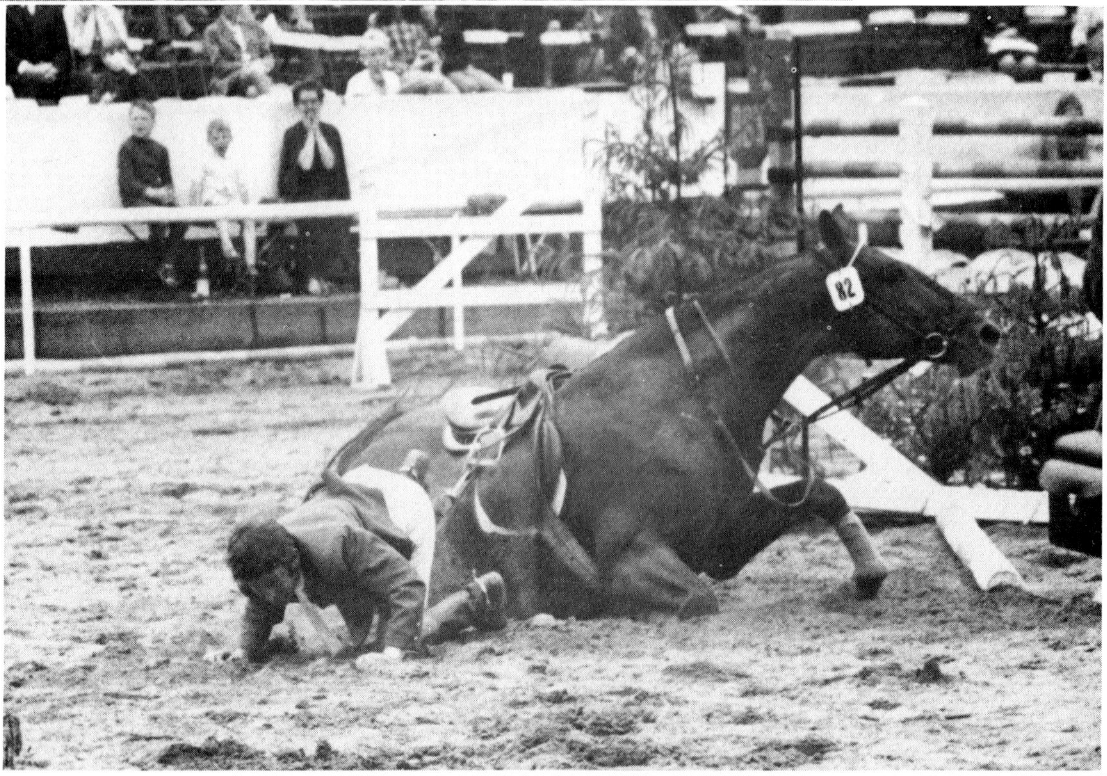
82

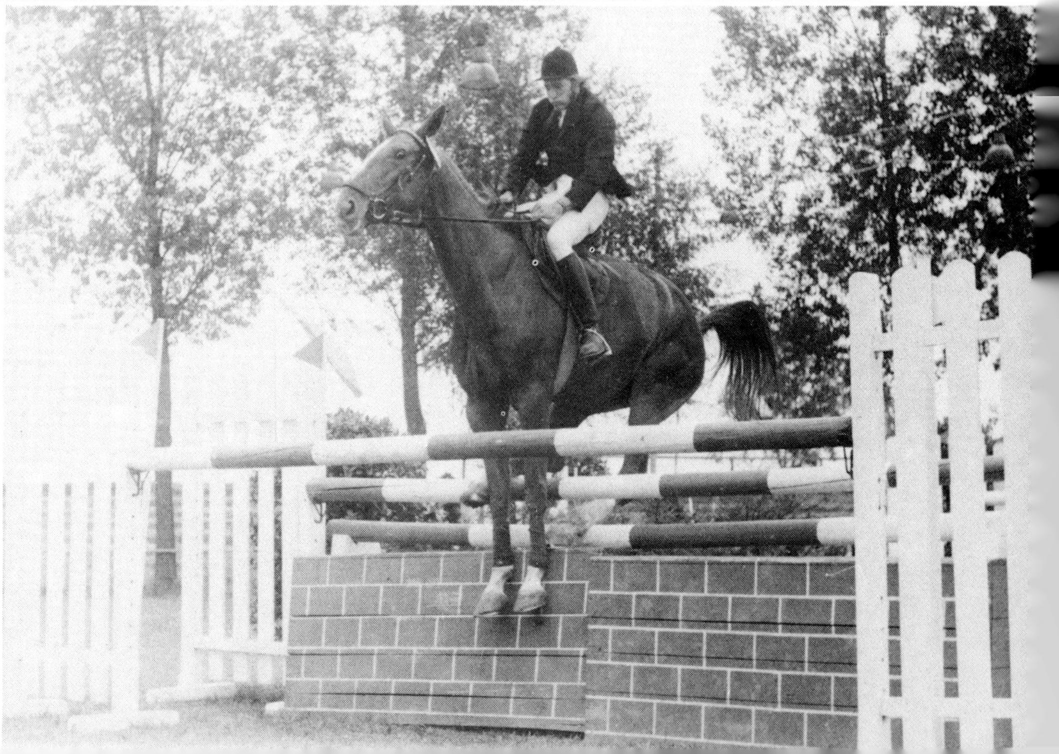

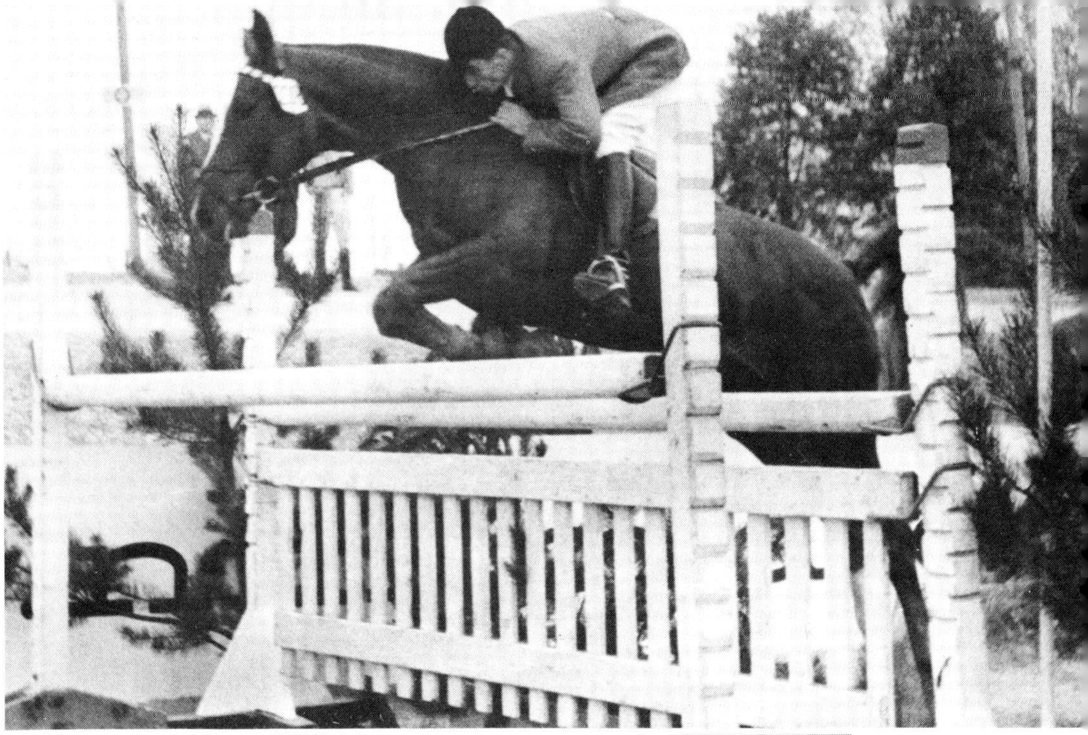

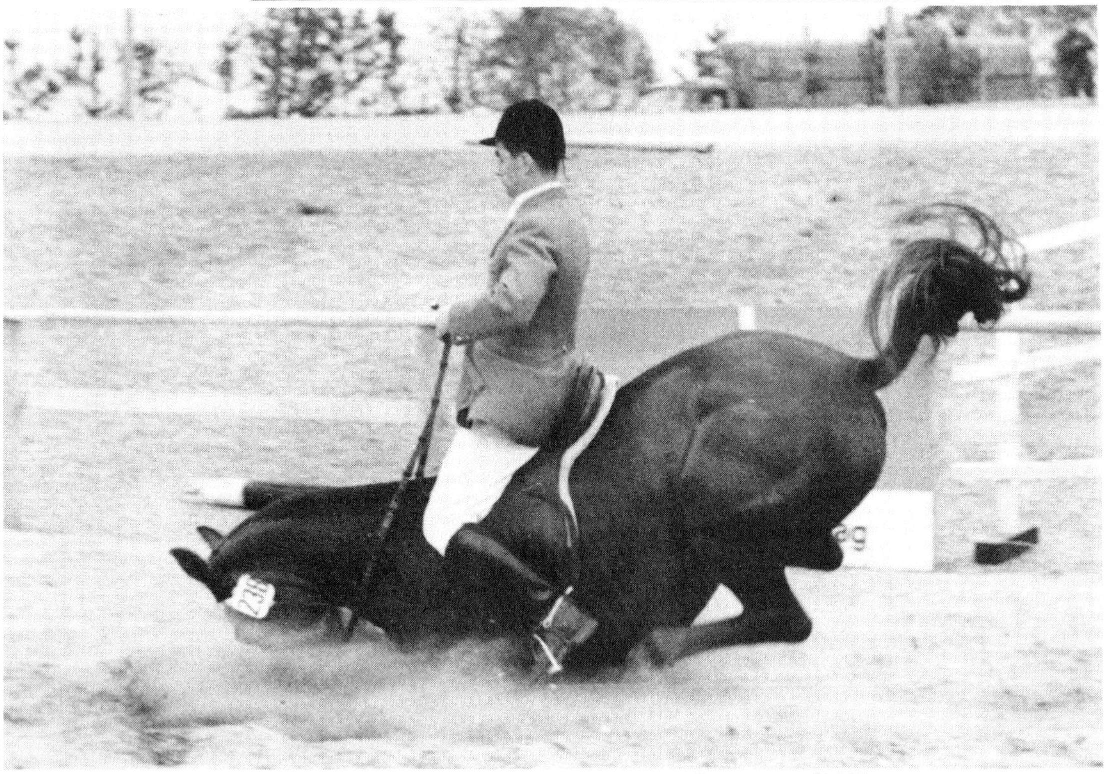

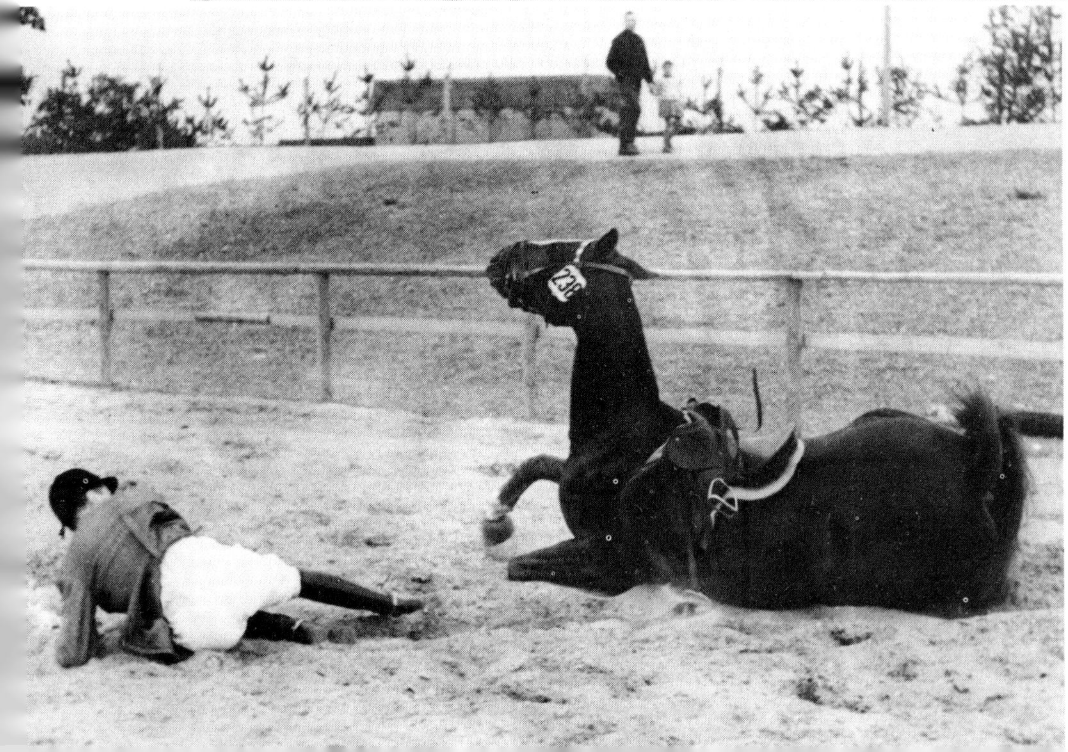

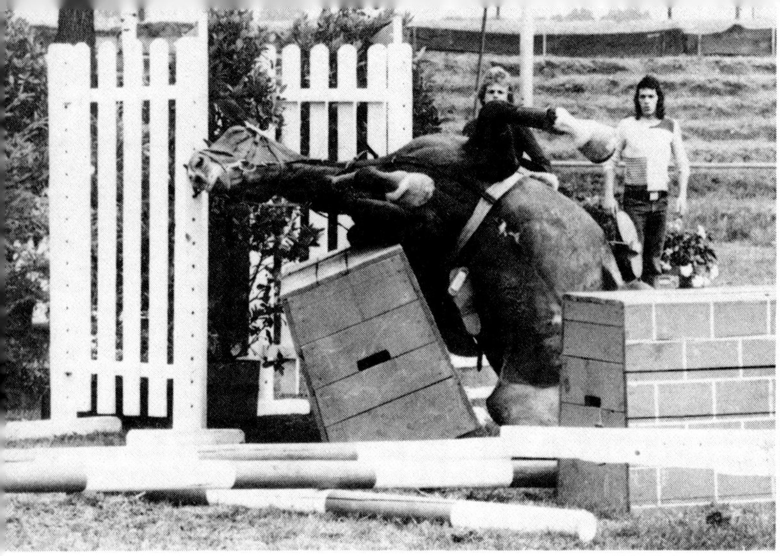
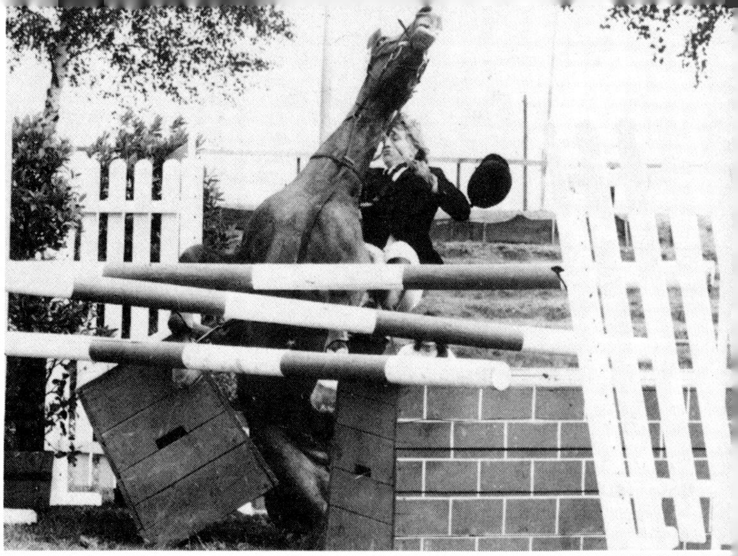
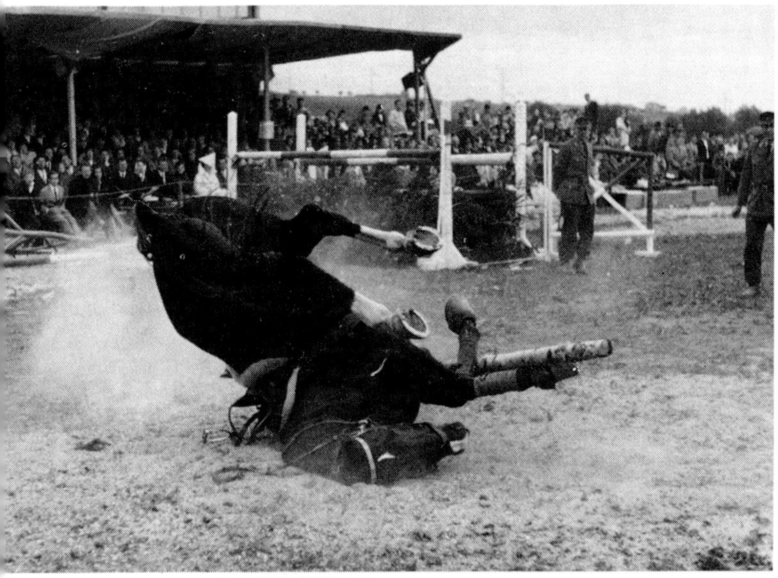
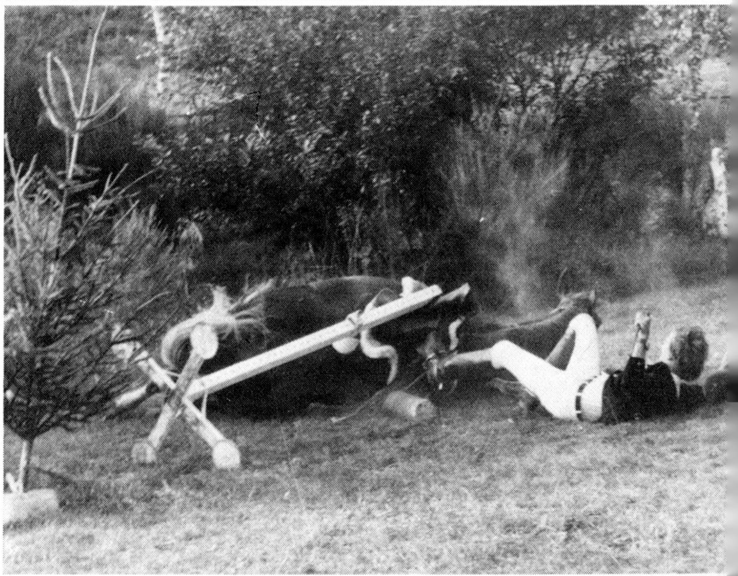
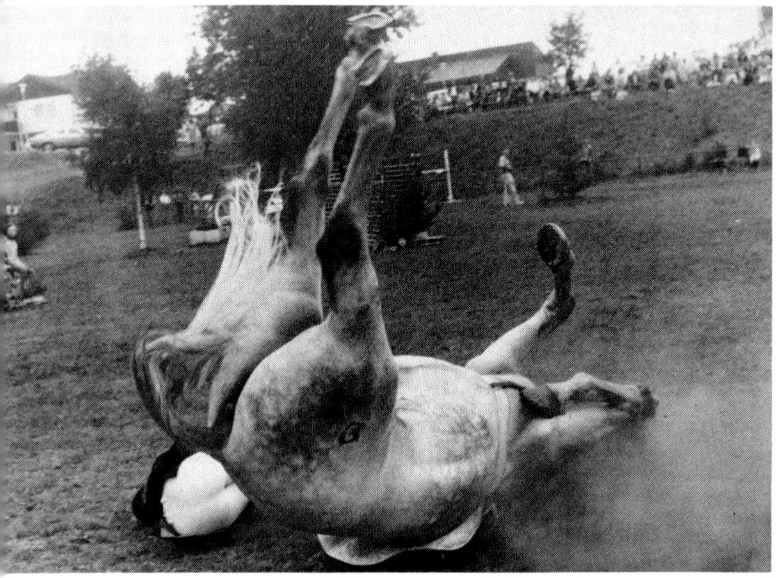
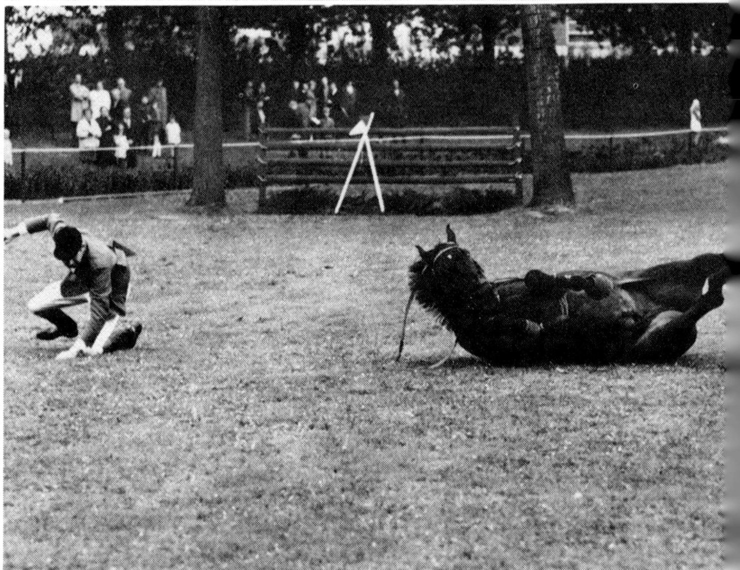
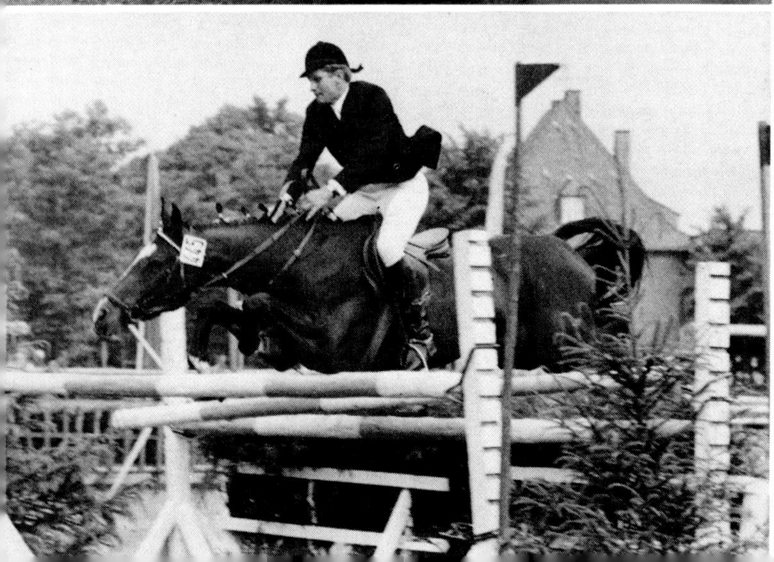
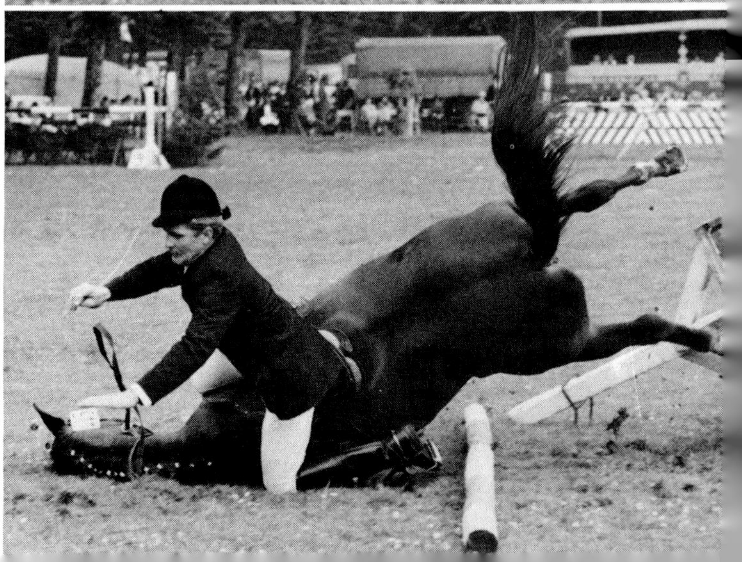

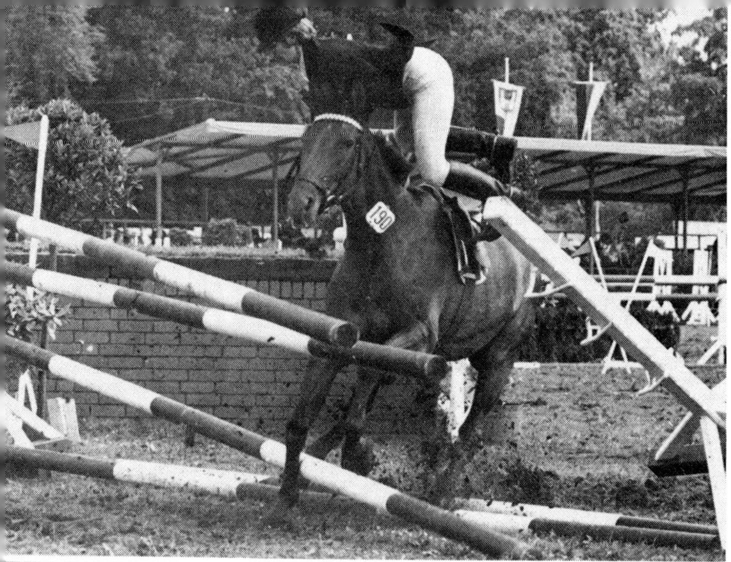

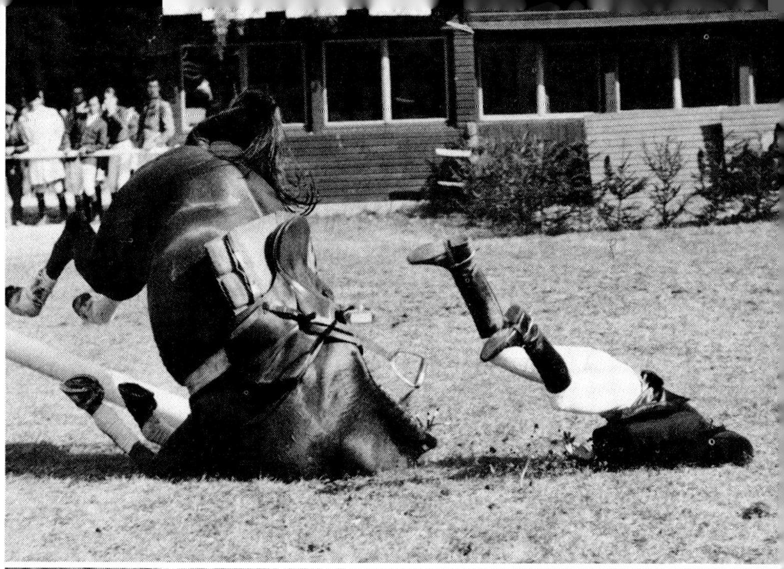

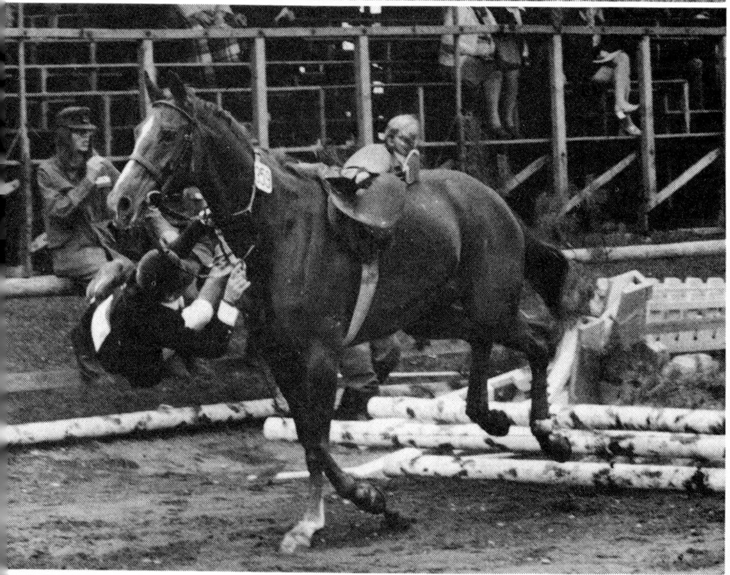

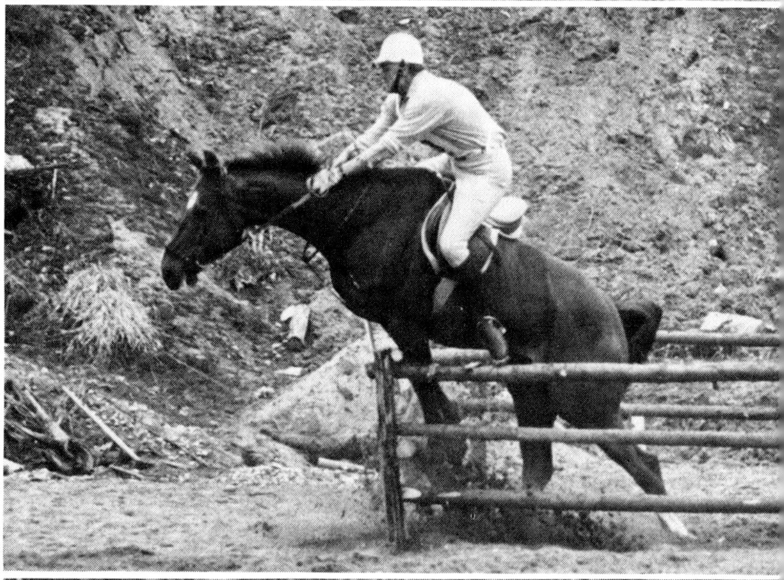

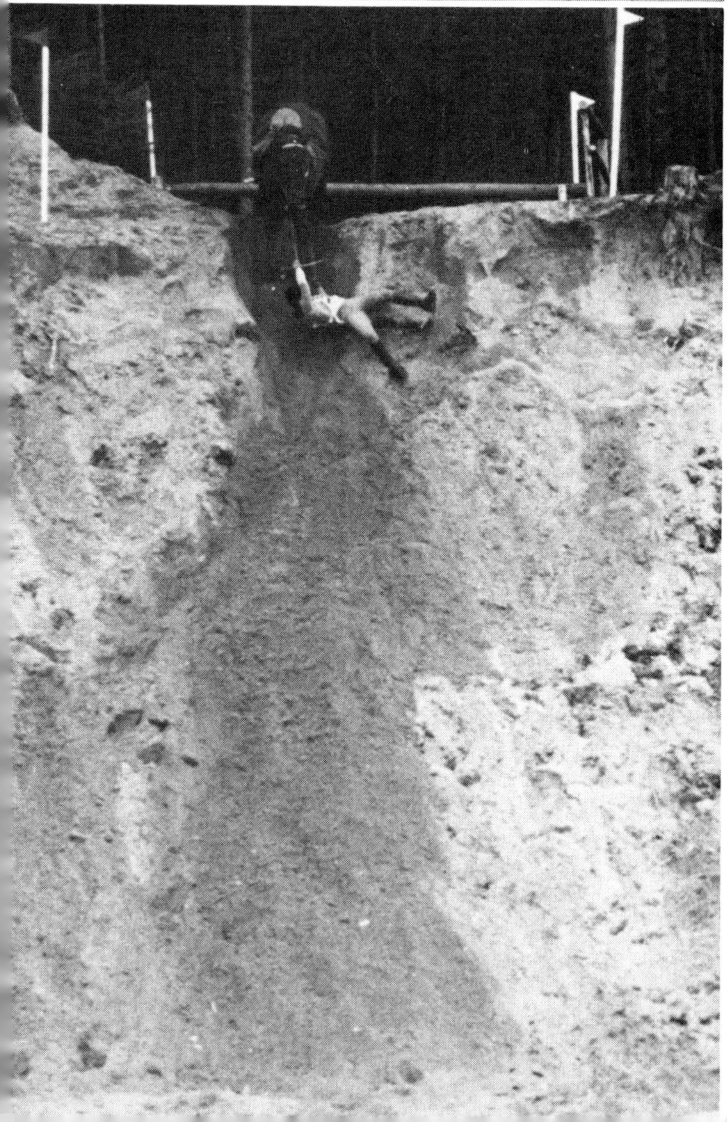

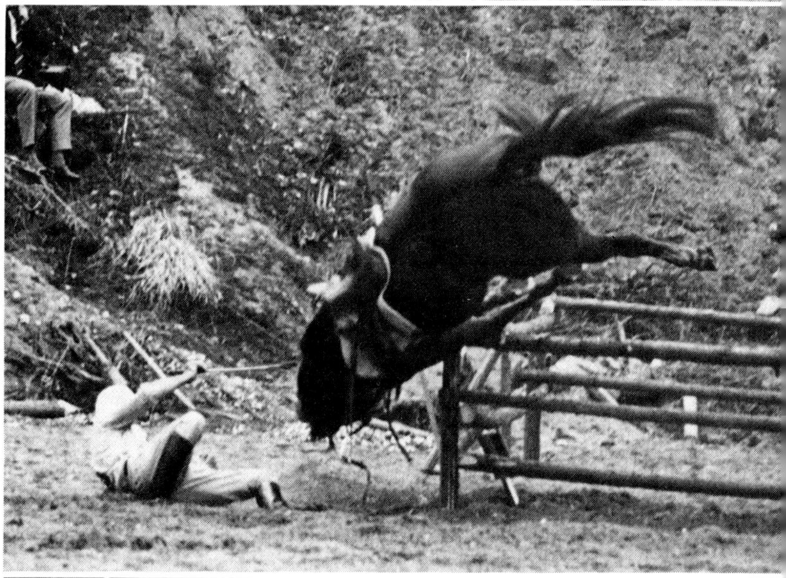

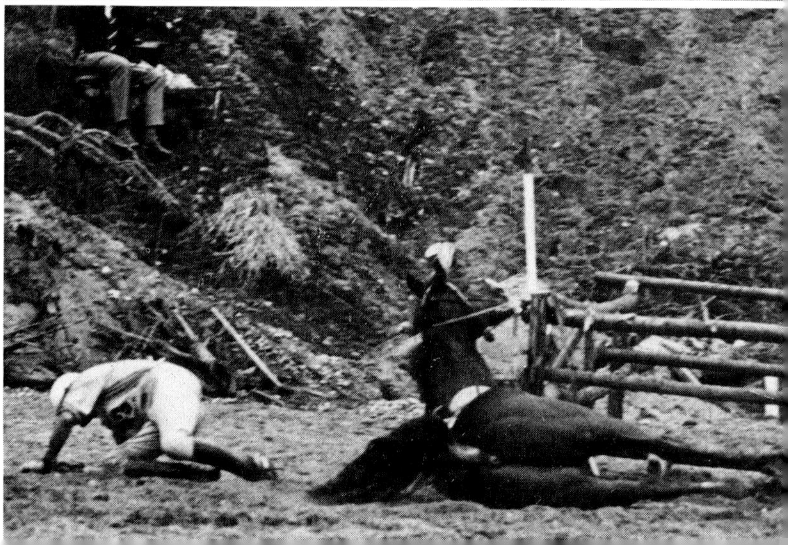

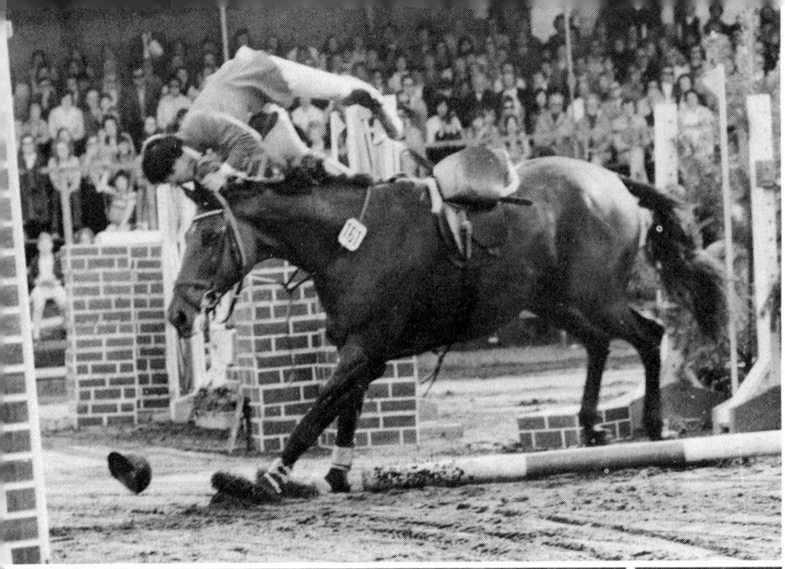
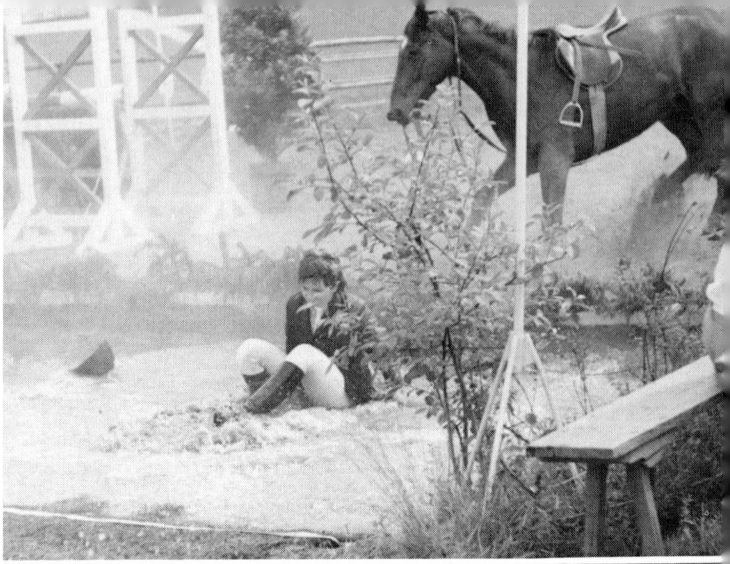
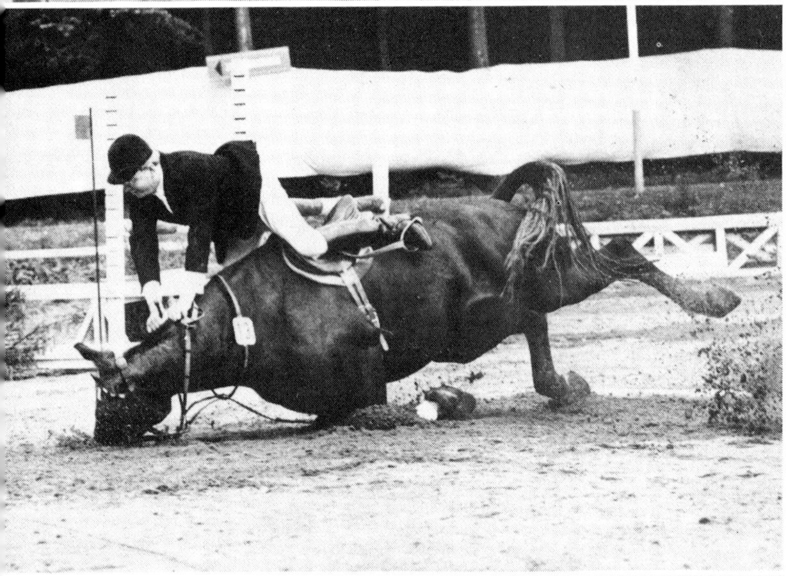
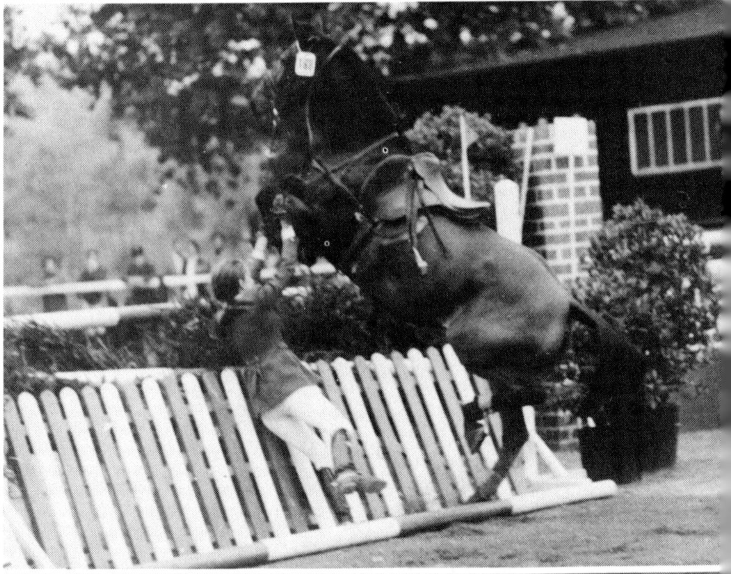
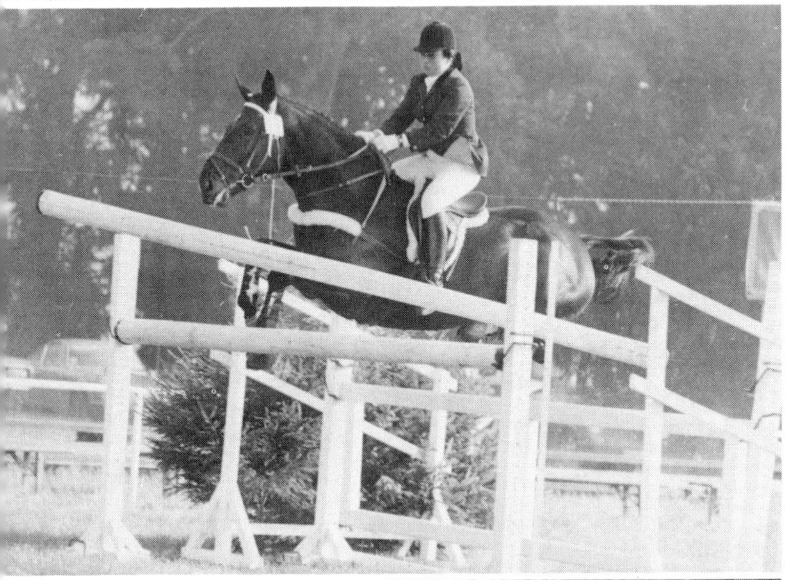
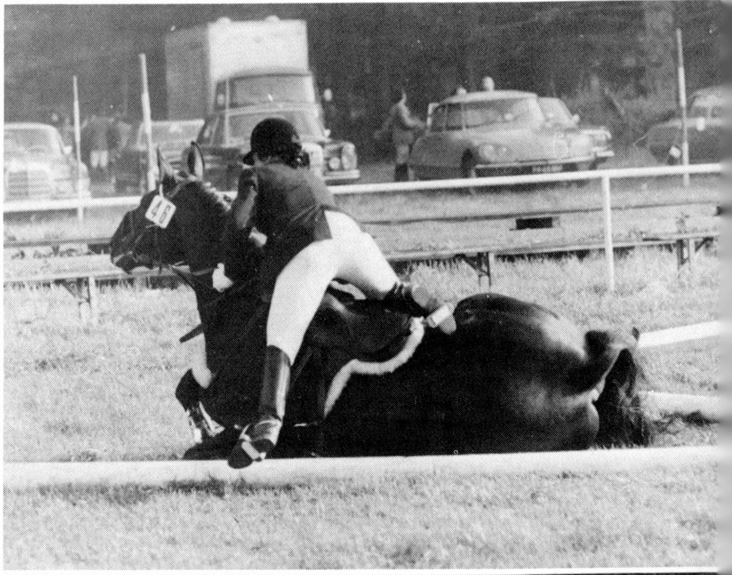
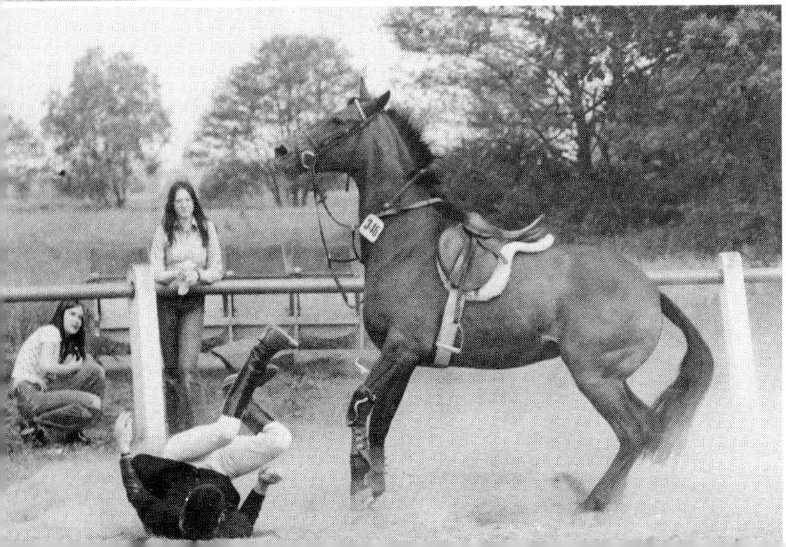
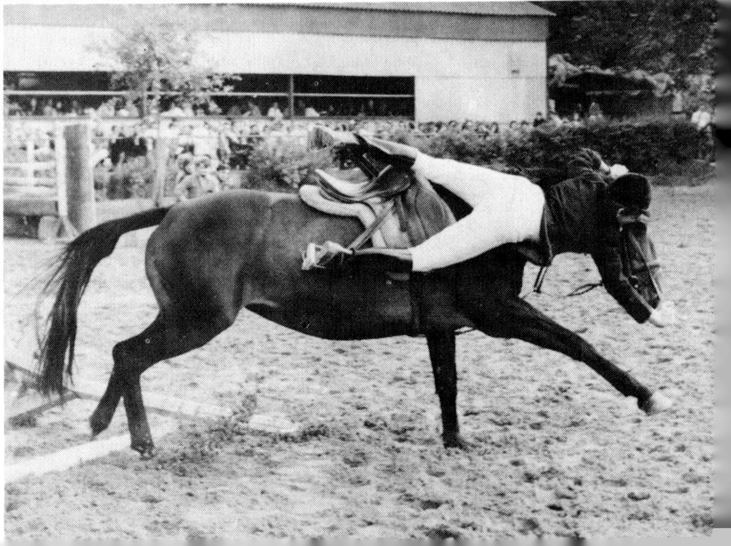

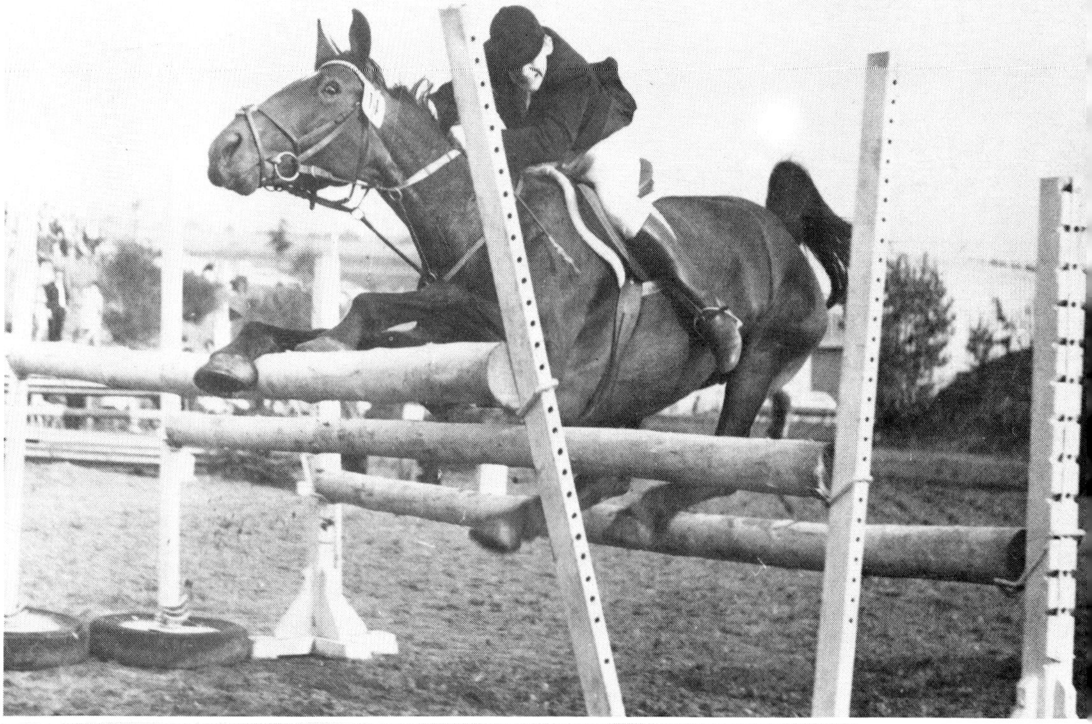

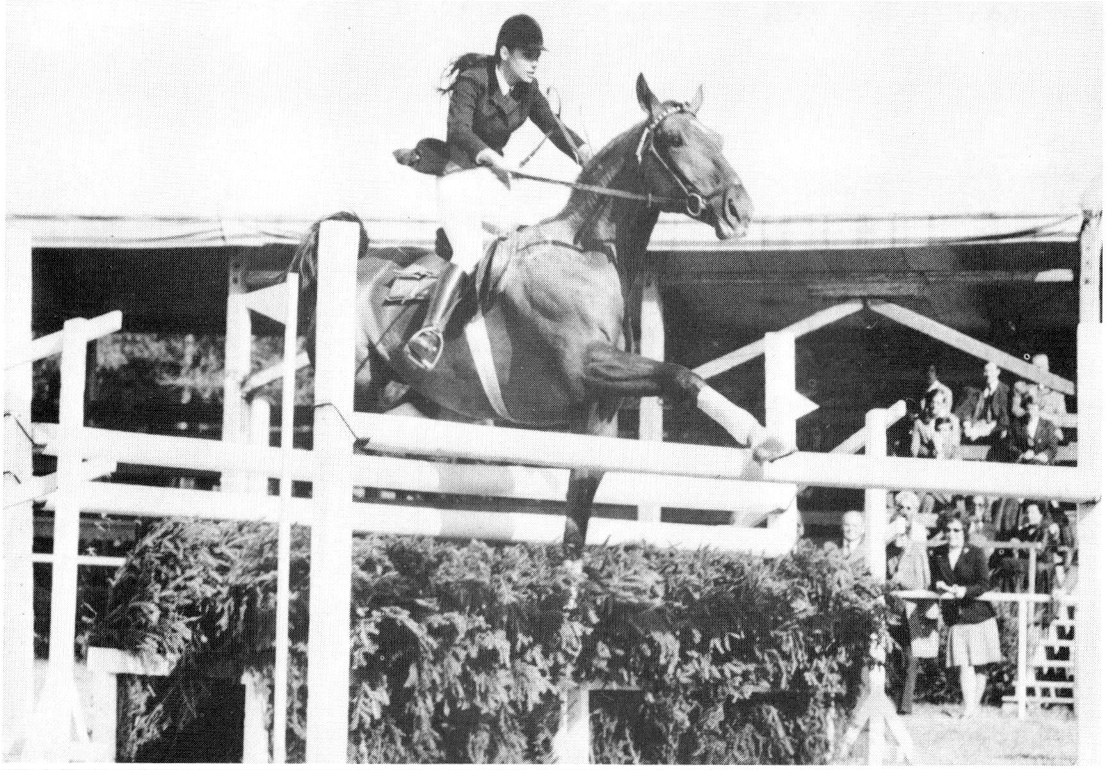

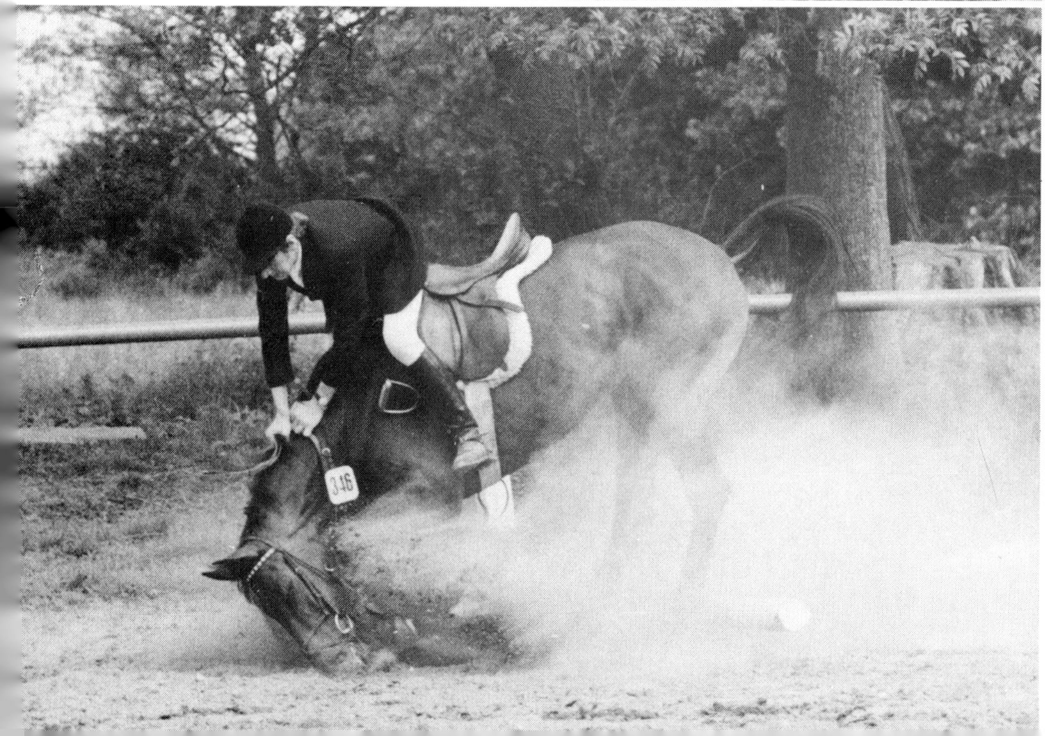

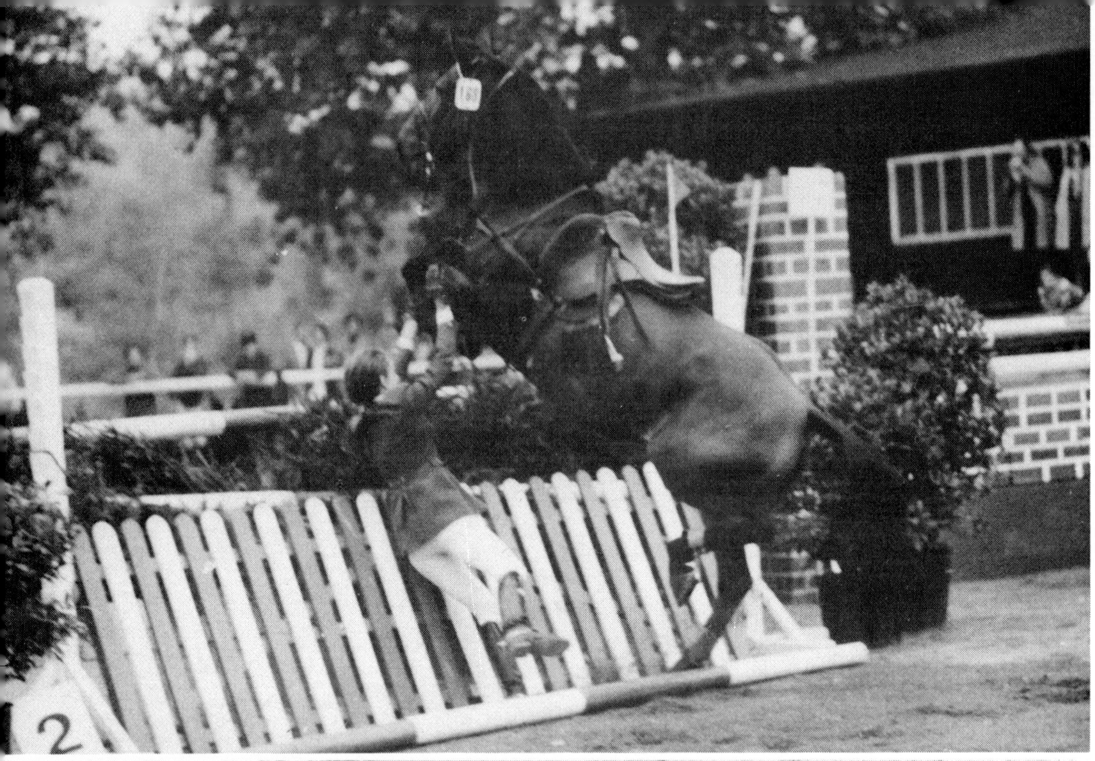
2

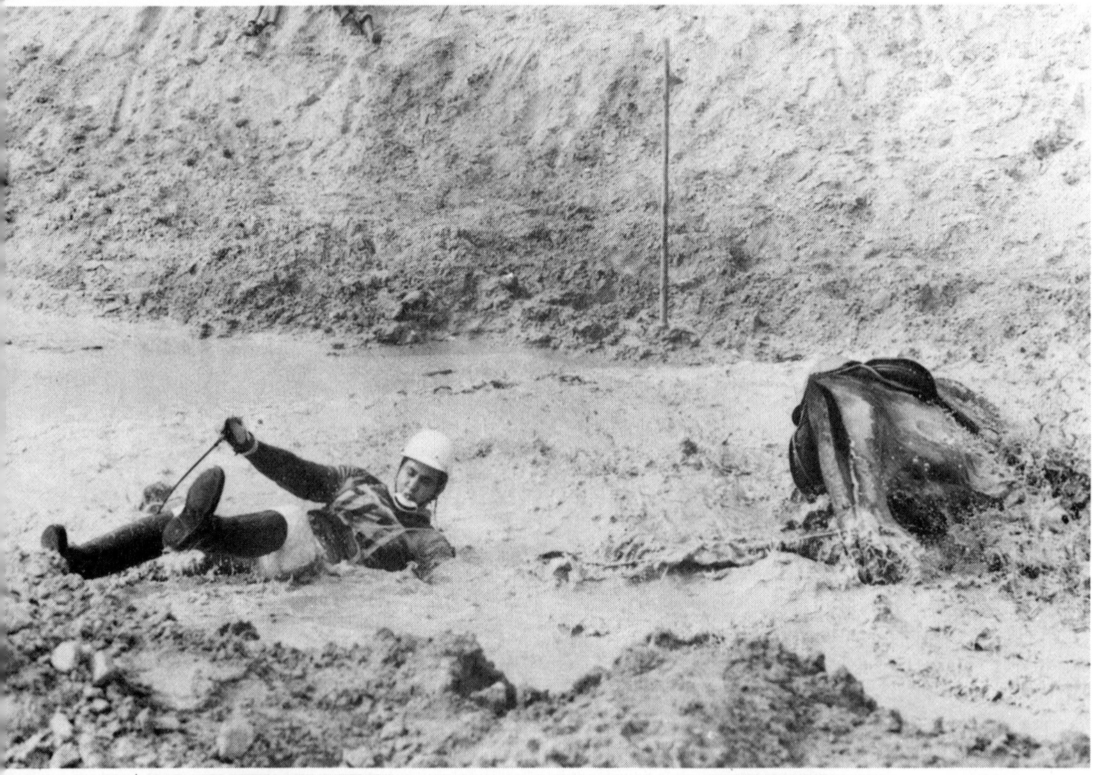

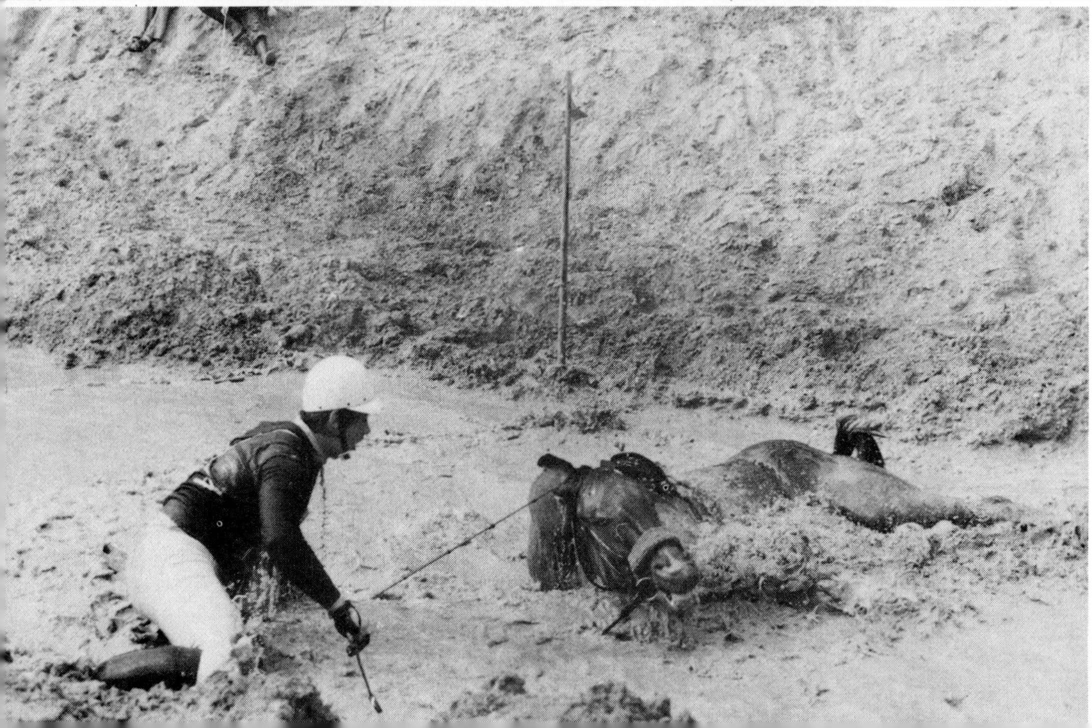

ANHANG

Der Springstall der Kavallerieschule Hannover von 1929 bis 1940

Der erste Leiter des Springstalles war Rittmeister Graf Rothkirch vom 1. 10. 1928 bis 31. 1. 1930.
Es folgten: Rittmeister Freiherr v. Waldenfels vom 1. 2. 1930 bis 5. 10. 1936. Er wurde am 1. 11. 1930 Major, am 1. 5. 1934 Oberstleutnant und am 20. 4. 1936 Oberst.
Letzter Leiter des Springstalles war Rittmeister Momm von 6. 10. 1936 bis 1944. Am 1. 4. 1939 wurde Momm Major, Anfang 1942 Oberstleutnant und 1944 Oberst.
Die Kavallerieschule befand sich seit fast 100 Jahren in Hannover. Sie wurde 1938/39 nach Krampnitz verlegt, einem Ort nahe dem Truppenübungsplatz Döberitz bei Potsdam.

MITGLIEDER DES SPRINGSTALLES

Major Momm von 1923 bis 1944 mit Kavallerieschule.
Major Freiherr v. Nagel von 1928 bis 1933.
Rittmeister Ernst Hasse von 1930 bis 1934.
Rittmeister Heinz Brandt von 1931 bis 1936.
Rittmeister Kurt Hasse von 1934 bis 1939.
Hauptmann (E) v. Barnekow 1934 bis 1937.
Rittmeister Brinckmann von 1935 bis 1940.
Rittmeister Sahla von 1934 bis 1936.
Rittmeister v. Salviati von 1934 bis 1936.
Oberleutnant C. Schunck von 1927 bis 1930 mit Kavallerieschule.
Oberleutnant v. Busse von 1928 bis 1934.
Oberleutnant Viebig von 1930 bis 1931.
Oberleutnant Lippert von 1930 bis 1934.
Oberleutnant Graf v. Üxküll von 1930 bis 1933.
Oberleutnant Weidemann von 1930 bis 1939.
Oberleutnant v. Nostiz-Wallwitz von 1931 bis 1934.
Oberleutnant Baade von 1932 bis 1934.
Hauptmann Großkreutz von 1933 bis 1936.
Oberleutnant Schlickum von 1933 bis 1936.
Oberleutnant Kahler von 1936 bis 1937.
Oberleutnant Prinz zu Salm von 1936 bis 1937.
Oberleutnant Freiherr v. d. Bongart von 1937 bis 1939.
Oberleutnant Max Huck von 1937 bis 1939.
Oberleutnant Perl-Mückenberger von 1938 bis 1939.

DEUTSCHE PFERDE,
DIE BIS 1976 AN VIER UND MEHR GEWONNENEN NATIONENPREISEN BETEILIGT WAREN

1.	Tora	— 25mal bis 1939
2.	Baccarat II	— 19mal bis 1937
3.	Torphy	— 17mal ab 1952
4.	Olaf	— 16mal bis 1938
4.	Simona	— 16mal ab 1952
6.	Alchimist	— 12mal bis 1940
7.	Derby	— 11mal bis 1933
7.	Sir	— 11mal ab 1952
9.	Wotan	— 10mal bis 1939
9.	Halla	— 10mal ab 1952
9.	Ala	— 10mal ab 1952
12.	The Robber	— 7mal ab 1952
12.	Ferdl	— 7mal ab 1952
14.	Baron IV	— 6mal bis 1939
14.	Meteor	— 6mal ab 1952
16.	Benno	— 5mal bis 1935
16.	Romanus	— 5mal ab 1952
16.	Goldika	— 5mal ab 1952
16.	Donald Rex	— 5mal ab 1952
16.	Rubin	— 5mal ab 1952
16.	Kosmos	— 5mal ab 1952
22.	Dedo	— 4mal bis 1935
22.	Oberst II	— 4mal bis 1940
22.	Erle	— 4mal ab 1952
22.	Salvaro	— 4mal ab 1952

Bei der Einstufung der einzelnen Pferde mit ihrer Beteiligung an gewonnenen Nationenpreisen muß berücksichtigt werden, daß in der Vor- und Nachkriegszeit zuerst in jedem Land zwei offizielle internationale Reitturniere veranstaltet werden konnten, wobei zwei Nationenpreise zur Austragung kamen. In den Dreißiger Jahren gab es noch ein drittes deutsches Turnier, bei dem ein Nationenpreis ausgetragen werden konnte, und zwar in Insterburg. Da nach dem Vertrag in Versailles 1919 Ostpreußen vom Reich abgetrennt war, wurde dieses Zugeständnis gemacht. Als Handicap für die Vorkriegspferde galten die schwierigen Transporte und die auf zehn Turniere pro Jahr beschränkten Beschickungen von Turnieren seitens der Kavallerieschule. Bis 1939 wurden die offiziellen internationalen Turniere in Berlin und Aachen ausgetragen, nach 1952 in Aachen und Dortmund.

REITER, DIE AN VIER UND MEHR GEWONNENEN NATIONENPREISEN BETEILIGT WAREN

1. H. G. Winkler — 39mal ab 1952
2. Hartwig Steenken — 38mal ab 1952
3. Gerd Wiltfang — 34mal ab 1952
4. Oberst Harald Momm — 30mal bis 1940
5. Fritz Ligges — 25mal ab 1952
6. Alwin Schockemöhle — 24mal ab 1952
7. Oberstleutnant Kurt Hasse — 19mal bis 1939
8. Generalmajor Heinz Brandt — 17mal bis 1936
9. Hermann Schridde — 16mal ab 1952
10. Major Marten v. Barnekow — 11mal bis 1937
10. Fritz Thiedemann — 11mal ab 1952
12. Oberst Ernst Hasse — 10mal bis 1940
12. Oberst H. H. Brinckmann — 10mal bis 1940
14. Oberleutnant Frh. v. Nagel — 9mal bis 1935
14. Kurt Jarasinski — 9mal ab 1952
14. Alfons Lütke-Westhues — 9mal ab 1952
17. Major Richard Sahla — 7mal bis 1933
17. Paul Schockemöhle — 7mal ab 1952
19. Major Max Huck — 5mal bis 1939
19. Magnus v. Buchwaldt — 5mal ab 1952
20. Oberst Gerd Schlickum — 4mal bis 1935
20. Major Fritz Weidemann — 4mal bis 1940
20. Helga Köhler — 4mal ab 1952
20. Sönke Sönksen — 4mal ab 1952

Die Reiter des Springstalles der Kavallerieschule Hannover mußten bis auf wenige Ausnahmen Offiziere sein, und als solche gehörten sie nur wenige Jahre dem Springstall an. So war zum Beispiel Marten v. Barnekow vier Jahre im Springstall, fünf Jahre war Heinz Brandt dabei, viele andere Offiziere noch weniger. Es gab einige Ausnahmen, und zwar Oberst Momm, der zuerst dem Springstall als Reiter angehörte und 1936 von Oberst Freiherr v. Waldenfels als Rittmeister den Springstall übernahm und ihn bis 1940 führte. Fritz Weidemann war viele Jahre Unteroffizier, bzw. Wachtmeister, wurde 1938 Offizier und ritt dann bis 1940 im Springstall. Abkommandiert zu bestimmten Turnieren wurden Marten v. Barnekow, Ernst Hasse, Richard Sahla, v. Sydow, Schmalz und Freiherr v. Nagel, dies waren Ausnahmen, die meisten hatten Truppendienst zu leisten oder wurden Reitlehrer an Wehrmachtschulen.

Internationale Deutsche Springreitersiege

DIE SIEGER IM GROSSEN PREIS VON AACHEN,
SIEGE IN PREISEN DER NATIONEN,
PLACIERUNGEN DEUTSCHER REITER BEI OLYMPISCHEN SPIELEN

	1912
Stockholm/Schweden:	Olympisches Jagdspringen = Preis der Nationen:
	3. Deutschland mit Prinz Friedrich Karl von Preußen, Oberleutnant Deloch, Oberleutnant Freyer, Graf Hohenau = Bronzemedaille.
	Einzelspringen: Oberleutnant v. Kröcher/Donar nach Stechen 2. und damit Silbermedaille.
	1923
Malmö/Schweden:	Freiherr v. Langen auf Goliath, derselbe mit Hanko, derselbe mit Pompon.
Memel/Litauen:	Gild jun. auf Nonne III.
	1924
Pinerolo/Italien:	Freiherr v. Langen/Goliath
Rom/Italien:	Freiherr v. Langen/Apoll, derselbe mit Hanko
Malmö/Schweden:	Graf Trautvetter/Mitternachtssonne
Luzern/Schweiz:	Freiherr v. Langen/Raureif, derselbe mit Apoll
Budapest/Ungarn:	v. Wintersheim/Zinasko
	1925
Berlin:	Preis der Nationen:
	1. Deutschland mit W. Spillner/Baron III, Leutnant Momm/Spanier
s'Grafenhaege/Niederlande:	Robert Treeck/Darling
	1926
Genf/Schweiz:	Freiherr v. Langen/Zirano II
Wien/Österreich:	Graf Görtz/Henry
Budapest/Ungarn:	Freiherr v. Langen/Zirano II, W. Spillner/Baron III
Hoofdorp/Holland:	Freiherr v. Langen/Prinz XI, derselbe mit Goliath
Haag/Holland:	Mannschaftsspringen:
	Prinz Sigismund von Preußen und Freiherr v. Langen
	Einzelsiege: Freiherr v. Langen/Zirano II, Prinz Friedrich Sigismund von Preußen/Falkner XX
	1927
Luzern/Schweiz:	Oberleutnant Freiherr v. Nagel/Prinz XI
Hilversum/Niederlande:	Oberleutnant Freiherr v. Nagel/Prinz XI
	Mannschaftsspringen: Oberleutnant v. Barnekow/Morgenglanz, Pulvermann/Weißer Hirsch, Herbert Frick/Kampfer

Haag/Niederlande:	Ed. F. Pulvermann/Weißer Hirsch
Falsterboo/Schweden:	Major Lotz/Olnat, derselbe mit Negropente

1928

Aachen:	Großer Preis: Leutnant Hallberg/Schweden mit Loke
	Einzelsiege: Graf Hohenau/Apoll, Thea Schulze-Stemmert/Osterhase, W. Spillner/Hexe IX
Karlsbad/CSSR:	Frl. Günther/Treue II.
Amsterdam/Niederlande:	Olympisches Jagdspringen: 11. Polizeihauptmann Krüger/Donauwelle, 14. Oberleutnant Sahla/Coreggio, 28. Freiherr v. Langen/Falkner XX.
	Military: 3. und Bronzemedaille Major Bruno Neumann/Ilja, 10. Leutnant Rudolf Lippert/Flucht
	Dressur: 1. und Goldmedaille Frhr. v. Langen/Draufgänger, 6. Rittmeister Hermann Linkenbach/Gimpel, 11. Major Eugen Frhr. v. Lotzbeck/Caracalla
	Mannschaftswertung: 1. und Goldmedaille Deutschland
Haag/Niederlande:	Graf Görtz/Hannepü
Genf/Schweiz:	Baronin v. Oppenheim/Regenbogen, dieselbe mit Valencio
New York/USA:	Preis der Nationen: 1. Deutschland mit Oberleutnant v. Barnekow/Derby, Oberleutnant Freiherr v. Nagel/Wotan, Oberleutnant Schmalz/Hochmeisterin.
	Einzelsiege: Oberleutnant v. Barnekow/Derby, derselbe mit Sempre avanti.

1929

Aachen:	Großer Preis: Leutnant Hallberg/Schweden mit Mephisto
	Preis der Nationen: Schweden
	Einzelsiege: Axel Holst/Thomas, W. Spillner/Aurora III, Hans Koerffer/Baron III, derselbe mit Hexe, Graf Hohenau/Falkner XX, Frau Franke/Niobe, Frau Stoffel und Graf Görtz.
Karlsbad/CSSR:	Rolf Becher/Belladonna, Frl. Günther/Apoll 2mal, Frl. Günther/Falkner, Frau Moltrecht/Naleleta.
Haag/Niederlande:	Pulvermann/Weißer Hirsch
Ried/Österreich:	Polizeihauptmann Krüger/Granate, G. Lange/Norma II, derselbe mit Lene, E. Basch/Tommy und Coreggio, Polizeioberleutnant Walter/Kreutzer
Genf/Schweiz:	Preis der Nationen: Deutschland mit Oberleutnant Sahla/Ninon, Oberleutnant E. Hasse/Derby, Oberleutnant Lippert/Hartmannsdorf, Koerffer/Baron III.
	Einzelsiege: Koerffer/Baron III 2mal, Baronin v. Oppenheim/Hein, Frau Franke/Hartherz, Oberleutnant E. Hasse/Derby

1930

Berlin:	Großer Preis: Oberleutnant Sahla/Schwabensohn
	Preis der Nationen: Deutschland mit Oberleutnant E. Hasse/Derby,

Oberleutnant Schmalz/Benno, Oberleutnant Sahla/Schwabensohn
Einzelsiege: Oberleutnant E. Hasse/Derby, Oberleutnant Schunck/Dedo, Oberleutnant Freiherr v. Nagel/Ninon, Hauptmann Kraus/Congo, Frau Dr. Saloschin/Bellonia, Koerffer/Baron III 2mal, Frau Hasselbach/Eichkater, G. Lange/Tommy, Frl. Vierling/Kakadu, Axel Holst/Landsknecht, Oberleutnant Baade/Clemens, Hauptmann Hamann/Elsa

Aachen: Preis der Nationen: Italien
Großer Preis: Cap. Lombardi/Italien/Roccobruna
Einzelsiege: Rittmeister v. Barnekow/Baccarat II, Baronin v. Oppenheim/Regenbogen, Käthe Franke/Hartherz

Danzig-Zoppot: Preis der Nationen: Rittmeister Freiherr v. Waldenfels/Baccarat II, Rittmeister v. Barnekow/Derby, Oberleutnant Sahla/Ninon, Oberleutnant Momm/Kampfgesell
Einzelsiege: Axel Holst/Meerkönig, Oberleutnant Momm/Ninon, Rittmeister v. Barnekow/Derby, Frl. E. Broschek/Freia.

Neapel/Italien: Baronin v. Oppenheim/Regenbogen 2mal
Stresa/Italien: Graf Görtz/Harras 2mal, Baronin v. Oppenheim/Regenbogen
Karlsbad/CSSR: Frau Ch. Engers/Belsazar 2mal, dieselbe mit Abd el Krim, Frau Moltrecht/Pascha 2mal.
Luzern/Schweiz: Frl. Vierling/Parabel XX
Salzburg/Österreich: G. Lange/Adamella, Polizeihauptmann Freiherr v. Waldenfels/Senta, derselbe mit Nicki, Baronesse Poschinger/Komet
Haag/Niederlande: Frl. E. Jurgen/Korsika
Boston/USA: Preis der Nationen: Deutschland mit Oberleutnant Hasse/Derby, Oberleutnant Freiherr v. Nagel/Dedo, Oberleutnant Momm/Kampfgesell
Einzelsiege: Oberleutnant E. Hasse/Derby 2mal, Oberleutnant Momm/Kampfgesell, Oberleutnant Freiherr v. Nagel/Dedo
New York/USA: Preis der Nationen: Deutschland mit Oberleutnant E. Hasse/Derby, Oberleutnant Freiherr v. Nagel/Dedo, Oberleutnant Momm/Kampfgesell
Einzelsiege: Oberleutnant E. Hasse/Derby 3mal, Oberleutnant Freiherr v. Nagel/Wotan, derselbe mit Dedo 2mal, Oberleutnant Momm/Kampfgesell 2mal
Toronto/Kanada: Oberleutnant E. Hasse/Derby, derselbe mit Elan

1931

Berlin: Preis der Nationen: Italien
Großer Preis: Rittmeister C. P. de Kruyffs/Holland auf Pretem
Einzelsiege: Oberleutnant Ernst Hasse/Bosco, Axel Holst/Nortenda, Frau Franke/Hartmannsdorf, Oberleutnant E. Hasse/Derby 2mal, Frau Marcks/Kurfürst, Oberleutnant E. Hasse/Wotan, Oberleutnant Schaeffer/Elsa, Axel Holst/Landsknecht, Oberleutnant Freiherr v. Nostiz-Wallwitz/Chinese, Rittmeister v. Hülsen/Harald, Axel Holst mit Landsknecht und Meerkönig, H. Frick/Hexe IX

Laxemburg/Österreich:	Axel Holst/Anleihe 2mal, derselbe mit Landsknecht, Baronin Poschinger/Ahnfrau
Haag/Niederlande:	Frl. Broschek/Freia und Kreuzzug
Salzburg/Österreich:	Graf Hohenau/Rudel, Polizeihauptmann Krüger/Streifzug, Frau v. Hartlieb/Senta, Baronin Poschinger/Komet und Graf Hohenau/Titiu
Zell a. See/Österreich:	Polizeihauptmann Freiherr v. Waldenfels/Daja, Frau v. Hartlieb/Dora V, Graf Hohenau/Molle v. Steveling, Graf Hohenau und Frl. v. Bethmann-Holweg/Übermütig
Rom/Italien:	Preis der Nationen: Deutschland mit Oberleutnant Sahla/Wotan, Oberleutnant Ernst Hasse/Derby, Oberleutnant Momm/Tora Einzelsiege: Rittmeister v. Barnekow/General III, Oberleutnant E. Hasse/Derby
Florenz/Italien:	Oberleutnant Freiherr v. Nagel/Wotan
Como/Italien:	Baronin v. Oppenheim/Kilmakleen
Stresa/Italien:	Frau v. Opel/Nanuk 2mal, Oberleutnant E. Hasse/Derby 2mal, derselbe mit Bosco
Pardubitz/CSSR:	Axel Holst/Meerkönig, derselbe mit Landsknecht, Graf Hohenau/Gamin, A. Basch/Tommy
Aachen:	Preis der Nationen: Italien Großer Preis: Drei Sieger: Cap. Philipponi/Italien mit Nasello, Tenente Collonel Borsarelli/Italien auf Crispa, Cap. Lequio/Italien auf Norgil Einzelsieg: Oberleutnant E. Hasse/Bosco

1932

Berlin:	Preis der Nationen: Deutschland mit Oberleutnant E. Hasse/Derby, Oberleutnant Freiherr v. Nagel/Wotan, Oberleutnant Freiherr v. Nostiz-Wallwitz/Chinese, Leutnant Brandt/Tora Großer Preis: Leutnant Brandt/Tora Einzelsiege: Axel Holst/Meerkönig 2mal, Oberleutnant E. Hasse/Derby, Frau Glahn/Meerkönig, Oberleutnant Großkreutz/Marga, Leutnant Brandt/Hein, derselbe mit Benno, Frau v. Opel/Nanuk, Rittmeister Hülsen/Harald
Rom/Italien:	Preis der Nationen: Deutschland mit Oberleutnant Sahla/Wotan, Oberleutnant Brandt/Tora, Oberleutnant Freiherr v. Nostiz-Wallwitz/Chinese Einzelsiege: Oberleutnant Brandt/Balmung, Oberleutnant Freiherr v. Nostiz-Wallwitz/Baccarat II, Oberleutnant Lippert/Fridericus
Florenz/Italien:	Oberleutnant Freiherr v. Nagel/Wotan, Oberleutnant Brandt/Tora 2mal, derselbe auf Balmung, Oberleutnant v. Nostiz-Wallwitz/Chinese
Aachen:	Preis der Nationen: Deutschland mit v. Sydow/Abendglanz, Oberleutnant Sahla/Wotan, Oberleutnant Momm/Baccarat II, Oberleutnant Freiherr v. Nagel/Benno Großer Preis: Magg. Bettoni/Italien mit Nereide

	Einzelsiege: Oberleutnant Brandt/Tora, derselbe mit Rute, Frau Schulte/Stemmerk und Ahnherr, Frau v. Opel/Nanuk, Oberleutnant Freiherr v. Nagel/Benno, Oberleutnant Baade/Wange, Oberleutnant Freiherr v. Nagel/Wotan
Haag/Niederlande:	Oberleutnant Baade/Wange, A. Stricker/Korsika, v. Zastrow/Kurfürst
Riga/Lettland:	R. Gude/Cordelia
Wien/Österreich:	Preis der Nationen: Deutschland mit Oberleutnant E. Hasse/Der Aar, Oberleutnant Momm/Baccarat II, Oberleutnant Freiherr v. Nagel/Wotan, Oberleutnant Brandt/Tora
	Einzelsiege: Polizeihauptmann Krüger/Donauwelle, Oberleutnant Freiherr v. Nagel/Wotan 2mal, Oberleutnant Brandt/Tora, derselbe mit Balmung, Oberleutnant E. Hasse/Bosco, derselbe mit Hein, Frau v. Opel/Nanuk, Frl. Rasmussen/Hermelin

1933

Berlin:	Preis der Nationen: Deutschland mit Major Freiherr v. Waldenfels/Winzige, Oberleutnant Momm/Baccarat II, Oberleutnant Brandt/Chef, Oberleutnant v. Salviati/Großfürst
	Einzelsiege: Oberleutnant Brandt/Balmung, G. Lange/Lady Pride, Frau Marcks/Bajazzo, Frau v. Opel/Finette, Frl. Weiß/Ahlerich, Frau v. Opel/Arnim, Oberleutnant E. Hasse/Bosco, Axel Holst/Altgold, G. Lange/Molla von Steveling, Leutnant Kurt Hasse/Der Moor, Oberleutnant Sahla/Ublick
Rom/Italien:	Preis der Nationen: Deutschland mit Oberleutnant Sahla/Wotan, Oberleutnant Brandt/Tora, Oberleutnant Freiherr v. Nagel/Olaf, Oberleutnant Momm/Baccarat II
	Einzelsiege: Frau v. Opel/Nanuk, Rittmeister v. Barnekow/Derby, Baronin v. Oppenheim/Provinz
Neapel/Italien:	Baronin v. Oppenheim/Probin
Luzern/Schweiz:	Preis der Nationen: Deutschland mit Oberleutnant v. Nostiz-Wallwitz/Olaf, Oberleutnant Momm/Baccarat II, Oberleutnant Brandt/Tora, Oberleutnant Großkreutz/Benno
	Einzelsiege: Oberleutnant E. Hasse/Bosco, derselbe mit Derby, Oberleutnant Brandt/Tora
Aachen:	Preis der Nationen: Deutschland mit Rittmeister E. Hasse/Derby, Rittmeister Momm/Baccarat II, Oberleutnant Brandt/Tora, Oberleutnant Großkreutz/Benno
	Großer Preis: Oberleutnant Brandt/Coralle
	Einzelsiege: Rittmeister v. Salviati/Senator, Rittmeister Momm/Baccarat II 3mal, Oberleutnant v. Nostiz-Wallwitz/Olaf, Rittmeister E. Hasse/Der Aar 2mal, derselbe mit Bosco, derselbe mit Hein, Oberleutnant v. Ploetz/Hasdrubal, Oberleutnant Schlickum/Fanfare, v. Zastrow/Ursus
Riga/Lettland:	Axel Holst/Egly 3mal, Oskar Lengnik/Amalaswinta 2mal
Genf/Schweiz:	Axel Holst/Egly

1934

Berlin: Preis der Nationen: Deutschland mit Rittmeister E. Hasse/Derby, Rittmeister Momm/Baccarat II, Oberleutnant Brandt/Tora, Axel Holst/Egly
Einzelsiege: Hauptmann (E) v. Barnekow/Nicoline, Axel Holst/Egly, derselbe mit Ahnherr, Rittmeister E. Hasse/Derby, H. Frick/Ursus, Frau Marcks/Kurfürst, Frl. Vierling/Balmung, Oberleutnant Brandt/Balmung

Nizza/Frankreich: Oberleutnant K. Hasse/Der Moor, derselbe mit Olaf, Oberleutnant Brandt/Tora zweimal

Rom/Italien: Oberleutnant Brandt/Baron IV, Oberleutnant K. Hasse/Olaf, Hauptmann (E) Marten v. Barnekow/Nicoline

Aachen: Preis der Nationen: Italien
Großer Preis: Axel Holst/Bianka
Einzelsiege: H. Th. Röchling/Jäger, Oberleutnant v. Ploetz/Hastrubal, Oberleutnant Schlickum/Dedo, derselbe mit Fanfare, Axel Holst/Bianka

Warschau/Polen: Preis der Nationen: Deutschland mit Oberleutnant K. Hasse/Olaf, Rittmeister Momm/Baccarat II, Oberleutnant Brandt/Tora, Axel Holst/Egly
Einzelsiege: Oberleutnant Brandt/Tora und Baron IV, Axel Holst/Ahnherr, derselbe mit Sachsenwald

Riga/Lettland: Axel Holst/Bianka, derselbe mit Egly

Dublin/Irland: Preis der Nationen: Deutschland mit Hauptmann (E) v. Barnekow/Nicoline, Rittmeister v. Salviati/Senator, Oberleutnant Schlickum/Dedo

1935

Berlin: Preis der Nationen: Deutschland mit Oberleutnant Kurt Hasse/Tora, Rittmeister Momm/Baccarat II, Oberleutnant Schlickum/Dedo, Oberleutnant Brandt/Baron IV
Großer Preis: drei Sieger: Rittmeister Momm/Baccarat II, Oberleutnant Schlickum/Fanfare, Oberleutnant Kurt Hasse/Der Moor
Einzelsiege: Hauptmann (E) v. Barnekow/Ahoy, Oberleutnant Kurt Hasse/Der Moor, Oberleutnant v. Baath/Dachs, Oberleutnant Schlikkum/Wange und Dedo, Rittmeister E. Hasse/Bosco und Oerleutnant Schlickum/Wange, Oberleutnant Brandt/Sturmfink und Oberleutnant Neckelmann/Immertreu, Oberleutnant K. Hasse/Tora, Oberleutnant Brandt/Baron IV und Turmfink, Frl. Georgius/Harras und Frau Franke/Hartherz, Frau Franke/Proposz, Polizeihauptmann Weikinn/Olaf und Rittmeister Momm/Baccarat II
Kameradschaftspreis Oberleutnant Brandt/Saila

Nizza/Frankreich: Preis der Nationen: Deutschland mit Rittmeister Momm/Baccarat II, Oberleutnant Kurt Hasse/Olaf, Oberleutnant Brandt/Tora, Oberleutnant Schlickum/Wange

	Einzelsiege: Oberleutnant K. Hasse/Olaf, Rittmeister Momm/Baccarat II und Bianca
Amsterdam/Niederlande:	Preis der Nationen: Deutschland mit Rittmeister Momm/Baccarat II, Oberleutnant Brandt/Tora, Oberleutnant K. Hasse/Olaf, Oberleutnant Schlickum/Fanfare
	Einzelsiege: Oberleutnant Brandt/Baron IV 2mal
Insterburg:	Preis der Nationen: Deutschland mit Rittmeister Momm/Baccarat II, Oberleutnant Brandt/Baron IV, Oberleutnant K. Hasse/Olaf, Oberleutnant Schlickum/Fanfare
	Großer Preis: Oberleutnant Brandt/Baron IV und Rittmeister Momm/Baccarat II
Budapest/Ungarn:	Hauptmann Schunck/Nelke, Frl. Marwede/Nike
London/Großbritannien:	Rittmeister Momm/Baccarat II, Oberleutnant Schlickum/Dedo, derselbe mit Proposz, derselbe mit Fanfare 2mal
Dublin/Irland:	Rittmeister E. Hasse/Calmota 2mal, Oberleutnant Brandt/Baron IV
Aachen:	Preis der Nationen: Deutschland mit Rittmeister E. Hasse/Nemo, Rittmeister Freiherr v. Nagel/Wotan, Hauptmann Schunck/Nelke, Oberleutnant Großkreutz/Harras
	Großer Preis: Oberleutnant Tudoran/Rumänien mit Rayon de Soleil
	Einzelsiege: F. O. Rolffs/Tema XX, Rittmeister E. Hasse/Bosco 2mal, Frl. Marcks/Don Juan, Frl. Marwede/Der Aar, Oberleutnant Schlickum/Fanfare, Rittmeister E. Hasse/Der Aar, Hauptmann Schunck/Nelke, G. Temme/Egly, Hauptmann (E) v. Barnekow/Hermelin
Warschau/Polen:	Oberleutnant Brandt/Derby 3mal, derselbe/Baron IV 2mal

1936

Berlin:	Preis der Nationen: Deutschland mit Oberleutnant K. Hasse/Tora, Rittmeister Momm/Baccarat II, Hauptmann (E) v. Barnekow/Olaf, Oberleutnant Brandt/Baron IV
	Großer Preis: Oberleutnant Kurt Hasse/Tora
	Einzelsiege: G. Temme/Tasso, derselbe mit Egly, W. Spillner/Fortunatius, G. Temme/Egly und Nordland, Hauptmann (E) v. Barnekow/Immertreu 2mal, Frl. Georgius/Fürstin, Frau Franke/Elsa, Oberleutnant K. Hasse/Tora, Oberleutnant Brandt/Baron IV, Rittmeister Momm/Baccarat II, Hauptmann (E) v. Barnekow/Olaf, Oberleutnant Schlickum/Fanfare und G. Temme/Egly, Oberleutnant K. Hasse/Der Moor
Warschau/Polen:	Preis der Nationen: Deutschland mit Rittmeister Momm/Baccarat II, Hauptmann (E) v. Barnekow/Olaf, Rittmeister E. Hasse/Wotan, Oberleutnant K. Hasse/Tora
	Einzelsiege: Rittmeister Brandt/Alchimist, Frau v. Opel/Arnim 3mal, Hauptmann (E) v. Barnekow/Der Aar und Olaf
Amsterdam/Niederlande:	Frau v. Opel/Arnim

Berlin/Olympische Spiele:	Preis der Nationen: Deutschland mit Hauptmann (E) v. Barnekow/Nordland, Oberleutnant K. Hasse/Tora, Rittmeister Brandt/Alchimist mit 44 Punkten, 2. Holland mit 51½ Punkten, 3. Portugal mit 56 Punkten Einzelsieg: Oberleutnant K. Hasse/Tora (4/59, 1/2), 2. Oberleutnant Rang/Rumänien/Delphis, 3. Rittmeister v. Platthy/Ungarn/Sellö 0/62³/₅ nach Stechen 2. Abteilung (4/72/4/5), 16. Hauptmann (E) v. Barnekow/Nordland und Rittmeister Brandt/Alchimist mit je 20 Fehlerpunkten Military: 1. und Olympiasieger Hauptmann Stubbendorf/Nurmi, 6. Rittmeister Lippert/Fasan, 24. Oberleutnant Frhr. v. Wangenheim/Kurfürst Mannschaftswertung: 1. und Goldmedaille Deutschland Dressur: 1. und Goldmedaille Oberleutnant H. Pollay/Kronos, 2. und Silbermedaille Major Gerhard/Absinth, 10. Rittmeister v. Oppeln-Bronikowski/Gimpel Mannschaftswertung: 1. und Goldmedaille Deutschland
Aachen:	Preis der Nationen: Deutschland mit Rittmeister Momm/Baccarat II, Rittmeister Brandt/Alchimist, Hauptmann (E) v. Barnekow/Olaf, Rittmeister K. Hasse/Tora Einzelsiege: Rittmeister Brandt/Alchimist 3mal, G. Temme/Tasso, derselbe mit Amneris, Oberleutnant Brinckmann/Wotansbruder 2mal, Rittmeister Momm/Landrat
Wien/Österreich:	Preis der Nationen: Deutschland mit Rittmeister Momm/Baccarat II, Hauptmann (E) v. Barnekow/Olaf, Rittmeister Brandt/Alchimist, Rittmeister K. Hasse/Tora Einzelsiege: Rittmeister Brandt/Alchimist, Hauptmann (E) v. Barnekow/Schneemann, Rittmeister K. Hasse/Fridolin, Rittmeister Momm/Landrat, Rittmeister Brandt/Nike und Oberleutnant Brinckmann/Sambo, Rittmeister Brandt/Alchimist und Rittmeister Momm/Baccarat II

1937

Berlin:	Preis der Nationen: Deutschland mit Rittmeister Momm/Baccarat II, Hauptmann (E) v. Barnekow/Olaf, Rittmeister K. Hasse/Tora, Oberleutnant Brinckmann/Alchimist Großer Preis: Oberleutnant Brinckmann/Alchimist Einzelsiege: Oberleutnant Brinckmann/Irrlicht, derselbe mit Alchimist, G. Temme/Nordland und Bianka, Oberleutnant Freiherr v. Wangenheim/Dedo, Oberleutnant Brinckmann/Baron IV, Frau Funke-Rasmussen/Hermelin, Oberleutnant v. Trotha/Nelke, Rittmeister v. Winnig/Innung und v. Sydow/Abendglanz, Oberleutnant Freiherr v. Wangenheim/Bingo Mannschaftsspringen: Deutschland mit SS-Sturmführer Temme/Amneris, SS-Sturmführer Lengnik/Tasso, SS-Sturmführer W. H. Schmidt/Raureif

Rom/Italien:	Oberleutnant Brinckmann/Alchimist, derselbe mit Wotansbruder, Rittmeister K. Hasse/Fridolin, derselbe mit Nike, Oberleutnant Brinckmann/Baron IV und Alchimist
Paris/Frankreich:	Preis der Nationen: Deutschland mit Rittmeister Momm/Baccarat II, Rittmeister K. Hasse/Tora, Hauptmann (E) v. Barnekow/Olaf, Oberleutnant Brinckmann/Alchimist
	Mannschaftsspringen: Deutschland mit Rittmeister Momm/Baccarat II, Hauptmann (E) v. Barnekow/Olaf, Rittmeister K. Hasse/Tora, Oberleutnant Brinckmann/Baron IV
	Einzelsiege: Rittmeister K. Hasse/Fridolin, Oberleutnant Brinckmann/Alchimist
London/Großbritannien:	Oberleutnant Brinckmann/Alchimist 3mal, derselbe mit Baron IV 2mal, derselbe mit Irrlicht, Oberleutnant Freiherr v. Wangenheim/Landrat und Preisliste, Rittmeister K. Hasse/Tora
Aachen:	Preis der Nationen: Irland
	Großer Preis: Oberleutnant Brinckmann/Erle
	Einzelsiege: Rittmeister K. Hasse/Fridolin, SS-Sturmführer W. Fegelein/Galgenstrick
Warschau/Polen:	SS-Sturmführer G. Temme/Nordland 3mal, derselbe mit Tasso
Wien/Österreich:	Preis der Nationen: Deutschland mit Rittmeister Momm/Alchimist, Rittmeister K. Hasse/Tora, Hauptmann (E) v. Barnekow/Olaf, Oberleutnant Brinckmann/Baron IV
	Einzelsiege: Oberleutnant Brinckmann/Baron IV 2mal, derselbe mit Wotansbruder, derselbe mit Erle, derselbe mit Urbinate, Rittmeister K. Hasse/Tora 2mal, derselbe mit Fridolin, derselbe mit Goldammer, Major Schunck/Nelke, Oberleutnant Freiherr v. d. Bongart/Nike

1938

Aachen:	Preis der Nationen: Rumänien
	Großer Preis: Oberleutnant Mondrons/Belgien mit Ibrahim
	Einzelsiege: Rittmeister Brinckmann/Baron IV, derselbe mit Erle, Frau Marcks/Passion, Oberleutnant Weidemann/Der Aar, SS-Sturmführer G. Temme/Nordland
Rom/Italien:	Rittmeister Momm/Alchimist, Rittmeister Brinckmann/Erle, derselbe mit Wotansbruder, Rittmeister K. Hasse/Goldammer, SS-Sturmführer H. Fegelein/Schorsch, SS-Sturmführer H. Schönfeldt/Rebell
Brüssel/Belgien:	Preis der Nationen: Deutschland mit Rittmeister Momm/Alchimist, Rittmeister K. Hasse/Tora, Rittmeister Brinckmann/Oberst II, Oberleutnant M. Huck/Olaf
	Einzelsiege: Rittmeister Brinckmann/Baron IV und Oberst II, Rittmeister Momm/Alchimist
Warschau/Polen:	Rittmeister Momm/Baccarat II, Rittmeister Brinckmann/Wotansbruder, derselbe mit Erle, Rittmeister K. Hasse/Goldammer, derselbe mit Kaskade

Amsterdam/Niederlande:	Preis der Nationen: Deutschland mit Rittmeister Momm/Alchimist, Rittmeister K. Hasse/Tora, Rittmeister Brinckmann/Baron IV, Oberleutnant Weidemann/Olaf
Dublin/Irland:	Oberleutnant M. Huck/Olaf, Rittmeister Brinckmann/Erle
Genf/Schweiz:	Preis der Nationen: Deutschland mit Rittmeister Momm/Alchimist, Rittmeister K. Hasse/Tora, Rittmeister Brinckmann/Baron IV, Oberleutnant M. Huck/Olaf
Einzelsiege: Rittmeister Brinckmann/Oberst II 2mal, SS-Sturmführer Temme/Nordland, derselbe mit Tasso

1939

Berlin:	Preis der Nationen: Deutschland mit Major Momm/Alchimist, Rittmeister K. Hasse/Tora, Rittmeister Brinckmann/Baron IV, Oberleutnant M. Huck/Arthur
Einzelsiege: SS-Sturmführer W. Fegelein/Edelmann, Oberleutnant Weidemann/Fridolin, Rittmeister Brinckmann/Baron IV, derselbe mit Irrlicht, SA-Sturmführer W. Spieß/Tosca 2mal, SS-Sturmführer Temme/Nordland, Hauptmann Nelke/Neudeck
Rom/Italien:	Rittmeister K. Hasse/Tora 2mal, Rittmeister Brinckmann/Erle, derselbe mit Wotansbruder
Bukarest/Rumänien:	Rittmeister Brinckmann/Wotansbruder 2mal, Oberleutnant Weidemann/Der Aar.
Dublin/Irland:	Rittmeister Brinckmann/Baron IV, Rittmeister K. Hasse/Tora, Oberleutnant M. Huck/Schneemann
Amsterdam/Niederlande:	Preis der Nationen: Deutschland mit Rittmeister K. Hasse/Tora, Rittmeister Brinckmann/Oberst II, Oberleutnant Weidemann/Alant, Oberleutnant M. Huck/Arthur
Einzelsiege: Rittmeister Brinckmann/Baron IV
Luzern/Schweiz:	Rittmeister Brinckmann/Wotansbruder, derselbe mit Baron IV, derselbe mit Oberst II. Oberleutnant Weidemann/Der Aar
Aachen:	Preis der Nationen: Deutschland mit Major Momm/Alchimist, Rittmeister Brinckmann/Oberst II, Oberleutnant Weidemann/Alant, Oberleutnant M. Huck/Arthur
Großer Preis: Rittmeister Brinckmann/Baron IV
Einzelsiege: Rittmeister Brinckmann/Wotansbruder, derselbe mit Baron IV, derselbe mit Wotansbruder und Oberst II, SA-Scharführer Walter Günther/Burggraf 2mal, Hauptmann Stubbendorf/Pater, Frau Marcks/Husar, Frau Tiglers/Nelson, Oberleutnant Jürgens/Order, SS-Sturmführer W. Fegelein/Nordrud, SS-Sturmführer Becker/Lohengrin, v. Zastrow/Passion

1940

Rom/Italien:	Preis der Nationen: Deutschland mit Major Momm/Alchimist, Rittmeister E. Hasse/Notar, Rittmeister Brinckmann/Oberst II, Rittmeister Weidemann/Alant
Einzelsiege: Rittmeister Weidemann/Fridolin, derselbe Der Aar,

	Rittmeister E. Hasse/Notar, Rittmeister Brinckmann/Baron IV, derselbe mit Oberst II
Meran/Italien:	Rittmeister Brinckmann/Oberst II 2mal, SS-Sturmführer W. H. Schmidt/Fritz

1952

Helsinki/Finnland:	Olympisches Jagdspringen — Preis der Nationen: 5. Deutschland Einzelspringen: 3. und Gewinner der Bronzemedaille: Fritz Thiedemann/Meteor, 20. G. Höltig/Fink, 37. H. H. Evers/Baden Military: 3. und Bronzemedaille Dr. W. Büsing/Hubertus, 5. Klaus Wagner/Dachs, 11. Otto Rothe/Trux von Kamax Mannschaftswertung: 2. und Silbermedaille Deutschland Dressur: 7. H. Pollay/Adular, 10. Baronesse Ida v. Nagel/Afrika, 12. Fritz Thiedemann/Chronist Mannschaft: 3. und Bronzemedaille Deutschland
Stockholm/Schweden:	F. Thiedemann/Meteor, derselbe mit Original Holsatia
Aachen:	Preis der Nationen: Italien Großer Preis: Leutnant Pierro d'Inzeo/Italien auf Uruguay Einzelsiege: Frau H. Köhler/Feuerland, Fritz Thiedemann/Original Holsatia 2mal
Bilbao/Spanien:	Frau Köhler/Armalva

1953

Rom/Italien:	Thiedemann/Meteor 3mal, derselbe mit Diamant 2mal, Winkler/Halla
Madrid/Spanien:	Thiedemann/Meteor, Winkler/Halla 2mal, derselbe mit Orient
Paris/Frankreich:	Winkler/Halla, Winkler/Alpenjäger und Thiedemann/Diamant, v. Buchwaldt/Jaspis
Rotterdam/Niederlande:	Frau Köhler/Armalva, Winkler/Orient 2mal, derselbe mit Halla, derselbe mit Alpenjäger, v. Buchwaldt/Jaspis
Aachen:	Großer Preis: Thiedemann/Aar Preis der Nationen: Spanien Einzelsiege: Inge Fellgiebel/Skala 3mal, Eppelsheimer/Kiel, Helga Köhler/Feuerland 2mal, Winkler/Orient, derselbe mit Alpenjäger, Thiedemann/Diamant 2mal, Evers/Baden
Pinerolo/Italien:	Winkler/Alpenjäger 2mal, derselbe mit Halla 2mal, derselbe mit Orient
Genf/Schweiz:	Thiedemann/Meteor

1954

Dortmund:	Preis der Nationen: Deutschland mit Winkler/Halla, Frau Köhler/Armalva, Rodenberg/Hanna, v. Buchwaldt/Jaspis = 10½ Fehlerpunkte, 2. Schweden mit 52 Einzelsiege: Hans Lanckohr/Titan, v. Buchwaldt/Jaspis, Winkler/Halla 3mal, derselbe mit Alpenjäger 2mal, derselbe mit Sturmwind,

	Gerlinde Merten/Almmusik 2mal, Alfons Lütke Westhues/Schwangard, Walter Schmidt/Draufgänger
Rom/Italien:	v. Buchwaldt/Jaspis, Winkler/Halla
Luzern/Schweiz:	Preis der Nationen: Deutschland mit Winkler/Halla, v. Buchwaldt/Jaspis, Frau Köhler/Armalva, Rodenberg/Hanna = 44½, 2. Irland mit 53¼
	Mannschaftsspringen: Deutschland mit Winkler/Alpenjäger, Frau Köhler/Armalva, v. Buchwaldt/Jaspis
	Einzelsiege: Winkler/Halla, derselbe mit Tosca V.
Madrid/Spanien:	Weltmeister der Springreiter H. G. Winkler/Halla. Im Finale 4 Fehler, 2. d'Oriola/Frankreich mit 8 Fehlern
	Einzelsiege: v. Buchwaldt/Jaspis, Winkler/Halla
Aachen:	Großer Preis: Winkler/Orient
	Preis der Nationen: Spanien
	Einzelsiege: Winkler/Halla und Orient, Inge Fellgiebel/Sturmwind, Helga Köhler/Armalva
London/Großbritannien:	Thiedemann/Meteor 3mal, v. Buchwald/Jaspis 2mal, Alfons Lütke-Westhues/Fink
Dublin/Irland:	Winkler/Halla, Gerlinde Merten/Almmusik
Ostende/Belgien:	Winkler/Skala, derselbe mit Sturmwind, derselbe mit Alpenjäger
Rotterdam/Niederlande:	Winkler/Orient, v. Buchwaldt/Jaspis, Frau Köhler/Armalva
Pinerolo/Italien:	Winkler/Halla 2mal
Harrisburg/USA:	Winkler/Halla
New York/USA:	Mannschaftsspringen: Deutschland mit Frau Köhler/Armalva, Winkler/Alpenjäger, Thiedemann/Nordstern
	Einzelsiege: Winkler/Halla 4mal, Winkler/Alpenjäger, Thiedemann/Meteor
	Mannschaftsspringen: Deutschland mit Frau Köhler/Armalva, Thiedemann/Nordstern, Winkler/Alpenjäger
Toronto/Kanada:	Mannschaftsspringen: Deutschland mit Winkler/Alpenjäger, Frau Köhler/Armalva, Thiedemann/Meteor
	Einzelsieg: Thiedemann/Meteor

1955

Nizza/Frankreich:	Winkler/Halla 2mal, derselbe mit Gronau
Aachen:	Weltmeister der Springreiter: Winkler/Orient und Halla
	Großer Preis: Thiedemann/Meteor
	Preis der Nationen: Deutschland mit Alfons Lütke-Westhues/Ala, Winkler/Halla, W. Schmidt/Kiel, Thiedemann/Meteor = 0 Fehlerpunkte, 2. Italien = 12
	Einzelsiege: Winkler/Halla 3mal, Inge Fellgiebel/Sturmwind
Bilbao/Spanien:	Junioren-Championat: Deutschland mit Hans Werner Ritters/Zyrona, Klaus Pade/Finette, Gerhard Salmen/Fifina, Wolfgang Höpner/Adolar = 15 Fehlerpunkte, 2. Holland = 20
Ostende/Belgien:	Winkler/Halla, derselbe mit Gronau, derselbe mit Orient
Le Zoute/Belgien:	Winkler/Skala

Pinerolo/Italien:	Winkler/Halla, derselbe mit Gronau
Genf/Schweiz:	Thiedemann/Finale 2mal, derselbe mit Meteor, Walter Schmidt/Kiel

1956

Stockholm/Schweden:	Olympisches Jagdspringen. Einzelsieger und Gewinner der Goldmedaille: H. G. Winkler/Halla, 4. Fritz Thiedemann/Meteor, 11. Alfons Lütke-Westhues/Ala Mannschaftswertung: Deutschland mit Winkler/Halla, Thiedemann/Meteor, Lütke-Westhues/Ala = 40 Fehlerpunkte, 2. Italien mit 66, 3. England mit 69 Fehlerpunkten Military: 2. und Silbermedaille A. Lütke-Westhues/Trux von Kamax, 15. Otto Rothe/Sissi, 21. Klaus Wagner/Prinzeß Mannschaft: 2. und Silbermedaille Deutschland Dressur: 3. und Bronzemedaille Liselott Linsenhoff/Adular, 9. Hannelore Weygand/Perkunos, 14. Anneliese Küppers/Afrika Mannschaftswertung: 2. und Silbermedaille Deutschland
Stockholm/Schweden:	(Turnier) Thiedemann/Meteor 2mal, derselbe mit Finale
Aachen:	Großer Preis: Francesco Goyoaga/Spanien, mit Fahnenkönig Preis der Nationen: Brasilien Einzelsiege: Thiedemann/Meteor, Walter Schmidt/Kiel, Kurt Capellmann/Figaro
Rotterdam/Niederlande:	Winkler/Skala, v. Buchwaldt/Tabitha

1957

Lissabon/Portugal:	Preis der Nationen: Deutschland mit Thiedemann/Finale, Lütke-Westhues/Ala, Winkler/Fahnenjunker, v. Buchwaldt/Tabitha = 11 Fehlerpunkte, 2. Spanien = 20 Einzelsiege: Thiedemann/Finale 3mal, derselbe mit Meteor
Madrid/Spanien:	Thiedemann/Finale 2mal, derselbe mit Meteor 2mal, Lütke-Westhues/Ala
Paris/Frankreich:	Günter Rodenberg/Hanna
Aachen:	Championat: Winkler/Halla Großer Preis: Winkler/Halla Preis der Nationen: Deutschland mit Thiedemann/Meteor, Alwin Schockemöhle/Bacchus, Lütke-Westhues/Ala, Winkler/Fahnenjunker = 8 Fehlerpunkte, 2. Brasilien mit 28 Fehlerpunkten Einzelsiege: Anna Clement/Nico 2mal, Lütke-Westhues/Ala, Winkler/Halla, Thiedemann/Meteor, derselbe mit Godewind, derselbe mit Finale und Meteor, Frau Köhler/Armalva, A. Schockemöhle/Marsalla, Winkler/Sonnenglanz, derselbe mit Nakiri
Dublin/Irland:	Winkler/Sambesi
Rotterdam/Niederlande:	Europameister: H. G. Winkler/Sonnenglanz Einzelsiege: Winkler/Halla, derselbe mit Sonnenglanz, Lütke-Westhues mit Ala 2mal, Hermann Schridde/Hardenberg, Peter Stackfleth/Frechdachs

Genf/Schweiz	Equipespringen: Deutschland mit Lütke-Westhues/Flagrant, Schridde/Fugosa, Winkler/Fahnenjunker
Preis der Nationen: Deutschland mit Lütke-Westhues/Ala, Thiedemann/Meteor, Winkler/Halla, Schridde/Flagrant = $35^{3}/_{4}$ Fehlerpunkte, 2. Spanien = 36 Fehlerpunkte
Einzelsiege: Winkler/Sonnenglanz 2mal, Schridde/Fugosa
Staffettenspringen: Deutschland mit Thiedemann/Meteor, Winkler/Halla, Lütke-Westhues/Ala

1958

Rom/Italien:	Preis der Nationen: Deutschland mit Stackfleth/Frechdachs, v. Buchwald/Flugwind, Günther/Asta, Anna Clement/Delphin = 12 Fehlerpunkte, 2. Italien mit 16 Fehlerpunkten
Einzelsieg: Anna Clement/Nico
Luzern/Schweiz:	Preis der Nationen: Deutschland mit Thiedemann/Meteor, Winkler/Halla, Lütke-Westhues/Ala, Schridde/Fugosa = 28 Fehlerpunkte, 2. Irland mit $32^{1}/_{2}$
Einzelsiege: Thiedemann/Godewind, derselbe mit Meteor, derselbe mit Finale, Winkler/Halla 2mal, Schridde/Fugosa, Thiedemann/Godewind und Winkler/Fahnenjunker 2mal
Aachen:	Europameister: Fritz Thiedemann/Meteor
Großer Preis: M. v. Buchwaldt/Flugwind
Preis der Nationen: Spanien
Einzelsiege: Anna Clement/Nico 3mal, Thiedemann/Meteor 2mal, Walter Schmidt/Felix
Stafettenspringen: Deutschland mit Winkler/Sonnenglanz, Thiedemann/Finale, Schridde/Fugosa
Ostende/Belgien:	Winkler/Sonnenglanz 2mal, derselbe mit Dolores, Schridde/Fugosa
Rotterdam/Niederlande:	Thiedemann/Finale und Meteor, derselbe mit Retina, Winkler/Halla, derselbe mit Fahnenjunker, derselbe mit Sonnenglanz, Anna Clement/Nico
Harrisburg/USA:	Preis der Nationen: Deutschland mit Thiedemann/Retina, Lütke-Westhues/Ala, Winkler/Halla = 26 Fehlerpunkte, 2. Kanada mit $55^{3}/_{4}$ Fehlerpunkten
Einzelsiege: Thiedemann/Finale, Winkler/Halla
Ferner 3 deutsche Mannschaftssiege, und zwar einmal mit Lütke-Westhues/Ala, Thiedemann/Retina, Winkler/Halla, 2. Lütke-Westhues/Ala, Winkler/Halla und Sonnenglanz, Thiedemann/Finale und Retina, 3. Lütke-Westhues/Flagrant, Thiedemann/Finale, Winkler/Sonnenglanz
New York/USA:	Preis der Nationen: Deutschland mit Lütke-Westhues/Ala, Thiedemann/Finale, Winkler/Halla = 24 Fehlerpunkte, 2. USA mit $62^{1}/_{2}$ Fehlerpunkten
Einzelsiege: Lütke-Westhues/Flagrant, derselbe mit Ala, Thiedemann/Finale, derselbe mit Godewind. Ferner 2 Mannschaftssiege, und zwar einmal mit Lütke-Westhues/Flagrant, Thiedemann/Gode-

	wind, Winkler/Sonnenglanz, 2. Lütke-Westhues/Ala und Flagrant, Winkler/Halla und Sonnenglanz, Thiedemann/Godewind
Toronto/Kanada:	Preis der Nationen: Deutschland mit Lütke-Westhues/Ala, Thiedemann/Finale, Winkler/Halla = 1½ Fehlerpunkte, 2. Kanada mit 21 Fehlerpunkten
	Einzelsiege: Winkler/Halla und Sonnenglanz, derselbe mit Halla, Thiedemann/Finale

1959

Rom/Italien:	Winkler/Sonnenglanz, derselbe mit Halla, Thiedemann/Meteor, derselbe mit Godewind, Schridde/Fugosa
Madrid/Spanien:	Anna Clement/Nico, A. Schockemöhle/Schwalbe
Paris/Frankreich:	Winkler/Halla, derselbe mit Fahnenjunker, Thiedemann/Retina 2mal
Aachen:	Internationales Championat: W. C. Steinkraus/USA auf Reviera Wonder
	Großer Preis: Cpt. Piero d'Inzeo/The Rock
	Preis der Nationen: Italien
	Einzelsiege: Anna Clement/Nico 3mal, Hermann Schridde/Fugosa, Klaus Pade/Fröhlich, Thiedemann/Hallo und Retina, Thiedemann/Godewind und Winkler/Halla
	Stafettenspringen: Deutschland mit v. Buchwaldt/Flugwind, Anna Clement/Nico, Klaus Pade/Fröhlich
London/Großbritannien:	Anna Clement/Nico 2mal, Renate Freitag/Freiherr 2mal, Michael Bagusat/Bajazzo III, Bernd Bagusat/Listro
Le Zoute/Belgien:	Winkler/Fahnenjunker 2mal, Klaus Pade/Fröhlich, Schridde/Flagrant
Rotterdam/Niederlande:	Frau Köhler/Armalva, Anna Clement/Nico, Günther/Asta, Pade/Domherr, Lütke-Westhues/Atoll
Genf/Schweiz:	Winkler/Sonnenglanz 2mal, derselbe mit Leila 2mal, Schockemöhle/Ramona 2mal, derselbe mit Bacchus, Bartels/Markant, Günther/Asta
	Stafette: Deutschland mit Winkler/Halla, Bartels/Axel, A. Schockemöhle/Ferdl

1960

Turin/Italien:	Amazonenspringen: Renate Freitag/Winzer
	Zweipferdespringen: Hermann Schridde/Fugosa und Fee
	Mächtigkeitsspringen: H. G. Winkler/Halla
Aachen:	Preis der Nationen: Deutschland mit Klaus Pade/Fröhlich, Hermann Schridde/Flagrant, H. G. Winkler/Leila, Alwin Schockemöhle/Bacchus
	Großer Preis: G. H. Morris/USA auf Nigth Owl
	1. Qualifikation: F. Thiedemann/Meteor
	Großer Preis von Europa: Alwin Schockemöhle/Bacchus
	Einzelspringen: Anna Clement/Nico 2mal, A. Schockemöhle/Ra-

	mona, H. Schridde/Flagrant, K. Jarasinski/Raffaela und Fahnenjunker, Ute Richter/Spucht
Rotterdam/Niederlande:	Großer Preis: Anna Clement/Nico
	Einzelspringen: G. R. Pfordte/Felix, Anna Clement/Nico
	Stafettenspringen: Anna Clement/Danina, Walter Günther/Asta
Kopenhagen/Dänemark:	Preis der Nationen: Deutschland mit Anna Clement/Danina, Helga Köhler/Armalva, M. v. Buchwaldt/Servus, Peter Wandschneider/Fels
	Einzelspringen: M. v. Buchwaldt/Servus 2mal, Anna Clement/Danina, Helga Köhler/Armalva
Rom/Italien:	Olympisches Jagdspringen: Goldmedaille–Preis der Nationen: Deutschland mit A. Schockemöhle/Ferdl, F. Thiedemann/Meteor, H. G. Winkler/Halla = 46½ Punkte, 2. USA mit 66 Punkten, 3. Italien mit 80½ Punkten
	Einzelspringen: 5. H. G. Winkler/Halla = 25 Punkte, 6. F. Thiedemann/Meteor = 25½ Punkte, 27. A. Schockemöhle/Ferdl = 48 Punkte
	Military: 18. Reiner Klimke/Winzerin
	Dressur: 3. und Bronzemedaille Josef Neckermann/Asbach, 7. Rosemarie Springer/Doublette
Madrid/Spanien:	Einzelspringen: K. Jarasinski/Arabella

1961

Madrid/Spanien:	Einzelspringen: Peter Stackfleth/Tornado
Rom/Italien:	Einzelspringen: Thomas Bagusat/Bajazzo III
Nizza/Frankreich:	Einzelspringen: Ute Richter/Spucht
Vina del Mar/Chile:	Einzelspringen: F. Thiedemann/Amock
Kopenhagen/Dänemark:	Einzelspringen: Helga Köhler/Domfee, Peter Wandschneider/Arnika 2mal, Anna Clement/Nico
Aachen:	Preis der Nationen: Deutschland mit F. Thiedemann/Godewind, H. Schridde/Ferdl, H. G. Winkler/Romanus, A. Schockemöhle/Bacchus
	Großer Preis: Cpt. Piero d'Inzeo/Italien auf The Rock
	Europameister: D. Broome/Großbritannien auf Sunsalve
	Einzelspringen: Anna Clement/Nico 3mal, A. Schockemöhle/Freiherr, derselbe mit Ferdl, Renate Freitag/Ramona
	Stafettenspringen: Anna Clement/Nico, A. Schockemöhle/Freiherr, H. Schridde/Fugosa
Ostende/Belgien:	Preis der Nationen: Deutschland mit Lutz Merkel/Fidelitas, Klaus Pade/Fröhlich, Hermann Schridde/Fugosa, H. G. Winkler/Feuerdorn
	Einzelspringen: H. G. Winkler/Atoll, derselbe mit Romanus, H. Schridde/Ilona
Rotterdam/Niederlande:	Einzelspringen: G. Pfordte/Felix, A. Schockemöhle/Freiherr, Anna Clement/Flugwind 2mal, dieselbe mit Nico, A. Schockemöhle/Ferdl und H. Schridde/Ilona

Dublin/Irland: Preis der Nationen: Deutschland mit Thomas Bagusat/Bajazzo, H. Schridde/Fugosa, A. Schockemöhle/Ferdl, H. G. Winkler/Feuerdorn
Einzelspringen: H. G. Winkler/Romanus, T. Bagusat/Bajazzo
Genf/Schweiz: Preis der Nationen: Deutschland mit H. Schridde/Fugosa, K. Jarasinski/Raffaela, A. Schockemöhle/Ferdl, H. G. Winkler/Feuerdorn
Einzelspringen: H. Schridde/Fugosa 2mal, Anna Clement/Nico, H. G. Winkler/Feuerdorn und K. Jarasinski/Raffaela

1962

Nizza/Frankreich: Einzelspringen: T. Bagusat/Bajazzo III, Bernd Bagusat/Weibi
Luzern/Schweiz: Einzelspringen: Anna Clement/Nico, H. G. Winkler/Romanus
Aachen: Preis der Nationen: USA
Großer Preis: A. Schockemöhle/Freiherr
Großer Preis von Europa: Nelson Pessoa/Brasilien auf Gran Geste
Einzelspringen: K. Jarasinski/Ramses XIII, Hauke Schmidt/Arabella, Anna Clement/Flugwind, Wolfgang Pade/Fröhlich, K. Jarasinski/Raffaela, H. G. Winkler/Jupiter
Stafettenspringen: H. Schridde/Fugosa, K. Jarasinski/ Ramses XIII, A. Schockemöhle/Freiherr
London/Großbritannien: Preis der Nationen: Deutschland mit H. Schridde/Ilona, K. Jarasinski/Godewind, H. G. Winkler/Romanus, A. Schockemöhle/Ferdl
Einzelspringen: H. G. Winkler/Romanus, A. Schockemöhle/Ferdl und Winkler/Romanus, K. Jarasinski/Raffaela und H. Schridde/Ilona, K. Jarasinski/Raffaela, H. Schridde/Fugosa
Kopenhagen/Dänemark: Preis der Nationen: Deutschland mit K. Jarasinski/Raffaela, Helga Köhler/Pesgö, H. G. Winkler/Freiherr und Romanus
Einzelspringen: Helga Köhler/Pesgö, Anna Clement/Nico 2mal, K. Jarasinski/Raffaela, H. G. Winkler/Jupiter
Großer Preis: H. G. Winkler/Romanus
Ostende/Belgien: Preis der Nationen: Deutschland mit Thomas Bagusat/Bajazzo III, Lutz Merkel/Fidelitas, K. Jarasinski/Raffaela, H. Schridde/Ilona
Einzelspringen: L. Merkel/Fidelitas
Rotterdam/Niederlande: Preis der Nationen: Deutschland mit H. Schridde/Ilona, K. Jarasinski/Godewind, A. Schockemöhle/Ferdl, H. G. Winkler/Romanus
Einzelspringen: H. Schridde/Fugosa und Kamerad IV, G. Pfordte/Felix, L. Merkel/Fidelitas, A. Schockemöhle/Ferdl, Anna Clement/Nico
Budapest/Ungarn: Einzelspringen: Bernd Bagusat/Cari

1963

Rom/Italien: Einzelspringen: A. Schockemöhle/Ferdl 2mal, K. Jarasinski/Ramses XIII
Aachen: Preis der Nationen: Deutschland mit K. Jarasinski/Godewind, H. Schridde/Ilona, A. Schockemöhle/Ferdl, H. G. Winkler/Romanus

	Einzelspringen: A. Schockemöhle/Dozent II, P. Stackfleth/ Tornado, K. Jarasinski/Ramses XIII
Dublin/Irland:	Einzelspringen: A. Schockemöhle/Ferdl
Ostende/Belgien:	Einzelspringen: K. Jarasinski/Almmusik
Rotterdam/Niederlande:	Einzelspringen: K. Jarasinski/Almmusik, derselbe mit Torro
Genf/Schweiz:	Stafettenspringen: Peter Schmitz/Amsella, Thomas Bagusat/Goldmädel, Lutz Merkel/Schlagetta
New York/USA:	Mannschaftsspringen: K. Jarasinski/Almmusik, H. Schridde/Kamerad IV, A. Schockemöhle/Dämon II
	Einzelspringen: K. Jarasinski/Almmusik, derselbe mit Godewind, H. Schridde/Kamerad IV 2mal, derselbe mit Franca
	Champion Chip: Deutschland mit K. Jarasinski, A. Schockemöhle, H. Schridde
Toronto/Kanada:	Team Trophäe: K. Jarasinski, H. Schridde, A. Schockemöhle
	Einzelsiege: K. Jarasinski/Godewind, derselbe mit Almmusik

1964

Rom/Italien:	Einzelspringen: Peter Schmitz/Monodie
Luzern/Schweiz:	Einzelspringen: L. Merkel/Weydmann V.
Aachen:	Preis der Nationen: Italien
	Großer Preis: Nelson Pessoa/Brasilien mit Gran Geste
	Großer Preis von Europa: Nelson Pessoa/Brasilien auf Gran Geste
	Mannschaftsspringen: H. Schridde/Kamerad IV, H. G. Winkler/Kilmonn, A. Schockemöhle/Dascha
	Einzelspringen: O. Ammermann/Servus, Peter Schmitz/Fee
	P. Schmitz/Monodie und A. Schockemöhle/Freiherr, A. Schockemöhle/Dämon II und Dascha
Rotterdam/Niederlande:	Preis der Nationen: Deutschland mit H. Schridde/Ilona, K. Jarasinski/Torro, A. Schockemöhle/Zukunft, H. G. Winkler/Cornelia II
	Stafettenspringen: Heinz v. Opel/Odette, Peter Schmitz/Monodie
	Einzelspringen: A. Schockemöhle/Dascha und Freiherr, H. Schridde/Kamerad IV, H. G. Winkler/Fidelitas
Tokio/Japan:	Olympisches Jagdspringen: Goldmedaille — Preis der Nationen: Deutschland mit H. Schridde/Dozent II, K. Jarasinski/Torro, H. G. Winkler/Fidelitas = 68½ Punkte, 2. Frankreich = 77¾ Punkte, 3. Italien = 88 Punkte
	Einzelwertung: 2. und Silbermedaille: H. Schridde/Dozent II = 13¾ Punkte, 8. K. Jarasinski/Torro = 22¼ Punkte, 16. H. G. Winkler/Fidelitas = 32½ Punkte
	Military: 3. und Bronzemedaille Fritz Ligges/Donkosak
	Mannschaft: 3. und Bronzemedaille: Deutschland mit Fritz Ligges/Donkosak, Horst Karsten/Condora, Gerhard Schulz/Balza
	Dressur: 2. und Silbermedaille Harry Boldt/Remus, 5. Josef Neckermann/Antoinette, 6. Dr. Reiner Klimke/Dux
	Mannschaft: 1. und Goldmedaille Deutschland

	1965
Genf/Schweiz:	Einzelsiege: Kurt Jarasinski/Torro, Alwin Schockemöhle/Exakt, Kurt Jarasinski/Almmusik
Madrid/Spanien:	Einzelsiege: Hermann Schridde/Dozent II, Kurt Jarasinski/Almmusik
Ostende/Belgien:	Einzelsiege: Alwin Schockemöhle/Freiherr, Gerd Wiltfang/Dämon II, Gerd Wiltfang/Ferdl
Rom/Italien:	Einzelsiege: Hartwig Steenken/Fairness III, Hartwig Steenken/Goldhüter, Peter Schmitz/Amsella, Reiner Hedde/Legende V
Aachen:	Europameisterschaft der Springreiter: Europameister: Hermann Schridde/Dozent II, 2. Nelson Pessoa/Brasilien, 3. Alwin Schockemöhle/Donald Rex Einzelsiege: Hermann Schridde/Dozent II, Karl Heinz Giebmanns/Spritzer, Gerd Wiltfang/Dämon II, Peter Schmitz/Monodie, Kurt Jarasinski/Almmusik, Hartwig Steenken/Goldhüter, Hartwig Steenken/Fairness III, Lutz Merkel/Queen II, Fritz Ligges/Forscher X Stafette: Deutschland mit Fritz Ligges/Forscher X, Gerd Wiltfang/Dämon II Großer Preis: Piero d'Inzeo/Italien auf Bally Black und Dr. Arambidi/Argentinien auf Chimbote
London/Großbritannien:	King Georg V Cup: H. G. Winkler/Fortun Einzelsiege: Alwin Schockemöhle/Dämon II 2mal
Kopenhagen/Dänemark:	Einzelsiege: Kurt Jarasinski/Almmusik 2mal, Reiner Hedde/Passat VII, Hauke Schmidt/Gerona
Rotterdam/Niederlande:	Einzelsiege: Alwin Schockemöhle/Exakt 2mal, Gerd Wiltfang/Dämon II

	1966
Rotterdam/Niederlande:	Einzelsiege: Hauke Schmidt/Gerona
Paris/Frankreich:	Einzelsiege: Peter Schmitz/Amsella und Peter Schmitz/Monodie
Aachen:	Einzelsiege: Karl Heinz Giebmanns/Spritzer, Hauke Schmidt/Espartacco, Hermann Schridde/Kamerad IV Großer Preis: N. Shapiro/USA auf Jacks or Better Preis der Nationen: Italien

	1967
Nizza/Frankreich:	Einzelsieg: Bernd Bagusat/Roccy XX
Rom/Italien:	Einzelsiege: Hauke Schmidt/Espartacco, Hartwig Steenken/Porta Westfalica
Allenstein/Polen:	Einzelsiege: Kurt Jarasinski/Hallo 2mal und Amon II, Hermann Schridde/Ferrara V, Herbert Meier/Antair, Gerd Wiltfang/Dämon II
Rotterdam/Niederlande:	Einzelsiege: Hartwig Steenken/Porta Westfalica, Hartwig Steenken/Patella, Hermann Schridde/Ferrara V, Hauke Schmidt/Gerona
Jesolo/Italien:	Europameisterschaften der Junioren: Europameister: Bredo Graf zu Rantzau/Weintraube

Aachen:	Einzelsiege: Hermann Schridde/Attika III, Alwin Schockemöhle/Pesgö, Hauke Schmidt/Wolfdieter, Gerd Wiltfang/Dämon II 2mal, Fritz Ligges/Alk, Hartwig Steenken/Porta Westfalica, Hartwig Steenken/Dakar, H. Steenken/Patella, Irene Kurek/Fee Stafette: Hauke Schmidt/Espartacco, Fritz Ligges/Alk, Gerd Wiltfang/Dämon II Großer Preis: Andrew Filder/Großbritannien auf Vibart Preis der Nationen: Großbritannien
Ostende/Belgien:	Einzelsiege: Fritz Ligges/Alk, Herbert Meier/Deichgraf, Michael Gockel/Enzi Preis der Nationen: 1. Deutschland mit Herbert Meier/Deichgraf, Gerd Gockel/Enzi, Fritz Ligges/Alk, Kurt Jarasinski/Revale = insgesamt 8 Fehler, 2. Irland mit 12 Fehlern
Rotterdam/Niederlande:	Europameisterschaft der Springreiter: Europameister: 3. Alwin Schockemöhle/Donald Rex Einzelsiege: Alwin Schockemöhle/Donald Rex und Pesgö, Hauke Schmidt/Wolf Dieter, Hartwig Steenken/Porta Westfalica und Patella, Hermann Schridde/Ferrara V und Dozent II, Gerd Wiltfang/Dämon II, Hauke Schmidt/Gerona

1968

Kopenhagen/Dänemark:	Einzelsiege: Fritz Ligges/Zuckerpuppe, Sönke Sönksen/Adlon und Phebus, Fritz Ligges/Genesis Großer Preis: Fritz Ligges/Zuckerpuppe Preis der Nationen: 1. Deutschland mit Kurt Jarasinski/Pirat, Manfred Kloes/Antea, Lutz Merkel/Sir, Fritz Ligges/Zuckerpuppe mit 17³/₄ Fehlerpunkten
Rotterdam/Niederlande:	Einzelsiege: Gerd Wiltfang/Ferrara und Extra und Ferrara, Willibert Mehlkopf/Fidelus, Hendrik Snoek/Dorina, Hauke Schmidt/Dorina, Michael Gockel/Spritzer, Hauke Schmidt/Espartacco 2mal, Hendrik Snoek/Feiner Kerl
Olympische Spiele Mexiko:	Goldmedaille im Einzelspringen: William Steinkraus/USA auf Snowboune, 5. H. G. Winkler auf Enigk, 7. A. Schockemöhle auf Donald Rex, 26. Steenken auf Simona Preis der Nationen: Goldmedaille Kanada = 110,50, 2. Frankreich = 117,25, 3. und damit Bronzemedaille Deutschland mit Alwin Schockemöhle/Donald Rex (Bester der Welt), H. G. Winkler/Enigk, Hermann Schridde/Dozent II = 117,50 Punkte Military: 11. Horst Karsten/Adagio, 22. Jochen Meerdorf/Lapislazuli, 24. Klaus Wagner/Abdullah Dressur: 2. und Silbermedaille Dr. Josef Neckermann/Mariano, 3. und Bronzemedaille Dr. Reiner Klimke/Dux, 8. Liselott Linsenhoff/Piaff Mannschaft: 1. und Goldmedaille Deutschland
Nizza/Frankreich:	Einzelsiege: Gerd Wiltfang/Extra, Herbert Meier/Simona
Luzern/Schweiz:	Einzelsiege: Hendrik Snoek/Dorina 2mal und Feiner Kerl, Sönke Sönksen/Tamino, Kurt Jarasinski/Feuergeist

Insterburg/UdSSR:	Einzelsieg: Helga Köhler/Waldspecht IV
Aachen:	Einzelsiege: Michael Gockel/Spritzer 4mal und Enzi, Hartwig Steenken/Godewind IV, Alwin Schockemöhle/Donald Rex und Pesgö 2mal und Wimpel, Willibert Mehlkopf/Fidelus, Gerd Wiltfang/Extra
	Großer Preis: Alwin Schockemöhle/Donald Rex und Hendrik Snoek/Dorina
London/Großbritannien:	Einzelsiege: H. G. Winkler/Enigk 2mal, Hartwig Steenken/Porta Westfalica

1969

Nizza/Frankreich:	Einzelsiege: Lutz Merkel/Sperber und Anmut XIII
	Preis der Nationen: Deutschland mit Hendrik Snoek/Dorina, Michael Gockel/Enzi, Hauke Schmidt/Freeman, Lutz Merkel/Sir mit insgesamt 20 Fehlerpunkten
Rom/Italien:	Einzelsiege: Hartwig Steenken/Simona 2mal und mit Porta Westfalica, Gerd Wiltfang/Domjunge
	Preis der Nationen: 1. Deutschland mit Gerd Wiltfang/Domjunge, Manfred Kloes/Der Lord, Fritz Ligges/Zuckerpuppe, Hartwig Steenken/Simona mit insgesamt 16½ Fehlerpunkten
Barcelona/Spanien:	Einzelsiege Hauke Schmidt/Espartacco, Lutz Merkel/Sperber
Aachen:	Einzelsiege: Hermann Schridde/Heureka, Fritz Ligges/Alk 2mal, Lutz Merkel/Sir, Sönke Sönksen/Phebus, Alwin Schockemöhle/Donald Rex und Wimpel, Kurt Jarasinski/Imperial II 2mal
	Preis der Nationen: 1. Deutschland mit Gerd Wiltfang/Extra, Hartwig Steenken/Simona, H. G. Winkler/Torphy, Alwin Schockemöhle/Donald Rex mit insgesamt 24 Punkten
	Großer Preis: H. G. Winkler/Enigk, Alwin Schockemöhle/Wimpel II
Rotterdam/Niederlande:	Einzelsiege: Hermann Schridde/Wartburg, Hauke Schmidt/Espartacco, Willibert Mehlkopf/Fidelus, Fritz Ligges/Gigant und Zuckerpuppe, Kurt Jarasinski/Revale
Ostende/Belgien:	Einzelsiege: Lutz Merkel/Sir, Hendrik Snoek/Faustus
	Preis der Nationen: 1. Deutschland mit Hendrik Snoek/Feiner Kerl, Manfred Kloes/Der Lord, Fritz Ligges/Zuckerpuppe, Lutz Merkel/Sir mit insgesamt 0 Fehlerpunkten
Dublin/Irland:	Einzelsiege: H. G. Winkler/Torphy, Lutz Merkel/Sperber 2mal, Alwin Schockemöhle/Wimpel 2mal
	Preis der Nationen: 1. Deutschland mit Lutz Merkel/Sir, Hartwig Steenken/Simona, H. G. Winkler/Torphy, Alwin Schockemöhle/Donald Rex mit insgesamt 4 Fehlerpunkten
London/Großbritannien:	Einzelsiege: H. G. Winkler/Torphy, Alwin Schockemöhle/Donald Rex
	Preis der Nationen: 1. Deutschland mit Lutz Merkel/Anmut, Hartwig Steenken/Simona, H. G. Winkler/Torphy, Alwin Schockemöhle/Donald Rex mit insgesamt 0 Fehlerpunkten

Genf/Schweiz:	Einzelsiege: Alwin Schockemöhle/Wimpel 2mal, Hartwig Steenken/Porta Westfalica
	Preis der Nationen: 1. Deutschland mit Hartwig Steenken/Simona, Hermann Schridde/Heurika, Alwin Schockemöhle/Donald Rex, Lutz Merkel/Sir mit insgesamt 8¼ Fehlerpunkten

1970

Rom/Italien:	Einzelsiege: Lutz Merkel/Sir, Hartwig Steenken/Simona, Willibert Mehlkopf/Fidelus
Madrid/Spanien:	Einzelsiege: Hauke Schmidt/Wolf Dieter, H. G. Winkler/Torphy, Bernd Kuwertz/Wangenheim
	Preis der Nationen: 1. Deutschland mit Hauke Schmidt/Wolfdieter, Bernd Kuwertz/Sieno, Sönke Sönksen/Palisander, H. G. Winkler/Torphy mit insgesamt 12½ Fehlerpunkten
Luzern/Schweiz:	Einzelsiege: Gerd Wiltfang/Extra
Allenstein/Polen:	Einzelsiege: Karl Heinz Giebmanns/Angelina 3mal und The Saint, Hugo Simon/Fair Lady
Aachen:	Einzelsiege: Hartwig Steenken/Der Lord, Hauke Schmidt/Causa, Gerd Wiltfang/Exakt, Gerd Wiltfang/Domjunge 2mal, Hartwig Steenken/Tasso, Hauke Schmidt/Causa und Fontan, Karl Heinz Giebmanns/Angelina, Hermann Schridde/Heurika
	Preis der Nationen: Deutschland mit H. Snoek/Dorina VI, G. Wiltfang/Goldika III, L. Merkel/Sir, H. Steenken/Simona
	Großer Preis: Hermann Schridde/Heurika
Rotterdam/Niederlande:	Einzelsiege: Gerd Wiltfang/Ehre, Hauke Schmidt/Espartacco, Gerd Wiltfang/Goldika, Hauke Schmidt/Causa
	Preis der Nationen: 1. Deutschland mit Bernd Kuwertz/Sieno, Willibert Mehlkopf/Fidelus, Hartwig Steenken/Tasso und Gerd Wiltfang/Goldika mit insgesamt 12¼ Fehlerpunkten
Budapest/Ungarn:	Einzelsieg: Achim von Malsen-Ponickau/Remus
Harrisbourg/USA:	Einzelsiege: Lutz Merkel/Sir, Gerd Wiltfang/Goldika und Sieno, Hartwig Steenken/Simona, Lutz Merkel/Sperber, H. G. Winkler/Terminus
	Preis der Nationen: 1. Deutschland mit Lutz Merkel/Sir, Gerd Wiltfang/Goldika, Hartwig Steenken/Simona und H. G. Winkler/Torphy mit insgesamt 0 Fehlerpunkten
La Baule/Frankreich:	Weltmeisterschaft der Springreiter:
	4. nach Pferdewechsel Alwin Schockemöhle/Donald Rex (bestes Pferd) Einzelsiege: Alwin Schockemöhle/Wimpel 3mal
Dublin/Irland:	Einzelsiege: Alwin Schockemöhle/Wimpel, Hartwig Steenken/Der Lord
Ostende/Belgien:	Einzelsiege: Fritz Ligges/Rubin, Lutz Merkel/Sir, Hendrik Snoek/Dorina
New York/USA:	Einzelsiege: Gerd Wiltfang/Goldika 2mal, H. G. Winkler/Terminius 3mal, Hartwig Steenken/Simona und Tasso

	Preis der Nationen: 1. Deutschland mit Lutz Merkel/Sir, Gerd Wiltfang/Goldika, Hartwig Steenken/Simona, H. G. Winkler/Torphy mit insgesamt 4 Fehlerpunkten
Toronto/Kanada:	Einzelsiege: Gerd Wiltfang/Sieno 2mal und Goldika, H. G. Winkler/Terminius 2mal, Hartwig Steenken/Simona
	Preis der Nationen: 1. Deutschland mit Lutz Merkel/Sir, Gerd Wiltfang/Goldika, Hartwig Steenken/Simona, H. G. Winkler/Torphy mit insgeamt 4½ Fehlerpunkten

1971

Rom/Italien:	Einzelsiege: Alwin Schockemöhle/Wimpel, Hartwig Steenken/Der Lord, Lutz Merkel/Dorett
	Preis der Nationen: 1. Deutschland mit Lutz Merkel/Gonzales, Paul Schockemöhle/Askan, Hartwig Steenken/Simona, H. G. Winkler/Torphy mit insgesamt 16 Fehlerpunkten
Barcelona/Spanien:	Einzelsiege: Willibert Mehlkopf/Perser, K. H. Giebmanns/Angelina, Hugo Simon/Fair Lady, Kurt Jarasinski/Nadir und Raffaela
Aachen:	Europameisterschaft der Springreiter:
	Europameister: Hartwig Steenken/Simona
	Einzelsiege: K. H. Giebmanns/Angelina, H. G. Winkler/Torphy, Hendrik Snoek/Faustus, K. H. Giebmanns/The Saint
	Preis der Nationen: USA
	Großer Preis: Marcel Rozier, Frankreich/Sanssouci, Neal Shapiro, USA/Sloopy
Fontainebleu/Frankreich:	Einzelsiege: Alwin Schockemöhle/Wimpel und Donald Rex, H. G. Winkler/Jägermeister
	Preis der Nationen: 1. Deutschland mit Paul Schockemöhle/Askan, Hartwig Steenken/Simona, Alwin Schockemöhle/Donald Rex, H. G. Winkler/Torphy mit insgesamt 5¼ Fehlerpunkten
Hickstaed/Großbritannien:	Einzelsiege: Hartwig Steenken/Der Lord, Gerd Wiltfang/Askan
London/Großbritannien:	Einzelsiege: H. G. Winkler/Jägermeister, Hendrik Snoek/Shirokko, Gerd Wiltfang/Askan und Sieno, Hartwig Steenken/Der Lord
Dublin/Irland:	Einzelsiege: Hartwig Steenken/Der Lord, H. G. Winkler/Jägermeister, Gerd Wiltfgang/Askan, Hendrik Snoek/Shirokko
	Preis der Nationen: 1. Deutschland mit Hendrik Snoek/Faustus, Gerd Wiltfang/Askan, H. G. Winkler/Torphy, Hartwig Steenken/Simona mit insgesamt 33¼ Punkten
Rotterdam/Niederlande:	Einzelsiege: Fritz Ligges/Feuertaufe, Hendrik Snoek/Feiner Kerl
	Preis der Nationen: 1. Deutschland mit Hendrik Snoek/Faustus, Hugo Simon/Fair Lady, Fritz Ligges/Rubin, H. G. Winkler/Torphy mit 0 Fehlerpunkten
Ostende/Belgien:	Einzelsieg: Lutz Merkel/Sir

1972

Ostende/Belgien:	Einzelsiege: Manfred Kloes/Cottage Incident
	Preis der Nationen: 1. Deutschland mit Achaz v. Buchwaldt/Askari,

	Peter Schmitz/Panama, Manfred Kloes/Nadir, Lutz Merkel/Sir mit insgesamt 24 Punkten
Luzern/Schweiz:	Einzelsieg: Hauke Schmidt/Triumph
	Preis der Nationen: 1. Deutschland mit Lutz Merkel/Gonzales, Michael Gockel/Bonanza, Hauke Schmidt/Triumph, Sönke Sönksen/Kwept mit insgesamt 33 Punkten
Aachen:	Einzelsiege: Hartwig Steenken/Der Lord und Simona, Wolfgang Kun/Ferrara, Gerd Wiltfang/Dorian Grey, Alwin Schockemöhle/The Robber, Hugo Simon/Gipsy, Gerd Wiltfang/Askan, Sönke Sönksen/Kwept, Wolfgang Kun/Agent, K. H. Giebmanns/The Saint
	Preis der Nationen: 1. Deutschland mit Fritz Ligges/Rubin, Hermann Schridde/Kadett, Gerd Wiltfang/Dorian Grey, Hartwig Steenken/Kosmos mit insgesamt 20 Punkten
	Großer Preis: Nelson Pessoa/Brasilien mit Nagir
Olympische Spiele München:	Gewinner der Goldmedaille in der Einzelwertung: Graziano Manchinelli auf Ambassador/Italien, 8. Fritz Ligges/Rubin, 16. Gerd Wiltfang/Askan
	Den 4. Platz nehmen drei Reiter ein: Hartwig Steenken/Simona, Hugo Simon/Lavendel und James Day, Kanada auf Steelmaster
	Preis der Nationen: Gold Deutschland mit Fritz Ligges/Rubin, Gerd Wiltfang/Askan, Hartwig Steenken/Simona, H. G. Winkler/Torphy mit insgesamt 32 Fehlerpunkten, 2. USA mit 32¼ Fehlerpunkten, 3. Italien mit 48 Fehlerpunkten
	Military: 9. Harry Klugmann/Christopher Robert, 13. Lutz Gössing/Chicago, 16. Karl Schultz/Pisco
	Mannschaftswertung: 3. und Bronzemedaille Deutschland
	Dressur: 1. und Goldmedaille Liselott Linsenhoff/Piaff, 3. und Bronzemedaille Dr. Josef Neckermann/Venezia, 7. Karin Schlüter/Liostro
	Mannschaftswertung: 2. und Silbermedaille Deutschland
Dublin/Irland:	Einzelsieg: Alwin Schockemöhle/The Robber
	Preis der Nationen: 1. Deutschland mit Hendrik Snoek/Faustus, K. H. Giebmanns/The Saint, Lutz Merkel/Gonzales, Alwin Schockemöhle/The Robber mit insgesamt 8 Fehlerpunkten
Rom/Italien:	Einzelsiege: Bernd Kuwertz/Freeman, K. H. Giebmanns/The Saint
Rotterdam/Niederlande:	Einzelsiege: Hendrik Snoek/Shirokko, Fritz Ligges/Rubin, Hartwig Steenken/Kosmos, Hendrik Snoek/Faustus
	Preis der Nationen: 1. Deutschland mit Fritz Ligges/Rubin, Gerd Wiltfang/Askan, Alwin Schockemöhle/The Robber, Hartwig Steenken/Simona mit insgesamt 8 Fehlerpunkten
Genf/Schweiz:	Einzelsiege: Gerd Wiltfang/Sieno, Lutz Merkel/Sir, H. G. Winkler/Grando Giso
	Preis der Nationen: 1. Deutschland mit Fritz Ligges/Rubin, Lutz Merkel/Sir, Gerd Wiltfang/Dorian Grey, H. G. Winkler/Torphy mit insgesamt 8¼ Fehlerpunkten
Budapest/Ungarn:	Einzelsieg: Kurt Jarasinski/Revale

Stafettenspringen: Bernd Kuwertz/Douglas, Wolfgang Kun/Ferrara, Sönke Sönksen/Tai-Pan
Preis der Nationen: 1. Deutschland mit Ludwig Gössing/Frapant, Bernd Kuwertz/Wartburg, Sönke Sönksen/Palisander, Kurt Jarasinski/Revale mit insgesamt 28 Punkten

1973

Aachen: Einzelsiege: Alwin Schockemöhle/Walla und The Robber, Wolfgang Kun/Agent, Hartwig Steenken/Der Lord, H. G. Winkler/Jägermeister, Paul Schockemöhle/Agadir, Gerd Wiltfang/Askan, K. H. Giebmanns/Gabriela, Hendrik Snoek/Shirokko
Preis der Nationen: 1. Deutschland mit Gerd Wiltfang/Askan, Hartwig Steenken/Kosmos, H. G. Winkler/Torphy, Alwin Schockemöhle/The Robber mit insgesamt 8 Fehlerpunkten
Großer Preis: Hauptmann Paul Weier, Schweiz, auf Fink

Ostende/Belgien: Einzelsieg: K. H. Giebmanns/White Lady

Rotterdam/Niederlande: Einzelsiege: Hartwig Steenken/Kosmos, Fritz Ligges/Robiro, Alwin Schockemöhle/The Robber und Weiler
Preis der Nationen: 1. Deutschland mit Alwin Schockemöhle/Rex the Robber, Hartwig Steenken/Kosmos, Fritz Ligges/Genius, Hermann Schridde/Kadett mit insgesamt 8 Fehlerpunkten

Dublin/Irland: Einzelsieg: Paul Schockemöhle/Abadir

Hickstaed/Großbritannien: Europameisterschaft der Springreiter:
2. Alwin Schockemöhle/Rex the Robber
Einzelsiege: Alwin Schockemöhle/Rex the Robber, Hendrik Snoek/Shirokko

London/Großbritannien: Einzelsieg: Alwin Schockemöhle/Weiler
Preis der Nationen: 1. Deutschland mit Paul Schockemöhle/Abadir, Alwin Schockemöhle/Rex the Robber, H. G. Winkler/Torphy, Fritz Ligges/Genius mit insgesamt 8 Fehlerpunkten

Genf/Schweiz: Einzelsiege: Hartwig Steenken/Simona und Erle und Kosmos, Hendrik Snoek/Faustus und Shirokko und Rasputin
Preis der Nationen: 1. Deutschland mit Gerd Wiltfang/Fridericus Rex, Hendrik Snoek/Rasputin, Lutz Merkel/Humphrey, Hartwig Steenken/Simona mit insgesamt 16 Punkten

Washington/USA: Einzelsiege: Alwin Schockemöhle/Rex the Robber, Paul Schockemöhle/Abadir

New York/USA: Einzelsiege: Paul Schockemöhle/Abadir, Fritz Ligges/Genius und Thronfolger

Toronto/Kanada: Einzelsiege: Paul Schockemöhle/Agent und Abadir, H. G. Winkler/Torphy

Nizza/Frankreich: Einzelsiege: Sönke Sönksen/Kwept, Hauke Schmidt/Flying Dutchman

1974

Barcelona/Spanien: Einzelsiege: Bernd Kuwertz/Girl, H. G. Winkler/Blinke und Torphy, K. H. Giebmanns/White Lady

Luzern/Schweiz:	Einzelsiege: K. H. Giebmanns/Gabriela, H. G. Winkler/Torphy, Gerd Wiltfang/Firlefanz
Allenstein/Polen:	Einzelsiege: Lutz Gössing/Urquell 2mal und Spitfire, Jürgen Ernst/Gerry, Georg Ahlmann/Almhirt, Hartmut Roeder/Rebell
La Baule/Frankreich:	Einzelsiege: Paul Schockemöhle/Agent, Hartwig Steenken/Kosmos 4mal und mit Simona 2mal
	Preis der Nationen: 1. Deutschland mit Paul Schockemöhle/Agent, Alwin Schockemöhle/Rex the Robber, H. G. Winkler/Torphy, Hartwig Steenken/Simona mit insgesamt 12$^{1}/_{2}$ Fehlerpunkten
London/Großbritannien:	Einzelsiege: Fritz Ligges/Thronfolger und Genius, Hartwig Steenken/Erle 2mal und Kosmos und Simona, Paul Schockemöhle/Abadir, Hendrik Snoek/Rasputin
Dublin/Irland:	Einzelsiege: Paul Schockemöhle/Abadir und Elrado, Alwin Schockemöhle/Solitär, Hartwig Steenken/Erle
Aachen:	Einzelsiege: Wolfgang Kun/Sieno 2mal, Alwin Schockemöhle/Weiler und Rex the Robber 2mal, Hartwig Steenken/Winnetou 2mal und Erle 2mal, Gerd Wiltfang/Firlefans, Sönke Sönksen/Kwept, Hendrik Snoek/Shirokko 2mal und Rasputin
	Stafetten-Zeitspringen: Lutz Merkel/Bandelore, Paul Schockemöhle/Agent, K. H. Giebmanns/White Lady
	Stafettenspringen: Paul Schockemöhle/Agent und Talisman, Gerd Wiltfang/Firlefans
	Preis der Nationen: 1. Deutschland mit Gerd Wiltfang/Firlefans, Hartwig Steenken/Erle, Paul Schockemöhle/Talisman, Alwin Schockemöhle/Rex the Robber mit insgesamt 12 Fehlerpunkten
	Großer Preis: Paul Schockemöhle/Talisman
Lissabon/Portugal:	Einzelsiege: Hendrik Snoek/Rasputin 3mal, K. H. Giebmanns/White Lady und Gabriela, Alwin Schockemöhle/Warwick Rex 2mal
Washington/USA:	Einzelsieg: Hendrik Snoek/Rasputin
New York/USA:	Einzelsieg: Hendrik Snoek/Rasputin
Laxenburg/Österreich:	Einzelsiege: Gerd Wiltfang/Firlefans 3mal
	Preis der Nationen: 1. Deutschland mit Gerd Wiltfang/Firlefans, Hermann Schridde/Kadett, Fritz Ligges/Thronfolger, H. G. Winkler/Torphy mit insgesamt 8 Fehlerpunkten

1975

Genf/Schweiz:	Einzelsiege: Paul Schockemöhle/Gonzales III, Gerd Wiltfang/Abadan III, Willibert Mehlkopf/Cyrona VI, Hartwig Steenken/Winnetou
	Preis der Nationen: Deutschland mit Hendrik Snoek/Rasputin IX, Gerd Wiltfang/Galipolis, Paul Schockemöhle/Talisman XI, Hartwig Steenken/Kosmos = 4 Punkte
Aachen:	Einzelsiege: Karl Heinz Giebmanns/Gabriele IV 2mal, Hugo Simon/Lavendel, Alwin Schockemöhle/Santa Monica, Hugo Simon/Flipper 2mal, Wolfgang Kun/Sieno, Hartwig Steenken/Erle IXX, Hendrik Snoek, Rasputin IX, Peter Schmitz/Karat XXVI, Alwin Schockemöhle/Warwick Rex

	Stafettenspringen: Alwin Schockemöhle/Santa Monica, Hartwig Steenken/Fidelius XI, Sönke Sönksen/Rosewell, Lutz Merkel/Salvaro, Hugo Simon/Flipper
	Stafette: Hartwig Steenken/Winnetou, Hendrik Snoek/Gaylord VI, Karl Heinz Giebmanns/Fanal 31
	Preis der Nationen: Deutschland mit Hendrik Snoek/Rasputin, Gerd Wiltfang/Galipolis, Hartwig Steenken/Erle, Alwin Schockemöhle/Warwick Rex = 0 Fehler
	Großer Preis: Graham Fletcher, Großbritannien/Buttevant Bory
Ostende/Belgien:	Einzelsieg: Jürgen Ernst/Gerry II
	Preis der Nationen: 1. Deutschland mit Jürgen Ernst/Gerry, Lutz Merkel/Salvaro, Hermann Schridde/Westpoint, H. G. Winkler/Grando Giso = 25,50 Punkte
Fontainebleu/Frankreich:	Einzelsiege: Sönke Sönksen/Rosewell, Hartwig Steenken/Fidibus XI
Rotterdam/Niederlande:	Einzelsiege: Hartwig Steenken/Erle 19, Alwin Schockemöhle/Warwick Rex, Hendrik Snoek/Gaylord 3mal, Alwin Schockemöhle/Santa Monica, Fritz Ligges/Ramiro III 2mal, Willibert Mehlkopf/Fantast 31
	Preis der Nationen: 1. Deutschland mit Hendrik Snoek/Gaylord, Sönke Sönksen/Kwept, Hartwig Steenken/Erle, Alwin Schockemöhle/Warwick Rex = 8 Punkte
Hickstead/Großbritannien:	Einzelspringen: Hendrik Snoek/Rochus V, Alwin Schockemöhle/Warwick Rex 2mal, Alwin Schockemöhle/Rex the Robber, Hendrik Snoek/Gaylord
München:	Europameister: Alwin Schockemöhle/Warwick Rex mit 4,5 Punkten, 2. Hartwig Steenken/Erle mit 15,50 Punkten, 3. Sönke Sönksen/Kwept mit 15,50 Punkten
	Mannschaft: 1. Deutschland mit 35,50 Punkten, 2. Schweiz mit 94 Punkten, 3. Frankreich mit 97 Punkten
Olsztyn/Polen:	Einzelsiege: Schulze-Siehoff/Doemitz III, Peter Weinberg/Wicht 14, Schulze-Siehoff/Ferro 21
	Preis der Nationen: 1. Deutschland mit Schulze-Siehoff/Doemitz, Paul Kronenberger/Flint, Axel Wöckener/Glasgow, Lutz Merkel/Salvaro mit 12 Punkten

1976

Rotterdam/Niederlande:	Einzelsiege: Alwin Schockemöhle/Santa Monica, Hartwig Steenken/ Goya 2mal
Dublin/Irland:	Einzelsiege: Fritz Ligges/Genius, Willibert Mehlkopf/Fantast 2mal, Hartwig Steenken/Goya
	Preis der Nationen: 1. Deutschland mit Mehlkopf/Fantast, Lutz Merkel/Salvaro, Ligges/Genius, Steenken/Erle mit 8 Punkten
Hickstead/Großbritannien:	Einzelsiege: Gerd Wiltfang/Galipolis, Paul Schockemöhle/Alkazer, Gerd Wiltfang/Fähnrich, Gerd Wiltfang/Duell, Ahlmann/Arco
	Preis der Nationen: 1. Deutschland mit Wiltfang/Duell, Ligges/Wapiti, Steenken/Cosmos, Paul Schockemöhle/Talisman mit 24 Punkten

Paris/Frankreich:	Einzelsiege: Steenken/Goya 2mal
Olsztyn/Polen:	Einzelsiege: Lutz Merkel/Bandalero, Hartmut Roeder/Orlando VI, Achaz v. Buchwaldt/El Paso 2mal, Gustav Bauer/Baroud
	Preis der Nationen: 1. Deutschland mit Bauer/Baroud, v. Buchwaldt/Pims, Roeder/Dukat, Merkel/Salvaro = 12 Punkte
Rom/Italien:	Einzelsieg: Willibert Mehlkopf/Cyrano
Madrid/Spanien:	Einzelsiege: Jürgen Ernst/Perlmut, Ahlmann/Almhirt, Ahlmann/Arco
Aachen:	Einzelsiege: Hugo Simon/Royal Can 2mal, Hugo Simon/Flipper, 2mal, Hartwig Steenken/Gladstone 2mal, Gerd Wiltfang/Davos, Paul Schockemöhle/Alkazer, Hartwig Steenken/Goya 2mal, Gerd Wiltfang/Fähnrich 2mal, Peter Schmitz/Karat, Fritz Ligges/Thronfolger
	Großer Preis: Gerd Wiltfang/Davos
	Olympisches Vorbereitungsspringen:
	Wiltfang/Galopolis, Paul Schockemöhle/Talisman, Sönksen/Kwept
Olympische Spiele	Einzelsieg und Goldmedaillengewinner:
Montreal/Kanada:	Alwin Schockemöhle/Warwick Rex = 0 Punkte, 5. Hugo Simon/Lavendel = 16 Punkte, 10. H. G. Winkler/Torphy = 20 Punkte
	Preis der Nationen: 1. Frankreich = 40 Punkte, 2. Deutschland = 44 Punkte (Alwin Schockemöhle/Warwick Rex, Sönke Sönksen/Kwept, H. G. Winkler/Torphy, Paul Schockemöhle/Agent), 3. Belgien = 63 Punkte
	Military: 3. und Bronzemedaille Karl Schultz/Madrigal, 13. Herbert Blöcker/Albrant, 19. Helmuth Rethemeier/Pauline
	Mannschaftswertung: 2. und Silbermedaille Deutschland
	Dressur: 2. und Silbermedaille Harry Boldt/Woyceck, 3. und Bronzemedaille Dr. Reiner Klimke/Mehmed, 10. Gabriele Grillo/Ultimo
	Mannschaftswertung: 1. und Goldmedaille Deutschland

Sieger und Placierte im Deutschen Spring-Derby

Ausländische Teilnehmer fett gedruckt. Die Zahl unter dem Pferdenamen zeigt die Zahl der Springfehler an.

Jahr	Nennungen	Zahl der Starter	Sieger	2.	3.
1920	46	27	Paul Heil Cyrano (Irl.) 3	Paul Heil Hexe 4	Paul Heil Grey Lad 5 (3 +)
1921	46	21	Hans J. Andreae Teufel (Irl.) 11	Frhr. v. Langen Seidenspinner 11	Hptm. Martins Döllnitz 11
1922	57	29	Hptm. Martins Döllnitz (Holst.) 6	R. Olson Centaur 8	v. Wietersheim Kreon xx 10
1923	52	31	Hptm. Martins Döllnitz (Holst.) 4	v. Homeyer Walküre I 13	Frhr. v. Langen Hanko 16
1924	76	39	Frhr. v. Langen Hanko (Frankr.) 5	W. Spillner Morgenglanz 11	Frhr. v. Langen Goliath 11
1925	70	40	v. Wietersheim Kreon xx 6	W. Spillner Morgenglanz 8	Graf W. Hohenau Semper Avanti 10
1926	79	33	Graf W. Hohenau Apoll (Hann.) 11	A. Holst Centaur 12	Graf W. Hohenau Semper Avanti 19
1927	62	28	Frhr. v. Langen Falkner (Brandb.) 11	W. Spillner Baron III 11	v. Knobelsdorff Partner 16
1928	65	25	Frhr. v. Langen Falkner (Brandb.) 5	Graf Görtz Hannepü 16	W. Spillner Baron III 18
1929	90	53	M. v. Barnekow Derby (Hann.) 7	B. Schmalz Benno 8	H. Körfer Baron III 10
1930	52	38	H. Frick Morgenglanz (Trak.) 17 (Stechen 6)	Lotz Provinz 17 (Stechen +)	A. Holst Meerkönig 18
1931	52	32	E. Hasse Derby (Hann.) 7	v. Nostiz Chinese 8	H. Momm Baccarat 8
1932	38	19	M. v. Barnekow General (Irl.) 4	A. Holst Donner 8	R. Sahla Wotan 8
1933	61	33	H. Momm Baccarat 4 (Stechen 0)	A. Holst Egly 4	Frhr. v. Nagel Wotan 4
1934	55	29	Frau v. Opel Nanuk (Graditz) 4 (Stechen 0)	H. Momm Baccarat 4 (Stechen 3)	H. Brandt Baron IV 4 (Stechen 4)

von 1920 bis 1986

4.	5.	6.	7.	8.
Graf Schaesberg Krieger 5 (3 +)	Frhr. v. Zobel Herero I 5 (3 +)	E. F. Pulvermann Tristan 8 (6 +)	v. Caminnecci Derana 8 (6 +)	Graf W. Hohenau Luttine 8 (6 +)
Frhr. v. Langen Hanko 15	Paul Heil Grey Lad 16	Graf Görtz Romantilo 22	E. F. Pulvermann Tristan 24	Frhr. v. Buddenbrook Ultimus 25
Graf Görtz Schwertlied 10	Graf Görtz Piccolo 10	Paul Heil Grey Lad 11	Hptm. Martins Ritz 12	Lt. Andreae Teufel 13
W. Spillner Morgenglanz 20	Frhr. v. Langen Seidenspinner 23	Graf Görtz Schwertlied 23	Graf W. Hohenau Tommy 23	Paul Heil Grey Lad 24
Hptm. Martins Romeo III 13	v. Wietersheim Kreon xx 16	Paul Heil Grey Lad 19	E. F. Pulvermann Weißer Hirsch 20	Treek Geko 21
A. Holst Centaur 13	Frhr. v. Langen Nosoza 13	v. Wietersheim Bajazzo II 14	Prinz Fr. Sigism. v. Preußen Heiliger Speer 15	Graf W. Hohenau Imperator 15
W. Spillner Baron 21	Frhr. v. Langen Goliath 22	Lotz Olnad 22	Frhr. v. Langen Falkner 23	E. Punge Jolly Royal 23
Frhr. v. Langen Hartherz 19	Graf W. Hohenau Ursus 21	Lotz Negroponte 21	Graf W. Hohenau Imperator 23	Graf W. Hohenau Apoll 23
W. Spillner Morgenglanz 22	B. Schmalz Benno 25	v. Waldenfels Mignon 25	Lotz Olnad 26	Krüger Donauwelle 31
Lt. Francke Cornet 12	M. v. Barnekow Semper Avanti 16	v. Knobelsdorff Minnerie 16	v. Wietersheim Bajazzo 17	Lt. Argo Miss America 18
v. Barnekow Serpolat 21	v. Salviati Else 21	H. Körfer Baron III 23	Lotz Poppäa 24	Schaeffer Else 25
Schunck Bullo 16	A. Holst Diana 18	Schunck Nelke 18	John Pulvermann Pichels d. T. 19	H. Brandt Der Mohr 20
R. Sahla Baron IV 12	A. Holst Anleihe 12	F. O. Rolff Oberst 12	Schunck Nelke 16	Schunck Bullo 16
H. Momm Finette 4	v. Sydow Abendglanz 8	E. Hasse Bosco 8	v. Salviati Senator 8	H. Brandt Tora 8
Frl. Marwede Der Aar 7	Frau v. Opel Arnim 8	v. Salviati Senator 8	v. Sydow Abendglanz 8	A. Holst Bianca 11

Jahr	Nennungen	Zahl der Starter	Sieger	2.	3.
1935	57	31	G. Temme Egly (Holst.) 0 (Stechen 0)	H. Neckelmann Raubritter 0 (Stechen 7)	F. Weidemann Preisliste 4
1936	69	36	Nippe Landrat (Holst.) 0	Frl. K. Metzger Maren 4	Schlickum Wange 4
1937	54	36	Herm. Fegelein Schorsch (Ostpr.) 0 (Stechen 4)	H. Frick Kampfer 0 (Stechen 8)	G. Temme Nordland 4
1938	85	48	G. Temme Nordland (Holst.) 0	H. Brinckmann Baron IV 4	F. Weidemann Olaf 4
1939	77	37	W. Fegelein (Nordrud (Westf.) 0	K. Scharfetter Bianca 4	Nelke Neudeck 4
1949	62	28	Frau K. Schmidt-Metzger Fenek (Holst.) 4	K. Capellmann Hartherz 8	H. Schneider Alpenstrauß 11
1950	107	57	Fritz Thiedemann Loretto (Holst.) 0	Thies Kohlsaat Arnika 4	G. Eppelsheimer Hasso 4
1951	143	70	Fritz Thiedemann Meteor (Holst.) 0	H. H. Evers Baden 4	M. v. Buchwaldt Jaspis 8
1952	105	40	**Major Russel** Rattler (USA) 4 (Stechen 4)	H. H. Evers Baden 4 (Stechen 8)	**Fr. Goyoaga** Vergel 8
1953	108	50	W. Schmidt Cäsar 0 (Stechen 0)	**Fr. Goyoaga** Vergel 0 (Stechen +)	**Maj. Ordovas** Bohemio 4
1954	97	34	Fritz Thiedemann Diamant 8 (Stechen 8)	H. H. Lammerich Nemo 8 (Stechen 12)	J. Rohwer Luftikus 12
1955	128	46	H. G. Winkler Halla (Rhld.) 0	M. v. Buchwaldt Tabitha 4	H. H. Lammerich Nemo 4
1956	119	46	**Major Delia** Discutido (Arg.) 0 (Stechen 0)	**Fr. Goyoaga** Toscanella 0 (Stechen 4)	**R. d'Inzeo** Posillipo 0 (Stechen 8)
1957	81	40	A. Schockemöhle Bacchus (Hann.) 4 (Stechen 0)	Fritz Thiedemann Godewind 4 (Stechen 4)	**Paula Elizalde** Alpenjäger 4 (Stechen 4)
1958	76	61	Fritz Thiedemann Finale (Holst.) 0 (Stechen 0)	**E. Schabailo** Boston 0 (Stechen 0)	Fritz Thiedemann Meteor 0 (Stechen 4)
1959	94	44	Fritz Thiedemann Retina (Holst.) 0 (Stechen 0)	A. Schockemöhle Ramona 0 (Stechen 0)	Fritz Thiedemann Godewind 0 (Stechen 4)

4.	5.	6.	7.	8.
Nippe Landrat 4	M. v. Barnekow Hermelin 8	Graf Üxküll Zukunft 8	Schunck Nelke 8	Frau v. Opel Ahoy 8
Frau v. Opel Arnim 4	A. Betzel Ferro 7	G. Temme Amneris 8	Schunck Nelke 8	Schlickum Fanfare 8
v. Taysen Kakadu 7	Nelke Libelle 8	G. Temme Tasso 8	G. Temme Bianca 8	H. Fegelein Jäger 8
v. Caminnecci Gletscher 4	H. Fegelein Galgenstrick 4	H. Momm Alchimist 4	O. Kanehl Schneemann 4	H. J. Huck Norne 4
v. Canstein Hansbursch 4	W. Fegelein Ottokar 4	W. Fegelein Feldpilot 4	Nelke Libelle 8	Günther Burggrat 8
H. Strähle Torero 12	Helga Köhler Armalva 16	G. Sester Teddy 16	Major Carr Ponitus Pilate 23	R. Bartels Konsus 23
H. J. Huck Toni 8	Rolf Bartels Konus 8	Fr. Thiedemann Orig. Holsatia 8	Max Huck Sonja 8	Fr. K. Schmidt-Metzger Fenek 11
K. Laabs Ingo 8	Georg Loy Heidi 8	Klaus Wagner Serenade 12	E. Schlüter Zibet 12	H. D. Hinrichsen Amsel 12
Hansen Blitz 8	**W. Steinkraus** Hollandia 8	G. Höltig Fink 12	H. Frick Farina 12	**A. Mc. Cashin** Miss Budweiser 12
Helga Köhler Armalva 4	H. G. Winkler Orient 4	W. Günther Calua 4	W. Günther Losander 4	Alf. Lütke-Westhues Fink 7
Helga Köhler Armalva 15	Fr. Thiedemann Meteor 16	E. Schüler Fayme 16	R. Bartels Amneris 16	M. v. Buchwaldt Jaspis 19
H. G. Winkler Skala 4	W. Günther Sonnenglanz 4	**J. d'Oriola** Ali Baba 7	Fr. Thiedemann Meteor 8	Alf. Lütke-Westhues Ala 8
Helga Köhler Armalva 4	**Paula Elizalde** Alpenjäger 4	A. Schockemöhle Freya 4	Alf. Lütke-Westhues Goldanger 4	A. Schockemöhle Marsalla 8
Fritz Thiedemann Finale 4 (Stechen 8)	**Fr. Goyoaga** Fahnenkönig 7	Fritz Thiedemann Meteor 8	**Fr. Goyoaga** Toscanella 8	H. G. Winkler Halla 8
Rm. Nätterquist Pontus 4	**Capt. Piero d'Inzeo** His Exellency 4	Helga Köhler Armalva 4	**Capt. R. d'Inzeo** The Quiet Man 4	**Oblt. Widman** Good Luck xx 4
Edmund Müller Heidschnucke 0 (Stechen 8)	Fritz Thiedemann Meteor 0 (Stechen 8)	**Capt. Piero d'Inzeo** The Rock 0 (Stechen aufgeg.)	H. Schridde Flagrant 3	Helga Köhler Armalva 4

Jahr	Nennungen	Zahl der Starter	Sieger	2.	3.
1960	84	37	Kurt Jarasinski Raffaela (Westf.) 0	Fritz Thiedemann Retina 4	Fritz Thiedemann Meteor 4
1961	82	46	**Capt. R. d'Inzeo** Posillipo (Ital.) 0 (Stechen 0)	**Nelson Pessoa** Orfeu Negro 0 (Stechen 3)	Lutz Merkel Fidelitas 0 (Stechen 4)
1962	59	43	**Nelson Pessoa** Espartaco 0 (Stechen 0)	**Capt. R. d'Inzeo** Merano 0 (Stechen 7)	**Capt. R. d'Inzeo** Posillipo 0 (Stechen 12)
1963	78	37	**Nelson Pessoa** Gran Geste + 0	**Nelson Pessoa** Espartaco + 0	A. Schockemöhle Freiherr 4
1964	67	27	Herm. Schridde Dozent II (Hann.) 0	A. Schockemöhle Freiherr 3	**Nelson Pessoa** Espartaco 4
1965	88	45	**Nelson Pessoa** Gran Geste 0	**A. Givaudan** Caribe 4	H. v. Opel Odette 4
1966	123	41	Kurt Jarasinski Torro (Holst.) 0 (Stechen 0)	Hartwig Steenken Fairness 0 (Stechen 4)	Herm. Schridde Dozent II 0 (Stechen 8)
1967	138	35	**Andrew Fielder** Vibart 0 (Stechen 4)	**J. R. Fernandez** Cantal 0 (Stechen 12)	H. G. Winkler Saila 0 (i. Stechen gestürzt)
1968	135	36	**Nelson Pessoa** Gran Geste 0 (Stechen 0)	Hans Emslander Passat VII 0 (Stechen 0)	Bernd Kuwertz Ferrara IV 0 (Stechen 4)
1969	109	38	A. Schockemöhle Wimpel III 0	Herm. Schridde Wartburg 4	**Nelson Pessoa** Gran Geste 4
1970	157	35	**Marion Mauld** Stroller 0	Gerd Wiltfang Goldika 4	A. Schockemöhle Wimpel 4
1971	128	37	A. Schockemöhle Wimpel III 0	Hugo Simon Fair Lady 6 3	L. Merkel Sir 4
1973	143	35	Hartwig Steenken Simona 0	K.-H. Giebmanns Gabriela 3	G. Wiltfang Eros 4
1974	150	34	Hartwig Steenken Kosmos 0 (Stechen 0)	Hartwig Steenken Simona 0 (Stechen 0)	U. Meyer zu Bexten Floto 0 (Stechen 0)
1975	179	39	**Caroline Bradley** New Yorker 0 (Stechen 0)	Sönke Sönksen Kwept 0 (Stechen 4)	K.-H. Giebmanns Gabriela 4
1976	146	35	**Eddie Macken** Boomerang 0 (Stechen 4)	**Eddie Macken** Boy 5 0 (Stechen 4)	**Nelson Pessoa** Moet et Chandon II 0 (Stechen 4)

4.	5.	6.	7.	8.
A. Schockemöhle Ramona 4	Helga Köhler Armalva 7	A. Schockemöhle Ferdl 8	Helga Köhler Cremona 8	Fritz Thiedemann Godewind 8
Fritz Thiedemann Godewind 0 (Stechen 4)	Helga Köhler Cremona 4	Fritz Thiedemann Meteor 4	Thomas Bagusat Bajazzo 4	**Capt. R. d'Inzeo** Merano 4
Mme. A. Givaudan Huipil 3	**Nelson Pessoa** Gran Geste 3	Herm. Schridde Ilona 4	H. G. Winkler Romanus 4	Walter Schmidt Togo 7
Capt. R. d'Inzeo Posillipo 4	Kurt Jarasinski Godewind 4	A. Schockemöhle Dozent II 8	**Capt. R. d'Inzeo** Merano 8	**T. Brennan** Kilrush 8
Peter Schmitz Fee 4	H. v. Opel Odette 4	**Nelson Pessoa** Gran Geste 4	Herbert Meyer Frega 7	Herm. Schridde Kamerad IV 8
A. Givaudan Huipil 4	Sönke Sönksen Odysseus 4	Heiner Köneke Heika 4	**Nelson Pessoa** Espartaco 8	Hartwig Steenken Fairness III 8
A. Schockemöhle Exakt 3	**Allegria Simoes** Samurai 4	H. H. Köneke Hallo 4	B. Kuwertz Hussan II 4	A. Schockemöhle Athlet 4
Peter Schmitz Monodie 3	Hauke Schmidt Wolfdieter 4	Gerd Wiltfang Athlet 8	**Nelson Pessoa** Gran Geste 8	A. v. Buchwaldt Athene V 8
Hartwig Steenken Porta Westfalica 0 (Stechen 4)	Herm. Schridde Dozent 0 (Stechen 4)	Lutz Merkel Sir 0 (Stechen 8)	A. Schockemöhle Wimpel 4	A. Schockemöhle Donald Rex 4
Hauke Schmidt Freeman 4	Kurt Jarasinski Imperial II 8	K.-H. Giebmanns Saphir IX 8	Hugo Simon Czardaz 8	Hartwig Steenken Porta Westfalica 8
Lucia Faria Rush du Camp 4	Herm. Schridde Wartburg 4	Sönke Sönksen Palisander 4	Gerd Wiltfang Eros V 4	Michael Gockel Cherio 8
H. Snoek Shirokko 4	**C. Homfeld** Triple Crown 4	**Marion Mould** Stroller 4	**Johann Heins** Golden Dream 4	Hartwig Steenken Kosmos 7
Johann Heins Antrieb 4	Fritz Ligges Genius 4	**P. Weier** Havanna Royal 4	P. Schockemöhle Grande 4	H. Schmidt Trumpf 4
U. Meyer zu Bexten Wembly 0 (Stechen 0)	Gerd Wiltfang Eros 15 0 (Stechen 4)	**Jabeena Maslin** Blue Sand 0 (Stechen 4)	P. Schmitz Panama 2 im Stechen aufgegeben	**Hugo Simon** Flipper 3 4
Hugo Simon Flipper 4	Gerd Wiltfang Eros 15 4	Gerd Wiltfang Firlefanz 4	Hartwig Steenken Winnetou 4	**Eddie Macken** Boomerang 4
P. Schockemöhle Talisman 0 (Stechen 4)	H. Quellen Santa Monica 0 (Stechen 8)	Fritz Ligges Fatinitza 4	Gerd Wiltfang Davos 4	H. Snoek Asterix 4

Jahr	Nennungen	Zahl der Starter	Sieger	2.	3.
1977	191	35	**Hugo Simon** Little One 0 (Stechen 0)	Hartwig Steenken Gladstone 0 (Stechen -)	P. Schockemöhle Alkazar 4
1978	179	36	**Eddie Macken** Boy 0 (Stechen 0)	H. Snoek Asterix 0 (Stechen 0)	**H. Smith** Sanyo Musiccenter 0 (Stechen 4)
1979	161	35	Gerd Wiltfang Roman 0 (Stechen 0)	P. Schockemöhle El Paso 0 (Stechen 4)	H. W. Johannsmann Chico 0 (Stechen 4)
1980	142	36	Peter Luther Livius 0 (Stechen 0)	**Hugo Simon** Sorry 0 (Stechen 4)	**Henk Nooren** Opstalan's Lizzy 4
1981	113	35	**Eddie Macken** Carrolls's Spotlight 0 (Stechen 0)	P. Schockemöhle El Paso 0 (Stechen 0)	Fritz Ligges Goya 0 (Stechen 0)
1982	159	36	A. v. Buchwaldt Wendy 0 (Stechen 0)	Jürgen Ernst Lustig 0 (Stechen 0)	**Henk Nooren** Obstalan N 0 (Stechen 3)
1983	147	36	**Hugo Simon** Gladstone 0 (Stechen 0)	A. v. Buchwaldt Wendy 0 (Stechen 0)	**David Broome** Queensways Royale 0 (Stechen 0)
1984	139	35	**Hugo Simon** Gladstone 0 (Stechen 0)	**David Broome** Queensways Royale 0 (Stechen 0)	**Harvey Smith** Shining Example 0 (Stechen 0)
1985		36	**Luis Jacobs** Janus de Ver 0	**Alberto Rivera** Reya 4	**Conrad Homfeld** Abdullah 4
1986		35	**David Broome** Royale 0	**Alberto Rivera Prado** Reya 4	**John Anderson** Goby 4

4.	5.	6.	7.	8.
Eddie Macken Boomerang 4	Gerd Wiltfang Davos 4	Fritz Ligges Fatinitza 4	Hartwig Steenken Goya 4	**Caroline Bradley** Tric-Trac 4
P. Schockemöhle Alkazar 4 /F.Sloothaak Rex the Robber 0 (Stechen 4)	P. Schockemöhle El Paso 3	**Eddie Macken** Boomerang 4	P. Sünkel Sinclair 4	A. v. Buchwaldt Pims 4
Nelson Pessoa M. Moet 3	F. Sloothaak Rex the Robber 4	Fritz Ligges Fatinitza 4	**H. Nooren** Cat's Whiskers 4	Peter Luther Gardist 4
P. Schockemöhle El Paso 4	**Gerd Meier** Casimir 4	**L. C. Bovy** Loecky 4	**H. Simon** Gladstone 8	Th. Bartels Day Dream 8
Michael Mac Tauna Dora 0 (Stechen 0)	Peter Luther Livius 0 (Stechen 4)	Gerd Wiltfang Roman 0 (Stechen 4)	Michael Rüping Costa 0 (Stechen 4)	**Hugo Simon** Sorry 0 (Stechen 8)
Franke Sloothaak Don Plaisir 0 (Stechen 4)	Fritz Ligges Goya 0 (Stechen 4)	**Harvey Smith** Sanyo Technology 0 (Stechen 4)	Werner Peters Pandur 4	Jürgen Ernst Stanley 4
P. Schockemöhle Deister 0 (Stechen 4)	G. Wiltfang Goldika 0 (Stechen 4)	U. Meyer zu Bexten Merano 0 (Stechen 4)	U. Meyer zu Bexten Marco 0 (Stechen 12)	Werner Peters Classic 4
Werner Peters Wega 0 (Stechen 4)	Franke Sloothaak Golan 0 (Stechen 4)	Peter Luther Lucky 0 (Stechen 4)	**Kelly Brown** Fox Light 0 (Stechen 4)	Franke Sloothaak Warkant 0 (Stechen 8)
P. Schockemöhle Deister 4	Breido Graf z. Rantzau Landlord 4	**Hugo Simon** Lucky 4	U. Meyer zu Bexten Merano 8	Werner Peters Orchidee 8
Ian Miller Big Ben 4	P. Schockemöhle Deister 4	**John Anderson** Waldus 4	**Harvey Smith** Sanyo Cadnica 4	Klaus Reinacher Windus 7

Championate

Jahr	Reiter	Siege	Reiterinnen	Siege
1910	Oblt. v. Günther	10	Frau v. Günther	2
1911	Oblt. v. Günther	13	Frau L. Mauritz	3
1912	Rittmeister v. Günther	8	Frau L. Mauritz	6
1913	A. R. Ohlsen	22	Frau L. Mauritz	6
1914	A. R. Ohlsen	30	Frau v. Günther	11
1919	Frhr. v. Buddenbrock	4	Frau v. Gottberg	2
1920	Paul Heil	14	Frau E. Oppenheimer	3
1921	Frhr. v. Langen	26	Frau E. Oppenheimer	12
1922	Frhr. v. Lüttwitz	21	Frau E. Oppenheimer	11
1923	Frhr. v. Langen	47	Frau E. Oppenheimer	6
1924	K. Chr. v. Knobelsdorff	12	Frau E. Oppenheimer	5
1925	Frhr. v. Langen	23	Frau Perske	8
1926	Major a. D. Lotz	19	Frau v. Opel	4
1927	Major a. D. Lotz	26	Frau Franke	16
1928	Major a. D. Lotz	12	Frau v. Heynitz	6
1929	Frhr. v. Oppenheim	24	Freifrau v. Oppenheim	28
1930	Gustav Lange	10	Frl. Vierling	23
1931	Axel Holst	22	Frau Franke	21
1932	Axel Holst	28	Frau Franke	17
1933	Axel Holst	38	Frau Franke	19
1934	Axel Holst	28	Frl. Weidtmann	11
1935	Günther Temme	20	Frau Funke-Rasmussen	8
1936	Günther Temme	114 Punkte	Frau v. Opel	45 Punkte
1937	Oblt. Brinckmann	178 Punkte	Frl. L. Hardt	11 Punkte
1938	Günther Temme	112 Punkte	Frau Hartmann	22 Punkte
1939	Rittmeister Brinckmann	112 Punkte	Frau Marcks	17 Punkte
1948	Prinz zu Salm	37 Punkte	Frau H. Voigt	22 Punkte
1949	F. G. Eppelsheimer	74 Punkte	Frl. H. Gohde	17 Punkte
1950	F. G. Eppelsheimer und A. Przybylski	je 41 Punkte	Frl. H. Gohde	17 Punkte
1951	Thiedemann	24 Siege	Frau H. Köhler	7 Siege
1952	H. G. Winkler	18	Frau H. Köhler	12
1953	H. G. Winkler	44	Frau H. Köhler	12
1954	H. G. Winkler	41	Frau H. Köhler	14
1955	H. G. Winkler	39	Frl. G. Merten	7
1956	Thiedemann	56	Frl. R. Freitag	14
1957	Thiedemann	49	Frl. R. Freitag	18
1958	Thiedemann	80	Frl. R. Freitag	27

Ab 1959 Meisterschaften

Jahr	Reiter	Reiterinnen
1959	H. G. Winkler	Frau H. Köhler
1960	H. Schridde	Frau H. Köhler
1961	A. Schockemöhle	Anna Klement
1962	H. Schridde	Romi Röhr
1963	A. Schockemöhle	Frau Maria Günther
1964	ausgefallen	Ute Richter
1965	P. Schmitz	Karin Möller
1966	G. Wiltfang	Romi Laurenz
1967	A. Schockemöhle	Bertel Kreuder
1968	ausgefallen	Gisela Franken
1969	Steenken	Madeleine Winter
1970	Steenken	Sylvia Kempter
1971	G. Wiltfang	Lene Nissen-Lembke
1972	ausgefallen	Marion Snoek
1973	Steenken	Lene Nissen-Lembke
1974	P. Schockemöhle	Hannelore Raab
1975	A. Schockemöhle	Madeleine Winter
1976	ausgefallen	Marion Henkel

VERZEICHNIS DER REITER UND SONSTIGER PERSONEN

Ahlmann, Georg 399 ff.
Alphons, Prinz von Bayern 13
Ammermann, Otto 75, 391
Andreae, H. J. 14, 252, 261, 266
Andres 236
Anne, Prinzessin 294
Apostol (Rumänien), Oberleutnant 210
Arambidi, Dr. (Argentinien) 392
Arlt 236
Arnim, v. 123
Baade 121, 371, 376, 378
Baade, Alexandra 214
Baath, v. 379
Bagusat, Bernd 388, 390, 392
Bagusat, Michael 388
Bagusat, Thomas 74, 352, 389 ff.
Barnekow, Marten v., 10 f., 15, 30 ff., 35 f., 38 f., 41, 44, 47 f., 50, 52, 54 f., 58 f., 90, 92, 95, 101, 106 ff., 119 ff., 123 ff., 129, 140, 142, 160, 164–171, 187, 191, 194, 198, 202, 209, 219, 225, 234, 245, 250 ff., 371, 373 ff., 377–382
Bartels, Rolf 359, 388
Basch, E. 375
Bauer, Gustav 401
Baur, Flugkapitän 249
Beatrix, Prinzessin der Niederlande 356
Becher, Rolf 375
Beckendorf 141
Becker 383
Bernhard, Prinz der Niederlande 266
Bethmann-Holweg, Frl. v. 377
Betoni, Graf (Italien) 20, 230, 232, 377
Bissing, General v. 13
Blackelay, v. 123
Blöcker, Herbert 401
Boldt, Harry 76, 83, 301, 391, 401
Bongart, v. d. 50, 197, 236, 371, 382
Borck-Reddersdorf, Dr. 194
Bormann, Benno v. 236, 336
Borsarelli (Italien) 20, 230 f., 377
Brandt, Heinz 11, 21, 27, 37 f., 41 f., 45 ff., 49 f., 53, 80, 90 ff., 95, 97 f., 100 ff., 106 ff., 116, 119 ff., 130, 139 f., 142–151, 154 ff., 159 ff., 170, 176, 178, 181, 203, 207, 238 f., 241, 285, 371, 373, 377–381
Brandt, General 16, 37, 92
Brandt, Ursula 156
Brantenaar 249
Brinckmann, Hans Heinrich 11, 20, 32, 43 f., 50 ff., 54 f., 58, 69, 81, 84 f., 90 f., 122 ff., 130, 142, 147, 159, 170, 189, 204, 236–241, 252, 258, 261, 267, 332, 371, 381 ff.
Brixen, Freiherr v. 14
Broome, David (Großbritannien) 72, 74, 389
Broscheck, Frl. E. 376
Brückner, H. 103, 249
Brücks 236
Bruni (Italien) 20
Buchwaldt, Achaz v. 396, 401
Buchwaldt, Magnus v. 60, 68, 312, 373, 384 ff., 389
Buddenbrock, Freiherr v. 17, 33, 35, 138, 202, 208
Bühl, Ilona 325
Bürkner, Reitstall 14 f., 50, 56, 97, 138
Burk 236

Burr, Leslie (USA) 89
Büsing, Dr. Willi 55, 267, 384
Busse 371
Calado (Portugal) 74 f.
Caminecci (Italien) 15, 35
Campello (Italien) 20
Capellmann, Kurt 55, 255, 358 f., 386
Caprilli, Capitano (Italien) 16, 18 ff., 43, 111, 136, 230
Carsten, Horst 76
Cederstroem (Schweden) 249
Chapiro, Neal (USA) 81
Chapot, Frank (USA) 77, 82, 295
Chapot, Mary 294
Christi (Chile) 59
Clement, Anna 11, 23, 68 ff., 74, 353, 386–390
Coccia (Italien) 20
Colombrander 136
Dalwigk-Lichtenfels, Freiherr v. 92, 98, 139, 142
Darré 106
Day, James (Kanada) 397
Delia, Major (Argentinien) 68
Deloch 14, 374
Drateln, Nikolaus v. 194
Dulles, Major (USA) 66
Durand, Capitain (Frankreich) 248
Elisabeth II. von England 61
Elder, James (Kanada) 82
Emsländer, Hans 314
Engers, Frau Ch. 376
Eppelsheimer, F. G. 55, 58, 255 f., 384
Erhorn, Claus 88
Ernst, Jürgen 399 ff.
Evers, H. H. 55, 58 f., 252, 254, 267, 333, 384
Fahay, Thomas (Australien) 76
Fangman, Liselotte 215
Fangman, Piet 113, 175, 212 f.
Fargis, Joe (USA) 88
Feckelsberg 202
Fegelein, Hermann 52, 221, 382
Fegelein, Waldemar 193, 261, 382 f.
Fellgiebel, Inge (Theodorescu) 303, 384 f.
Feyerabend, Hauptmann 218
Filder, Andrew (Großbritannien) 393
Filipponi (Italien) 20, 231, 377
Fletcher, Graham (Großbritannien) 400
Flothow, v., Oberstleutnant 14, 35, 50, 140, 205
Fombelle, de (Frankreich) 68
Formigli (Italien) 20
Förster 141
Forque 20
François-Poncet 106
Franke, Käthe 15, 206, 214, 375 f., 379 f.
Freitag, Renate 296, 388 f.
Freyer, Oberleutnant 14, 35, 374
Frick, Herbert 26, 44, 55 f., 120, 223, 229, 255 f., 261, 374, 376, 379
Friedrich der Große 18, 22
Friedrich Karl, Prinz von Preußen 374
Froböse 236
Funcke 13
Funke-Rasmussen, Frau 381
Gehrke 236
Georgius, Irmgard 208, 379 f.

Gerhardt, Rittmeister 49, 97, 108 f., 381
Giebmanns, Karl Heinz 306, 392, 395–400
Gild jun. 374
Glahn, Turnierstall 43 f., 47, 170, 245, 247, 377
Göbel, Gustav 137
Gockel, Michael 304 f., 393 f., 397
Goertz, Graf 15, 35, 207, 224, 374 ff.
Göring, Hermann 103, 202
Gössing, Lutz 350, 397 ff.
Goyoaga, Francesco (Spanien) 59, 68, 333, 386
Grauert 200 f.
Graham, Marlise 136
Greve 236
Grillo, Gabriele 401
Großkreutz 40, 42, 101, 103, 119, 371, 377 ff.
Gude, R. 378
Gudieros (Italien) 20
Günther, Frl. 375
Günther, Oberleutnant v. 207
Günther, Walter 13, 68, 71, 300, 302, 383, 387 ff.
Härtel 138
Hafemann, Polizeimeister 57
Hahn 236
Halberg (Schweden) 375
Hamann 376
Hartel, Lis (Dänemark) 63
Hartlieb, Frau v. 377
Hasperg, jun. 13 f.
Hasse, Ernst 11, 36 f., 40 ff., 47, 50, 52, 90 f., 95, 97 f., 100 f., 103, 110, 116, 118 ff., 127, 140, 142, 147, 160, 179, 191 f., 194 f., 202, 222, 258, 371, 373–380, 383 f.
Hasse, Kurt 21, 39, 41 f., 44, 46 f., 49 ff., 89 ff., 95, 106 f., 109 f., 120 f., 123 ff., 142 f., 180 ff., 189, 194, 236, 371, 373, 378–383
Hasselbach, Frau 376
Hauck, Hauptmann 175, 228
Hedde, Reiner 392
Hederich 138
Heil, Paul 35, 205
Hellmann, Turnierstall 44
Hellwig 13
Henniger 236
Herzmann 253
Herzog 125
Hirschberg, v. 98
Hitler 48, 53, 103, 106, 124, 143, 247, 249
Hobelsberger, Ria 350
Höpner, Wolfgang 385
Höltig, Georg 21, 50, 59, 180, 186, 198, 236, 251, 263, 267, 384
Hoffmann, Walter 252
Hogreve, Dietmar 88
Hohenau, Graf v. 14 f., 224, 374 ff., 377
Holck, Graf 14
Holst, Axel 11, 15, 26, 33, 35, 41 ff., 47, 117, 155, 170, 209, 212, 234, 239, 243–249, 375–379
Holzing, Freiherr v. 111
Homfeld, Conrad (USA) 88, 314
Horment, Commandant (Frankreich) 136
Huck, Hans Jürgen 341
Huck, Max 21, 39, 50, 54 f., 124, 126 f., 236, 242, 263, 341, 371, 373, 382 f.

411

Huck, Wolf-Diether 341
Hülsen, Rittmeister v. 204, 376 f.
Inzeo, Piero d' (Italien) 19, 27, 60, 66 f., 69 f., 72, 74, 293, 384, 388 f., 392
Inzeo, Raimondo d' (Italien) 19, 27, 61, 66 ff., 72, 74 f., 272, 292, 391
Jarasinski, Kurt 71, 74, 76 ff., 346 f., 373, 389—394, 396 ff.
Jung 236
Jürgens 376, 383
Kahler 50, 123, 371
Kanehl, Liselotte 113, 212, 214 f.
Kanehl, Otto 21, 37, 45, 47, 120, 131, 140 f., 172 ff., 180, 236, 241, 266
Kescycki, Oberst v. 13
Kistner 120
Klein 236
Kleist, v. 14
Klimke, Dr. Reiner 76, 83, 88, 290, 296, 338, 389, 391, 393, 401
Kloes, Manfred 393 f., 396 f.
Klugmann, Harry 397
Knecht, Rolf 326
Knobloch 236
Knuth, Unteroffizier 230
Koch, Emil 360
Koch, Otto 35
Köhler, Helga 11, 60 ff., 64 f., 70 f., 250, 344 f., 373 ff., 388 ff., 394
Koerffer, Hans 35, 55, 103, 212, 252, 375 f.
Koof, Norbert 89
Komorowski (Polen) 189
Krah, Helmuth 55, 84, 260, 280, 303
Kraus 236, 376
Kröcher, v., Oberleutnant 35, 374
Kronenberger, Paul 400
Krueger, Hauptmann 218, 375, 377 f.
Krug, Herbert 88
Kruyffs, C. P. de (Belgien) 376
Küppers, Anneliese 386
Kun, Wolfgang 333, 397 ff.
Kureck, Irene 393
Kusner, Kathy (USA) 77, 294
Kuwertz, Bernd 395, 397 f.
Lage, Franz 259
Laissardière de 248
Lamm 120
Lanckohr, Hans 384
Lange, Gustav 175, 375 f., 378
Langen, Carl Friedrich Freiherr v. 11, 15, 35, 42, 92, 132 ff., 136 ff., 206, 218, 374 f.
Laufer 13
Laurenz, Romi 331
Lengnik, Otto 176, 378, 382
Lequio (Italien) 20, 377
Ligges, Fritz 76, 82 ff., 86, 89, 334 f., 373, 391—401
Linkenbach, Rittmeister 16, 218, 375
Linsenhoff, Liselott 81, 302, 386, 393, 397
Lippert, Rudolf, Rittmeister 21, 37, 49, 95, 97 f., 101, 103, 108 f., 116, 121, 127, 217 f., 224, 371, 375, 377, 381
Litzmann 125
Llewellyn (Großbritannien) 59
Lörke, Otto 15, 49, 51, 56, 81, 219
Lombardi (Italien) 20, 376
Lotz 35, 225, 375
Lotz, damaliger Direktor des VW-Werkes 296
Lotzbeck, Freiherr v. 15, 218, 375
Lütcken, v. 14
Lüttke-Westhues, Alfons 11, 54 f., 66, 69, 71, 264, 307, 325 f., 373, 385—388

Lüttke-Westhues, August 386
Lüttwitz, Freiherr v. 15
Lutter, Peter 88
Lutze 125
Macken, Eddy (Irland) 82 f.
Mackensen, v., Generalfeldmarschall 117
Maerken zu Gerath 14
Magalow 334
Mairs, Mary (USA) 77
Malsen-Ponickau, Achim v. 395
Manchinelli, Graziano (Italien) 74, 81, 397
Marcks, Frau 376, 378 ff., 382 f.
Marwede, Frl. 380
Mathy, François (Belgien) 86
Medici (Italien) 68
Meerdorf, Jochen 393
Mehlkopf, Willibert 393 ff., 399 ff.
Meier, Herbert 392 f.
Mendoza (Chile) 59
Menezes, de (Brasilien) 59
Merkel, Lutz 75, 77, 86, 355, 357, 389—401
Merten, Gerlinde 385
Metzsch 108
Meyer, Fritz 161
Miville, Eric R. 219
Moers, v. 14
Möhring 236
Moltrecht, Frau 375 f.
Momm, Harald 11, 15, 21, 26, 36, 38 ff., 42, 44, 46 f., 49, 52, 58, 85, 89 ff., 94 f., 97, 100 ff., 106, 110, 114 ff., 118, 120—126, 129 ff., 143, 152 f. 159, 161, 176, 178, 189, 193, 236, 258, 260 f., 263, 267, 341, 371, 373 f., 376—383
Mondrons (Belgien) 382
Moore, Ann (Großbritannien) 81
Moritz 125
Morris (USA) 71, 388
Müller, Edmund 70
Münzner, Horst 296
Mussolini 36—41, 46, 94 f., 100, 102, 130, 143 f., 187, 189, 238, 258, 260
Nagel, Gustav Freiherr v. 11, 15, 21, 35 ff., 42, 44, 47, 55, 92, 95, 97 f., 100 ff., 118 f., 138, 184, 202 ff., 206, 241, 253, 255, 371, 373 ff., 377 f., 380
Nagel, Ida Baroneß v. 267
Neckelmann 379
Neckermann, Dr. Josef 72, 76, 83, 284, 296, 301 f., 310 f., 389, 391, 393, 397
Neckermann, Johannes 312, 356
Nelke, Hauptmann 383
Nemethy 294, 314
Nettekoven, Hubert 351
Neuhof 138
Neumann, Bruno, Major 218, 375
Niemack, Horst, Generalmajor 222
Nippe, Oberwachtmeister 192, 207
Nostiz-Wallwitz, Freiherr v. 37 f., 97 f., 100, 129, 371, 376 f.
Österley 14
Oettingen-Wallerstein, Erbprinz zu 55
Offermanns 55
Olivieri (Italien) 20
Olsen 14, 138
Opel, Heinz v. 76, 339, 391
Opel, Irmgard v. 15, 26, 38, 44, 114, 116, 118, 226 f., 260 f., 377 ff.
Oppeln-Bronikowski, Rittmeister v. 49, 97, 108 f., 235, 381
Oppenheim, Baronin v. 38, 375 ff.
Oppes (Italien) 68

Oriola, Jonquere d' (Frankreich) 59, 65 f., 69, 76 f., 262, 385
Overesch, Bettina 88
Ozols, Rittmeister (Litauen) 205
Pade, Klaus 69, 71, 356 f., 385, 388 f.
Pade, Wolfgang 74, 357, 390
Perl-Mückenberger, Leutnant 21, 50, 196 f., 371
Pessoa, Nelson (Argentinien) 74 f., 262, 390 ff., 397
Petuschkowa, Elena (UdSSR) 84
Pfannenschmidt 120
Pfordte, Gustav 55, 74, 84, 330, 389 f.
Pietschmann 120
Platen v. 237
Platthy, v. (Ungarn) 381
Pilsudski, Marschall von Polen 115
Plötz 101, 378 f.
Poseck v. 248 f.
Pohlmann, Ottokar 72, 290
Pollay, Heinz, Oberleutnant 49, 108 f., 120, 267, 381, 384
Poschinger, Baronesse 376 f.
Poseck, Excellenz v. 138
Pracht, Eva Maria 310
Pracht, Hans 259, 312, 360
Prollins, Marie Luise v. 138
Przybryeski, Alfons 253
Pulte, Dr. 260
Pulvermann, Eduard F. 15, 35, 137, 206, 374 ff.
Raab, Hannelore 353
Rank, Oberleutnant 48 f., 181, 221, 381
Rantzau, Bredo Graf zu 392
Rasmussen, Frl. 378
Rättig, Dr. 247
Rau, Gustav 9, 15 f., 20, 22, 32, 36, 44, 47, 53—61, 66, 84, 86, 90, 92, 94 f., 147, 166, 198, 250 f., 255, 260, 267, 272, 276
Redwitz, Max 13
Reichert 236
Reimann 236
Reischach, Excellenz v. 13
Reisener 236
Rethemeier, Helmuth 401
Richter, Ute 71, 74, 340, 389
Ritters, Hans Werner 385
Robeson, Peter (Großbritannien) 76
Röchling, H. Th. 379
Rockow v. 14
Rodenberg 60, 332, 384 ff.
Roeder, Hartmut 300, 399, 401
Rolffs, F. O. 380
Rommel, Erwin, Feldmarschall 230
Rothe, Otto 55, 267, 384, 386
Rothkirch, Graf, Rittmeister 16, 20, 128, 371
Rozier, Marcel (Frankreich) 396
Rubbiani, Heidi (Schweiz) 88
Sahla, Richard 11, 15, 21, 36 ff., 47, 53, 90 f., 98, 100 ff., 110, 119 ff., 187 ff., 202, 208, 218, 241, 371, 373—378
Salm, Prinz zu, Oberst a. D. 21, 54, 56 f., 140, 179, 211, 221, 226, 257, 371
Salmen, Gerhard 385
Saloschin, Frau Dr. 376
Salviati v. 21, 50, 101, 120 f., 181, 191, 371, 378 f.
Sauer, Uwe 88
Sayn-Wittgenstein, Prinz zu 260
Schaeffer, Oberleutnant 376
Schaesberg, Graf 13 f., 35
Schätz 236
Schaetzler 14

Schartmann 236
Schlickum, Gerd 21, 41 f., 47, 74, 110, 120 f., 178, 184, 186, 260, 371, 373, 378 ff.
Schlüter, Karin 299, 397
Schmalz 35, 121, 373, 375 f.
Schmidt, Hauke 74, 86, 341 ff., 390, 392 ff. 397
Schmidt, Otto 39, 41, 91, 165, 198
Schmidt, Wachtmeister 143
Schmidt, Walter 32, 66, 261, 327, 385 f.
Schmidt, W. H. 382, 384
Schmidt-Metzger 261
Schmitz, Peter 75 f., 309 f., 391 f., 397, 399, 401
Schnapka, Dr. 79, 81
Schnippering 236
Schockemöhle, Alwin 11, 33, 56 f., 70—78, 81 f., 84 ff., 89 f., 273, 285 ff., 291, 294, 296, 299, 309, 312, 325, 340, 345, 347, 373, 386, 388—400
Schockemöhle, Paul 84, 86, 88 f., 354 f., 373, 396, 398 ff.
Schönerstedt, Karl 10, 155, 226, 255, 259, 360
Schönfeldt, Herbert 30, 52, 54 f., 80 f., 220, 250, 252, 254, 259, 277, 382
Schridde, Hermann 11, 56, 69, 71, 74—79, 85, 88, 313, 348 f., 373, 386—395, 397 ff.
Schüler, Ernst 58, 354
Schulenburg, Graf v. d. 55, 332
Schulte, Frau 378
Schulte-Frohlinden 79
Schultheis, Willi 337
Schulz, Gerhard 76
Schulz, Wachtmeister 236
Schulze-Dieckhoff, Dr. Alfons 69, 79, 272, 326, 354
Schulze-Siehoff 400
Schulze-Stemmer, Thea 375
Schulze-Stemmer, Thea 375
Schumacher, Superintendent 138
Schunck, Hauptmann 42, 118 f., 371, 376, 380, 382
Serventi, Giulia (Italien) 266
Sester 55, 58
Shapiro, Ann (USA) 392, 396
Siems, Pfarrer 249
Sigismund, Prinz von Preußen 11, 15, 35, 136, 208, 384
Silbernagel 120
Simon, Hugo 8, 81 ff., 86 f., 315—324, 328 f., 395 ff., 399 ff.

Slootak, Franke 88
Smith, Melanie (USA) 89
Smithe, Pat (Großbritannien) 67
Snoek, Henrik 86, 341, 393 f., 396—400
Sönksen, Sönke 84, 86, 373, 393 ff., 397—401
Spielberg 36, 113, 143
Spillner, W. 207, 212, 374 ff., 380
Spieß, Wolfgang 181, 228, 383
Springer, Rosemarie 72, 311, 389
Stackfleth, Peter 56, 68, 74, 326, 337, 386 f., 389, 391
Staeck 15, 50, 137 f., 143 f., 245
Staudinger 120, 140
Stecken, Albert 55
Steenken, Hartwig 11, 78, 81 ff., 86, 89 f., 296 ff., 314 f., 373, 392—401
Steinkraus, William (USA) 69, 82, 295, 388, 393
Stensbeck, Oscar Maria 15, 49, 51
Steuben 14
Stoffel, Frau 375
Stolze 236
Stoppa 236
Stricker, A. 378
Stubbendorff, Ludwig, Hauptmann 49, 97, 108 f., 185, 381, 383
Swienburness (Großbritannien) 207
Sydow v., 15, 26, 174, 373, 377, 381
Temme, Günther 26, 44, 47, 51, 209 f., 220 f., 234, 261, 380 ff.
Tesdorpf, Burghard 88
Tiglers, Frau 383
Thiede, Hans 275
Thiedemann, Fritz 11, 26, 56—61, 64—72, 74 f., 78 f., 82 f., 85, 89 ff., 125, 141, 198, 215, 229, 250, 255, 260 ff., 264 ff., 270, 272 ff., 285, 291, 294 f., 302, 325 f., 346 f., 373, 384—389
Trautvetter, Graf 138, 374
Treeck 374
Trotha, v. 381
Tschammer und Osten, v. 116, 248
Tudoran (Rumänien) 380
Tzopescu, Oberleutnant (Rumänien) 210
Uexküll, Graf 98, 118, 199, 371
Vaillancourt, Michael (Kanada) 86
Viebig 371
Vierling, Frl. 376
Vierling, Gustav 68, 278
Volk, General 92, 122
Vopelius 14

Wätjen 15, 116
Wagner, Ernst 353
Wagner, Klaus 55, 267, 384, 386, 393
Waldeck, Prinz zu 125, 378
Waldenfels, Frh. v., Pol.-Hptm. 376
Waldenfels, Frh. v., Rittmeister 16, 20—27, 30, 36 ff., 39 ff., 46, 48 ff., 53 f., 81, 85, 91, 93—102, 106 f., 110, 118 ff., 128 f., 138 f., 142 f., 169, 174, 229 f., 238, 245, 267, 371, 373, 376
Waldrich, Oscar 118
Walter, Pol.-Oberleutnant 375
Walther 236
Walzer 14
Wandschneider, Peter 389
Wangenheim, Freiherr v., Oberleutnant 49 f., 108 f., 123, 381 f.
Washausen, Unteroffizier 236
Waydelin 14
Weidemann, Fritz 21, 39, 50, 52, 54 ff., 59, 90 f., 120, 127, 140 f., 166, 178 ff., 236, 258, 264 ff., 371, 373 f., 382 ff.
Weier, Paul, Hptm. (Schweiz) 398
Weigel 113
Weinberg, Peter 351, 400
Weingart v. 119
Weiking 121, 379
Weiß, Frl. 378
Westfalen, Graf 116
Weygand, Hannelore 386
White, W. H. (Großbritannien) 59, 67, 69
Wilhelm, Kronprinz von Preußen 35, 208
Wilhelm I., deutscher Kaiser 13
Willey, Hugh (USA) 69
Willmer 13
Willich, Rittmeister v. 13
Wiltfang, Gerd 82, 86, 89 f., 308 f., 333, 373, 392—401
Winkler, Präsident des Reitervereins Köln 354
Winkler, Hans Günther 11, 54 f., 60 f., 64 ff., 71 f., 74 f., 82 ff., 89 f., 250 f., 261, 263 f., 266, 268, 274, 277, 279—285, 291, 294, 296, 303, 325 f., 347, 353, 373, 384—401
Winnig, v. 381
Wintersheim, v. 374
Wisskirchen 119
Wöckener, Axel 400
Zastrow, v. 378, 383
Zobel, Stabswachtmeister 120, 236
Zobeltitz, Fritz v. 35

VERZEICHNIS DER PFERDE

Aar 33, 60, 260, 276, 384
Abadan 399
Abadir 397 ff.
Abd el Krim 376
Abdullah 88, 314, 393
Abendglanz 377, 381
Abizza 88
Absinth 49, 109, 381
Achselsport 327
Adag 393
Adamella 376
Adlon 393
Adolar 385

Adular 384, 386
Afrika 384, 386
Agapulco 64
Agent XVI 84, 86 f., 333, 397 ff., 401
Agram 31
Ahnfrau 377
Ahnherr 378 f.
Ahoy 379
Akazie 141
Akteur XVII 309
Ala 12, 33, 66 f., 307, 325 f., 372, 385 ff.
Aladino 230
Alant 32, 50, 127, 140, 198, 383

Albany 89
Albrand 401
Alchimist 11, 25, 32, 44 f., 47 ff., 84, 90, 95, 107, 109, 114, 123 ff., 127, 140, 143, 151, 159, 161 ff., 165, 172, 176, 178, 188 f., 193, 238, 241, 372, 380 ff.
Aldato II 305
Alerich 88, 378
Alibaba 59
Alk 393 f.
Alkazer 400 f.
Almhirt 399, 401
Almmusik 346, 385, 391 f.

Alpenjäger 60, 64 f., 303, 384 f.
Alpenkönig 358
Alpenrose 218
Altgold 378
Amalaswinta 378
Amalfi 32
Ambassador 81, 397
Amok 74, 389
Amon II 392
Amneris 381 f.
Amsel II 335
Amsella 33, 310, 391 f.
Angelina 395 f.
Anleihe 377
Anmut XIII 394
Antair 399
Anter 393
Antoinette 391
Apoll 136 f., 374 f.
Arabella 343, 389 f.
Arco 400 f.
Arie VII 300
Armalva 11 f., 33, 60, 62, 64 f., 344 f., 384 f., 388 f.
Armring 257
Arnim 32, 44, 227, 378, 380
Arnica 253, 389
Arras 178, 211, 226
Arthur 124, 126 f., 198, 242, 383
Asbach 72, 311, 389
Askan IV 82, 354, 396 ff.
Askari 396
Asta 68, 71, 387 ff.
Atoll 388 f.
Auer 135, 137
Aurora III 375
Axel 359, 388
Baccarat II 26, 33, 37 f., 40, 42, 47, 90 f., 95, 100 ff., 118, 124, 128 ff., 141, 198, 372, 376—383
Bacchus 33, 71, 85, 285, 325, 386, 388 f.
Baden 31, 33, 55, 59, 77, 220, 254, 333, 384
Badens Bruder 31
Badens Schwester 31
Bajazzo III 74, 378, 388 ff.
Bally Black 392
Balmung 33, 37, 150, 155, 157, 377 ff.
Bambi 59
Bandalore 399, 401
Barbarina 352
Baron III 35, 212, 374 ff.
Baron IV 32, 41 f., 47, 52, 85, 90, 101, 123 f., 143 f., 147 f., 154 f., 157, 189, 238 f., 241, 372, 379—384
Baroud 401
Belladonna 375
Bellonia 376
Belsazar 376
Bengel 96
Benno 37, 40, 100, 103, 372, 376 ff.
Bianca 140 f., 148, 156, 173 f., 176, 379
Bianka 209 f., 220, 243, 379, 381
Biene 321
Bigna 59
Bingo 123, 381
Blauer Vogel 36
Blinke 398
Bodega 137
Bonanza 397
Bones 66
Bosco 37, 50, 140, 179, 376—380
Borsalino 177
Branch County 86

Brigant 360
Bucurie 210
Burggraf 383
Buttevant Bory 400
Calmato 42, 380
Calypso 89
Caracalla 16, 218, 375
Cari 390
Cascade 198
Cark Petrell 14
Causa 395
Charlo 215
Chef 94, 96, 151, 378
Chicago 397
Chimbote 392
Chinese 37 f., 46, 100, 376 f.
Christa III 191
Christopher Robert 397
Chronist 215, 384
Chronos 219
Clemens 214, 376
Congo 376
Coralle 148 f., 378
Cordelia 378
Coreggio 218, 375
Cornelia II 77, 391
Cosmos 299, 372
Cottage Incident 396
Crispa 20, 230 ff., 377
Csardas 324
Cyrano 137
Cyrona VI 399, 401
Daja 377
Dämon II 391 ff.
Dakar 393
Dampfroß 178
Danilo 13
Danina 389
Darling 374
Dascha 391
Davos 401
Dax 379, 384
Dedo 11, 32, 41, 101, 124, 184, 188, 372, 376, 379, 381
Deichgraf 393
Deister 88, 355
Delphin 68, 387
Delphis 48 f., 181, 381
Dennoch 111
Der Aar 33, 44, 47, 52, 116, 147, 167, 175 f., 211, 378, 380, 383 f.
Derby 11, 32, 35 ff., 40, 42, 47, 52, 89, 95, 100, 103, 118, 141, 144, 147, 159 f., 165 f., 170, 191 f., 194 f., 222, 372, 375—380
Der Lord 297, 394—398
Der Mohr 11, 32, 41 f., 142, 183, 188, 378 ff.
Dewi 334
Diamant 12, 56, 60 f., 273 f., 384
Discotido 68
Dömitz III 400
Doll III 33
Dolores 387
Domfee 383
Domherr 71, 388
Domjunge 394 f.
Donald Rex 11, 78 f., 81, 85, 90, 288, 312, 372, 392 ff.
Donar 35, 374
Don Juan 380
Donkosak 335, 391
Donauwelle 218, 375, 378
Donauwind 88
Dora V 377
Dorett 396

Dorettchen 96
Dorian Grey 308, 397
Dorina 78, 341, 393 ff.
Doublet 294
Doublette 72, 311, 337, 389
Douglas 398
Dozent II 33, 74, 76 ff., 85, 313, 391 ff.
Draufgänger 15, 128, 134, 137, 218, 375, 385
Duell 400
Dukat 401
Dux 296, 338, 391, 393
Dynamit 56
Ebro 160
Edelmann 383
Ehre 395
Eichenkranz 189
Eichkater 376
Egly 33, 42, 147, 243, 249, 378 ff.
Elan 376
El Bedavi 13
El Paso 401
Elrado 399
Elsa 376
Emir 137
Enigk 78 f., 285, 393 f.
Enzi 393 f.
Erato 266
Erle 51 f., 57, 238 f., 372, 382 f.
Erle IXX 398 ff.
Erlkönig 257
Espartacco 12, 343, 392 ff
Etimologija 205
Exakt 392, 395
Extra 308, 393 ff.
Fähnrich 400 f.
Fahnenjunker 325, 386 ff.
Fahnenkönig 12, 33, 68, 333, 386
Fahnenweihe 175
Faime 354
Fair Lady 88, 317, 395 f.
Fairness 298, 392
Faktor 316
Falkan 33
Falkner 15, 135, 137, 218, 374 f.
Fama 350
Fanal XXXI 306, 400
Fanfare 33, 41, 184, 186, 378 ff.
Fantast XXXI 400
Farmer 88 f.
Fasan 49, 109, 116, 217, 381
Faustus 341, 394, 396 ff.
Fee 388, 391, 393
Feiner Kerl 393 f., 396
Felix 330, 387, 389 f.
Fels 389
Ferdl 11, 33, 71 ff., 85, 287, 289, 291, 309, 372, 388—392
Ferrara 392 f., 397 f.
Ferro XXI 400
Festia 33
Feuerdorn 33, 389 f.
Feuergeist 393
Feuerland 384
Feuernelke 247
Feuertaufe 396
Fidelitas 76 f., 355, 389, 391
Fidibus XI 400
Fidelius XI 400
Fidelus 393 ff.
Fifina 385
Figaro 386
Filippo 359
Finale 11, 56, 68, 83, 91, 273 f., 386 ff.

Finetta 56
Finette 33, 378, 385
Fink 33, 54 f., 59, 198, 251, 263 f., 267, 384 f.
Fink (Schweizer Pferd) 398
Firlefanz 308, 399
Firnflora 300
Flagrant 348, 387 ff.
Flanagan 12, 67
Fliegerheld 123
Flint 400
Flipper 316, 399 ff.
Flora 33, 58
Flucht 116, 217 f., 375
Flugwind 68 f., 312, 387 ff.
Flying Dutchman 398
Fontan 395
Forscher X 33, 392
Forstmeister 55, 220, 259
Fortun 392
Fortunatius 380
Fortunello 35
Fotografo 14
Fox Hunter 59, 68
Franca 349, 391
Frapant 398
Frauchen 139
Frechdachs 33, 68, 326, 337, 386 f.
Freedom 88
Freemann 394, 397
Freia 296, 376 f.
Freier 331
Freiherr 11, 33, 74 f., 77, 85, 287 f., 388—392
Freya 33
Fridericus 37, 126, 186, 224, 377
Fridericus Rex 398
Fridolin/Nurmi 33, 50 ff., 125, 140, 181, 228, 381 ff.
Fritz 384
Fröhlich 357, 388 ff.
Fürst 198
Fürstin 208, 380
Fugosa 69, 259, 262, 313, 387 ff.
Gabriela 300, 398 f.
Gai Luron 86
Galgenstrick 382
Galipolis 399 ff.
Garant 56 f., 257
Gaylord VI 400
Gemse 351
General III 36, 47, 101, 166, 168, 170, 377
Genesis 393
Genius 398 ff.
Gera 325
Gerona 341, 343, 392 f.
Gerry II 399 f.
Gigant 394
Gimpel 16, 49, 109, 218, 235, 375, 381
Gipsy 397
Girl 398
Gladstone 315, 318, 328 f., 401
Glancheck 336
Glasgow 400
Glück und Glas 137
Godewind 11 f., 33, 56, 68 ff., 74, 272, 386—391
Godewind IV 394
Goldammer 178, 382 f.
Goldika 372, 395 f.
Goldhüter 392
Goldmädel 391
Goliath 15, 134, 136 f., 332, 374 f.
Gonzales 396 f., 399

Goya 400 f.
Granate 375
Grand Geste 12, 75, 262, 390 f., 400
Grando Giso 353, 397, 400
Granit 217, 358
Grey Lad 205
Gronau 385 f.
Großfürst 178, 378
Grundsee 14
Gutschnell 175
Hanko 15, 35, 135 ff., 374 f.
Halla 11 f., 31, 54 ff., 60, 62, 64, 66 f., 71 ff., 78 ff., 84 f., 89 ff., 220, 228, 259, 264, 274, 277 ff., 284, 288, 291, 326, 384—389
Hallo 69, 388, 392
Hanna 60, 332, 384 ff.
Hannepü 375
Harald 33, 204, 208, 376
Hardenberg 386
Harras 42, 56 f., 119, 140, 224, 376 f.
Hartherz 137, 206, 375 f., 379 f.
Hartmannsdorf 375 f.
Hasdrubal 378 f.
Hederich 336
Heidschnucke 70
Heiliger Speer 32
Hein 50, 140, 151, 375, 377 f.
Helene 228
Henry 374
Hermelin 378, 380 f.
Herold 140, 143, 148, 176
Heurika 394 f.
Hexe 31, 375 f.
Hochmeisterin 35, 375
Hollandia 12
Holsteiner 140
Honett 137
Hubertus 198, 384
Humor 331
Humphrey 398
Husar 383
Ilja 16, 218, 375
Ilona 33, 74 f., 77, 349, 389 ff.
Immertreu 379 f.
Imperator VIII 224
Imperial II 394
Innung 381
Irene 42, 133, 137
Irokese 134
Irrlicht 43, 50, 381 ff.
Island 194
Jacks or Better 392
Jaeger 220, 379
Jägermeister 396, 398
Jaspis 12, 33, 60, 384 f.
Jessica 88
Jubilee 63
Jungfrau 149
Jupiter 390
Juwel 324
Kadett 397 ff.
Kakadu 376
Kamerad IV 348, 390 ff.
Kampfer 223, 229, 374
Kampfgesell 44, 118, 376
Karat XXVI 399, 401
Kaskade 383
Kiel 32 f., 384 ff.
Kilmakleen 377
Kilmon 391
King 14
Königsadler 256
Königsfalter 310

Komet 376 f.
Konus 359
Korsika 376, 378
Kosmos 397—400
Kreutzer 375
Kreuzritter 188
Kreuzzug 377
Krieger 14
Kronus 49, 109, 381
Ksar d'Esprit 12
Kurfürst 49, 55, 109, 376, 378 f., 381
Kwept 84, 87, 397—401
Lady Pride 378
Laila 71, 280, 303, 388
Landgräfin 322
Landrat 47, 123, 192, 207, 381 f.
Landsknecht 244, 376 f.
La piccola Lark 111
Lapislazuli 393
Lavendel 81 f., 86 f., 320 f., 397, 401
Legende V 392
Leibfuchs 137
Lenard 311
Lene 375
Liostro 299, 388, 397
Litho 196
Little One 315, 319
Livius 88 f.
Lodi 244
Löwenherz 228
Logig 327
Lohengrin 383
Loke 375
Loretto 55, 58, 273
Lump 14
Lustige 244
Lutteur II 77, 262
Macbeth 302
Madrigal 401
Main Spring 82
Marga 377
Markant 388
Marsalla 386
Matador 137
Mariano 296, 301, 393
Mephisto 375
Meteor 11 f., 33, 56, 58 ff., 64 f., 67—73, 78 ff., 83 f., 86, 90, 141, 264 f., 267 ff., 273 ff., 279, 288, 291, 325 f., 372, 384—389
Meerkönig 132, 135, 244, 376 f.
Meerschaum 256
Mehmeth 338, 401
Merano 12, 61, 67 f., 292
Minister 300
Mister B 12
Mitternachtssonne 374
Molle von Steveling 377 f.
Mollwitz 116
Monodie 75, 309, 391 f.
Montevideo 88
Morgenglanz 11, 32, 207, 284, 374
Muscateur 88
Nachtmarsch 196 f.
Nadir 66, 396 f.
Nagir 397
Nakiri 386
Naleleta 375
Nancy 35
Nanuk 38, 147, 226 f., 378
Nasello 20, 194, 231 f., 377
Natango 197
Nautical 12, 69
Nebel 326

Negropente 375
Nelke 42, 119, 380 ff.
Nelson VII 346, 383
Nemo 42, 119, 140, 169, 173, 186, 380
Nereide 377
Nestor 360
Neudeck 383
New Bank 13
Nicki 376
Nico 11, 23, 68 f., 353, 386—390
Nicoline 170, 255, 379
Niete 226
Night Owl 71, 388
Nike 140, 197, 380 ff.
Ninon 375 f.
Niobe 101, 214, 375
Nizefella 59, 67, 69
Nonne III 374
Nordland 32 f., 47 f., 95, 107, 109, 170 f., 234, 245, 380 ff.
Nordrud 193
Nordstern 55 f., 62, 64, 385
Nordsturm 141, 220
Norgil 377
Norma II 375
Nortenda 376
Nosoza 137
Notar 52, 127, 383 f.
Nurmi 49 f., 55, 109, 185, 222, 381
Oberst (Traberhengst) 277
Oberst II 33, 52, 90, 126 f., 237 f., 372, 383 f.
Odette 339, 391
Olaf 11, 25, 33, 38 ff., 44, 46 f., 50, 90 f., 100 ff., 124, 140, 164 f., 167 ff., 198, 200 f., 204, 372, 378—383
Olnat 35, 225, 375
Order 383
Orient 33, 54 f., 60, 66, 220, 251 f., 259, 280 f., 384 f.
Original Holsatia 31, 33, 56 ff., 198, 276, 384
Orlando VI 300, 401
Osborne 198
Osterhase 375
Palette 228
Palisander 395, 398
Panama 397
Panope 13
Parabel 376
Pascha 376
Passat VII 314, 392
Passion 383
Patella 392 f.
Pater 383
Pauline 401
Peacetime 88
Pele 82
Penny 350
Pepel 84
Peppita 14
Perkunos 386
Perle 213
Perlmut 401
Perser 396
Pesgö 345, 390, 393 f.
Petrolero 64
Phebus 393 f.
Piaff 81, 84, 302, 393, 397
Pillan 59
Pims 401
Pirat 393
Piroschka 345
Pisco 397

Polarfuchs 72, 290
Pompadour 13
Pompon 374
Posidonius 32, 187 f., 207 f.
Posillipo 12, 73 f., 292, 391
Porta Westfalica 298, 392 ff.
Preisliste 32, 50, 140, 166, 167, 178, 382
Pretern 376
Prinz 122, 137
Prinz XI 374
Prinzeß 266, 386
Probin 378
Proposz 379 f.
Provinz 38, 378
Psalm 81
Qual 13, 207
Queen II 392
Quolibet 351
Raffaela 33, 389 f., 396
Ramiro III 400
Ramona 11, 70, 78, 85, 273, 282, 286 f., 389
Ramses 31 f., 70, 273, 275, 282
Ramses XIII 74, 85, 89, 282, 347, 390 f.
Rasputin 398 ff.
Raswida 150, 156
Raubautz 312, 356
Raubritter 101
Rauhreif 136 f.
Rayon de Soleil 380
Rebell 33
Regenbogen 375 f.
Remus 76, 301, 391
Remus (Springpferd) 395
Reseda 33, 141
Retina 33, 56, 69 f., 85, 270, 273, 275, 282, 387 f.
Revale 78, 347, 393 f., 397 f.
Rex the Robber 84 f., 372, 397 ff.
Richthofen 175, 212 ff.
Riviera Wonder 69, 295, 388
Robin Hood 58
Robiro 398
Roccobruna 376
Rochus V 400
Rocky XX 392
Roman 308
Romanus 74, 85, 282, 372, 389 f.
Rosewell 400
Royal Can 401
Royal Salute 137
Rubin 82, 84, 334, 372, 395 ff.
Rudel 377
Rute 156, 378
Sachsenwald 212, 244, 379
Saila 379
Salvaro 372, 400 f.
Sambesi 386
Sambo 381
San Lukas 77, 295
Santa Monica 399 f.
Sanssouci 396
Saphir 31
Schlagetta 355, 357, 391
Schneemann 33, 101, 168, 170 f., 175, 219, 242, 381, 383
Scholly 340
Schorsch 11, 32
Schwabensohn 375 f.
Schwalbe 388
Schwalberich 352
Schwangard 385
Seidenspinner 137
Sellö 381

Sempre Avanti 375
Senator 101, 191, 378 f.
Senta 376 f.
Sentenz 219
Servatius 137
Servus 389, 391
Sherio 304
Shirokko 396 ff.
Siegen 174
Siegfried 137
Sieno 395 ff., 399
Sinjon 12
Simona 78, 81 f., 84, 90, 297, 372, 393—399
Sir 372, 393—397
Sissi 386
Skala 384 f.
Sloopi 81, 396
Snowbound 295, 393
Solitär 399
Sonja 263
Sonnenglanz 31, 68 f., 386 ff.
Sorry 322
Spanier 374
Sperber 394 f.
Spitfire 399
Sportvogel 143
Spritzer 305 f., 392 ff.
Spucht 74, 389
Steelmaster 397
Stemmerk 378
Streifzug 377
Stürmer 167
Sturmfink 379
Sturmwind 282, 303, 384 f.
Sunsalve 74, 389
Tabitha 386
Tai Pan 398
Talisman XI 399 ff.
Tamino 393
Tango 140
Tasso 380 ff., 395
Tema XX 380
Terminus 395 f.
Teufel 266
The Quiet Man 12, 293
The Rock 12, 69 f., 74, 293, 388 f.
The Saint 395 ff.
Thomas 375
Thronfolger 398 f., 401
Titan 384
Titin 377
Tomboy 77
Tommy 375 ff.
Toni 140
Tora 11, 24 f., 32 f., 36—42, 44, 46 ff., 52, 80, 84, 88 f., 91 f., 94 f., 100 ff., 107, 109, 113, 117, 123 f., 130, 141, 143 ff., 159, 165, 180 ff., 189, 198, 203, 241, 267, 372, 377—383
Tornado 74, 337, 389, 391
Torphy 82, 86 f., 283 f., 372, 394—399, 401
Torro 76 f., 347, 391 f.
Tosca 383, 385
Touch of Class 88
Trabant 350
Treue II 375
Tristan 206
Triumph 397
Troll 43, 245, 247
Trumpf 342
Trux von Kamax 384, 386
Turmfink 149

Ublick 187, 378
Übermütig 377
Ulan 117
Ultimo 401
Ultimos 14
Undank 140
Untouchable 294
Urbinata 382
Urquell 399
Ursus 378 f.
Uruguay 12, 60, 67, 384
Valencio 375
Venezia 302, 397
Vibart 393
Vollant 88
Vulgar 210
Waidmann V 75, 391
Wakuba 353
Waldmeister 283
Waldspecht IV 394
Walla 398
Wange 41 f., 178, 184, 186, 378 f.
Wangenheim 395
Wapiti 400
Wartburg 394, 398
Warwick Rex 11, 84 ff., 89, 289, 399 ff.
Wegelagerer 14
Weibi 352, 390
Weidmann 357
Weiler 398 f.
Weintraube 392
Weißer Hirsch 374 f.
Wendelin 304
Westpoint 400
White Lady 398 f.
White Lightning 294
Wicht XIV 400
Wimpel 85, 285, 289, 394 ff.
Winnetou 399 f.
Winzer 388
Winzerin 290, 389
Winzige 96, 128, 199, 378
Wolfdieter 341 f., 393, 395
Woyceck 401
Wotan 11, 25, 33, 35—44, 47, 84, 89, 95, 100 ff., 113, 118 f., 141, 165, 187, 189, 202 ff., 208, 372, 375 ff., 380
Wotansbruder 32 f., 43 f., 52, 204, 208, 240 f., 381 ff.
Würzer 265
Zbieg 189
Zinasko 374
Zirano 374
Zuckerpuppe 393 f.
Zukunft 391
Zyrona 385

ORTSVERZEICHNIS

Aachen 20, 23, 26, 35, 37 f., 40 ff., 46, 48 f., 51 f., 56 ff., 66, 68, 70 f., 74 f., 81, 86, 89, 91, 103, 116, 119, 127 f., 132, 135, 141, 144, 146, 148 f., 151, 157, 161, 163, 179, 182, 186, 193, 198, 212, 226 f., 230 ff., 238 f., 256 f., 260, 263, 265 f., 270, 272 f., 276, 279, 282, 285 ff., 292 f., 295, 300, 303, 307, 309 f., 312, 314, 316, 325, 327, 332 ff., 337 f., 342, 348, 351, 353, 358, 372, 375—399, 401
Allenstein 392, 395, 399
Amsterdam 13, 20, 35, 42, 52, 94, 126, 132, 134, 136, 206, 217 f., 242, 375, 380, 383
Antwerpen 13
Baden Baden 111
Balve 331
Barcelona 394, 396, 398
Belgard 117, 212
Berlin 13 f., 21, 26, 35, 38, 41—47, 49 ff., 72, 76, 79, 81, 88 f., 94, 103, 106 f., 116, 119, 124, 143 f., 159, 164, 169, 171, 181, 185, 189, 207, 217, 219, 224, 241, 245, 247, 251, 313, 372, 374—381, 383
Bilbao 384 f.
Bochum 79
Boston 36, 94, 376
Breslau 14
Bromont 86
Brüssel 35, 52, 73, 277, 382
Budapest 74, 374 f., 380, 390, 397
Bukarest 383
Como 377
Danzig 117
Darmstadt 60, 94, 96, 213, 228, 277 f.
Dillenburg 24, 30, 53 f., 183, 220, 250 ff., 254 ff., 260, 277, 312, 360
Döberitz 35, 42, 51, 133, 137, 176, 185, 371
Donaueschingen 253, 306, 309, 330, 342 f.
Dortmund 60, 68, 332, 341 f., 372, 384
Dresden 140
Düsseldorf 58 f.
Dürkheim Bad 316
Dublin 11, 35, 41 f., 74, 94, 136, 147 f., 159, 242, 379 f., 383, 385 f., 390 f., 394—400
Elmshorn 55, 57, 271 f., 346
Euskirchen 300, 350 f.
Falsterboo 375
Florenz 203, 207
Fontainebleau 396, 400
Frankfurt am Main 13 f., 206, 277
Friedberg 332
Fulda 280
Geiglitz 117
Genf 11, 52, 74, 103, 117, 123, 374 f., 378, 383 f., 386, 390, 395, 397 f.
Göteborg 328 f.
Haag 374—378
Hamburg 11, 35, 47, 67, 69 f., 91, 113, 133, 155, 258 f., 262, 269, 273, 285, 287, 297, 300, 303, 320, 327, 339 f., 343 ff., 347 f., 350, 357
Hannover 14, 16, 20 f., 24, 36 f., 41 ff., 47, 49 ff., 54, 56 f., 93 f., 96, 118 f., 122 f., 128 f., 139 f., 140, 146, 163, 169, 174, 176, 183 f., 187, 204, 220, 236, 238, 254, 267, 314, 344, 371
Harburg 194
Harrisburg 61 ff., 65 f., 69, 385, 387, 395
Harzburg 211, 345
Heide 267, 309
Helsinki 13, 54 f., 58 f., 67, 73, 75, 77, 81, 141, 198, 215, 219, 251 f., 254, 259, 262 f., 267, 277, 384
Herborn 251, 255, 261, 263 ff., 281, 300, 303, 316, 344 ff., 357
Heuchelheim 81
Hickstead 82, 396, 398, 400
Hildesheim 14
Hilversum 374
Homburg 79
Hoofdorp 374
Ingelheim 227
Insterburg 205, 243, 372, 380, 394
Iserlohn 301, 306, 334
Ising 334
Jesolo 392
Karlsbad 375 f.
Karlshorst 13
Kissingen Bad 205, 304, 339, 349
Klein-Flottbek 194
Koblenz 172
Köln 14, 260, 294 f., 297, 304, 311, 330, 337, 347, 349, 354, 357
Königsberg 14
Königswinter 217
Kopenhagen 74, 389 f., 392 f.
Krampnitz 51 f., 129, 169, 193, 197 f., 238, 242, 294, 302, 314, 371
Kreutz 113
Laasphe 260
Laxemburg 377, 399
Le Baule 395, 399
Leipzig 14
Leningrad 53, 187
Le Zoute 385, 388
Limburg 280
Lippspringe 290
Lissabon 11, 68, 386, 399
Liverpool 17
London 11, 13, 35, 51, 53, 56, 61, 72, 74, 89, 94, 194, 241, 323, 380, 382, 385, 388, 390, 392, 394, 396, 398 f.
Los Angeles 13, 43, 88 f.
Lübbecke 335, 356
Ludwigsburg 50, 76, 181, 262, 299, 308, 313, 325 f., 331, 336, 350
Ludwigslust 223
Luhmühlen 294, 335
Luzern 11, 35, 68, 74 f., 196, 374 f., 376, 378, 383, 385, 387, 389 ff., 395, 397, 399
Madrid 11, 65 f., 74, 384 ff., 388, 392 f., 395, 401
Magdeburg 14, 111
Malmö 35, 136, 374 f.
Mannheim 288, 308, 341
Mecklenhorst 194
Memel 374
Meran 52, 384
Mexiko 288, 312, 393
Montreal 84, 86, 289, 320, 401
Moskau 88
Mühlen 299

München-Riem 13, 21, 51 f., 79 ff., 84, 86, 89, 165, 169, 192, 211, 220 f., 254, 302, 320 f., 334, 341, 350, 353 f., 397, 400
Neapel 136, 376, 378
Neuhaus 217
New York 11, 36, 61, 63, 66, 69, 94, 103, 165 f., 375 f., 385, 387, 391, 395, 398 f.
Nizza 11, 41 f., 58, 69, 74, 94, 121, 154, 183, 378, 385, 389 f., 392 ff., 398
Nördlingen 55, 310, 312, 352
Nürnberg 334
Oberkirch 131
Olsztyn 400 f.
Ostende 11, 74, 281, 385, 387, 389–396, 398, 400
Paderborn 137, 217
Pardubiz 176
Paris, 11, 13, 46, 51, 68
Parow 138
Pforzheim 175, 214 f.
Pinerolo 15 f., 19 f., 60, 136, 230, 233, 374, 384–386
Potsdam 51, 94, 96, 222, 371
Regenwalde 117
Ried 375
Riga 378 f.

Rom 11, 13, 36 ff., 41, 43 ff., 51 f., 56 ff., 60, 68 f., 71 ff., 81, 89, 94, 123, 127, 130, 136, 141, 145, 150, 160, 166, 189, 194, 202, 204, 241, 254, 258, 267, 269, 272, 275, 279 f., 284, 287, 290 ff., 303, 311, 377 ff., 382 ff., 387 ff., 391 f., 394 ff., 401
Rotterdam 11, 68 f., 74, 76, 270, 275, 284, 326, 356, 384–398, 400
Saarbrücken 177, 212 f., 321, 324, 336
Salzburg 376
Schivelbein 117
Schönböken 32
Schorfheide 202
Segeberg 298
Semerow 117
's-Grafenhaege 374
Siegen 118, 172, 354, 360
Spa 35
Sternberg 138
Stockholm 13 f., 35, 56, 60, 66, 68, 72 f., 76, 81, 89, 141, 219, 260, 264, 267, 384, 386
Stocksdorf 161
Stolp 50, 94, 226
Stresa 192, 194, 376 f.
Stuttgart 14

Tokio 13, 23, 34, 46, 49, 76 ff., 81, 89, 262, 288, 313, 335, 347, 391
Tor di Quinto 15, 20, 111
Toronto 11, 36, 61, 63 ff., 69, 376, 385, 388, 391, 396, 398
Trakehnen 21, 32, 314, 321
Turin 14, 71, 378
Vechta 346
Venedig 73
Verden 174, 345
Viva del Mar 73
Vornholz 253
Warendorf 55, 57 f., 81, 183, 220, 238, 250, 260, 280, 282
Warschau 11, 32, 41 f., 44 f., 51, 94, 114 f., 144, 166, 379 f., 382 f.
Washington 398 f.
Weisenheim am Sand 81, 316
Wien 35, 51, 94, 97, 374, 378, 381 f.
Wiesbaden 58, 68, 75, 116, 118, 130, 266, 268, 280, 282, 294 f., 302 f., 305, 317, 338, 358
Wolfsburg 283 f., 300, 302, 314, 338
Zell am See 377
Zeiskam 353
Zoppot 23, 38, 128
Zweibrücken 88, 314

Mein Dank gilt allen Reitern und den Freunden des Reitsports, die in großzüger Weise ihr Fachwissen, Archiv- und Bildmaterial zur Verfügung stellten und damit uneigennützig mithalfen, diese Dokumentation zu verwirklichen. Für die mir zuteil gewordene freundschaftliche Hilfe richte ich meinen ganz besonderen Dank an Frau Ursula Brandt und meinen Reiterkameraden Otto Kanehl.

Karl Schönerstedt